U0807878

证券投资顾问专业能力水平评价测试辅导系列

证券投资顾问业务

过关必做1000题(含历年真题)

(第3版)

主编:圣才学习网
www.100xuexi.com

中国石化出版社

内 容 提 要

本书是证券投资顾问专业能力水平评价测试的过关必做习题集，适用于《证券投资顾问业务》科目。本书遵循证券投资顾问专业能力水平评价测试大纲的章目编排，包括4部分，共分7章，根据考试相关教材及法律法规精心编写了1000余道习题，其中包括历年机考真题。所选习题基本涵盖了考试大纲规定需要掌握的知识内容，侧重于设计常考重难点习题，并对大部分习题进行了详细的分析和解答。

圣才学习网（www.100xuexi.com）提供证券投资顾问专业能力水平评价测试辅导方案【视频课程、电子书、题库等】。购书即可享受大礼包增值服务【本书电子书（手机版、电脑版）】。手机扫码（本书封底）领取本书大礼包。

图书在版编目（CIP）数据

证券投资顾问业务过关必做1000题：含历年真题/圣才学习网主编．—3版．—北京：中国石化出版社，2023.4

ISBN 978-7-5114-7067-6

Ⅰ．①证… Ⅱ．①圣… Ⅲ．①证券投资-投资分析-资格考试-习题集 Ⅳ．①F830.91-44

中国国家版本馆CIP数据核字（2023）第075064号

未经本社书面授权，本书任何部分不得被复制、抄袭，或者以任何形式或任何方式传播。版权所有，侵权必究。

中国石化出版社出版发行

地址：北京市东城区安定门外大街58号
邮编：100011 电话：（010）57512500
发行部电话：（010）57512575
http://www.sinopec-press.com
E-mail:press@sinopec.com
武汉市盛宏源印务有限公司印刷
全国各地新华书店经销

*

787×1092毫米 16开本 18.75印张 469千字
2023年5月第3版 2023年5月第1次印刷
定价：48.00元

序　言

为了帮助考生顺利通过证券投资顾问专业能力水平评价测试，我们根据考试大纲和考试相关教材精心编写了证券投资顾问专业能力水平评价测试辅导系列。

1. 证券投资顾问业务辅导教材
2. 证券投资顾问业务过关必做1000题(含历年真题)
3. 证券投资顾问业务历年真题及详解

本书是证券投资顾问专业能力水平评价测试的过关必做习题集，适用于《证券投资顾问业务》科目。本书遵循证券投资顾问专业能力水平评价测试大纲的章目编排，包括4部分，共分7章，根据考试相关教材及法律法规精心编写了1000余道习题，其中包括历年机考真题。所选习题基本涵盖了考试大纲规定需要掌握的知识内容，侧重于设计常考重难点习题，并对大部分习题进行了详细的分析和解答。

购书即可享受大礼包增值服务。手机扫码(本书封底)领取本书大礼包。具体包括：本书电子书(手机版、电脑版)。

与本书相配套，圣才学习网提供证券投资顾问专业能力水平评价测试视频课程、电子书、题库。

圣才学习网(www.100xuexi.com)是一家为全国各类考试和专业课学习提供名师视频课程、电子书、题库等全方位教育服务的综合性学习型视频学习网站，拥有近100种考试(含418个考试科目)、194种经典教材(含英语、经济、管理、证券、金融等共16大类)，合计近万小时的面授班、网授班课程。

资格考试： www.100xuexi.com(圣才学习网)
考研辅导： kaoyan.100xuexi.com(圣才考研网)

圣才学习网编辑部

目 录

第一部分 业务监管

第二部分 专业基础

第三部分 专业技能

第四部分 专项业务

第一部分 业务监管

第一章 证券投资顾问业务监管

一、单项选择题（以下备选项中只有一项最符合题目要求，不选、错选均不得分）

1. 证券公司、证券投资咨询机构通过举办讲座、报告会、分析会等形式，进行证券投资顾问业务推广和客户招揽的，应当提前（　　）个工作日向举办地证监局报备。［2023 年 3 月真题］

A. 1　　B. 5　　C. 3　　D. 10

【解析】《证券投资顾问业务暂行规定》第二十六条规定，证券公司、证券投资咨询机构通过举办讲座、报告会、分析会等形式，进行证券投资顾问业务推广和客户招揽的，应当提前 5 个工作日向举办地证监局报备。

2. 证券公司、证券投资咨询机构及其人员应当遵循（　　）原则，勤勉、审慎地为客户提供证券投资顾问服务。［2023 年 3 月真题］

A. 公平公正　　B. 诚实信用　　C. 公开透明　　D. 独立尽职

【解析】根据《证券投资顾问业务暂行规定》第四条，证券公司、证券投资咨询机构及其人员应当遵循诚实信用原则，勤勉、审慎地为客户提供证券投资顾问服务。

3. 根据是否接触客户敏感信息划分，下列不属于证券投资顾问业务墙内人员的是（　　）。［2022 年 11 月真题］

A. 证券分析师　　B. 客户经理　　C. 客户回访人员　　D. 业务经办员

【解析】在隔离墙制度中，券商的员工根据是否接触敏感信息，分别处于隔离墙的公开侧或者保密侧。实践中，跨墙主要体现在证券分析师参与投资银行项目方面。证券分析师为公司证券承销保荐、财务顾问项目提供行业研究、撰写投资价值研究报告等研究支持，从而接触该项目的非公开信息的，应当从公开侧跨墙进入保密侧。

4. 证券投资顾问可以通过广播、电视、网络、报刊等公众媒体，客观、专业、审慎地对（　　）发表评论意见。［2021 年 7 月真题］

A. 宏观经济、行业状况、证券市场变动情况

B. 特定的分级基金

C. 某上市公司

D. 特定的指数期货合约

【解析】《发布证券研究报告暂行规定》第十九条规定，鼓励证券公司、证券投资咨询机构组织安排证券投资顾问人员，按照证券信息传播的有关规定，通过广播、电视、网络、报刊等公众媒体，客观、专业、审慎地对宏观经济、行业状况、证券市场变动情况发表评论意见，为公众投资者提供证券资讯服务，传播证券知识，揭示投资风险，引导理性投资。

1B　2B　3A　4A

5. 根据《证券投资顾问业务暂行规定》的要求，证券投资顾问业务档案的保存期限自协议终止之日起不得少于(　　)年。[2020年11月真题]

A. 10　　B. 1　　C. 3　　D. 5

【解析】根据《证券投资顾问业务暂行规定》第二十八条，证券公司、证券投资咨询机构应当对证券投资顾问业务推广、协议签订、服务提供、客户回访、投诉处理等环节实行留痕管理。向客户提供投资建议的时间、内容、方式和依据等信息，应当以书面或者电子文件形式予以记录留存。证券投资顾问业务档案的保存期限自协议终止之日起不得少于5年。

6. 对证券公司、证券投资咨询机构从事证券投资顾问业务实行自律管理，并依据有关法律、行政法规和相关规定，制定相关执业规范和行为准则的是(　　)。[2020年8月真题]

A. 中国证券业协会　　B. 中国证监会

C. 证监会派出机构　　D. 地方金融办公室

【解析】根据《证券投资顾问业务暂行规定》第六条，中国证券业协会对证券公司、证券投资咨询机构从事证券投资顾问业务实行自律管理，并依据有关法律、行政法规和《证券投资顾问业务暂行规定》，制定相关执业规范和行为准则。

7. 证券公司、证券投资咨询机构通过广播、电视、网络、报刊等公众媒体对证券投资顾问业务进行广告宣传，应当遵守(　　)和证券信息传播的有关规定，广告宣传内容不得存在虚假、不实、误导性信息及其他违法违规情形。[2020年8月真题]

A.《证券法》

B.《中华人民共和国广告法》

C.《证券、期货投资咨询管理暂行办法》

D.《证券投资顾问业务暂行规定》

【解析】根据《证券投资顾问业务暂行规定》第二十五条，证券公司、证券投资咨询机构通过广播、电视、网络、报刊等公众媒体对证券投资顾问业务进行广告宣传，应当遵守《中华人民共和国广告法》和证券信息传播的有关规定，广告宣传内容不得存在虚假、不实、误导性信息以及其他违法违规情形。证券公司、证券投资咨询机构应当提前5个工作日将广告宣传方案和时间安排向公司住所地证监局、媒体所在地证监局报备。

8. 证券公司、证券投资咨询机构向客户提供投资建议的时间、内容、方式和依据等信息，应当以(　　)形式予以记录留存。[2018年10月真题]

A. 电子文件　　B. 书面和电子文件

C. 书面　　D. 书面或电子文件

【解析】根据《证券投资顾问业务暂行规定》第二十八条，证券公司、证券投资咨询机构应当对证券投资顾问业务推广、协议签订、服务提供、客户回访、投诉处理等环节实行留痕管理。向客户提供投资建议的时间、内容、方式和依据等信息，应当以书面或者电子文件形式予以记录留存。

9. 依法对证券公司、证券投资咨询机构从事证券投资顾问业务实行监督管理的机构是

5D　6A　7B　8D　9C

（　）。［2018 年 10 月真题］

A. 各地证券业协会　　B. 上海、深圳证券交易所

C. 中国证监会及其派出机构　　D. 中国证券业协会

【解析】根据《证券投资顾问业务暂行规定》第六条的规定，中国证监会及其派出机构依法对证券公司、证券投资咨询机构从事证券投资顾问业务实行监督管理。

10. 证券公司、证券投资咨询机构的证券研究不足以支持证券投资顾问服务需要的，应当向其他具有（　）业务资格的证券公司或者投资咨询机构购买证券研究报告，提升证券投资顾问服务能力。［2018 年 9 月真题］

A. 证券经纪

B. 证券承销

C. 与证券交易、证券投资活动有关的财务顾问业务

D. 证券投资咨询

【解析】根据《证券投资顾问业务暂行规定》第十七条，证券公司、证券投资咨询机构应当为证券投资顾问服务提供必要的研究支持。证券公司、证券投资咨询机构的证券研究不足以支持证券投资顾问服务需要的，应当向其他具有证券投资咨询业务资格的证券公司或者证券投资咨询机构购买证券研究报告，提升证券投资顾问服务能力。

11. 证券投资顾问向客户提供投资建议，知悉客户作出具体投资决策计划的，（　）泄露该客户的投资决策计划信息。［2018 年 5 月真题］

A. 可以向公司的其他投资顾问　　B. 可以向公司的其他客户

C. 不得向他人　　D. 在客户不知情的情况下可以向他人

【解析】根据《证券投资顾问业务暂行规定》第二十条，证券投资顾问向客户提供投资建议，知悉客户作出具体投资决策计划的，不得向他人泄露该客户的投资决策计划信息。

12. 证券公司、证券投资咨询机构接受客户委托，按照约定，向客户提供涉及证券及证券相关产品的投资建议服务，辅助客户作出投资决策，并直接或间接获取经济利益的经营活动。该项业务被称为（　）业务。［2018 年 5 月真题］

A. 财务顾问　　B. 投资银行　　C. 企业融资　　D. 投资顾问

【解析】证券投资顾问业务，是指证券公司、证券投资咨询机构接受客户委托，按照约定，向客户提供涉及证券及证券相关产品的投资建议服务，辅助客户作出投资决策，并直接或者间接获取经济利益的经营活动。投资建议服务内容包括投资的品种选择、投资组合以及理财规划建议等。

13. 证券公司、证券投资咨询机构及其人员提供证券投资顾问服务，应当忠实（　）利益。［2016 年 11 月真题］

A. 客户　　B. 证券投资顾问个人

C. 公司　　D. 公司股东

【解析】根据《证券投资顾问业务暂行规定》第五条，证券公司、证券投资咨询机构及其人员提供证券投资顾问服务，应当忠实客户利益，不得为公司及其关联方的利益损害

10D　11C　12D　13A

客户利益；不得为证券投资顾问人员及其利益相关者的利益损害客户利益；不得为特定客户利益损害其他客户利益。

14. 证券公司、证券投资咨询机构及其人员从事证券投资顾问业务，违反法律、行政法规和自律规则，情节严重的，中国证监会依照法律、行政法规和有关规定(　　)。[2016年9月真题]

A. 作出行政处罚　B. 采取监管措施　C. 移送司法机关　D. 责令改正

【解析】证券公司、证券投资咨询机构及其人员从事证券投资顾问业务，违反法律、行政法规和《证券投资顾问业务暂行规定》的，中国证监会及其派出机构可以采取责令改正、监管谈话、出具警示函、责令增加内部合规检查次数并提交合规检查报告、责令清理违规业务、责令暂停新增客户、责令处分有关人员等监管措施；情节严重的，中国证监会依照法律、行政法规和有关规定作出行政处罚；涉嫌犯罪的，依法移送司法机关。

15. 证券公司、证券投资咨询机构应当提前(　　)个工作日将广告宣传方案和时间安排向公司住所地证监局、媒体所在地证监局报备。[2016年7月真题]

A. 1　B. 3　C. 5　D. 6

【解析】《证券投资顾问业务暂行规定》明确规定，证券公司、证券投资咨询机构应当提前5个工作日将广告宣传方案和时间安排向公司住所地证监局、媒体所在地证监局报备。证券公司、证券投资咨询机构通过举办讲座、报告会、分析会等形式，进行证券投资顾问业务推广和客户招揽的，应当提前5个工作日向举办地证监局报备。

16. 根据《证券投资顾问业务暂行规定》，以下对证券公司、证券投资咨询机构提供证券投资顾问服务时收费环节的说法不正确的是(　　)。

A. 证券投资顾问服务费用应当以公司账户收取

B. 可以按照服务期限、客户资产规模收取投资顾问服务费用

C. 不可以采用差别佣金方式收取证券投资顾问服务费用

D. 证券公司、证券投资咨询机构应当按照公平、合理、自愿的原则与客户协商并书面约定收费方式

【解析】证券公司、证券投资咨询机构应当按照公平、合理、自愿的原则，与客户协商并书面约定收取证券投资顾问服务费用的安排，可以按照服务期限、客户资产规模收取服务费用，也可以采用差别佣金等其他方式收取服务费用。

17. 证券投资顾问服务协议应当约定，自签订协议之日起5个工作日内，客户可以用(　　)方式提出解除协议。

A. 口头　B. 书面　C. 口头或书面　D. 口头和书面

【解析】根据《证券投资顾问业务暂行规定》第十四条，证券投资顾问服务协议应当约定，自签订协议之日起5个工作日内，客户可以书面通知方式提出解除协议。证券公司、证券投资咨询机构收到客户解除协议书面通知时，证券投资顾问服务协议解除。

18. 投资顾问与投资者(客户)之间的关系是(　　)。

14A　15C　16C　17B　18C

A. 劳动聘用关系　　B. 合作、委托关系
C. 服务关系　　D. 无关系

【解析】投资顾问与投资者(客户)之间的关系是服务关系。向客户提供证券投资顾问服务的人员，应当具有证券投资咨询执业资格，并在中国证券业协会注册登记为证券投资顾问。

19. 证券投资顾问业务主体涉及机构和个人，证券公司或证券投资咨询机构从事证券投资顾问业务必须取得(　　)业务资格。
A. 证券投资咨询　　B. 证券自营
C. 投资银行　　D. 证券资产管理

【解析】根据《证券投资顾问业务暂行规定》第七条，向客户提供证券投资顾问服务的人员，应当具有证券投资咨询执业资格，并在中国证券业协会注册登记为证券投资顾问。

20. 证券公司、证券投资咨询机构应当严格执行发布证券研究报告与其他证券业务之间的(　　)，防止存在利益冲突的部门及人员利用发布证券研究报告谋取不当利益。
A. 自动回避制度　B. 隔离墙制度　C. 事前回避制度　D. 分类经营制度

【解析】根据《发布证券研究报告暂行规定》第十四条，证券公司、证券投资咨询机构应当严格执行发布证券研究报告与其他证券业务之间的隔离墙制度，防止存在利益冲突的部门及人员利用发布证券研究报告谋取不当利益。

21. 证券投资咨询机构及其从业人员应当自提供之日起将其稿件以______形式保存______。(　　)
A. 书面；3 年　　B. 书面或者电子文件；3 年
C. 书面；5 年　　D. 书面或者电子文件；5 年

【解析】证券投资咨询机构及其从业人员有权拒绝媒体对其所提供的稿件进行断章取义、做有损原意的删节和修改，并自提供之日起将其稿件以书面形式保存三年。

22. 根据《证券投资顾问业务暂行规定》，以下对证券公司、证券投资咨询机构从事证券投资顾问业务的说法，不正确的是(　　)。
A. 证券公司、证券投资咨询机构从事证券投资顾问业务，应当建立客户回访机制，明确客户回访的程序、内容和要求，并指定专门人员独立实施
B. 证券公司、证券投资咨询机构应当向客户提供风险揭示书，并由客户签收确认
C. 证券公司、证券投资咨询机构从事证券投资顾问业务，应当建立客户投诉处理机制，及时、妥善处理客户投诉事项
D. 证券投资顾问可以通过广播、电视、网络、报刊等公众媒体，作出买入、卖出或者持有具体证券的投资建议

【解析】根据《证券投资顾问业务暂行规定》第三十二条，证券投资顾问不得通过广播、电视、网络、报刊等公众媒体，作出买入、卖出或者持有具体证券的投资建议。

23. 证券投资顾问向客户提供投资建议的依据不包括(　　)。
A. 证券研究报告　　B. 基于理论模型形成的投资分析意见

19A　20B　21A　22D　23D

C. 基于分析方法形成的投资分析意见　　D. 基于内幕消息形成的投资分析意见

【解析】证券投资顾问向客户提供投资建议，应当具有合理的依据。投资建议的依据包括证券研究报告或者基于证券研究报告、理论模型以及分析方法形成的投资分析意见等。

24. 证券投资顾问依据本公司或者其他证券公司、证券投资咨询机构的证券研究报告作出投资建议的，应当向客户说明(　　)。［2019 年 12 月真题］

A. 证券投资顾问本人关于证券研究报告的观点

B. 证券研究报告的发布人、发布日期

C. 除作为依据之外的第三方证券研究报告的观点

D. 与该证券研究报告冲突的其他证券研究报告的观点

【解析】根据《证券投资顾问业务暂行规定》第十八条，证券投资顾问依据本公司或者其他证券公司、证券投资咨询机构的证券研究报告作出投资建议的，应当向客户说明证券研究报告的发布人、发布日期。

25. 下列不属于证券市场信息发布媒介的是(　　)。

A. 电视　　B. 广播　　C. 报纸　　D. 内部刊物

【解析】媒体是信息发布的主要渠道。只要符合国家的有关规定，各信息发布主体都可以通过各种书籍、报纸、杂志、其他公开出版物以及电视、广播、互联网等媒介披露有关信息。内部刊物不属于公共媒体，无法成为证券市场信息发布的媒介。

26. (　　)一般指证券机构担任证券公开发行活动的承销商或财务顾问，在本机构承销或管理的证券发行活动之前和之后的一段时期内，其研究人员不得对外发布关于该发行人的研究报告。

A. 时滞　　B. 静默期　　C. 隔离墙　　D. 回避

【解析】静默期一般指证券机构担任证券公开发行活动的承销商或财务顾问，在本机构承销或管理的证券发行活动之前和之后的一段时期内，其研究人员不得对外发布关于该发行人的研究报告。静默期的意义在于，防止分析师为配合本公司投资银行业务调控发行人股价的需要，发布倾向性、误导性的研究报告。

27. 证券公司、证券投资咨询机构应当向客户提供风险揭示书，并由客户签收确认。风险揭示书内容与格式要求由(　　)制定。

A. 中国证监会　　B. 交易所　　C. 本公司　　D. 中国证券业协会

【解析】根据《证券投资顾问业务暂行规定》第十三条，证券公司、证券投资咨询机构应当向客户提供风险揭示书，并由客户签收确认。风险揭示书内容与格式要求由中国证券业协会制定。

28. 我国证券投资咨询行业职业操守的十六字原则是(　　)。

A. 独立诚信、谨慎客观、勤勉尽职、公正公平

B. 谨慎客观、勤勉尽职、独立诚信、公正公开

C. 公开公平、独立诚信、谨慎客观、勤勉尽职

24B　25D　26B　27D　28A

D. 独立透明、诚信客观、谨慎负责、公正公平

【解析】我国证券投资咨询行业职业操守的十六字原则是“独立诚信、谨慎客观、勤勉尽职、公正公平”。中国证券业协会对证券公司、证券投资咨询机构从事证券投资顾问业务实行自律管理，并依据有关法律、行政法规和《证券投资顾问业务暂行规定》，制定相关执业规范和行为准则。

29. 按照《证券投资顾问业务暂行规定》的要求，证券公司、证券投资咨询机构从事证券投资顾问业务，应当建立客户回访机制，明确客户回访的程序、内容和要求，并(　　)。

A. 成立专门的委员会　　B. 指定专门人员独立实施

C. 指定多部门分别独立实施　　D. 指定多部门共同实施

【解析】根据《证券投资顾问业务暂行规定》第二十一条，证券公司、证券投资咨询机构从事证券投资顾问业务，应当建立客户回访机制，明确客户回访的程序、内容和要求，并指定专门人员独立实施。

30. 在证券交易活动中作出虚假陈述或者信息误导的，处以(　　)的罚款。

A. 50 万元以上 500 万元以下　　B. 3 万元以上 10 万元以下

C. 20 万元以上 200 万元以下　　D. 3 万元以上 20 万元以下

【解析】在证券交易活动中作出虚假陈述或者信息误导的，责令改正，处以二十万元以上二百万元以下的罚款；属于国家工作人员的，还应当依法给予处分。

31. 下列各项中，不属于证券投资咨询机构的从业人员特定禁止行为的是(　　)。

A. 泄露客户资料　　B. 接受他人委托从事证券投资

C. 依据虚假信息撰写评级报告　　D. 与委托人约定分享证券投资收益

【解析】《证券业从业人员执业行为准则》第十四条规定，证券投资咨询机构、财务顾问机构、证券资信评级机构的从业人员特定禁止行为包括：①接受他人委托从事证券投资；②与委托人约定分享证券投资收益，分担证券投资损失，或者向委托人承诺证券投资收益；③依据虚假信息、内幕信息或者市场传言撰写和发布分析报告或评级报告；④中国证监会、协会禁止的其他行为。A 项属于证券从业人员的一般禁止行为。

32. 证券投资咨询机构未经国务院证券监督管理机构核准，为证券交易提供服务的，处以违法所得(　　)的罚款。

A. 1 倍以上 3 倍以下　　B. 2 倍以上 5 倍以下

C. 5 倍以上 10 倍以下　　D. 1 倍以上 10 倍以下

【解析】证券投资咨询机构未经国务院证券监督管理机构核准擅自从事证券服务业务的，责令改正，没收违法所得，并处以违法所得一倍以上十倍以下的罚款；没有违法所得或者违法所得不足五十万元的，处以五十万元以上五百万元以下的罚款。

二、多项选择题(以下备选项中有两项或两项以上符合题目要求，多选、少选、错选均不得分)

1. 关于证券期货投资咨询人员执业行为，下列说法中，正确的有(　　)。[2023 年 3 月真题]

A. 证券投资顾问必须加入一家有投资咨询从业资格的机构后方可执业

29B　30C　31A　32D　▌　1AB

B．任何人未取得证券、期货投资咨询从业资格，不得从事证券投资顾问业务

C．获得证券期货投资咨询从业资格并取得证券投资顾问执业证书的人员，可以自行执业、自负盈亏

D．证券期货投资咨询人员具有从事相关业务 2 年以上的经历才能申请执业证书

【解析】从事证券、期货投资咨询业务的人员，必须取得证券、期货投资咨询从业资格并加入一家有从业资格的证券、期货投资咨询机构后，方可从事证券、期货投资咨询业务。任何人未取得证券、期货投资咨询从业资格的，或者取得证券、期货投资咨询从业资格，但是未在证券、期货投资咨询机构工作的，不得从事证券、期货投资咨询业务。

2．下列客户服务内容属于证券公司、证券投资咨询机构的证券投资顾问业务范畴的是（　　）。［2023 年 3 月真题］

A．向客户建议适当的投资组合　　B．向客户进行理财规划建议

C．向客户建议如何选择适当的投资品种　　D．接受客户全权委托，管理客户资产

【解析】证券投资顾问在了解客户的基础上，依据合同约定，向特定客户提供适当的、有针对性的操作性投资建议，关注品种选择、组合管理建议以及买卖时机等。投资建议内容包括投资的品种选择、投资组合以及理财规划建议等。证券公司在从事证券投资顾问业务过程中禁止接受客户的全权委托而决定证券买卖、选择证券种类、决定买卖数量或者买卖价格的行为。

3．证券公司、证券投资咨询机构从事证券投资顾问业务，应当建立客户投诉处理机制，在公司网站及营业场所显著位置公示（　　）。［2023 年 3 月真题］

A．投诉电话　　B．投诉传真

C．投诉电子信箱　　D．负责投诉处理的人员姓名

【解析】证券公司、证券投资咨询机构从事证券投资顾问业务，应当建立客户投诉处理机制，及时、妥善处理客户投诉事项。证券公司应当在公司网站、营业场所、客户端的显著位置公示投诉电话、传真和电子信箱等联系方式。

4．按照《证券投资顾问业务暂行规定》，以证券咨询软件为载体向客户提供咨询服务的机构，规范的执业行为有（　　）。［2022 年 11 月真题］

A．揭示软件工具固有缺陷和使用风险，不得隐瞒或有重大遗漏

B．客观说明软件工具的功能，不得对其功能进行误导性宣传

C．说明软件工具所使用的数据信息来源

D．表示软件工具有选择证券投资品种或提示买卖时机功能的，应当说明其方法和局限

【解析】证券公司、证券投资咨询机构以软件工具、终端设备等为载体，向客户提供投资建议或者类似功能服务的，应提示投资者在接受该软件工具、终端设备等前，必须仔细阅读相关说明书，了解其实际功能、信息来源、固有缺陷和使用风险，由于投资者自身原因导致该软件工具、终端设备等使用不当或受到病毒入侵、黑客攻击等不良影响的，由此导致的风险将由投资者自行承担。如表示该软件工具、终端设备具有选择证券投资品种或者提示买卖时机功能的，应提示投资者了解其方法和局限。

2ABC　3ABC　4ABCD

5. 《证券投资顾问业务风险揭示书》需提示投资者在接受证券投资顾问服务前，必须了解投顾服务的收费标准和方式，按照(　　)的原则协商并书面约定收取投顾服务费的安排。［2022 年 7 月真题］

A. 公平　　B. 公开　　C. 合理　　D. 自愿

【解析】《证券投资顾问业务风险揭示书》提示投资者在接受证券投资顾问服务前，必须了解所在的证券公司、证券投资咨询机构证券投资顾问服务的收费标准和方式，按照公平、合理、自愿的原则与证券公司、证券投资咨询机构协商并书面约定收取证券投资顾问服务费用的安排。证券投资顾问服务收费应向公司账户支付，不得向证券投资顾问人员或其他个人账户支付。

6. 2010 年 10 月 12 日，为进一步规范投资咨询业务，中国证监会颁布了(　　)。［2019 年 10 月真题］

A.《发布证券研究报告暂行规定》

B.《证券投资顾问业务暂行规定》

C.《证券投资顾问业务风险揭示书必备条款》

D.《关于证券投资顾问和证券分析师注册登记有关事宜的通知》

【解析】2010 年 10 月 12 日，中国证监会同时颁布了《证券投资顾问业务暂行规定》和《发布证券研究报告暂行规定》，明确了证券投资顾问和发布证券研究报告业务是证券投资咨询业务的两类基本形式。这两个规定自 2011 年 1 月 1 日起施行，这是规范证券公司、证券投资咨询机构从事证券投资顾问、发布证券研究报告业务行为，保护投资者合法权益，维护证券市场秩序的又一次重要举措。

7. 证券公司、证券投资咨询机构从事证券投资顾问业务，应当保证证券投资顾问(　　)与服务方式、业务规模相适应。［2018 年 10 月真题］

A. 人员数量　　B. 业务能力　　C. 合规管理　　D. 风险控制

【解析】根据《证券投资顾问业务暂行规定》第十条，证券公司、证券投资咨询机构从事证券投资顾问业务，应当保证证券投资顾问人员数量、业务能力、合规管理和风险控制与服务方式、业务规模相适应。

8. 证券公司、证券投资咨询机构提供证券投资顾问服务，应当与客户签订证券投资顾问服务协议，协议内容应包括(　　)。［2017 年 5 月真题］

A. 服务内容和方式　　B. 争议或纠纷解决方式

C. 终止或解除协议的条件和方式　　D. 收费标准和支付方式

【解析】根据《证券投资顾问业务暂行规定》第十四条，证券公司、证券投资咨询机构提供证券投资顾问服务，应当与客户签订证券投资顾问服务协议，并对协议实行编号管理。协议应当包括下列内容：①当事人的权利义务；②证券投资顾问服务的内容和方式；③证券投资顾问的职责和禁止行为；④收费标准和支付方式；⑤争议或者纠纷解决方式；⑥终止或者解除协议的条件和方式。

9. 证券公司、证券投资咨询机构通过(　　)等公众媒体对证券投资顾问业务进行广告宣

5ACD　6AB　7ABCD　8ABCD　9ABCD

传，应当遵守《中华人民共和国广告法》和证券信息传播的有关规定。[2017 年 5 月真题]
A. 广播　B. 电视　C. 网络　D. 报刊
【解析】根据《证券投资顾问业务暂行规定》第二十五条，证券公司、证券投资咨询机构通过广播、电视、网络、报刊等公众媒体对证券投资顾问业务进行广告宣传，应当遵守《中华人民共和国广告法》和证券信息传播的有关规定，广告宣传内容不得存在虚假、不实、误导性信息以及其他违法违规情形。

10. 证券公司可以按照下列(　　)方式收取服务费用。[2016 年 10 月真题]
A. 服务期限　B. 客户资产规模　C. 投资业绩　D. 差别佣金
【解析】根据《证券投资顾问业务暂行规定》第二十三条，证券公司、证券投资咨询机构应当按照公平、合理、自愿的原则，与客户协商并书面约定收取证券投资顾问服务费用的安排，可以按照服务期限、客户资产规模收取服务费用，也可以采用差别佣金等其他方式收取服务费用。

11. 证券投资咨询机构应当加强人员培训，提升证券投资顾问的(　　)。[2016 年 9 月真题]
A. 服务水平　B. 职业操守　C. 合规意识　D. 专业服务能力
【解析】根据《证券投资顾问业务暂行规定》第二十九条，证券公司、证券投资咨询机构应当加强人员培训，提升证券投资顾问的职业操守、合规意识和专业服务能力。

12. 证券公司、证券投资咨询机构以合作方式向客户提供证券投资顾问服务，应当对(　　)等作出约定，明确当事人的权利和义务。
A. 服务方式　B. 报酬支付　C. 投诉处理　D. 最低收益
【解析】《证券投资顾问业务暂行规定》第三十条规定，证券公司、证券投资咨询机构以合作方式向客户提供证券投资顾问服务，应当对服务方式、报酬支付、投诉处理等作出约定，明确当事人的权利和义务。

13. 下列关于对提供证券投资顾问服务的人员的要求，正确的有(　　)。
A. 证券投资顾问可以同时注册为证券分析师
B. 应当具有证券投资咨询执业资格
C. 须在中国证券业协会注册登记为证券投资顾问
D. 证券投资顾问不能同时注册为证券分析师
【解析】根据《证券投资顾问业务暂行规定》第七条，向客户提供证券投资顾问服务的人员，应当具有证券投资咨询执业资格，并在中国证券业协会注册登记为证券投资顾问。证券投资顾问不得同时注册为证券分析师。

14. 证券公司、证券投资咨询机构应当按照(　　)的原则，与客户协商并书面约定收取证券投资顾问服务费用的安排。
A. 公平　B. 公正　C. 合理　D. 自愿
【解析】根据《证券投资顾问业务暂行规定》第二十三条，证券公司、证券投资咨询机构应当按照公平、合理、自愿的原则，与客户协商并书面约定收取证券投资顾问服务费用的安排，可以按照服务期限、客户资产规模收取服务费用，也可以采用差别佣金等

10ABD　11BCD　12ABC　13BCD　14ACD

其他方式收取服务费用。

15. 按照《证券投资顾问业务暂行规定》的要求，证券公司、证券投资咨询机构应当对证券投资顾问业务(　　)等环节实行留痕管理。

A. 客户回访和投诉处理　　B. 协议签订
C. 业务推广　　D. 服务提供

【解析】根据《证券投资顾问业务暂行规定》第二十八条，证券公司、证券投资咨询机构应当对证券投资顾问业务推广、协议签订、服务提供、客户回访、投诉处理等环节实行留痕管理。向客户提供投资建议的时间、内容、方式和依据等信息，应当以书面或者电子文件形式予以记录留存。

16. 有下列(　　)情形之一的，不予通过证券投资咨询执业年检。

A. 年检材料弄虚作假的　　B. 不再符合执业证书取得条件的
C. 未按规定完成后续职业培训的　　D. 未按规定参加年检的

【解析】根据《证券业从业人员资格管理实施细则(试行)》第二十三条，有下列情形之一的，不予通过年检：①执业证书申请材料或年检材料弄虚作假的；②未按规定完成后续职业培训的；③不再符合执业证书取得条件的；④未按规定参加年检的；⑤协会规定的其他情形。

17. 证券投资顾问的主要职责包括(　　)。

A. 证券投资顾问应当在评估客户风险承受能力和服务需求的基础上，向客户提供适当的投资建议服务
B. 证券投资顾问向客户提供的投资建议应依据包括证券研究报告或者基于证券研究报告、理论模型以及分析方法形成的投资分析意见
C. 证券投资顾问应当向客户说明作出投资建议所依据的证券研究报告的发布人、发布日期
D. 证券投资顾问应当向客户提示潜在的投资风险，禁止以任何方式向客户承诺或者保证投资收益

【解析】根据《证券投资顾问业务暂行规定》，证券公司、证券投资咨询机构及证券投资顾问提供品种选择投资建议服务的主要职责包括但不限于：①证券投资顾问应当根据了解的客户情况，在评估客户风险承受能力和服务需求的基础上，向客户提供适当的投资建议服务；②证券投资顾问向客户提供投资建议，应当具有合理的依据。投资建议的依据包括证券研究报告或者基于证券研究报告、理论模型以及分析方法形成的投资分析意见等；③证券投资顾问依据本公司或者其他证券公司、证券投资咨询机构的证券研究报告作出投资建议的，应当向客户说明证券研究报告的发布人、发布日期；④证券投资顾问向客户提供投资建议，应当提示潜在的投资风险，禁止以任何方式向客户承诺或者保证投资收益；⑤证券投资顾问向客户提供投资建议，知悉客户作出具体投资决策计划的，不得向他人泄露该客户的投资决策计划信息。

18. 证券公司、证券投资咨询机构及证券投资顾问的主要职责有(　　)。

15ABCD　16ABCD　17ABCD　18ABC

A. 提供品种选择投资建议服务　　　　B. 提供投资组合投资建议服务
C. 提供理财规划投资建议服务　　　　D. 保证投资者收益

【解析】证券公司、证券投资咨询机构及证券投资顾问的主要职责是根据了解的客户情况，在评估客户风险承受能力和服务需求的基础上，向客户提供适当的投资建议服务。证券投资顾问向客户提供的投资建议服务内容包括投资的品种选择、投资组合以及理财规划建议等。D 项，根据《证券投资顾问业务暂行规定》第十九条，证券投资顾问向客户提供投资建议，应当提示潜在的投资风险，禁止以任何方式向客户承诺或者保证投资收益。

19. 按照《证券投资顾问业务暂行规定》的要求，证券投资顾问应当了解客户情况，在评估客户(　　)的基础上，向客户提供适当的投资建议服务。
A. 投资偏好　　B. 风险承受能力　　C. 服务需求　　D. 资产状况

【解析】根据《证券投资顾问业务暂行规定》第十五条，证券投资顾问应当根据了解的客户情况，在评估客户风险承受能力和服务需求的基础上，向客户提供适当的投资建议服务。

20. 证券投资顾问依据本公司的证券研究报告作出投资建议的，应当向客户说明该证券研究报告的(　　)。
A. 发布地点　　　　B. 发布人
C. 所依据的理论模型　　　　D. 发布时间

【解析】《证券投资顾问业务暂行规定》第十八条规定，证券投资顾问依据本公司或者其他证券公司、证券投资咨询机构的证券研究报告作出投资建议的，应当向客户说明证券研究报告的发布人、发布日期。

21. 证券投资顾问禁止对服务能力和过往业绩进行(　　)的营销宣传。[2016 年 6 月真题]
A. 虚假　　B. 不实　　C. 误导性　　D. 审慎性

【解析】根据《证券投资顾问业务暂行规定》第二十四条，证券公司、证券投资咨询机构应当规范证券投资顾问业务推广和客户招揽行为，禁止对服务能力和过往业绩进行虚假、不实、误导性的营销宣传，禁止以任何方式承诺或者保证投资收益。

22. 证券公司、证券投资咨询机构向客户提供证券投资顾问服务，应当按照公司制定的程序和要求，了解客户的(　　)。[2016 年 5 月真题]
A. 身份　　　　B. 财产与收入状况
C. 投资需求　　　　D. 风险偏好

【解析】根据《证券投资顾问业务暂行规定》第十一条，证券公司、证券投资咨询机构向客户提供证券投资顾问服务，应当按照公司制定的程序和要求，了解客户的身份、财产与收入状况、证券投资经验、投资需求与风险偏好，评估客户的风险承受能力，并以书面或者电子文件形式予以记载、保存。

23. 《证券投资顾问业务风险揭示书》至少应包含的内容有(　　)。
A. 提示投资者在接受证券投资顾问服务前，必须了解提供服务的证券公司是否具备证

19BC　20BD　21ABC　22ABCD　23ABCD

券投资咨询业务资格

B. 提示投资者在接受证券投资顾问服务前，必须了解证券投资顾问业务的含义

C. 提示投资者在接受证券投资顾问服务前，必须了解证券公司及其人员提供的证券投资顾问服务不能确保投资者获得盈利

D. 提示投资者在接受证券投资顾问服务前，必须了解作为投资建议依据的证券研究报告可能存在被误读的风险

【解析】《证券投资顾问业务风险揭示书必备条款》规定，《证券投资顾问业务风险揭示书》的内容包括但不限于：①提示投资者在接受证券投资顾问服务前，必须了解提供服务的证券公司、证券投资咨询机构是否具备证券投资咨询业务资格，证券公司、证券投资咨询机构提供服务的人员是否符合证券投资咨询相关从业条件并已经登记为证券投资顾问；②提示投资者在接受证券投资顾问服务前，必须了解证券投资顾问业务的含义，理解投资者接受证券投资顾问服务后需自主作出投资决策并独立承担投资风险；③提示投资者在接受证券投资顾问服务前，必须了解证券公司、证券投资咨询机构及其人员提供的证券投资顾问服务不能确保投资者获得盈利或本金不受损失；④提示投资者在接受证券投资顾问服务前，必须了解作为投资建议依据的证券研究报告和投资分析意见等，可能存在不准确、不全面或者被误读的风险，投资者可以向证券投资顾问了解证券研究报告的发布人和发布时间以及投资分析意见的来源，以便在进行投资决策时作出理性判断；⑤提示投资者在接受证券投资顾问服务前，必须了解证券公司、证券投资咨询机构及其人员提供的投资建议具有针对性和时效性，不能在任何市场环境下长期有效。

24. 下列关于证券公司、证券投资咨询机构及其人员提供证券投资顾问服务，说法正确的是(　　)。

A. 应当忠实客户利益，不得为公司及其关联方的利益损害客户利益

B. 不得为证券投资顾问人员及其利益相关者的利益损害客户利益

C. 不得为特定客户利益损害其他客户利益

D. 应当首先保障股东权益

【解析】《证券投资顾问业务暂行规定》第五条规定，证券公司、证券投资咨询机构及其人员提供证券投资顾问服务，应当忠实客户利益，不得为公司及其关联方的利益损害客户利益；不得为证券投资顾问人员及其利益相关者的利益损害客户利益；不得为特定客户利益损害其他客户利益。

25. 在证券投资顾问业务的流程中，投资顾问服务人员可以通过(　　)方式向客户提供投资建议服务。

A. 面对面交流　　B. 电话　　C. 短信　　D. 电子邮件

【解析】投资顾问服务人员通过面对面交流、电话、短信、电子邮件等方式向客户提供投资建议服务。证券公司通过适当的技术手段，记录、监督投资顾问服务人员与客户的沟通过程，实现过程留痕。

26. 证券公司、证券投资咨询机构向客户提供证券投资顾问服务，应当告知客户的基本信

24ABC　25ABCD　26ABC

息包括(　　)。

A. 公司名称、地址、联系方式、投诉电话等

B. 证券投资顾问服务的内容和方式

C. 投资决策由客户作出，投资风险由客户承担

D. 收费标准和支付方式

【解析】根据《证券投资顾问业务暂行规定》第十二条，证券公司、证券投资咨询机构向客户提供证券投资顾问服务，应当告知客户下列基本信息：①公司名称、地址、联系方式、投诉电话、证券投资咨询业务资格等；②证券投资顾问的姓名及其证券投资咨询执业资格编码；③证券投资顾问服务的内容和方式；④投资决策由客户作出，投资风险由客户承担；⑤证券投资顾问不得代客户作出投资决策。D 项属于证券投资顾问服务协议的内容。

27. 下列关于证券公司、证券投资咨询机构的说法，正确的有(　　)。

A. 证券公司、证券投资咨询机构接受客户委托，可以辅助客户作出投资决策

B. 从我国证券公司的实践看，证券公司探索证券投资顾问服务，主要依托经纪业务，多采取差别佣金方式收取服务报酬

C. 证券投资咨询机构及其从业人员从事证券服务业务，不得代理委托人从事证券投资

D. 证券公司通过举办讲座进行证券投资顾问业务推广的，应当提前 5 个工作日向证券业协会报备

【解析】D 项，《证券投资顾问业务暂行规定》第二十六条规定，证券公司、证券投资咨询机构通过举办讲座、报告会、分析会等形式，进行证券投资顾问业务推广和客户招揽的，应当提前 5 个工作日向举办地证监局报备。

28. 中国证监会颁布的《发布证券研究报告暂行规定》中对证券研究报告发布机构作出相关要求，下列说法正确的有(　　)。

A. 发布证券研究报告时，应当遵守法律、行政法规和本规定

B. 应当公平对待其发布对象，但在特定条件下可优先将资料提供给特定对象

C. 为了实现信息的保密性，不鼓励证券分析师通过公众媒体发表评论意见

D. 应当对发布的时间、方式、内容、对象和审阅过程实行留痕管理

【解析】B 项，根据《发布证券研究报告暂行规定》第十一条，证券公司、证券投资咨询机构应当公平对待证券研究报告的发布对象，不得将证券研究报告的内容或者观点，优先提供给公司内部部门、人员或者特定对象；C 项，根据《发布证券研究报告暂行规定》第十九条，鼓励证券公司、证券投资咨询机构组织安排证券分析师，按照证券信息传播的有关规定，通过广播、电视、网络、报刊等公众媒体，客观、专业、审慎地对宏观经济、行业状况、证券市场变动情况发表评论意见，为公众投资者提供证券资讯服务，传播证券知识，揭示投资风险，引导理性投资。

29. 根据《证券投资顾问业务暂行规定》，证券公司、证券投资咨询机构的人员从事证券投资顾问业务时，应当(　　)。

A. 忠实客户利益，切实维护客户合法权益

27ABC　28AD　29ABC

B. 遵守法律、行政法规的规定

C. 遵循诚实信用原则，勤勉、审慎地为客户提供证券投资顾问服务

D. 优先维护公司利益，特殊情形下可以牺牲小客户利益

【解析】D 项，证券公司及其人员提供证券投资顾问服务，应当忠实客户利益，不得为公司及其关联方的利益损害客户利益；不得为证券投资顾问人员及其利益相关者的利益损害客户利益；不得为特定客户利益损害其他客户利益。

30. 证券公司探索形成的证券投资顾问业务流程主要有哪几个环节？（　）

A. 服务模式的选择和设计　　B. 客户签约

C. 形成服务产品　　D. 服务提供

【解析】证券公司探索形成的证券投资顾问业务流程主要包括以下四个环节：①服务模式的选择和设计。根据客户的需求和特征，选择和设计个性化或者标准化的顾问服务模式。②客户签约。了解客户情况，评估客户的风险承受能力，为客户选择适当的投资顾问服务或产品。③形成服务产品。公司总部或者证券营业部的投资顾问团队根据证券研究报告以及其他公开证券信息，分析证券投资品种、理财产品的风险特征。④服务提供。投资顾问服务人员通过面对面交流、电话、短信、电子邮件等方式向客户提供投资建议服务。

31. 根据我国现行的有关制度规定，下列各项中，（　）属于证券公司从事证券投资顾问的禁止行为。

A. 诱导客户进行不必要的证券买卖

B. 向客户保证证券交易收益或承诺赔偿客户证券投资损失

C. 假借客户的名义买卖证券

D. 接受客户的全权委托

【解析】证券公司在从事证券投资顾问业务过程中禁止下列行为：①接受客户的全权委托而决定证券买卖、选择证券种类、决定买卖数量或者买卖价格；②对客户证券买卖的收益或者赔偿证券买卖的损失作出承诺；③为牟取佣金收入，诱使客户进行不必要的证券买卖；④未经客户的委托，擅自为客户买卖证券，或者假借客户的名义买卖证券。

32. 以下关于风险揭示书还应以醒目文字载明内容说法正确的是（　）。

A. 本风险揭示书的揭示事项仅为列举性质，未能详尽列明投资者接受证券投资顾问服务所面临的全部风险和可能导致投资者投资损失的所有因素

B. 投资者在接受证券投资顾问服务前，应认真阅读并理解相关业务规则、证券投资顾问服务协议及本风险揭示书的全部内容

C. 接受证券投资顾问服务的投资者，证券公司帮忙承担投资风险

D. 接受证券投资顾问服务的投资者，自行承担投资风险，证券公司不以任何方式向投资者作出不受损失或者取得最低收益的承诺

【解析】风险揭示书应以醒目文字载明以下内容：①本风险揭示书的揭示事项仅为列举性质，未能详尽列明投资者接受证券投资顾问服务所面临的全部风险和可能导致投资

30ABCD　31ABCD　32ABD

者投资损失的所有因素；②投资者在接受证券投资顾问服务前，应认真阅读并理解相关业务规则、证券投资顾问服务协议及本风险揭示书的全部内容；③接受证券投资顾问服务的投资者，自行承担投资风险，证券公司不以任何方式向投资者作出不受损失或者取得最低收益的承诺；④特别提示：投资者应签署本风险揭示书，表明投资者已经理解并愿意自行承担接受证券投资顾问服务的风险和损失。

33. 证券投资顾问应公平维护客户利益，不得(　　)。

A. 为公司及其关联方的利益损害客户利益

B. 为证券投资顾问人员及其利益相关者的利益损害客户利益

C. 为特定客户利益损害其他客户利益

D. 提供证券投资顾问服务，维护客户合法权益

【解析】公平维护客户利益原则是指，证券公司及其人员提供证券投资顾问服务，应当忠实客户利益，不得为公司的利益损害客户利益；不得为证券投资顾问人员及其利益相关者的利益损害客户利益；不得为特定客户利益损害其他客户利益。

34. 证券服务机构为证券的(　　)等证券业务活动制作、出具审计报告及其他鉴证报告、资产评估报告、财务顾问报告、资信评级报告或者法律意见书等文件，应当勤勉尽责，对所依据的文件资料内容的真实性、准确性、完整性进行核查和验证。

A. 发行　　B. 上市　　C. 交易　　D. 流通

【解析】《证券法》第一百六十三条规定，证券服务机构为证券的发行、上市、交易等证券业务活动制作、出具审计报告及其他鉴证报告、资产评估报告、财务顾问报告、资信评级报告或者法律意见书等文件，应当勤勉尽责，对所依据的文件资料内容的真实性、准确性、完整性进行核查和验证。其制作、出具的文件有虚假记载、误导性陈述或者重大遗漏，给他人造成损失的，应当与委托人承担连带赔偿责任，但是能够证明自己没有过错的除外。

35. 证券公司、证券投资咨询机构及其人员从事证券投资顾问业务，违反法律和行政法规规定的，中国证监会及其派出机构可以采取(　　)监管措施。

A. 出具警示函　　B. 责令清理违规业务

C. 监管谈话　　D. 责令改正

【解析】根据《证券投资顾问业务暂行规定》第三十三条，证券公司、证券投资咨询机构及其人员从事证券投资顾问业务，违反法律、行政法规和本规定的，中国证监会及其派出机构可以采取责令改正、监管谈话、出具警示函、责令增加内部合规检查次数并提交合规检查报告、责令清理违规业务、责令暂停新增客户、责令处分有关人员等监管措施；情节严重的，中国证监会依照法律、行政法规和有关规定作出行政处罚；涉嫌犯罪的，依法移送司法机关。

36. 证券业从业人员的一般禁止行为主要有(　　)。

A. 贬损同行或以其他不正当竞争手段争揽业务

B. 买卖法律明文禁止买卖的证券

33ABC　34ABC　35ABCD　36ABCD

C. 毁损交易记录

D. 泄露客户资料

【解析】《证券业从业人员执业行为准则》第十一条规定，从业人员一般禁止行为包括：①从事或协同他人从事欺诈、内幕交易、操纵证券交易价格等非法活动；②编造、传播虚假信息或者误导投资者的信息；③损害社会公共利益、所在机构或者他人的合法权益；④从事与其履行职责有利益冲突的业务；⑤贬损同行或以其他不正当竞争手段争揽业务；⑥接受利益相关方的贿赂或对其进行贿赂；⑦买卖法律明文禁止买卖的证券；⑧违规向客户作出投资不受损失或保证最低收益的承诺；⑨隐匿、伪造、篡改或者毁损交易记录；⑩泄露客户资料；⑪中国证监会、协会禁止的其他行为。

三、判断题(下列判断正确的请打“√”，错误的打“×”)

1. 证券投资顾问业务是证券投资咨询业务的一种基本形式，指证券公司、证券投资咨询机构接受客户委托，按照约定，向客户提供涉及证券及证券相关产品的投资建议服务，辅助客户作出投资决策，并直接或者间接获取经济利益的经营活动。(　　)[2023 年 3 月真题]

【解析】证券投资顾问业务，是证券投资咨询业务的一种基本形式，是指证券公司、证券投资咨询机构接受客户委托，按照约定，向客户提供涉及证券及证券相关产品的投资建议服务，辅助客户作出投资决策，并直接或者间接获取经济利益的经营活动。投资建议服务内容包括投资的品种选择、投资组合以及理财规划建议等。

2. 证券投资顾问依据本公司或者其他证券公司、证券投资咨询机构的证券研究报告作出投资建议的，应当向客户说明证券研究报告的发布人、发布日期。(　　)[2023 年 3 月真题]

【解析】《证券投资顾问业务暂行规定》第十八条规定，证券投资顾问依据本公司或者其他证券公司、证券投资咨询机构的证券研究报告作出投资建议的，应向客户说明证券研究报告的发布人、发布日期。

3. 从事证券、期货投资咨询业务的人员，必须取得证券、期货投资咨询从业资格并加入两家有从业资格的证券、期货投资咨询机构后，方可从事证券、期货投资咨询业务。(　　)

【解析】《证券、期货投资咨询管理暂行办法》第十二条规定，从事证券、期货投资咨询业务的人员，必须取得证券、期货投资咨询从业资格并加入一家有从业资格的证券、期货投资咨询机构后，方可从事证券、期货投资咨询业务。

4. 为避免客户做出错误决定，证券公司应替客户决定其风险承受能力。(　　)

【解析】《证券投资顾问业务暂行规定》第十一条规定，证券公司、证券投资咨询机构向客户提供证券投资顾问服务，应当按照公司制定的程序和要求，了解客户的身份、财产与收入状况、证券投资经验、投资需求与风险偏好，评估客户的风险承受能力，并以书面或者电子文件形式予以记载、保存。客户的风险承受能力应由客户自己确定。

5. 证券投资顾问在提供分析、预测或建议时，不仅可以利用从政府部门、上市公司等处获

1√　2√　3×　4×　5×

取的公开披露的信息，也可以利用从亲戚朋友等处获取的有关信息。(　　)

【解析】《关于规范面向公众开展的证券投资咨询业务行为若干问题的通知》规定，证券投资咨询机构及其执业人员从事证券投资咨询活动必须客观公正、诚实信用，不得以虚假信息、内幕信息或者市场传言为依据向客户或投资者提供分析、预测或建议。因此，证券投资顾问应当非常谨慎地处理所获得的非公开信息。

6. 《中华人民共和国证券法》中界定的内幕信息均不能成为证券投资分析的信息来源。(　　)

【解析】《关于规范面向公众开展的证券投资咨询业务行为若干问题的通知》规定，证券投资咨询机构及其执业人员从事证券投资咨询活动必须客观公正、诚实信用，不得以虚假信息、内幕信息或者市场传言为依据向客户或投资者提供分析、预测或建议。

7. 执业人员连续3年不在机构从事证券业务的，由协会注销其执业证书。(　　)

【解析】《证券业从业人员资格管理实施细则》第十四条规定，执业人员连续三年不在机构从事证券业务的，受到刑事处罚的，被市场禁入的，因违法或违纪行为被机构开除的，以及违反职业道德的，由协会注销其执业证书。

8. 从业人员受到协会“暂停执业”纪律处分的，协会予以终止登记。(　　)

【解析】从业人员受到协会“暂停执业”纪律处分的，协会予以中止登记。从业人员受到刑事处罚、被证券市场禁入或受到协会“终止执业”纪律处分的，协会予以注销登记。

9. 证券投资顾问可以通过电视作出买入、卖出或者持有具体证券的投资建议。(　　)

【解析】《证券投资顾问业务暂行规定》第三十一条规定，证券投资顾问不得通过广播、电视、网络、报刊等公众媒体，作出买入、卖出或者持有具体证券的投资建议。

10. 目前证券公司正在探索以差别佣金方式收取顾问服务费用的模式。(　　)

【解析】实践中，证券公司正在探索形成多种证券投资顾问服务收费模式，如按照服务期限收取固定顾问服务费用，在服务期内按客户资产规模的一定比例收取顾问服务费用，以及以差别佣金方式收取顾问服务费用等。

11. 证券投资顾问业务的功能是帮助客户完成交易并保障证券交易通畅。(　　)

【解析】证券投资顾问业务，是证券投资咨询业务的一种基本形式，是指证券公司、证券投资咨询机构接受客户委托，按照约定，向客户提供涉及证券及证券相关产品的投资建议服务，辅助客户作出投资决策，并直接或者间接获取经济利益的经营活动。帮助客户完成交易并保障证券交易通畅是证券经纪业务的功能。

12. 根据《证券投资顾问业务暂行规定》的规定，投资顾问通过广播、电视、网络进行咨询与投资顾问业务，应当提前10个工作日报住所地、媒体所在地证监局报案。(　　)

【解析】《证券投资顾问业务暂行规定》第二十五条规定，证券公司、证券投资咨询机构通过广播、电视、网络、报刊等公众媒体对证券投资顾问业务进行广告宣传，应当遵守《中华人民共和国广告法》和证券信息传播的有关规定，广告宣传内容不得存在虚假、不实、误导性信息以及其他违法违规情形。证券公司、证券投资咨询机构应当提前5

6√　7√　8×　9×　10√　11×　12×

个工作日将广告宣传方案和时间安排向公司住所地证监局、媒体所在地证监局报备。

13. 按照服务期限收取投资顾问服务费模式是目前市场上最为普遍的投资顾问业务盈利模式。(　　)

【解析】目前，投资顾问业务的盈利模式主要有三种：差别佣金收费、按照服务期限收取投资顾问服务费，以及按照客户资产规模收取投资顾问费。其中，差别佣金收费模式是目前市场上最为普遍的投资顾问业务盈利模式。

14. 证券投资咨询机构及其从业人员不可代理委托人从事证券投资，但买卖本证券投资咨询机构提供服务的证券除外。(　　)

【解析】《证券法》第一百六十一条规定，证券投资咨询机构及其从业人员从事证券服务业务不得有下列行为：①代理委托人从事证券投资；②与委托人约定分享证券投资收益或者分担证券投资损失；③买卖本证券投资咨询机构提供服务的证券；④法律、行政法规禁止的其他行为。有前款所列行为之一，给投资者造成损失的，应当依法承担赔偿责任。

15. 证券从业人员不得发表不当言论、违反公序良俗等损害职业声誉、行业声誉的行为。(　　)

【解析】《证券公司董事、监事、高级管理人员及从业人员管理规则》规定，证券公司董事、监事、高级管理人员及从业人员不得发表不当言论、违反公序良俗等损害职业声誉、行业声誉的行为。

四、综合题(以下备选项中有一项或多项符合题目要求，多选、少选、错选均不得分)

小王于2020年某财经大学毕业，毕业后一直从事证券行业，取得证券投资咨询执业资格后于2022年6月13日入职某大型证券公司，担任证券投资顾问一职。

根据上述材料，回答下列各小题。

1. 证券公司应从小王入职后(　　)内办理，通过协会从业人员管理平台，将小王的登记信息提交至协会进行登记。

A. 3　　B. 5　　C. 7　　D. 10

【解析】《关于证券业从业人员登记管理有关事项的通知》规定，从业人员应当通过所在机构进行登记，机构应当自从业人员入职(含试用期)之日起7个工作日内，通过协会从业人员管理平台，将经本机构审核过的从业人员登记信息提交至协会进行登记。登记信息完备的，协会在登记后生成唯一登记编号。登记信息不完备或不符合规定要求的，协会通知机构及时补正。

2. 证券公司向客户提供证券投资顾问服务，应当通过(　　)公示公司的名称、地址、联系方式、投诉电话、证券投资咨询业务资格、证券投资顾问的姓名与执业资格编码，方便投资者查询、监督。

A. 营业场所　　B. 公司网站　　C. 证监会网站　　D. 中国证券业协会

【解析】《证券投资顾问业务暂行规定》规定，证券公司、证券投资咨询机构应当通过营业场所、中国证券业协会和公司网站，公示公司名称、地址、联系方式、投诉电话、证

13× 14× 15√ ┃ 1C 2ABD

券投资咨询业务资格等，证券投资顾问的姓名及其证券投资咨询执业资格编码信息，方便投资者查询、监督。

3. 小王向客户提供证券投资顾问服务时，应了解的客户信息主要包括(　　)。

A. 身份　　B. 财产与收入状况

C. 证券投资经验　　D. 从事的行业

【解析】《证券投资顾问业务暂行规定》第十一条规定，证券公司、证券投资咨询机构向客户提供证券投资顾问服务，应当按照公司制定的程序和要求，了解客户的身份、财产与收入状况、证券投资经验、投资需求与风险偏好，评估客户的风险承受能力，并以书面或者电子文件形式予以记载、保存。

4. 证券投资顾问和证券分析师的区别主要体现在(　　)方面。

A. 服务方式　　B. 服务内容　　C. 收费方式　　D. 市场影响

【解析】证券投资顾问与证券分析师的区别主要体现在：①立场不同；②服务方式和内容不同；③服务对象有所不同；④市场影响有所不同。

5. 小王从事证券投资顾问业务，应当遵循的基本原则是(　　)。

A. 诚实守信、客户自担风险、分类管理

B. 规范运作、利益至上、公平公正

C. 依法合规、诚实守信、公平维护客户利益

D. 守法合规、公平公正、集中管理

【解析】证券投资顾问业务的基本原则是：①依法合规，证券公司、证券投资咨询机构从事证券投资顾问业务，应当遵守法律、行政法规和《证券投资顾问业务暂行规定》，加强合规管理，健全内部控制，防范利益冲突，切实维护客户合法权益；②诚实守信，证券公司、证券投资咨询机构及其人员应当遵循诚实信用原则，勤勉、审慎地为客户提供证券投资顾问服务；③公平维护客户利益，证券公司、证券投资咨询机构及其人员提供证券投资顾问服务，应当忠实客户利益，不得为公司及其关联方的利益损害客户利益；不得为证券投资顾问人员及其利益相关者的利益损害客户利益；不得为特定客户利益损害其他客户利益。

3ABC　4ABD　5C

第二部分　专业基础

第二章　基本理论

一、单项选择题(以下备选项中只有一项最符合题目要求，不选、错选均不得分)

1. 关于套利定价模型(APT)，下列说法中，正确的是(　　)。[2023 年 3 月真题]

A. 在 APT 的理论架构下，市场投资组合为一有效组合

B. 证券的期望收益率受若干共同因素的影响

C. APT 理论清楚地描述了有哪些因素影响证券期望收益率

D. APT 的假设条件与资本资产定价模型相同

【解析】B 项，套利定价模型假设所有证券的收益都受到一个共同因素 F 的影响；C 项，套利定价模型事先仅是猜测某些因素可能是证券收益的影响因素，但并不确定这些因素中，哪些因素对证券收益有广泛而特定的影响；D 项，与资本资产定价模型(CAPM)相比，建立套利定价模型的假设条件较少。

2. 下列选项中，属于证券组合根据投资目标不同的划分类型的是(　　)。[2023 年 3 月真题]

A. 国际型、国内型、混合型　　B. 收入型、增长型、指数化型

C. 激进型、稳健性、均衡型　　D. 保值型、增值型、平衡型

【解析】证券组合按不同的投资目标可以分为避税型、收入型、增长型、收入和增长混合型、货币市场型、国际型及指数化型等。

3. 指数化型证券组合通常是模拟(　　)。[2023 年 3 月真题]

A. 夏普指数　　B. 特雷诺指数　　C. 詹森指数　　D. 市场指数

【解析】指数化型证券组合模拟某种市场指数，以求获得市场平均的收益水平。

4. 认为证券市场是有效市场的机构投资者一般倾向于选择(　　)证券组合。[2023 年 3 月真题]

A. 增长型　　B. 收入型　　C. 指数化型　　D. 平衡型

【解析】信奉有效市场理论的机构投资者通常会倾向于指数化型证券组合，以求获得市场平均的收益水平。

5. 假定年利率为 10%，每半年复利计息一次，则有效年利率为(　　)。[2022 年 11 月真题]

A. 11%　　B. 10%　　C. 5%　　D. 10.25%

【解析】根据计算公式，有效年利率 $EAR=\left(1+\frac{r}{m}\right)^{m}-1=\left(1+\frac{10\%}{2}\right)^{2}-1=10.25\%$，式中，$r$ 指名义年利率，EAR 指有效年利率，m 指一年内复利次数。

1A　2B　3D　4C　5D

6. 某债券面额 100 元，票面利率为 9%，期限 3 年，于 2017 年 12 月 31 日到期一次还本付息，持有人甲于 2015 年 12 月 31 日将其卖出，若购买者乙要求 10% 的最终收益率，则其购买价格应为(按单利计息复利贴现)(　　)。[2022 年 8 月真题]

A. 103.96　　B. 104.96　　C. 105.96　　D. 106.96

【解析】购买价格即为此债券取得 10% 的最终收益率时对应的 2015 年 12 月 31 日的现值，根据计算公式，可得：$PV = FV/(1+r)^t = (100 + 100 \times 9\% \times 3)/(1+10\%)^2 \approx 104.96$(元)。

7. 某上市公司上年发放的股息为 0.5 元/股，预期今后每股股息将以每年 10% 的速度稳定增长，当前无风险利率为 0.025，市场组合的风险溢价为 0.08，该公司股票的 β 值为 1.5，那么，该公司股票的合理价格是(　　)。[2022 年 8 月真题]

A. 12.2 元　　B. 11.11 元　　C. 6.67 元　　D. 9.09 元

【解析】根据资本资产定价模型，得到个股的期望收益率 $i = 0.025 + 1.5 \times 0.08 = 14.5\%$，再根据股东股利增长模型，则股价 $p = 0.5 \times (1+10\%)/(0.145 - 0.1) \approx 12.2$(元)。

8. 从个人理财生命周期的角度看，理财任务“妥善管理好积累的财富，主动调整投资组合，降低投资风险，以保守稳健型投资为主，配以适当比例的进取型投资，以稳健的方式使资产得以保值增值”属于(　　)。[2022 年 7 月真题]

A. 高原期　　B. 维持期　　C. 稳定期　　D. 退休期

【解析】高原期通常指 55 ~ 60 周岁。在这一阶段，房贷等中长期债务已还清，子女一般也已经步入社会开始独立，因此基本上没有大额支出，也没有债务负担，财富积累到了最高峰，为未来的生活奠定一定的基础。在高原期，个人的主要理财任务是妥善管理好积累的财富，主动调整投资组合，降低投资风险，以保守稳健型投资为主，配以适当比例的进取型投资，多配置基金、债券、储蓄、银行固定收益理财产品，以稳健的方式使资产得以保值增值。

9. 某股票在 2018 年 12 月 31 日的市场价格为 100 元，次年 3 月 31 日该股票的价格为 110 元，在这期间没有发放股利，则该股票按年计算的实际单利收益率为(　　)。[2022 年 7 月真题]

A. 40.56%　　B. 46.41%　　C. 41.76%　　D. 36.25%

【解析】截至 3 月 31 日该股票的价格为 110 元，则按一季度增长 10% 计算，至年底该股票的价格应为 $100 \times (1+10\%)^4 = 146.41$(元)，则按单利计算收益率为 $(146.41 - 100) \div 100 = 46.41\%$。

10. 以未来价格上升带来的价格收益为投资目标的证券组合属于(　　)。[2020 年 8 月真题]

A. 平衡型证券组合　　B. 增长型证券组合

C. 收入型证券组合　　D. 货币市场型证券组合

【解析】证券组合可以分为：避税型证券组合、收入型证券组合、增长型证券组合、收入和增长混合型证券组合、货币市场型证券组合、国际型证券组合和指数化型证券组合等。其中，增长型证券组合以资本升值(即未来价格上升带来的价差收益)为目标，

6B　7A　8A　9B　10B

投资风险较大。

11. 假设 X 股票的贝塔系数是 Y 股票的两倍，下列说法正确的是(　　)。[2019 年 7 月真题]

A. X 的单位风险补偿是 Y 的两倍

B. X 的风险为 Y 的两倍

C. X 受市场变动的影响程度为 Y 的两倍

D. X 的期望报酬率为 Y 的两倍

【解析】β 系数反映了证券或组合的收益水平对市场平均收益水平变化的敏感性，即其受市场变动的影响程度。本题已知 $\beta_X = 2\beta_Y$，因此 X 股票受市场变动的影响程度为 Y 股票的两倍。

12. 从个人理财生命周期的角度看，既要通过提高劳动收入积累尽可能多的财富，也要善用投资工具创造更多财富，既要偿清各种中长期债务，又要为未来储备财富，属于(　　)。[2019 年 6 月真题]

A. 稳定期　　B. 维持期　　C. 退休期　　D. 高原期

【解析】维持期(45 ~ 54 岁)是事业发展的黄金时期，收入和财富积累都处于人生的最佳时期，更是财务规划的关键时期。要准备子女的教育费用、父母的赡养费用以及自己的退休养老费用，同时还需要彻底还清各种中长期债务。

13. 根据货币时间价值概念，一般情况下，一笔未来货币收入的当前价值(　　)其终值。[2019 年 4 月真题]

A. 高于　　B. 涵盖　　C. 等于　　D. 低于

【解析】货币的时间价值是指货币随时间的推移而发生的增值，因此一笔货币投资的终值高于其现值，而一笔未来的货币收入(包括利息)的当前价值(现值)一般也低于其终值。

14. 市场上有一种永续存在的债券，该债券收益率为 2.4%，张某现在投资 100 万元购买债券，其投资变成 200 万的时间大致为(　　)年。[2019 年 4 月真题]

A. 24　　B. 30　　C. 14　　D. 20

【解析】金融学上的 72 法则是用作估计一定投资额倍增或减半所需要的时间的方法，即用 72 除以收益率或通胀率就可以得到固定一笔投资(钱)翻番或减半所需时间。张某的投资翻番的时间大致为：72/2.4 = 30(年)。

15. 假设某一组合由三种不完全相关证券组成，当投资分配比例发生变化时，可能的投资组合在收益与标准差为坐标系的平面中是一(　　)。[2019 年 4 月真题]

A. 区域　　B. 曲线　　C. 直线　　D. 点

【解析】假设可供选择的证券有三种：A、B 和 C。这时，可能的投资组合是坐标系中的一个区域，如图 1 所示。在不允许卖空的情况下，A、B、C 三种证券所能得到的所有合法组合将落入并填满坐标系中组合线 AB、BC、AC 围成的区域，该区域即为不允许卖空时，证券 A、B 和 C 的证券组合可行域。每一个合法的组合称为一个可行组合。

11C　12B　13D　14B　15A

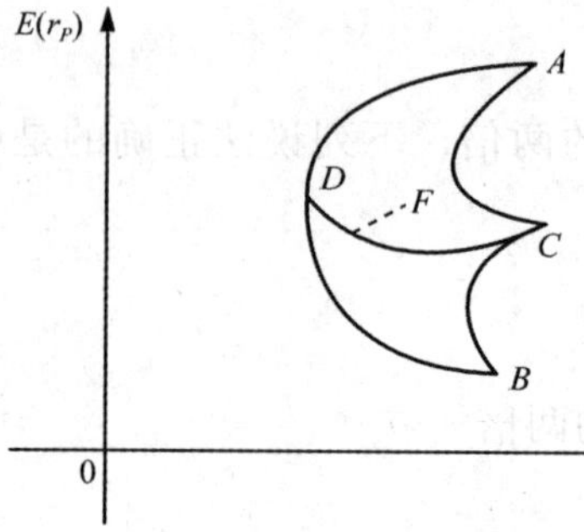

图1 不允许卖空时三种证券组合的可行域

16. 假定不允许卖空，当两个证券完全正相关时，这两种证券在均值－标准差坐标系中的组合线形状为(　　)。[2019年4月真题]

A. 直线　　B. 双曲线　　C. 折线　　D. 抛物线

【解析】给定证券A与B的期望收益率和方差，假定不允许卖空，证券A与B的不同关联性将决定不同形状的组合线：①完全正相关下，证券A与B构成的组合线是连接A和B的直线；②完全负相关下，证券A与B构成的组合线如图2所示；③当证券A与B的收益率不完全相关时，证券A与B构成的组合线是连接A和B的双曲线，相关系数决定结合线在A与B点之间的弯曲程度。

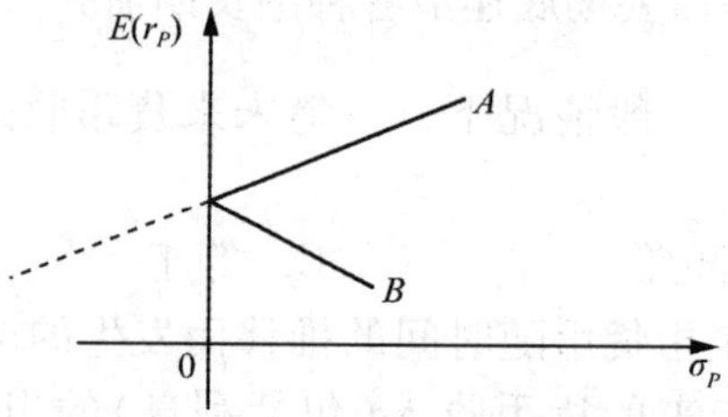

图2 证券AB完全负相关时的组合线

17. 下列各项中，不属于时间价值基本参数的是(　　)。[2019年3月真题]

A. β系数　　B. 时间　　C. 市场利率　　D. 通货膨胀率

【解析】时间价值的基本参数包括：①现值，即货币现在的价值，一般是指期初价值；②终值，即货币在未来某个时间点上的价值，一般指期末价值；③时间，是货币价值的参照系数；④利率(或通货膨胀率)，是影响金钱时间价值程度的波动要素。

18. 在资产组合理论中，最优证券组合为(　　)。[2018年10月真题]

A. 有效边界上斜率最大点　　B. 无差异曲线与有效边界的交叉点

C. 无差异曲线与有效边界的切点　　D. 无差异曲线上斜率最大点

【解析】特定投资者的无差异曲线簇与有效边界的切点所表示的组合就是该投资者的最优证券组合，不同投资者的无差异曲线簇与有效边界的切点不同，因而不同投资者可获得各自的最优证券组合。

19. 从家庭生命周期的角度分析，家庭收入以理财收入及转移性收入为主的阶段一般称为

16A　17A　18C　19A

家庭(　　)。[2018 年 9 月真题]

A. 衰老期　　B. 成熟期　　C. 成长期　　D. 形成期

【解析】衰老期是指夫妻双方退休到一方过世的阶段。在这一阶段，家庭收入以理财收入和转移性收入为主；医疗费用支出增加，其他费用支出减少；支出大于收入，储蓄逐步减少。

20. 从家庭居住特征着眼，如果有人是与老年父母同住或仅夫妻两人居住。那么他的家庭所处的阶段是(　　)。[2018 年 5 月真题]

A. 形成期　　B. 衰老期　　C. 成熟期　　D. 成长期

【解析】家庭成熟期的居住状况为与老年父母同住或夫妻两人居住。在此阶段，家庭可积累的资产达到巅峰，要逐步降低投资风险，保障退休金的安全。同时，在退休前把所有的负债还清。

21. 资本资产定价理论是在马柯威茨投资组合理论基础上提出的，下列不属于其假设条件的是(　　)。[2018 年 5 月真题]

A. 资本市场没有摩擦

B. 投资者对证券的收益、风险及证券间的关联性具有完全相同的预期

C. 资产市场不可分割

D. 投资者都依据期望收益率评价证券组合的收益水平，依据方差(或标准差)评价证券组合的风险水平

【解析】资本资产定价模型的假设条件包括：①投资者都依据期望收益率评价证券组合的收益水平，依据方差(或标准差)评价证券组合的风险水平，并按照投资者共同偏好规则选择最优证券组合。②投资者对证券的收益、风险及证券间的关联性具有完全相同的预期。③资本市场没有摩擦。该假设是指：在分析问题的过程中，不考虑交易成本和对红利、股息及资本利得的征税，信息在市场中自由流动，任何证券的交易单位都是无限可分的，市场只有一个无风险借贷利率，在借贷和卖空上没有限制。

22. 三种投资产品甲、乙、丙的收益相关系数如下表，如必须选择其中两个产品进行组合构建，则下列说法正确的是(　　)。[2018 年 5 月真题]

	甲	乙	丙
甲	1		
乙	0.2	1	
丙	0.8	-0.7	1

A. 乙、丙组合是对冲组合　　B. 甲、丙的组合风险最小

C. 甲、乙的组合风险最小　　D. 甲、丙的组合风险最分散

【解析】相关系数越小，在不卖空的情况下，证券组合的风险越小，特别是负完全相关的情况下，可获得无风险组合。表中，乙和丙的相关系数为负，说明这两种投资产品是负相关，属于对冲组合，两者的组合风险最小。

20C　21C　22A

23. 在组合投资理论中，有效证券组合是指(　　)。[2018 年 5 月真题]

A. 可行域的右边界上的任意可行的组合

B. 可行域的左边界上的任意可行的组合

C. 可行域内任意可行的组合

D. 按照投资者的共同偏好规则，排除那些被所有投资者都认为差的组合后余下的组合

【解析】按照投资者的共同偏好规则，排除那些被所有投资者都认为差的组合，把排除后余下的这些组合称为有效证券组合。根据有效证券组合的定义，有效组合不止 1 个，描绘在可行域的图形中，是可行域的上边界部分。

24. 根据资本资产定价模型(CAPM)，当我们在衡量某证券的收益率时，其风险溢价收益应为(　　)。[2018 年 3 月真题]

A. 无风险利率和市场风险溢价之和　　B. 贝塔(β)和市场预期收益率的乘积

C. 无风险利率和贝塔(β)的乘积　　D. 贝塔(β)和风险的价格的乘积

【解析】根据资本资产定价模型，任意证券或组合的期望收益率由两部分构成：一部分是无风险利率 r_F，它是由时间创造的，是对放弃即期消费的补偿；另一部分则是 $[E(r_P)-r_F]\beta_P$，是对承担风险的补偿，通常称为“风险溢价”。它与承担的风险 β_P 的大小成正比。其中的$[E(r_P)-r_F]$代表了对单位风险的补偿，通常称之为风险的价格。

25. 20 世纪 60 年代，美国财务学家(　　)提出了著名的有效市场假说。[2018 年 3 月真题]

A. 马柯威茨　　B. 尤金·法玛　　C. 夏普　　D. 艾略特

【解析】1965 年美国芝加哥大学著名教授尤金·法玛于 1970 年深化和提出“有效市场理论”。该理论认为，在一个充满信息交流和信息竞争的社会里，一个特定的信息在股票市场上能够迅速被投资者知晓。

26. 下列关于证券市场线的表述，正确的有(　　)。[2017 年 11 月真题]

A. 证券市场线上的任何一个点都是有效组合

B. 证券市场线上代表了有效组合预期回报率和 β 系数之间的均衡关系

C. 证券市场线意味着与市场组合协方差更大的证券具有较高的预期回报率

D. 证券市场线的斜率越高意味着承担的系统性风险越大

【解析】A 项，资本市场线揭示了有效组合的收益风险均衡关系，资本市场线上的任何一点都是有效组合；B 项，证券市场线揭示的是任意证券或组合的期望收益率与风险之间的关系；D 项，证券市场线可表示为：$E(r_P)=r_F+[E(r_M)-r_F]\beta_P$，其斜率为：$[E(r_M)-r_F]$，代表对单位风险的补偿，其值越大，表明投资者越厌恶风险；β 系数用来衡量证券承担系统风险的大小，β 系数越大意味着承担的系统性风险越大。

27. 根据投资组合理论，如果甲的风险承受力比乙大，那么(　　)。[2017 年 5 月真题]

A. 甲的无差异曲线的弯曲程度比乙的大

B. 甲的最优证券组合的风险水平比乙的低

C. 甲的最优证券组合比乙的好

D. 甲的最优证券组合的期望收益率水平比乙的高

23D　24D　25B　26C　27D

【解析】无差异曲线向上弯曲的程度大小反映投资者承受风险的能力强弱，曲线越陡，投资者对风险增加要求的收益补偿越高，投资者对风险的厌恶程度越强烈；曲线越平坦，投资者的风险厌恶程度越弱。投资者的最优证券组合为无差异曲线簇与有效边界的切点所表示的组合。由于甲的风险承受能力比乙大，因此甲的无差异曲线更平坦，与有效边界的切点对应的收益率更高，风险水平更高。

28. 在有效市场中，下列说法错误的是(　　)。[2016 年 11 月真题]

A. 技术分析无效　　B. 事件研究无效

C. 基本面分析无效　　D. 组合管理无效

【解析】在有效市场中，所有投资者都不可能获得超额收益，基于历史信息、公开信息和内幕信息所进行的技术分析、基本分析以及其他分析均无效，此时的投资策略是：与市场同步，取得和市场一致的投资收益。具体做法是：按照市场综合价格指数组织投资。

29. 证券组合可行域的形状满足的一个共同特性是(　　)。[2016 年 9 月真题]

A. 左边界必然向原点凹或呈线性　　B. 左边界必然向外凸或呈线性

C. 左边界呈线性　　D. 左边界必然向外凸

【解析】一般而言，当由多种证券(不少于三种证券)构造证券组合时，组合可行域是所有合法证券组合构成的 $E-\sigma$ 坐标系中的一个区域。可行域满足一个共同的特点：左边界必然向外凸或呈线性，即不会出现凹陷。

30. 通常，可积累的财产达到巅峰，要逐步降低投资风险的时期属于家庭生命周期中的(　　)阶段。[2016 年 4 月真题]

A. 家庭成熟期　　B. 家庭成长期　　C. 家庭衰老期　　D. 家庭形成期

【解析】家庭生命周期包括形成期、成长期、成熟期和衰老期四个阶段。其中，家庭成熟期资产达到巅峰，要逐步降低投资风险，保障退休金的安全。

31. 下列关于 β 系数说法正确的是(　　)。[2016 年 4 月真题]

A. β 系数的值越大，其承担的系统风险越小

B. β 系数是衡量证券系统风险水平的指数

C. β 系数的值在 0 ~ 1 之间

D. β 系数是证券总风险大小的度量

【解析】AD 两项，β 系数衡量的是证券的系统风险，β 值越大，证券的系统风险越大；C 项，当证券的收益率与市场组合收益率负相关时，β 系数为负数。

32. 对任何内幕消息的价值都持否定态度的是(　　)。[2016 年 4 月真题]

A. 弱式有效市场假设　　B. 半强式有效市场假设

C. 强式有效市场假设　　D. 超强式有效市场假设

【解析】强式有效市场假设认为，当前的股票价格反映了全部信息的影响，全部信息不但包括历史价格信息、全部公开信息，而且还包括私人信息以及未公开的内幕信息等。这是一个极端的假设，其对任何内幕信息的价值均持否定态度。

28D　29B　30A　31B　32C

33. 如果两种证券组合具有相同的收益率方差和不同的期望收益率，那么投资者选择期望收益率高的组合；如果两种证券组合具有相同的期望收益率和不同的收益率方差，那么投资者会选择方差较小的组合，这种选择原则叫作(　　)。

A. 有效组合规则　　B. 共同偏好规则

C. 风险厌恶规则　　D. 有效投资组合规则

【解析】大量的事实表明，投资者喜好收益而厌恶风险，因而人们在投资决策时希望收益越大越好，风险越小越好，这种态度反映在证券组合的选择上，就是在收益相同的情况下，选择风险小的组合；在风险相同的情况下，选择收益大的组合，这一规则就叫作共同偏好规则。

34. 根据 F. 莫迪利亚尼等人的家庭生命周期理论，不适合处于家庭成长期的投资人的理财策略是(　　)。

A. 保持资产的流动性，投资部分期货型基金

B. 适当投资债券型基金

C. 拒绝合理使用银行信贷工具

D. 适当投资股票等高成长性产品

【解析】根据 F. 莫迪利亚尼等人的家庭生命周期理论，在家庭成长期，子女教育金需求增加，购房、购车贷款仍保持较高需求，成员收入稳定，家庭风险承受能力进一步提升。因此，该阶段建议依旧保持资产流动性，并适当增加固定收益类资产，如债券基金、浮动收益类理财产品。

35. 生命周期理论比较推崇的消费观念是(　　)。

A. 大部分选择性支出用于当前消费

B. 及时行乐、“月光族”

C. 消费水平在一生内保持相对平衡的水平

D. 大部分选择性支出存起来用于以后消费

【解析】生命周期理论指出，自然人是在相当长的期间内计划个人的储蓄消费行为，以实现生命周期内收支的最佳配置，即一个人应该综合考虑其当期、将来的收支，以及可预期的工作、退休时间等诸多因素，以决定目前的消费和储蓄，并保证其消费水平处于预期的平稳状态，而不至于出现大幅波动。

36. 风险承受能力较低的特点会出现在家庭生命周期的______阶段，一般建议投资组合中增加______比重。(　　)

A. 衰老期；债券等安全性较高的资产　　B. 形成期；债券等安全性较高的资产

C. 成熟期；股票等风险资产　　D. 成长期；股票等风险资产

【解析】养老护理和资产传承是衰老期的核心目标，家庭收入大幅降低，储蓄逐步减少，风险承受能力较低。该阶段建议进一步提升资产安全性，将 80% 以上资产投资于储蓄及固定收益类理财产品，同时购买长期护理类保险。

37. 下列关于生命周期理论的表述，正确的是(　　)。

33B　34C　35C　36A　37C

A. 家庭生命周期分为家庭成长期、家庭成熟期、家庭衰退期三个阶段
B. 个人生命周期与家庭生命周期联系不大
C. 个人是在相当长的时间内计划自己的消费和储蓄行为，在整个生命周期内实现收支的最佳配置
D. 金融理财师在为客户设计产品组合时，无须考虑个人生命周期因素

【解析】生命周期理论是指自然人在相当长的期间内计划个人的储蓄消费行为，以实现生命周期内收支的最佳配置。A 项，家庭的生命周期一般可分为形成期、成长期、成熟期以及衰老期四个阶段；B 项，严格意义上，生命周期分家庭和个人生命周期两种，两者紧密相关，但又有区别；D 项，个人理财规划是根据个人不同生命周期的特点(通常以 15 岁为起点)，综合使用银行产品、证券、保险等金融工具，来进行财务安排和理财活动。

38. 阮先生今年 35 岁，妻子 32 岁，女儿 3 岁，家庭年收入 10 万元，支出 6 万元，有存款 30 万元，有购房计划，从家庭生命周期分析，阮先生的家庭生命周期属于(　　)。

A. 成熟期　　B. 成长期　　C. 形成期　　D. 稳定期

【解析】家庭的生命周期一般可分为：①形成期；②成长期；③成熟期；④衰老期。其中，成长期的特征是从子女幼儿期到子女经济独立。题中，阮先生家庭人员数目固定，3 岁的女儿没有开始学业，有购房计划并且可积累的资产逐年增加，因此属于家庭生命周期中的成长期。

39. 理财师根据家庭生命周期的不同，可以了解、掌握处于不同家庭生命周期阶段的客户的(　　)，进而理财目标也有所侧重。

①职业生涯阶段特点；②家庭收支、资产负债状况；③主要财务问题；④理财需求

A. ①②③　　B. ①③　　C. ①②④　　D. ①②③④

【解析】理财师根据家庭生命周期的不同，可以了解、掌握处于不同家庭生命周期阶段的客户的职业生涯阶段特点、家庭收支、资产负债状况、主要财务问题及理财需求，进而理财目标也有所侧重。例如家庭形成期的理财目标是保持流动性的同时配置高收益类金融资产，如股票基金、货币基金、流动性高的理财产品等。

40. 对消费者的消费行为提供了全新的解释，指出个人在相当长的时间内计划他的消费和储蓄行为，在整个生命周期内实现消费的最佳配置的理论是(　　)。

A. 马柯威茨投资组合理论　　B. 资本资产定价模型
C. 生命周期理论　　D. 套利定价理论

【解析】生命周期理论对于人们的消费行为给予了全新的解释，理论指出：自然人在相当长的期间内对个人的储蓄消费行为作出计划，实现生命周期内收支的最佳配置。即综合考虑其当期、将来的收支、可预期的工作、退休时间等诸多因素，以决定目前的消费和储蓄，并保证其消费水平处于预期的平稳状态，而不至于出现大幅波动。

41. 张勇夫妇明年将退休，三个子女均已研究生毕业并组建了家庭，且张勇夫妇有丰厚的储蓄，两个人的支出也比较少。根据这些描述，他们所处的生命周期的阶段是(　　)。

38B　39D　40C　41C

A. 家庭形成期　B. 家庭成长期　C. 家庭成熟期　D. 家庭衰老期

【解析】家庭成熟期的特征是从子女经济独立到夫妻双方退休。该阶段收入处于巅峰阶段，支出相对较低，是储蓄增长的最佳时期。

42. 下列家庭生命周期各阶段，投资组合中债券比重最高的一般为(　　)。

A. 夫妻25~35岁时　B. 夫妻30~55岁时
C. 夫妻50~60岁时　D. 夫妻60岁以后

【解析】夫妻年龄60岁以后进入家庭衰老期，主要的人生目标就是安享晚年，社会交际会明显减少，该阶段建议进一步提升资产安全性，将80%以上资产投资于储蓄及固定收益类理财产品，如各种债券等，同时购买长期护理类保险。

43. 根据F. 莫迪利亚尼等人的生命周期理论，个人在维持期的理财特征是(　　)。

A. 自用房产投资　B. 寻求多元投资组合
C. 固定收益投资　D. 进行股票、基金的投资

【解析】维持期阶段是个人和家庭进行财务规划的关键期，既要通过提高劳动收入积累尽可能多的财富，更要善用投资工具创造更多财富；既要偿清各种中长期债务，又要为未来储备财富。这一时期，财务投资尤其是可获得适当收益的组合投资成为主要手段。

44. 根据年龄层可以把个人生涯规划比照家庭生命周期分为6个阶段，理财活动侧重于偿还房贷、筹集教育金的是(　　)。

A. 建立期　B. 稳定期　C. 维持期　D. 高原期

【解析】稳定期的理财活动是偿还房贷、筹集教育金；投资工具是自用房产投资、股票、基金等。

45. 个人生命周期中探索期的主要理财活动是(　　)。

A. 偿还房贷、筹教育金　B. 量入为出、存自备款
C. 求学深造、提高收入　D. 收入增加、筹退休金

【解析】探索期年龄层为15~24岁，在此期间求学深造、提高收入是最主要的理财活动，投资工具主要为活期、定期存款和基金定投等。

46. 高原期的理财活动包括(　　)。

A. 量入为出、攒首付款　B. 收入增加、筹退休金
C. 负担减轻、准备退休　D. 享受生活规划、遗产

【解析】高原期对应的年龄阶段约55~60岁。这个时期基本上没有大额支出，也没有债务负担，财富积累到了最高峰，为未来的生活奠定一定的基础，主要的理财活动是负担减轻、准备退休。

47. 按年龄层把生涯规划比照家庭生命周期分为六个阶段，其中最重要的理财活动是收入增加、筹集退休金的时期是(　　)。

A. 稳定期　B. 维持期　C. 高原期　D. 退休期

42D　43B　44B　45C　46C　47B

【解析】维持期最重要的理财活动是收入增加、筹集退休金。A 项，稳定期的理财活动是偿还房贷、筹教育金；C 项，高原期的理财活动是负担减轻、准备退休；D 项，退休期的理财活动是享受生活、规划遗产。

48. 退休期属于个人生命周期的后半段，(　　)是最大支出。

A. 购房　　B. 子女教育费用

C. 以储蓄险来累积资产　　D. 医疗保健支出

【解析】退休终老期的财务支出除了日常费用外，最大的一块就是医疗保健支出，除了在中青年时期购买的健康保险能提供部分保障外，社会医疗保障与个人储备的积蓄也能为医疗提供部分费用。

49. 北京市海淀区 28 岁的个体工商户王建国经人介绍与北京公交集团客运二公司同岁的孙爱菊结婚。目前，夫妻二人已育有一个读小学二年级的女儿(9 岁)和一个读幼儿园的儿子(6 岁)。根据家庭生命周期理论，关于王建国家庭所处的生命周期，下列表述正确的是(　　)。

A. 这个周期从女儿出生开始，儿子完成学业结束

B. 这个周期从结婚开始，儿子完成学业结束

C. 这个周期从女儿出生开始，王建国夫妻退休结束

D. 这个周期从儿子完成学业，王建国夫妻退休结束

【解析】家庭形成期是从结婚到子女出生为止；家庭成长期是从子女出生到完成学业为止；家庭成熟期是从子女完成学业到夫妻均退休为止；家庭衰老期是从夫妻均退休到夫妻一方过世为止。王建国家庭处于家庭成长期，故其所处周期应为从大女儿出生到小儿子完成学业为止。

50. 不同家庭生命周期有不同的理财重点。下列对于处于家庭成长期的家庭的理财重点的描述，错误的是(　　)。

A. 购房偿还房贷　　B. 教育负担增加

C. 家庭收入稳定　　D. 以固定收益投资为主

【解析】处于成长期的家庭，子女教育金需求增加，购房、购车贷款仍保持较高需求，成员收入稳定，家庭风险承受能力进一步提升。因此，该阶段建议依旧保持资产流动性，并适当增加固定收益类资产，如债券基金、浮动收益类理财产品。

51. 生涯规划中的稳定期的理财活动主要是(　　)。

A. 偿还房贷，筹教育金　　B. 量入为出，攒首付款

C. 负担减轻，准备退休　　D. 增加收入，筹退休金

【解析】B 项属于建立期的理财活动；C 项属于高原期的理财活动；D 项属于维持期的理财活动。

52. 在以客户的内在属性进行分类的方法中，(　　)是最著名、最常用的客户分类方法。

A. 按财富观分类法　　B. 按风险态度分类法

C. 按交际风格分类法　　D. 生命周期理论

48D　49A　50D　51A　52D

【解析】在以客户的内在属性进行分类的方法中，生命周期理论是最著名、最常用的客户分类方法。在理财领域，个人与家庭的生命周期紧密相关，都有诞生、成长、发展、成熟、衰退直至消亡的过程。

53. 根据个人生命周期理论，自完成学业开始工作并领取第一份报酬开始进入(　　)。

A. 探索期　　B. 建立期　　C. 稳定期　　D. 维持期

【解析】自完成学业开始工作并领取第一份报酬开始，真正意义上的个人理财生涯才开始。这个时期由于刚工作，收入基数较低，还没有足够的资金与经验从事投资，无法获得投资性收入，属于建立期。

54. 通常将一定数量的货币在两个时点之间的价值差异称为(　　)。

A. 货币时间差异　　B. 货币时间价值

C. 货币投资价值　　D. 货币投资差异

【解析】货币的时间价值是指货币在无风险的条件下，经历一定时间的投资和再投资而发生的增值，或者是货币在使用过程中由于时间因素而形成的增值，也被称为资金时间价值。

55. 根据货币时间价值的概念，下列不属于货币终值影响因素的是(　　)。

A. 计息的方法　　B. 现值的大小　　C. 利率　　D. 市场价格

【解析】以单利计算的终值公式为：$FV = PV \times (1 + r \times t)$，以复利计算的终值公式为：$FV = PV \times (1 + r)^t$。从这两个公式中可以看出，货币终值与计息方法、现值的大小、利率和时间相关，与市场价格无关。

56. A 方案在 3 年中每年年初付款 500 元，B 方案在 3 年中每年年末付款 500 元，若利率为 10%，则第三年年末两个方案的终值相差约(　　)元。

A. 348　　B. 105　　C. 505　　D. 166

【解析】期初年金指在一定时期内每期期初发生系列相等的收付款，即现金流发生在当期期初。期末年金即现金流发生在当期期末。题中，A 方案属于期初年金，其终值的计算公式为：$FV_{BEG} = \frac{C}{r}[(1+r)^t - 1](1+r) = \frac{500 \times [(1+10\%)^3 - 1]}{10\%} \times (1+10\%) = 1820.5$(元)；$B$ 方案属于期末年金，其终值的计算公式为：$FV = \frac{C[(1+r)^t - 1]}{r} = \frac{500 \times [(1+10\%)^3 - 1]}{10\%} = 1655$(元)。故第三年末两个方案的终值相差约 166 元。

57. 张女士分期购买一辆汽车，每年年末支付 10000 元，分 5 次付清，假设年利率为 5%，则该项分期付款相当于现在一次性支付(　　)元。

A. 55265　　B. 43259　　C. 43295　　D. 55256

【解析】根据年金现值的公式，该项分期付款的现金流的现值为：

$$PV = \frac{C}{r}\left[1 - \frac{1}{(1+r)^t}\right] = \frac{10000}{5\%} \times \left[1 - \frac{1}{(1+5\%)^5}\right] \approx 43295\text{(元)}$$

53B　54B　55D　56D　57C

58. 李先生拟在 5 年后用 200000 元购买一辆车，银行年复利率为 12%，李先生现在应存入银行(　　)元。

A. 120000　　B. 134320　　C. 113485　　D. 150000

【解析】根据复利计算多期现值公式，可得：$PV = FV/(1+r)^t = 200000/(1+12\%)^5 \approx$ 113485(元)。

59. 假如你有一笔资金收入，若目前领取可得 10000 元，而 3 年后领取可得 15000 元。如果当前你有一笔投资机会，年复利收益率为 20%，每年计息一次，则下列表述正确的是(　　)。

A. 3 年后领取更有利

B. 无法比较何时领取更有利

C. 目前领取并进行投资更有利

D. 目前领取并进行投资和 3 年后领取没有区别

【解析】若将 10000 元领取后进行投资，年利率为 20%，每年计息一次，3 年后的终值为：$FV = 10000 \times (1+20\%)^3 = 17280$(元)。将 10000 元领取后进行投资 3 年，比 3 年后领取可得的 15000 元更多，因此应该目前领取并进行投资。

60. 陈小姐将 1 万元用于投资某项目，该项目的预期收益率为 10%，项目投资期限为 3 年，每年支付一次利息，假设该投资人将每年获得的利息继续投资，则该投资人三年投资期满将获得的本利和为(　　)元。

A. 13310　　B. 13000　　C. 13210　　D. 13500

【解析】根据复利终值的计算公式，可得：$FV = PV \times (1+r)^3 = 10000 \times (1+10\%)^3 =$ 13310(元)。

61. 某校准备设立永久性奖学金，每年计划颁发 36000 元资金，若年复利率为 12%，该校现在应向银行存入(　　)元本金。

A. 450000　　B. 300000　　C. 350000　　D. 360000

【解析】永续年金是指在无限期内，时间间隔相同、不间断、金额相等、方向相同的一系列现金流。根据永续年金现值的计算公式，可得：$PV = C/r = 36000/12\% = 300000$(元)。

62. 年金是在某个特定的时间段内一组时间间隔相同、金额相等的、方向相同的现金流，下列不属于年金的是(　　)。

A. 房贷月供　　B. 养老金

C. 每月家庭日用品费用支出　　D. 定期定额购买基金的月投资款

【解析】年金(普通年金)是指在一定期限内，时间间隔相同、不间断、金额相等、方向相同的一系列现金流。C 项，每月家庭日用品费用支出不一定相等，因此不属于年金。

63. 在一定期限内，时间间隔相同，不间断、金额不相等但每期增长率相等、方向相同的一系列现金流是(　　)。

A. 期初年金　　B. 永续年金　　C. 增长型年金　　D. 期末年金

58C　59C　60A　61B　62C　63C

【解析】增长型年金(等比增长型年金)是指在一定期限内，时间间隔相同、不间断、金额不相等但每期增长率相等、方向相同的一系列现金流。增长型年金终值的计算公式为：$FV=C\times(1+r)^{t-1}+C\times(1+g)(1+r)^{t-2}+C\times(1+g)^2(1+r)^{t-3}+\cdots+C\times(1+g)^{t-1}$，式中，$C$ 表示第一年现金流，g 表示增长率，r 表示现金流的收益率或贴现率。

64. 以下关于现值的说法，正确的是(　　)。

A. 当给定终值时，贴现率越高，现值越低

B. 当给定利率及终值时，取得终值的时间越长，该终值的现值就越高

C. 在其他条件相同的情况下，按单利计息的现值要低于用复利计息的现值

D. 利率为正时，现值大于终值

【解析】B 项，根据复利现值公式 $PV=FV/(1+r)^t$ 可知，当给定利率及终值时，取得终值的时间越长，该终值的现值就越低；C 项，单利现值公式为 $PV=FV/(1+r\times t)$，在其他条件相同的情况下，按单利计息的现值要高于用复利计息的现值；D 项，利率为正时，现值小于终值。

65. 关于现值和终值，下列说法错误的是(　　)。

A. 随着复利计算频率的增加，实际利率增加，现金流量的现值增加

B. 期限越长，利率越高，终值就越大

C. 货币投资的时间越早，在一定时期期末所积累的金额就越高

D. 利率越低或年金的期间越长，年金的现值越大

【解析】复利现值的计算公式为：$PV=FV/(1+r)^t$，从公式可以看出，现金流量的现值与复利的计算频率呈反向关系，即随着复利计算频率的增加，现金流量的现值在减小。

66. 关于单利和复利的区别，下列说法正确的是(　　)。

A. 单利的计息期总是一年，而复利则有可能为季度、月或日

B. 用单利计算的货币收入没有现值和终值之分，而复利就有现值和终值之分

C. 单利属于名义利率，而复利则为实际利率

D. 单利仅在原有本金上计算利息，而复利是对本金及其产生的利息一并计算

【解析】D 项，单利始终以最初的本金为基数计算收益，而复利则以本金和利息为基数计息，从而产生利上加利、息上添息的收益倍增效应。

67. 某人希望在 5 年后取得本利和 1 万元，用于支付一笔款项。若按单利计算，利率为 5%。那么，他现在应存入(　　)元。

A. 8000　　B. 9000　　C. 9500　　D. 9800

【解析】根据单利现值计算公式，可得：$PV=FV/(1+r\times t)=10000/(1+5\%\times5)=8000$(元)。

68. 赵先生由于资金宽裕可向朋友借出 200 万元，甲、乙、丙、丁四个朋友计息方式各有不同，赵先生应该选择(　　)。

A. 甲：年利率 15%，每年计息一次　　B. 乙：年利率 14.7%，每季度计息一次

C. 丙：年利率 14.3%，每月计息一次　　D. 丁：年利率 14%，连续复利

64A　65A　66D　67A　68B

【解析】甲的有效年利率为 15%；乙的有效年利率为：$(1+14.7\%/4)^4-1\approx15.53\%$；丙的有效年利率为：$(1+14.3\%/12)^{12}-1\approx15.28\%$；丁的有效年利率为：$e^{0.14}-1\approx15.03\%$。因此赵先生应选择年利率 14.7%、每季度计息一次的计息方式，此时有效年利率最高。

69. 6 年分期付款购物，每年初付 200 元，设银行利率为 10%，该项分期付款相当于购价为(　　)元的一次现金支付。

A. 958.16　　B. 1018.20　　C. 1200.64　　D. 1354.32

【解析】根据期初年金的现值计算公式，可得：$PV_{期初}=\frac{C}{r}\times\left[1-\frac{1}{(1+r)^t}\right]\times(1+r)=\frac{200}{0.1}\times\left[1-\frac{1}{(1+0.1)^6}\right]\times(1+0.1)\approx958.16$(元)。

70. 随着复利次数的增加，同一个名义年利率求出的有效年利率会不断______，且速度会越来越______。(　　)

A. 增加；慢　　B. 增加；快　　C. 降低；慢　　D. 降低；快

【解析】不同复利期间投资的年化收益率称为有效年利率(EAR)。名义年利率 r 与有效年利率 EAR 之间的换算即为：$EAR=[1+(r/m)]^m-1$。其中，r 指名义年利率，EAR 指有效年利率，m 指一年内复利次数。因此，随着复利次数的增加，有效年利率也会不断增加，但增加的速度越来越慢，当复利期间无限小时，相当于连续复利。

71. 某电器商城进行清仓大甩卖，宣称价值 1 万元的商品，采取分期付款的方式，3 年结清，假设利率为 12% 的单利。该商品每月付款额为(　　)元。

A. 369　　B. 374　　C. 378　　D. 381

【解析】本题相当于以 12% 的年利率借款 10000 元，3 年付清。欠款为：$10000+10000\times12\%\times3=13600$(元)；每月付款为：$13600/36\approx378$(元)。

72. A 方案在三年中每年年初付款 100 元，B 方案在三年中每年年末付款 100 元，若利率为 10%，则二者在第三年年末时的终值相差(　　)元。

A. 33.1　　B. 31.3　　C. 133.1　　D. 13.31

【解析】A 方案在第三年年末的终值为：$100\times[(1+10\%)^3+(1+10\%)^2+(1+10\%)]=364.1$(元)，B 方案在第三年年末的终值为：$100\times[(1+10\%)^2+(1+10\%)+1]=331$(元)，二者的终值相差为：$364.1-331=33.1$(元)。

73. 下列系数间关系错误的是(　　)。

A. 复利终值系数 = 1/复利现值系数

B. 复利现值系数 = 1/年金现值系数

C. 年金终值系数 = 年金现值系数 × 复利终值系数

D. 年金现值系数 = 年金终值系数 × 复利现值系数

【解析】B 项，复利现值系数 = 1/复利终值系数。

69A　70A　71C　72A　73B

74. 下列公式中，不正确的是(　　)。

A. $\dfrac{1-(1+r)^{-n}}{r}=\dfrac{(1+r)^{n}-1}{r}\times\dfrac{1}{(1+r)^{n}}$

B. $\dfrac{(1+r)^{n}-1}{r}=\dfrac{1-(1+r)^{-n}}{r}\times(1+r)^{n}$

C. $FV=PMT\times\dfrac{(1+r)^{n}-1}{r}$

D. $FV=PMT\times\dfrac{1-(1+r)^{-n}}{r}$

【解析】D 项应为：$PV=PMT\times\dfrac{1-(1+r)^{-n}}{r}$。

75. 假设有一款固定收益类理财产品，理财期限为 6 个月，理财期间固定收益为年收益率 3.00%。客户小王购买该产品 30000 元，则 6 个月到期时，该投资者连本带利共可获得(　　)元。

A. 30000　　B. 30180　　C. 30225　　D. 30450

【解析】该投资者连本带利共可获得：30000×(1+3.00%/2)=30450(元)。

76. 政府计划为某贫困山村提供 20 年的教育补助，每年年底支付，第一年为 15 万元，并在往后每年增长 5%，贴现率为 10%，那么这项教育补助计划的现值为(　　)万元。

A. 157　　B. 171　　C. 182　　D. 216

【解析】在一定期限内，时间间隔相同、不间断、金额不相等但每期增长率相等、方向相同的一系列现金流属于增长型年金，其现值计算公式为：①当 $r\neq g$ 时，$PV=\dfrac{C}{r-g}\left[1-\left(\dfrac{1+g}{1+r}\right)^{t}\right]$；②当 $r=g$ 时，$PV=\dfrac{tC}{1+r}$。因此 $PV=\dfrac{15}{5\%}\times\left[1-\left(\dfrac{1.05}{1.1}\right)^{20}\right]\approx182$(万元)。

77. 下列现金流量图中，符合年金概念的是(　　)。

A.
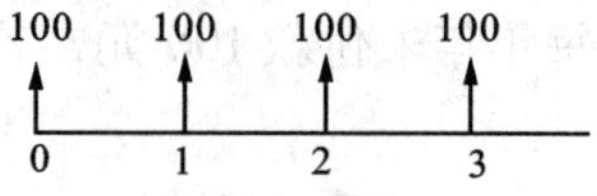

B.
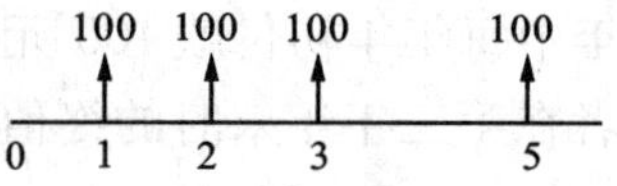

C.
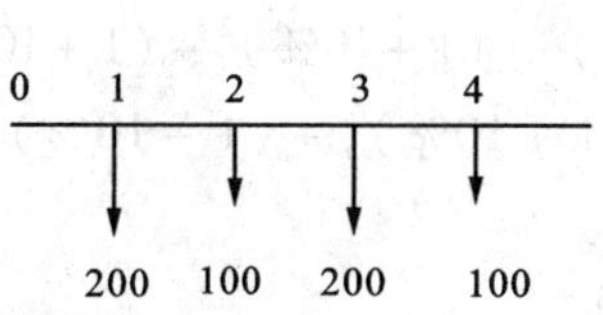

D.
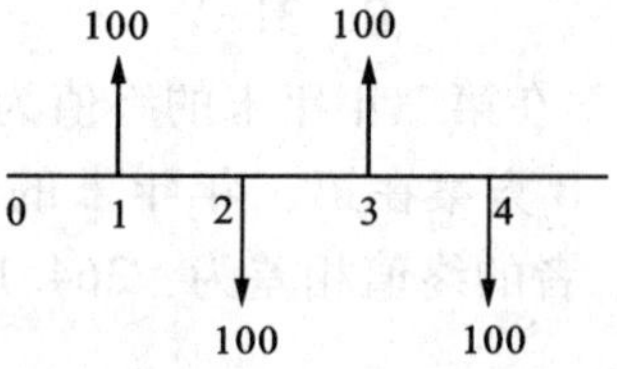

【解析】年金(普通年金)是指在一定期限内，时间间隔相同、不间断、金额相等、方向相同的一系列现金流。B 项虽等额但不连续；C 项虽连续但不等额；D 项既等额又连续，但方向不同。

78. 年金必须满足三个条件，不包括(　　)。

A. 每期的金额固定不变

B. 流入流出方向固定

74D　75D　76C　77A　78D

C. 在所计算的期间内每期的现金流量必须连续

D. 流入流出必须都发生在每期期末

【解析】年金(普通年金)是指在一定期限内，时间间隔相同、不间断、金额相等、方向相同的一系列现金流。D 项，年金可以分为期初年金和期末年金，其中，期末年金的现金流发生在当期期末。

79. 在理财规划方面，生活费、房租与保险费通常发生在______，收入的取得、每期房贷本息的支出、利用储蓄来投资等，通常是______。(　　)

A. 期初；期末年金　　B. 期末；期初年金

C. 期末；期末年金　　D. 期初；期初年金

【解析】根据等值现金流发生的时间点的不同，年金可以分为期初年金和期末年金。期初年金指在一定时期内每期期初发生系列相等的收付款项，即现金流发生在当期期初，比如生活费支出、教育费支出、房租支出等；期末年金即现金流发生在当期期末，比如房贷支出等。

80. 下列公式中，属于期初年金现值公式的是(　　)。

A. $PV=\frac{C}{r}$　　B. $PV=\frac{C}{r}\times\left[1-\left(\frac{1}{1+r}\right)^{t}\right](1+r)$

C. $PV=\frac{C}{r-g}$　　D. $PV=\frac{C}{r-g}\times\left[1-\left(\frac{1+g}{1+r}\right)^{t}\right]$

【解析】(期末)年金现值的公式为：$PV=\frac{C}{r}\left[1-\left(\frac{1}{1+r}\right)^{t}\right]$，期初年金现值等于期末年金现值的$(1+r)$倍，即：$PV_{BEG}=\frac{C}{r}\left[1-\left(\frac{1}{1+r}\right)^{t}\right](1+r)$。

81. 某企业拟建立一项基金计划，每年初投入 10 万元，若利率为 10%，5 年后该项基金本利和将为(　　)元。

A. 671561　　B. 564100　　C. 871600　　D. 610500

【解析】根据公式，可得：期初年金终值 $FV=(C/r)\times[(1+r)^{t}-1]\times(1+r)=(100000/10\%)\times[(1+10\%)^{5}-1]\times(1+10\%)=671561$(元)。

82. 期末年金是指在一定时期内每期(　　)等额收付的系列款项。

A. 期初　　B. 期末　　C. 期中　　D. 期内

【解析】根据等值现金流发生的时间点的不同，年金可以分为期初年金和期末年金。期末年金指在一定时期内每期期末发生系列相等的收付款项，即现金流发生在当期期末。

83. 永续年金是一组在无限期内金额______、方向______、时间间隔______的现金流。(　　)

A. 相等；不同；相同　　B. 相等；相同；相同

C. 相等；相同；不同　　D. 不等；相同；相同

【解析】永续年金是指在无限期内，时间间隔相同、不间断、金额相等、方向相同的一

79A　80B　81A　82B　83B

系列现金流。比如优先股，它有固定的股利而无到期日，其股利可视为永续年金；未规定偿还期限的债券，其利息也可视为永续年金。

84. 假定某公司在未来每期支付的每股股息为 8 元，必要收益率为 10%，而当时股票价格为 65 元，每股股票净现值为(　　)元。

A. 15　　B. 20　　C. 25　　D. 30

【解析】本题相当于已知永续年金求现值，股票现值 = 年金 ÷ 年利率 = 8 ÷ 0.10 = 80（元）；而当时股票价格为 65 元，每股股票净现值为：80 - 65 = 15(元)。

85. 下列选项属于期末年金的是(　　)。

A. 生活费支出　　B. 教育费支出　　C. 房租支出　　D. 房贷支出

【解析】根据等值现金流发生的时间点的不同，年金可以分为期初年金和期末年金。期初年金即现金流发生在当期期初，比如说生活费支出、教育费支出、房租支出等；期末年金即现金流发生在当期期末，比如说房贷支出等。

86. 假定汪先生当前投资某项目，期限为 3 年，第一年年初投资 100000 元，第二年年初又追加投资 50000 元，年收益率为 10%，那么他在 3 年内每年末至少收回(　　)元才是盈利的。

A. 33339　　B. 43333　　C. 58489　　D. 44386

【解析】普通年金 $A = PV \div \{(1/r) \times [1 - 1/(1+r)^t]\} = [100000 + 50000 \div (1+10\%)] \div \{(1/10\%) \times [1 - 1/(1+10\%)^3]\} \approx 58489$(元)。

87. 下列关于复利终值的说法，错误的是(　　)。

A. 复利终值系数表中现值 PV 已假定为 1，因而终值 FV 即为终值系数

B. 通过复利终值系数表，在给定 r 与 n 的前提下，可以方便地求出 1 元钱投资 n 年的本利和

C. 复利终值通常用于计算多笔投资的财富累积成果，即多笔投资经过若干年成长后反映的投资价值

D. 复利终值是指给定初始投资、一定投资报酬率和一定投资期限的条件下，以复利计算的投资期末的本利和

【解析】一定金额的本金按照复利计算若干期后的本利和，称为复利终值。C 项，复利终值通常指单笔投资在若干年后所反映的投资价值，包括本金、利息、红利和资本利得。

88. 吴女士希望 8 年后购置一套价值 200 万元的住房，10 年后子女高等教育需要消费 60 万元，20 年后需要积累和准备 40 万元用于退休后的支出。假设投资报酬率为 8%，吴女士总共需要为未来的支出准备的资金量是(　　)万元。

A. 300.00　　B. 174.75　　C. 144.38　　D. 124.58

【解析】考虑货币的时间价值，吴女士需要为未来准备的资金总量为其 3 个理财目标所需资金分别折现后的相加额。

购房：200 万元 × 复利现值系数($n = 8$，$r = 8\%$) = 200 × 0.540 = 108(万元)；

84A　85D　86C　87C　88C

教育：60 万元 × 复利现值系数（$n=10$，$r=8\%$）$=60\times0.463=27.78$（万元）；
退休：40 万元 × 复利现值系数（$n=20$，$r=8\%$）$=40\times0.215=8.6$（万元）；
目标现值总计 $=108+27.78+8.6=144.38$（万元）。

89. 下列关于期初年金现值系数公式的表达，错误的是（　　）。
A. 期初普通年金现值系数（n，r）= 期末普通年金现值系数（n，r）+1 − 复利现值系数（n，r）
B. 期初普通年金终值系数（n，r）= 期末普通年金终值系数（n，r）+1 + 复利终值系数（n，r）
C. 期初普通年金现值系数（n，r）= 期末普通年金现值系数（$n-1$，r）+1
D. 期初普通年金终值系数（n，r）= 期末普通年金终值系数（$n+1$，r）−1
【解析】B 项，期初普通年金终值系数（n，r）= 期末普通年金终值系数（n，r）−1 + 复利终值系数（n，r）。

90. 古典利率理论认为，利率取决于（　　）。
A. 储蓄和投资的相互作用　　B. 公众的流动性偏好
C. 储蓄和可贷资金的需求　　D. 中央银行的货币政策
【解析】古典利率理论认为，利率决定于储蓄与投资的相互作用，与货币因素无关，利率不受任何货币政策的影响，因而货币政策是无效的。

91. 假定预期当年 1 年期债券的年利率为 9%，预期下一年 1 年期债券的年利率为 11%，根据市场预期理论，则当前 2 年期债券的年利率为（　　）。
A. 9%　　B. 10%　　C. 11%　　D. 20%
【解析】市场预期理论认为，在特定时期内，长期债券是一组短期债券的理想替代物，长、短期债券取得的利率相同。即长期债券的利率等于一定时期内人们所预期的短期利率的平均水平，当前 2 年期债券年利率 $=(9\%+11\%)/2=10\%$。

92. 根据凯恩斯的流动性陷阱理论，决定货币需求的动机不包括（　　）。
A. 交易动机　　B. 预防动机　　C. 投资动机　　D. 投机动机
【解析】凯恩斯认为，流动性偏好即货币需求由三个动机决定：交易动机、预防动机和投机动机。其中，交易动机和预防动机形成的货币需求与收入呈正相关关系，与利率无关；投机动机形成的投机需求与利率呈负相关关系。

93. 可贷资金理论认为，利率的决定取决于______和______共同均衡。（　　）
A. 商品市场；货币市场　　B. 供应市场；需求市场
C. 储蓄市场；投资市场　　D. 储蓄市场；货币市场
【解析】可贷资金理论认为，利率并非由储蓄与投资所决定，而是由可贷资金市场的供求所决定，利率的决定取决于商品市场和货币市场的共同均衡。

94. 下列各项中，市场预期理论的前提假设不包括（　　）。
A. 完全替代的债券具有相等的预期收益率

89B　90A　91B　92C　93A　94D

B. 期限不同的债券是完全可以替代的

C. 投资者的行为取决于预期收益率的变动

D. 投资者对债券的期限有偏好

【解析】市场预期理论的前提假设主要包括：①投资者对债券的期限没有偏好；②期限不同的债券是完全可以替代的；③投资者的行为取决于预期收益率的变动；④完全替代的债券具有相等的预期收益率。

95. 根据流动性偏好理论，流动性溢价是远期利率与(　　)。

A. 当期的即期利率的差额　　B. 远期的远期利率的差额

C. 未来某一时刻即期利率的有效差额　　D. 未来的预期即期利率的差额

【解析】流动性偏好理论认为，利率曲线的形状是由对未来利率的预期和延长偿还期所必需的流动性溢价共同决定的，其中，流动性溢价是远期利率和未来的预期即期利率之间的差额。

96. 关于流动性偏好理论的假设，下列说法正确的是(　　)。

A. 投资者偏好长期债券　　B. 投资者偏好短期债券

C. 投资者偏好中期债券　　D. 投资者对债券偏好相同

【解析】流动性偏好理论的基本观点是，投资者并不认为长期债券是短期债券的理想替代物。由于流动性溢价的存在，投资者会偏好短期债券，因为这些投资容易变更；而投资较长期的债券存在利率风险，债券发行者必须给投资者以风险补偿。

97. 根据市场分割理论，如果短期资金市场供需曲线交叉点利率高于长期资金市场供需曲线交叉点利率，则(　　)。

A. 利率期限结构呈向上倾斜的趋势　　B. 利率期限结构呈向下倾斜的趋势

C. 利率期限结构呈水平趋势　　D. 利率期限结构呈曲线趋势

【解析】市场分割理论认为，利率期限结构取决于短期资金市场供求状况与长期资金市场供求状况的比较，或者说取决于短期资金市场供需曲线交叉点的利率与长期资金市场供需曲线交叉点的利率对比。如果短期资金市场供需曲线交叉点利率高于长期资金市场供需曲线交叉点利率，利率期限结构呈向下倾斜趋势；反之，则呈向上倾斜趋势。

98. 在进行贷款或融资活动时，贷款者和借款者并不能自由地在利率预期的基础上将债券从一个偿还期部分替换成另一个偿还期部分，或者说市场是低效的。这是(　　)的观点。

A. 市场预期理论　　B. 流动性偏好理论

C. 市场分割理论　　D. 合理分析理论

【解析】题中所述为市场分割理论，该理论认为，在贷款或融资活动进行时，贷款者和借款者并不能自由地在利率预期的基础上将证券从一个偿还期部分替换成另一个偿还期部分，即市场被分割成短期资金市场和长期资金市场。

99. 以下关于利率决定理论的说法，错误的是(　　)。

A. 古典利率理论认为利率是货币的价格，凯恩斯利率理论认为利率是资本的价格

95D　96B　97B　98C　99A

B. 一般来说，经济繁荣时期利率水平会升高

C. 可贷资金利率理论是对古典利率理论和凯恩斯利率理论的折衷

D. 根据流动性陷阱理论，处于流动性陷阱状态下，货币政策无效，财政政策非常有效

【解析】A项，古典利率理论认为利率是资本的价格，而凯恩斯的利率理论认为利率由货币的供求关系决定，是货币的价格。

100. 根据可贷资金理论，以下因素的变化会使债券供给增加的是(　　)。

A. 投资收益增加　　B. 预期通货膨胀率增加

C. 政府活动增加　　D. 以上选项均正确

【解析】按照可贷资金理论，借贷资金的供给来自同一期间的储蓄流量和该期间货币供应量的变动。ABC三项会使同一期间内的储蓄流量和货币供应量增加，从而增加债券供给。

101. 我国利率市场化改革以(　　)为突破口。

A. 本币存款利率　　B. 外币贷款利率

C. 长期存款利率　　D. 同业拆借利率

【解析】银行间同业拆借市场利率是整个金融市场利率的基础。中国利率市场化改革以同业拆借利率为突破口。1996年6月，人民银行《关于取消同业拆借利率上限管理的通知》提出银行间同业拆借市场利率由拆借双方根据市场资金供求自主确定，银行间同业拆借利率正式放开，建立全国统一的银行间同业拆借市场，形成银行间同业拆借市场利率，标志着利率市场化迈出了具有开创意义的一步。

102. 已知美元一年期利率为1%，人民币的一年期利率为2%，根据利率平价理论，预期未来一年人民币应相对美元(　　)。

A. 贬值大约1%　　B. 升值大约1%

C. 贬值大约3%　　D. 升值大约3%

【解析】根据利率平价理论，高利率货币的即期汇率相对于其远期汇率的升水(或贴水)恰好等于两种货币利率之差，即预期未来一年人民币应相对美元贬值2% - 1% = 1%。

103. 如果目前美元兑人民币的汇率为1美元 = 6.5元人民币，美国的年通货膨胀率为5%，中国的年通货膨胀率为10%，那么按照相对购买力平价理论，一年后美元兑人民币汇率应变为(　　)元人民币/美元。(答案取最接近值)

A. 7.10　　B. 6.30　　C. 6.81　　D. 10.50

【解析】相对购买力平价理论认为，在一定时期内，汇率的变化与同一时期内两国物价水平的相对变动成比例。因此，一年后美元兑人民汇率 = 6.5 × (1 + 5%) = 6.825(元人民币/美元)。

104. 两种货币的汇率应由两国的货币购买力之比决定，这是(　　)。

A. 购买力平价说　　B. 以金铸币流通为背景的汇率决定论

C. 利率平价说　　D. 国际借贷说

100D　101D　102A　103C　104A

【解析】购买力平价理论认为，两国货币的购买力之比是决定一国货币汇率的基础，而汇率的变动也取决于两国货币的购买力之比。

105. 假设 A 国的通货膨胀率为 8%，B 国的通货膨胀率为 3%，根据购买力平价理论，A 国货币汇率在外汇市场上趋于(　　)。

A. 升值　　B. 贬值　　C. 升水　　D. 贴水

【解析】根据购买力平价理论，国内外通货膨胀率差异是决定汇率长期趋势的主导因素。如果通货膨胀高于他国，则该国货币在外汇市场上趋于贬值；反之趋于升值。

106. 若当前人民币利率为 8%，美元利率为 6%，根据利率平价理论，以下说法正确的是(　　)。

A. 人民币的远期汇率将低于即期汇率

B. 人民币的远期汇率将高于即期汇率

C. 人民币未来的即期汇率将高于现在的即期汇率

D. 人民币未来的即期汇率将低于现在的即期汇率

【解析】根据利率平价理论，低利率货币出现远期升水，高利率货币出现远期贴水，在市场恢复均衡状态的条件下，高利率货币的即期汇率相对于其远期汇率或者预期即期汇率的升(贴)水恰好与两种货币的利差一致。因此，人民币将出现远期贴水，其远期汇率将低于即期汇率。

107. 购买力平价理论认为，货币的购买力与(　　)。

A. 一般物价水平成正比　　B. 一般物价水平成反比

C. 市场利率水平成反比　　D. 市场利率水平成正比

【解析】购买力平价理论认为购买力平价是两国货币的购买力之比，货币的购买力与一般物价水平成反比；两国货币的购买力之比是决定汇率的基础，汇率的变动是由两国货币购买力之比变化引起的。

108. 绝对购买力平价与相对购买力平价之间的关系是(　　)。

A. 如果绝对购买力平价成立，相对购买力平价一定不成立

B. 如果绝对购买力平价成立，相对购买力平价一定成立

C. 如果相对购买力平价成立，绝对购买力平价一定成立

D. 如果相对购买力平价成立，绝对购买力平价一定不成立

【解析】绝对购买力平价和相对购买力平价之间的关系：如果绝对购买力平价成立，则相对购买力平价一定成立，因为物价指数就是两个时点物价绝对水平之比；但是，如果相对购买力平价成立，则绝对购买力平价不一定成立。

109. 货币贬值对一国的进出口有着重要的影响，下面说法中正确的是(　　)。

A. 货币贬值使出口、进口同时增加　　B. 货币贬值使出口、进口同时减少

C. 货币贬值使出口减少、进口增加　　D. 货币贬值使出口增加、进口减少

【解析】货币贬值导致本国货币的购买力降低，本国产品更加便宜，外国产品更加昂贵，从而使得出口增加、进口减少。

105B　106A　107B　108B　109D

110. 若美元的利率为7%，日元的利率为3%，则根据利率平价理论，远期美元(　　)。

A. 年升水率为4%　　B. 年贴水率为4%

C. 年贬值率为4%　　D. 年升值率为4%

【解析】低利率货币出现远期升水，高利率货币出现远期贴水，在市场恢复均衡状态的条件下，高利率货币的即期汇率相对于其远期汇率或者预期即期汇率的升(贴)水恰好与两种货币的利差一致。则美元出现远期贴水，年贴水率 = 利差 = 7% - 3% = 4%。

111. 从长期来看，影响一国货币币值的因素是(　　)。

A. 国际收支状况　　B. 通货膨胀

C. 经济实力　　D. 利率高低

【解析】一国经济实力的强弱是奠定其货币汇率高低的基础，与其他因素相比较，一国经济实力的强弱对汇率变化的影响是长期的。ABD 三项，国际收支、通货膨胀以及利率是影响汇率短期内变动的主要因素。

112. 以下关于汇率理论的说法中不正确的是(　　)。

A. 购买力平价理论把汇率的变化归结于购买力的变化

B. 利率平价理论侧重于研究因利率差异引起的资本流动与汇率决定之间的关系

C. 国际收支说是从国际收支角度分析汇率决定的理论

D. 资产市场说强调汇率由外汇供求决定

【解析】D 项，资产市场说将外汇看成一种资产，认为汇率变动源于两国货币供求关系的相应变化。强调汇率由外汇供求决定属于国际收支说的观点。

113. 国际收支说认为(　　)。

A. 汇率是由两国不同利率水平决定的

B. 汇率是由两国不同货币供求关系决定的

C. 汇率由外汇供求关系决定

D. 汇率是由两国购买力水平决定的

【解析】国际收支说认为汇率变动取决于外汇供求。A 项属于利率平价说的观点；B 项属于资产市场说的观点；D 项属于购买力平价说的观点。

114. 2016 年人民币正式加入 SDR 货币篮子。这里的 SDR 是指(　　)。

A. 国际货币基金组织的特别提款权　　B. 国际货币基金组织的特别支付权

C. 人民币可以自由兑付　　D. 人民币可以汇兑黄金

【解析】2016 年 10 月 1 日，人民币正式加入 SDR 货币篮子。这是人民币国际化的重要里程碑，同时也是一个新起点，标志着人民币国际化进入一个全新的发展阶段。SDR 是特别提款权(Special Drawing Right)的英文缩写，亦称“纸黄金”，最早发行于 1969 年，是国际货币基金组织根据会员国认缴的份额分配的，可用于偿还国际货币基金组织债务、弥补会员国政府之间国际收支逆差的一种账面资产。其价值目前由美元、欧元、人民币、日元和英镑组成的一篮子储备货币决定。会员国在发生国际收支逆差时，可用它向基金组织指定的其他会员国换取外汇，以偿付国际收支逆差或偿还基金

110B　111C　112D　113C　114A

组织的贷款，还可与黄金、自由兑换货币一样充当国际储备。因为它是国际货币基金组织原有的普通提款权以外的一种补充，所以称为特别提款权。

115. 资本资产定价模型中的一个重要假设是投资者根据(　　)选择证券。

A. 是否配股　　B. 证券的流通性

C. 证券的风险与收益　　D. 是否分红派息

【解析】资本资产定价模型是建立在若干假设条件基础上的。这些假设条件可概括为如下3项：①投资者都依据期望收益率评价证券组合的收益水平，依据方差(或标准差)评价证券组合的风险水平，选择最优证券组合；②投资者对证券的收益、风险及证券间的关联性具有完全相同的预期；③资本市场没有摩擦。

116. 当(　　)时，投资者将选择高β值的证券组合。

A. 市场组合的实际预期收益率小于无风险利率

B. 市场组合的实际预期收益率等于无风险利率

C. 预期市场行情上升

D. 预期市场行情下跌

【解析】证券市场线表明，β系数反映证券或组合对市场变化的敏感性，因此，当有很大把握预测牛市到来时，应选择那些高β系数的证券或组合。这些高β系数的证券将成倍放大市场收益率，带来较高的收益。相反，在熊市到来之际，应选择那些低β系数的证券或组合，以减少因市场下跌而造成的损失。

117. 无风险收益率为5%，市场期望收益率为12%的条件下：A证券的期望收益率为10%，β系数为1.1；B证券的期望收益率为17%，β系数为1.2，那么投资者可以买进哪一个证券？(　　)

A. A证券　　B. B证券

C. A证券或B证券　　D. A证券和B证券

【解析】根据CAPM模型，A证券：$5\% + (12\% - 5\%) \times 1.1 = 12.7\%$，因为$12.7\% > 10\%$，所以A证券价格被高估，应卖出；B证券：$5\% + (12\% - 5\%) \times 1.2 = 13.4\%$，因为$13.4\% < 17\%$，所以B证券价格被低估，应买进。

118. 反映任何一种证券组合期望收益水平与风险水平之间均衡关系的方程式是(　　)。

A. 证券市场线方程　　B. 证券特征线方程

C. 资本市场线方程　　D. 马柯威茨方程

【解析】证券市场线方程对任意证券或组合的期望收益率和风险之间的关系提供了十分完整的阐述。

119. 证券市场线描述的是(　　)。

A. 期望收益与方差的直线关系　　B. 期望收益与标准差的直线关系

C. 期望收益与相关系数的直线关系　　D. 期望收益与贝塔系数的直线关系

【解析】无论单个证券还是证券组合，均可将其β系数作为风险的合理测定，其期望收益与由β系数测定的系统风险之间存在线性关系。这个关系在以期望收益为纵坐标、

115C　116C　117B　118A　119D

贝塔系数为横坐标的坐标系中代表一条直线，这条直线被称为证券市场线。

120. 资本资产定价理论认为，当引入无风险证券后，有效边界为(　　)。

A. 证券市场线　B. 资本市场线　C. 特征线　D. 无差异曲线

【解析】在均值标准差平面上，所有有效组合刚好构成连接无风险资产 F 与市场组合 M 的射线 FM，这条射线被称为资本市场线。

121. 市场组合(　　)。

A. 由证券市场上所有流通与非流通证券构成

B. 只有在与无风险资产组合后才会变成有效组合

C. 与无风险资产的组合构成资本市场线

D. 包含无风险证券

【解析】资本市场线是在均值标准差平面上，所有有效组合刚好构成连接无风险资产 F 与市场组合 M 的射线 FM。

122. 反映证券组合期望收益水平与总风险水平之间均衡关系的方程式是(　　)。

A. 证券市场线方程　B. 证券特征线方程

C. 资本市场线方程　D. 套利定价方程

【解析】A 项反映任意证券或组合的期望收益率和风险之间的关系；B 项是证券实际收益率的方程；D 项是反映证券组合期望收益水平和多个因素风险水平之间均衡关系的方程。

123. 关于证券市场线，下列说法错误的是(　　)。

A. 定价正确的证券将处于证券市场线上

B. 证券市场线使所有的投资者都选择相同的风险资产组合

C. 证券市场线为评价预期投资业绩提供了基准

D. 证券市场线表示证券的预期收益率与其 β 系数之间的关系

【解析】B 项，资本市场线使所有的投资者都选择相同的风险资产组合。

124. 根据组合投资理论，在市场均衡状态下，单个证券或组合的收益 $E(r)$ 和风险系数 β 之间呈线性关系，反映这种线性关系的在 $E(r)$ 为纵坐标、β 为横坐标的平面坐标系中的直线被称为(　　)。

A. 压力线　B. 证券市场线　C. 支持线　D. 资本市场线

【解析】无论单个证券还是证券组合，均可将其 β 系数作为风险的合理测定，其期望收益与由 β 系数测定的系统风险之间存在线性关系。这个关系在以 $E(r)$ 为纵坐标、β 为横坐标的坐标系中代表一条直线，这条直线被称为证券市场线。

125. 现代组合理论表明，投资者根据个人偏好选择的最优证券组合 P 恰好位于无风险证券 F 与切点证券组合 T 的组合线上。下列说法正确的是(　　)。

A. 如果 P 位于 F 与 T 之间，表明他卖空 T

B. 如果 P 位于 T 的右侧，表明他卖空 F

120B　121C　122C　123B　124B　125B

C. 投资者卖空 F 越多，P 的位置越靠近 T

D. 投资者卖空 T 越多，P 的位置越靠近 F

【解析】如图3所示，如果 P 位于 F 与 T 之间，表明该投资者将全部资产投资于无风险证券 F 和证券组合 T；如果 P 位于 T 的右侧，表明他将卖空 F，并将获得的资金与原有资金一起全部投资到风险证券组合 T 上。投资者卖空 F 越多，P 的位置越远离 T。

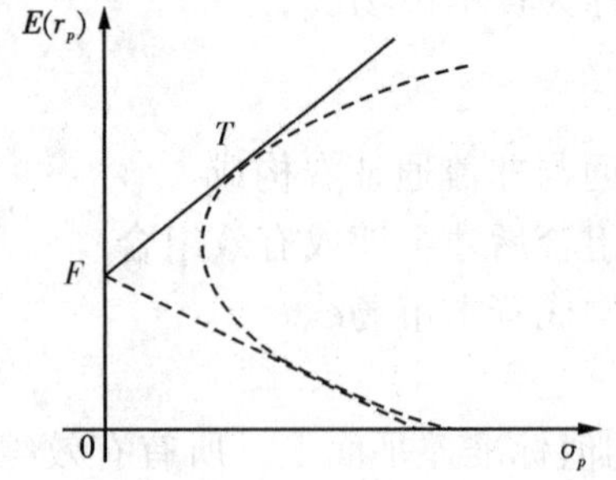

图3　存在无风险证券时的有效边界

126. 根据资本资产定价模型，市场价格偏高的证券将会(　　)。

A. 位于证券市场线的上方　　B. 位于证券市场线的下方

C. 位于证券市场线上　　D. 位于资本市场线上

【解析】证券市场线表示最优资产组合的风险与收益的关系；市场价格偏高的证券的预期收益率偏低，所以位于证券市场线的下方。

127. 下列关于资本市场线和证券市场线的说法，错误的是(　　)。

A. 证券市场线描述的是无风险资产和任意风险资产形成的资产组合的风险与收益的关系

B. 资本市场线描述的是由无风险资产和市场组合形成的资产组合的风险与收益的关系

C. 证券市场线反映了均衡条件下，任意单一资产或者资产组合的预期收益与总风险之间的关系

D. 资本市场线反映了有效资产组合的预期收益与总风险的关系

【解析】证券市场线与资本市场线都是描述资产或资产组合的期望收益与风险状况间依赖关系的函数。资本市场线反映的是有效资产组合的期望收益与其全部风险间的依赖关系；证券市场线描述的是任意单一资产或者资产组合的预期收益与系统风险之间的关系，而非与总风险的关系。

128. 一个投资组合风险小于市场平均风险，则它的 β 值可能为(　　)。

A. 0.8　　B. 1　　C. 1.2　　D. 1.5

【解析】β 是投资组合或单个证券风险相对于市场风险的测度，$\beta>1$ 说明投资组合或单个证券的风险比市场风险高，$\beta<1$ 说明比市场风险低。

129. 如果将 β 为1.15的股票增加到市场组合中，那么市场组合的风险(　　)。

A. 肯定将上升　　B. 肯定将下降

126B　127C　128A　129A

C. 将无任何变化　　D. 可能上升也可能下降

【解析】股票的β为1.15，说明其与市场组合有较大的正相关性，当加入市场组合，会导致组合的风险增大。

130. 关于预期收益率、无风险利率、某证券的β值、市场风险溢价四者的关系，下列各项描述正确的是(　　)。

A. 预期收益率＝无风险利率－某证券的β值×市场风险溢价

B. 无风险利率＝预期收益率＋某证券的β值×市场风险溢价

C. 市场风险溢价＝无风险利率＋某证券的β值×预期收益率

D. 预期收益率＝无风险利率＋某证券的β值×市场风险溢价

【解析】预期收益率＝无风险利率＋某证券的β值×市场风险溢价；无风险利率＝预期收益率－某证券的β值×市场风险溢价；市场风险溢价＝(预期收益率－无风险利率)÷某证券的β值。

131. 证券或组合的收益与市场指数收益(　　)。

A. 不相关　　B. 线性相关

C. 具有二次函数关系　　D. 具有三次函数关系

【解析】从$E(r_P)=r_F+\beta_P E(r_M)-r_F\beta_P$，可以看出证券或证券组合的收益与市场指数收益呈线性相关，β_P为直线斜率，反映了证券或组合的收益水平对市场平均收益水平变化的敏感性。

132. 市场组合方差是市场中每一证券(或组合)协方差的(　　)。

A. 加权平均值　　B. 调和平均值　　C. 算术平均值　　D. 几何平均值

【解析】市场组合方差是市场中每一证券(或组合)协方差的加权平均值，加权值是单一证券(或组合)的投资比例。

133. 如果风险的市值保持不变，则无风险利率的上升会使SML(　　)。

A. 斜率增加　　B. 斜率减少　　C. 平行移动　　D. 旋转

【解析】证券市场线(SML)方程为$R_I=R_F+\beta_I(R_M-R_F)$，无风险利率为纵轴的截距，则当无风险利率上升，风险的市值不变时，SML会平行移动。

134. 无风险收益率和市场期望收益率分别是0.06和0.12。根据CAPM模型，贝塔值为1.2的证券X的期望收益率为(　　)。

A. 0.06　　B. 0.12　　C. 0.132　　D. 0.144

【解析】期望收益率＝无风险收益率＋β×(市场期望收益率－无风险收益率)＝0.06＋1.2×(0.12－0.06)＝0.132。

135. 根据CAPM模型，下列说法错误的是(　　)。

A. 如果无风险利率降低，单个证券的收益率成正比降低

B. 单个证券的期望收益的增加与贝塔成正比

C. 当一个证券定价合理时，阿尔法值为零

130D　131B　132A　133C　134C　135A

D. 当市场达到均衡时，所有证券都在证券市场线上

【解析】根据 CAPM 模型 $R_I = R_F + \beta_I(R_M - R_F)$，可整理为：$R_I = R_F(1-\beta_I) + \beta_I R_M$；如果 $\beta_I > 1$，R_F的降低反而增加 R_I。

136. 证券 X 的期望收益率为 0.11，贝塔值是 1.5，无风险收益率为 0.05，市场期望收益率为 0.09。根据资本资产定价模型，这个证券(　　)。

A. 被低估　　B. 被高估　　C. 定价公平　　D. 价格无法判断

【解析】根据 CAPM 模型，其风险收益率 = 0.05 + 1.5 × (0.09 - 0.05) = 0.11，其与证券的期望收益率相等，说明市场给其定价既没有高估也没有低估，而是比较合理的。

137. 从经济学角度讲，“套利”可以理解为(　　)。

A. 人们利用不同证券或组合的期望收益率不同，通过调整不同证券或组合的构成比例而实现有风险收益的行为

B. 人们利用不同证券或组合的期望收益率不同，通过调整不同证券或组合的构成比例而实现无风险收益的行为

C. 人们利用同一资产在不同市场间定价不一致，通过资金的转移而实现有风险收益的行为

D. 人们利用同一资产在不同市场间定价不一致，通过资金的转移而实现无风险收益的行为

【解析】从经济学的角度讲，套利是指人们利用同一资产在不同市场间定价不一致，通过资金的转移而实现无风险收益的行为，即投资者利用同一证券的不同价格来赚取无风险利润的行为。

138. 套利定价理论(APT)是描述(　　)但又有别于 CAPM 的均衡模型。

A. 利用价格的不均衡进行套利　　B. 资产的合理定价

C. 在一定价格水平下如何套利　　D. 套利的成本

【解析】套利定价理论(APT)由罗斯于 20 世纪 70 年代中期建立，是描述资产合理定价但又有别于 CAPM 的均衡模型。

139. (　　)旨在解决如果所有证券的收益都受到某个共同因素的影响，那么在均衡市场状态下导致各种证券具有不同收益的原因。

A. 均衡价格理论　　B. 套利定价理论

C. 资本资产定价模型　　D. 股票价格为公平价格

【解析】套利定价理论旨在解决如果所有证券的收益都受到某个共同因素的影响，那么在均衡市场状态下导致各种证券具有不同收益的原因。在单因素影响下的套利定价模型，影响证券的那个共同因素又称系统风险因素或系统因素，因为反映的是对证券价格的系统影响。

140. 套利定价模型中的假设条件比资本资产定价模型中的假设条件(　　)。

A. 多　　B. 少　　C. 相同　　D. 不可比

【解析】与资本资产定价模型(CAPM)相比，建立套利定价理论的假设条件较少，可概

136C　137D　138B　139B　140B

括为三个基本假设：①投资者是追求收益的，同时也是厌恶风险的；②所有证券的收益都受到一个共同因素 F 的影响；③投资者能够发现市场上是否存在套利机会，并利用该机会进行套利。

141. 根据套利定价理论，任何一个由 N 种证券按比重 w_1，w_2，⋯，w_N 构成的套利组合 P 都应当满足(　　)条件。

A. 构成组合的成员证券的投资比重之和等于 1

B. $w_1b_1+w_2b_2+\cdots+w_Nb_N=0$，其中 b_i 代表证券 i 的因素灵敏度系数

C. 套利组合是风险最小、收益最高的组合

D. 套利组合的风险等于零，但收益率等于市场借贷利率

【解析】套利组合是指满足下述三个条件的证券组合：①该组合中各种证券的权数满足 $w_1+w_2+\cdots+w_N=0$；②该组合因素灵敏度系数为零，即 $w_1b_1+w_2b_2+\cdots+w_Nb_N=0$。其中，$b_i$ 表示证券 i 的因素灵敏度系数；③该组合具有正的期望收益率，即 $w_1E(r_1)+w_2E(r_2)+\cdots+w_NE(r_N)>0$。其中，$Er_i$ 表示证券 i 的期望收益率。

142. 某投资者拥有一个三种股票组成的投资组合，三种股票的市值均为 500 万元，投资组合的总价值为 1500 万元，假定这三种股票均符合单因素模型，其预期收益率(Er_i)分别为 16%、20% 和 13%，其对该因素的敏感度(b_i)分别为 0.9、3.1、1.9，若投资者按照下列数据修改投资组合，可以提高预期收益率的组合是(　　)。

A. 0.1；0.083；-0.183　　B. 0.2；0.3；-0.5

C. 0.1；0.07；-0.07　　D. 0.3；0.4；-0.7

【解析】令三种股票市值比重分别为 w_1、w_2 和 w_3。根据套利组合的条件有：

$$w_1+w_2+w_3=0.9w_1+3.1w_2+1.9w_3=0$$

上述两个方程有三个变量，故有多种解。令 $w_1=0.1$，则可解出 $w_2=0.083$，$w_3=-0.183$。为了检验这个解能否提高预期收益率，把这个解用式 $w_1E(r_1)+w_2E(r_2)+\cdots+w_NE(r_N)>0$ 检验，可得 $0.1\times0.16+0.083\times0.2-0.183\times0.13=0.881\%$，由于 0.881% 为正数，因此可以通过卖出第三种股票 274.5 万元($=-0.183\times1500$)同时买入第一种股票 150 万元($=0.1\times1500$)和第二种股票 124.5 万元($=0.083\times1500$)就能使投资组合的预期收益率提高 0.881%。BCD 三项均不满足套利组合的三个条件。

143. 下列有关资产定价理论的优缺点，说法错误的是(　　)。

A. 资本资产定价中的 β 值可以确定

B. 资本资产定价中的 β 值难以确定

C. 资本资产定价的假设前提是难以实现的

D. 它使投资者可以根据绝对风险而不是总风险来对各种竞争报价的金融资产作出评价和选择

【解析】资本资产定价最大的优点在于简单、明确；其另一优点在于实用性。资本资产定价的缺点在于：①资本资产定价的假设前提是难以实现的；②资本资产定价中的 β 值难以确定。

141B　142A　143A

144. 证券组合的(　　)表示了所有可能的证券组合。

A. 集合　　B. 组合　　C. 可行域　　D. 区间

【解析】证券组合的可行域表示了所有可能的证券组合。可行域满足一个共同的特点：左边界必然向外凸或呈线性，即不会出现凹陷。

145. 关于证券组合中的概念，下列说法错误的是(　　)。

A. 证券组合的可行域表示所有可能的证券组合，为投资者提供一切可行的组合投资机会

B. 按照投资者的个人偏好规则，可以排除那些投资者个人认为差的组合，排除后余下的这些组合称为有效证券组合

C. 最优证券组合是有效边界和投资者个人特殊的偏好共同决定的结果

D. 偏好不同的投资者，他们的无差异曲线的形状也不同

【解析】B 项，按照投资者的共同偏好规则，可以排除那些投资者个人认为差的组合，排除后余下的这些组合称为有效证券组合。

146. 证券组合可行域的有效边界是指(　　)。

A. 可行域的下边界　　B. 可行域的上边界

C. 可行域的内部边界　　D. 可行域的外部边界

【解析】有效边界是指相同的收益率方差中期望收益率高的组合或相同期望收益率中方差较小的组合构成的边界。有效边界是可行域的上边界部分。

147. 关于投资组合 X、Y 的相关系数，下列说法正确的是(　　)。

A. 一个只有两种资产的投资组合，当 $\rho_{XY}=-1$ 时两种资产属于完全负相关

B. 一个只有两种资产的投资组合，当 $\rho_{XY}=-1$ 时两种资产属于正相关

C. 一个只有两种资产的投资组合，当 $\rho_{XY}=-1$ 时两种资产属于不相关

D. 一个只有两种资产的投资组合，当 $\rho_{XY}=-1$ 时两种资产属于完全正相关

【解析】当 $\rho_{XY}=1$ 时，X 和 Y 完全正相关；当 $\rho_{XY}=-1$ 时，X 和 Y 完全负相关；当 $\rho_{XY}=0$ 时，X 和 Y 不相关。

148. 已知在以均值为纵轴、以标准差为横轴的均值—标准差平面上由证券 A 和证券 B 构建的证券组合将位于连接 A 和 B 的直线或某一条弯曲的曲线上，并且(　　)。

A. 不同组合在连线上的位置与具体组合中投资于 A 和 B 的比例无关

B. 随着 A 与 B 的相关系数 ρ 值的增大，连线弯曲得越厉害

C. A 与 B 的组合形成的直线或曲线的形状由 A 与 B 的关系所决定

D. A 与 B 的组合形成的直线或曲线的形状与投资于 A 和 B 的比例有关

【解析】A 与 B 的组合形成的直线或曲线的形状由 A 与 B 的关系所决定，即 A 与 B 的相关系数决定，与投资于 A 和 B 的比例无关；具体组合中投资于 A 和 B 的比例决定不同组合在连线上的位置。

149. 资产组合的收益—风险特征如图 4 所示，下列说法错误的是(　　)。

A. ρ_4 对应的资产组合能最有效地降低风险

144C　145B　146B　147A　148C　149D

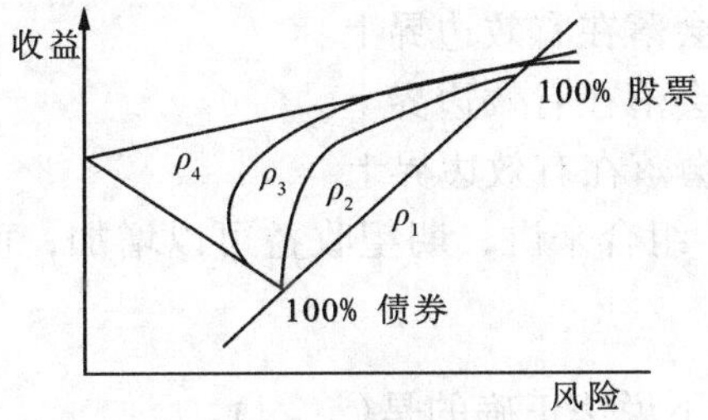

图 4　资产组合的收益—风险

B. $\rho_4 < \rho_3 < \rho_2 < \rho_1$

C. ρ_1对应的资产组合不可能降低风险

D. ρ_1表示组成组合的两个资产不相关

【解析】D 项，ρ_1表示组成组合的两个资产完全正相关，完全正相关的资产组成的组合无法分散风险。

150. 由证券 A 和证券 B 建立的证券组合一定位于(　　)。

A. 连接 A 和 B 的直线或任一曲线上

B. 连接 A 和 B 的直线或某一曲线上

C. 连接 A 和 B 的直线或者曲线上并介于 A、B 之间

D. A 和 B 的结合线的延长线上

【解析】给定证券 A 与 B 的期望收益率和方差，证券 A 与 B 的不同关联性将决定不同形状的组合线：①完全正相关下，证券 A 与 B 构成的组合线是连接 A 和 B 的直线；②完全负相关下，证券 A 与 B 构成的组合线如图 5 所示；③当证券 A 与 B 的收益率不完全相关时，证券 A 与 B 构成的组合线是连接 A 和 B 的双曲线，相关系数决定结合线在 A 与 B 点之间的弯曲程度。

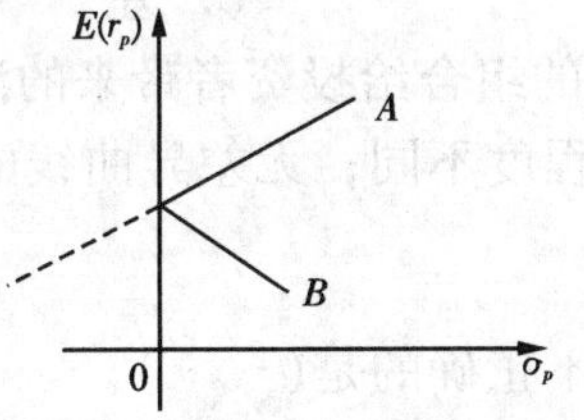

图 5　证券 A、B 完全负相关时的组合线

151. 按照马柯威茨的描述，下面的资产组合中哪个不会落在有效边界上？(　　)

资产组合	期望收益率(%)	标准差(%)
W	9	21
X	5	7
Y	15	36
Z	12	15

A. 只有资产组合 W 不会落在有效边界上

150B　151A

B. 只有资产组合 X 不会落在有效边界上

C. 只有资产组合 Y 不会落在有效边界上

D. 只有资产组合 Z 不会落在有效边界上

【解析】Z 组合相对于 W 组合来讲，期望收益可以增加，而风险降低，使得 W 组合不会落在有效边界上。

152. 关于最优证券组合，以下说法正确的是(　　)。

A. 最优组合是风险最小的组合

B. 最优组合是收益最大的组合

C. 相对于其他有效组合，最优组合所在的无差异曲线的位置最低

D. 最优组合是无差异曲线簇与有效边界的切点所表示的组合

【解析】无差异曲线位置越靠上，其满意程度越高，因而投资者需要在有效边界上找到一个具有下述特征的有效组合：相对于其他有效组合，该组合所在的无差异曲线的位置最高。该有效组合即为使其最满意的有效组合，是无差异曲线簇与有效边界的切点所表示的组合。

153. 现代组合投资理论认为，有效边界与投资者的无差异曲线的切点所代表的组合是该投资者的(　　)。

A. 最大期望收益组合　　B. 最小方差组合

C. 最优证券组合　　D. 有效证券组合

【解析】无差异曲线簇与有效边界的切点所表示的组合，相对于其他有效组合来说所在的无差异曲线的位置最高，该有效组合便是使投资者最满意的有效组合。

154. 投资者的偏好通过无差异曲线反映，满意程度越高，无差异曲线越靠(　　)。

A. 上　　B. 下　　C. 左　　D. 右

【解析】同一条无差异曲线上的组合给投资者带来的满意程度相同；不同无差异曲线上的组合给投资者带来的满意程度不同；无差异曲线的位置越高，其上的投资组合带来的满意程度就越高。

155. 关于等权重策略，下列说法不正确的是(　　)。

A. 等权重策略是在有 n 种可投资的风险资产时，保持每种资产的投资权重均为 $1/n$ 的一种策略

B. 等权重的超额收益主要来源于定时调仓时的再平衡操作

C. 越是小盘的样本池，等权重策略就越可能产生超额收益

D. 等权重策略使得行业分布更为集中

【解析】D 项，等权重策略会使行业分布更加分散。当股票市场结构行业较为集中时，市值加权就容易集中到某个行业，例如，上证指数偏向金融，恒生指数偏向金融和可选消费，纳斯达克指数偏向科技。按照等权重计算，各行业之间的权重会更加分散。

156. 动态资产配置的目标在于，在不提高系统性风险或投资组合波动性的前提下提高(　　)。

152D　153C　154A　155D　156B

A. 短期报酬　　B. 长期报酬　　C. 回报率　　D. 总收益

【解析】动态资产配置是根据资本市场环境及经济条件对资产配置状态进行动态调整，从而增加投资组合价值的积极战略。动态资产配置的目标在于，在不提高系统性风险或投资组合波动性的前提下提高长期报酬。

157. 指数化投资策略是(　　)的代表。

A. 战术性投资策略　　B. 战略性投资策略

C. 被动型投资策略　　D. 主动型投资策略

【解析】现实中，主动策略和被动策略是相对而言的，在完全主动和完全被动之间存在广泛的中间地带，通常将指数化投资策略视为被动投资策略的代表。

158. 以下关于战略性投资策略的说法，正确的有(　　)。

A. 常见的战略性投资策略包括买入持有策略、多—空组合策略和投资组合保险策略

B. 战略性投资策略和战术性投资策略的划分是基于投资品种不同

C. 战略性投资策略是基于对市场前景预测的短期主动型投资策略

D. 战略性投资策略不会在短期内轻易变动

【解析】A 项，常见的长期投资策略包括买入持有策略、固定比例策略和投资组合保险策略；B 项，证券投资策略按照策略适用期限的不同，分为战略性投资策略和战术性投资策略；C 项，战术性投资策略通常是一些基于对市场前景预测的短期主动型投资策略。

159. (　　)是投资过程中最重要的环节之一，也是决定投资组合相对业绩的主要因素。

A. 基金绩效衡量　　B. 资产配置

C. 债券投资组合管理　　D. 股票投资组合管理

【解析】在现代投资管理体制下，投资一般分为规划、实施和优化管理三个阶段。投资规划即资产配置，它是资产组合管理决策制定步骤中最重要的环节，也是决定投资组合相对业绩的主要因素。

160. 资产配置的(　　)以不同资产类别的收益情况与投资者的偏好、实际需求为基础，构造一定风险水平上的资产比例，并保持长期不变。

A. 战略性资产配置策略　　B. 动态资产配置

C. 投资组合保险策略　　D. 战术性资产配置策略

【解析】按照策略适用期限的不同，资产配置可分为战略性投资策略和战术性投资策略。战略性投资策略是指着眼较长投资期限，追求收益与风险最佳匹配的投资策略，因其着眼长期，故不会随市场行情的短期变化而轻易变动；战术性投资策略通常是一些基于对市场前景预测的短期主动型投资策略。

161. 大多数动态资产配置策略一般具有的共同特征不包括(　　)。

A. 一般是一种建立在一些分析工具基础之上的客观、量化的过程

B. 资产配置一般遵循回归均衡的原则

C. 资产配置主要受某种资产类别预期收益率客观测度的驱使，属于以价值为导向调

157C　158D　159B　160A　161D

整的过程

D. 资产配置规则能够客观地测度出哪一种资产类别吸引市场的注意力，并引导投资者进入

【解析】D项，资产配置规则能够客观地测度出哪一种资产类别已经失去市场的注意力，并引导投资者进入不受人关注的资产类别。

162. 根据美林投资时钟理论，当经济处于复苏阶段时，股票类资产迎来黄金期，对应美林时钟的(　　)点。

A. 12~3　　B. 3~6　　C. 6~9　　D. 9~12

【解析】当经济告别衰退步入复苏阶段，经济虽然开始增长，但由于过剩产能还没有完全消化，此时通货膨胀程度依然较低。随着需求回暖，企业经营状况得到改善，股票类资产在复苏阶段迎来黄金期，对应美林时钟的9~12点。

163. 下列有关资产配置的再平衡说法正确的是(　　)。

A. 每季度进行再平衡操作属于动态再平衡

B. 偏离目标10%进行再平衡操作属于定期再平衡

C. 资产配置再平衡可以提高整体配置中的风险底线

D. 资产配置再平衡是一种主动投资策略

【解析】A项，每季度进行再平衡操作属于定期再平衡；B项，偏离目标10%进行再平衡操作属于动态再平衡；D项，资产配置再平衡是一种被动投资策略。

164. 资产配置的步骤不包括(　　)。

A. 明确投资的限制因素　　B. 了解客户基本信息

C. 寻找最佳的资产组合　　D. 明确资本市场的期望值

【解析】一般情况下，资产配置的过程包括以下几个步骤：①明确投资目标和限制因素；②明确资本市场的期望值；③明确资产组合中包括哪几类资产；④确定有效资产组合的边界；⑤寻找最佳的资产组合。

165. 经济学里经常用"羊群效应"来描述经济个体的(　　)心理。羊群是一种很散乱的组织，平时在一起也是盲目地左冲右撞，但一旦有一只头羊动起来，其他的羊也会不假思索地一哄而上，全然不顾前面可能有狼或者不远处有更好的草。

A. 从众跟风　　B. 恐慌　　C. 易于冲动　　D. 犹豫不决

【解析】"羊群效应"，又称"从众效应"，是个人的观念或行为由于真实的或想象的群体的影响或压力，而向与多数人相一致的方向变化的现象。表现为对特定的或临时的情境中的优势观念和行为方式的采纳(随潮)和对长期性的占优势地位的观念和行为方式的接受(顺应风俗习惯)。人们会追随大众所同意的，将自己的意见默认否定，且不会主观上思考事件的意义。

166. 有效市场假说是(　　)证券投资策略的理论依据。

A. 交易型　　B. 被动型　　C. 积极型　　D. 投资组合保险

【解析】被动型策略是指根据事先确定的投资组合构成及调整规则进行投资，不根据对

162D　163C　164B　165A　166B

市场环境的变化主动地实施调整。其理论依据主要是市场有效性假说，如果所有证券价格均充分反映了可获得的信息，则买入并持有证券，被动接受市场变化而不进行调整，更有可能获取市场收益，并避免了过多的交易成本和误判市场走势造成的损失。

167. 关于有效市场假说，下列说法中错误的是(　　)。

A. 在强式有效市场中，基本面分析无效

B. 在弱式有效市场中，基本面分析无效

C. 在半强式有效市场中，技术面分析无效

D. 在强式有效市场中，内部信息无法获得超额利润

【解析】B 项，弱式有效市场假设认为，当前的股票价格已经充分反映了全部历史价格信息和交易信息，如历史价格走势、成交量等，因此试图通过分析历史价格数据预测未来股价的走势，期望从过去价格数据中获益将是徒劳的。也就是说，如果市场是弱式有效的，那么投资分析中的技术分析方法将不再有效。

168. 当技术分析无效时，市场至少符合(　　)。

A. 无效市场假设　　B. 强式有效市场假设

C. 半强式有效市场假设　　D. 弱式有效市场假设

【解析】弱式有效市场假设认为，当前的股票价格已经充分反映了全部历史价格信息和交易信息，如历史价格走势、成交量等，因此试图通过分析历史价格数据预测未来股价的走势，期望从过去价格数据中获益将是徒劳的，即如果市场是弱式有效的，那么投资分析中的技术分析将不再有效。

169. 依据有效市场假说，结合实证研究的需要，学术界一般依证券市场价格对不同类型信息的反映程度将证券市场区分为(　　)种类型。

A. 2　　B. 3　　C. 4　　D. 5

【解析】学术界一般依证券市场价格对三类不同类型信息的反映程度，将证券市场区分为三种类型，即弱式有效市场、半强式有效市场及强式有效市场。这三类市场对于以信息为分析基础的证券投资分析而言，具有不同的意义。

170. (　　)假设认为，当前的股票价格已经充分反映了与公司前景有关的全部公开信息。

A. 强式有效市场　　B. 无效市场

C. 半强式有效市场　　D. 弱式有效市场

【解析】有效市场假说将资本市场划分为弱式有效市场、半强式有效市场和强式有效市场三种形式。其中，半强式有效市场假设认为，当前的股票价格已经充分反映了与公司前景有关的全部公开信息。公开信息除包括历史价格信息外，还包括公司的公开信息、竞争对手的公开信息、经济以及行业的公开信息等。因此，试图通过分析公开信息是不可能取得超额收益的。

171. 异常现象更多的时候出现在(　　)之中。

A. 弱式有效市场　　B. 半强式有效市场

C. 强式有效市场　　D. 有效市场

167B　168D　169B　170C　171B

【解析】异常现象可以存在于有效市场的任何形式之中，但更多的时候它们出现在半强式市场之中。

172. 下列关于主动管理方法的描述正确的是（　　）。

A. 采用此种方法的管理者认为证券市场是有效的

B. 经常预测市场行情或寻找定价错误的证券

C. 通常购买分散化程度较高的投资组合

D. 坚持“买入并长期持有”的投资策略

【解析】A项，采用此种方法的管理者认为，市场不总是有效的；CD两项，采用被动管理方法的管理者认为，证券市场是有效的，凡是能够影响证券价格的信息均已在当前证券价格中得到反映。也就是说，证券价格的未来变化是无法估计的。因此，他们坚持“买入并长期持有”的投资策略，通常购买分散化程度较高的投资组合，如市场指数基金或类似的证券组合。

173. 关于证券组合管理方法，下列说法错误的是（　　）。

A. 被动管理方法是指长期稳定持有模拟市场指数的证券组合以获得市场平均收益的管理方法

B. 采用被动管理方法的管理者认为证券市场是有效市场

C. 主动管理方法是指经常预测市场行情或寻找错误定价证券，并借此频繁调整证券组合以获得尽可能高的收益的管理方法

D. 采用主动管理方法的管理者坚持“买入并长期持有”的投资策略

【解析】D项，采用被动管理方法的管理者坚持“买入并长期持有”的投资策略。

二、多项选择题（以下备选项中有两项或两项以上符合题目要求，多选、少选、错选均不得分）

1. 下列说法正确的有（　　）。［2023年3月真题］

A. 套利定价理论和马柯威茨理论一样都属于多因素模型

B. 套利定价理论的假设少于资本资产定价模型

C. 套利定价理论认为，如果市场上不存在套利组合，那么市场就不存在套利机会

D. 套利定价理论认为，只有投资者的套利行为不断进行直至套利机会消失，市场才能形成证券的均衡价格

【解析】B项，套利定价理论并没有对投资者的风险偏好做出规定，与资本资产定价模型相比适用性增强了。C项，套利定价理论认为，如果市场上不存在（即找不到）套利组合，那么市场就不存在套利机会。D项，套利组合理论认为，当市场上存在套利机会时，投资者会不断进行套利交易，从而不断推动证券的价格向套利机会消失的方向变动，直到套利机会消失为止，此时证券的价格即为均衡价格，市场也就进入均衡状态。

2. 对两种证券构成的组合，在不允许卖空的情况下，下列说法正确的有（　　）。［2022年2月真题］

A. 完全负相关下，可获得无风险组合

B. 不相关情况下，可得到一个组合，其风险小于两个证券组合中任一证券的风险

172B　173D　▍　1BCD　2ABC

C. 当两种证券间的相关系数为 0.5 时，得不到一个组合使得组合风险小于单个证券的风险

D. 组合的风险与两种证券间的投资比例无关

【解析】D 项，组合的风险与两种证券间的投资比例有关。投资于风险证券的比例越高，则投资组合的风险越高。

3. A 证券的预期报酬率为 12%，标准差为 15%；B 证券的预期报酬率为 18%，标准差为 20%，投资于两种证券组合的可行集是一条曲线，有效边界与可行集重合，下列结论中正确的有（　　）。[2022 年 2 月真题]

A. 最小方差组合是全部投资于 A 证券

B. 最高预期报酬组合是全部投资于 B 证券

C. 两种证券报酬率的相关性较高，风险分散化效应较弱

D. 可以在有效集曲线上找到风险最小、期望报酬率最高的投资组合

【解析】A 项，由有效边界与可行集重合，可知可行集曲线上不存在无效投资组合，而 A 的标准差小于 B，因此最小方差组合是全部投资于 A 证券；B 项，由于投资组合的报酬率是组合中各种资产报酬率的加权平均数，而 B 的预期报酬率高于 A，因此最高预期报酬率组合是全部投资于 B 证券；C 项，由于可行集曲线上不存在无效投资组合，所以两种证券报酬率的相关性较高，风险分散化效应较弱；D 项，由上述分析知，风险最小的投资组合为全部投资于 A 证券，期望报酬率最高的投资组合为全部投资于 B 证券，因此有效集曲线上不存在风险最小、期望报酬率最高的投资组合。

4. 根据市场中经常出现的规律性现象制定的交易型策略包括（　　）。[2022 年 2 月真题]

A. 均值—回归策略　　B. 买入持有策略

C. 动量策略　　D. 趋势策略

【解析】交易型策略指根据市场交易中经常出现的规律性现象，制定某种获利策略。代表性策略包括均值—回归策略、动量策略和趋势策略。

5. 套利定价模型在实践中的应用一般包括（　　）。[2021 年 12 月真题]

A. 检验资本市场线的有效性

B. 分离出那些统计上显著地影响证券收益的主要因素

C. 检验证券市场线的有效性

D. 明确确定某些因素与证券收益有关，预测证券的收益

【解析】套利定价模型在实践中的应用一般有两个方面：①运用统计分析模型对证券的历史数据进行分析，以分离统计上显著影响证券收益的主要因素。②确定影响证券收益的因素，回归证券历史数据以获得灵敏度系数，再运用公式 $E(r_i)=\lambda_0+b_{i1}\lambda_1+b_{i2}\lambda_2+\cdots+b_{iN}\lambda_N$ 预测证券的收益。

6. 关于年金的表述，正确的是（　　）。[2021 年 4 月真题]

A. 向租房者每月固定领取的租金可视为一种年金

B. 每个月定期定额缴纳的房租贷款月供可视为一种年金

3ABC　4ACD　5BD　6ABC

C. 退休后从社保部门每月固定领取的养老金可视为一种年金

D. 零存整取的“整取额”可视为一种年金

【解析】年金(普通年金)是指在一定期限内，时间间隔相同、不间断、金额相等、方向相同的一系列现金流。比如，退休后每个月固定从社保部门领取的养老金就是一种年金，定期定额缴纳的房屋贷款月供、每个月进行定期定额购买基金的月投资额款、向租房者每月固定领取的租金等均可视为一种年金。

7. 在半强式有效市场中，下列说法错误的有(　　)。[2020 年 8 月真题]

A. 技术分析无助于判断股价走势

B. 小公司股票比大公司股票能持续性产生更高的风险调整收益

C. 低市盈率股票能够长期获得正的超常收益率

D. 掌握内幕消息的投资者能够获取超额收益

【解析】在半强式有效市场上，证券的价格反映了包括历史信息在内的所有公开发表的信息，即公开可得信息，此时，基本面分析和技术分析无效，只有内幕消息能够获取超额收益。BC 两项都是根据基本面来分析股票。

8. 关于市场有效性，下列说法错误的是(　　)。[2019 年 12 月真题]

A. 如果股价变动是可以预测的，那么市场是有效的

B. 市场有效性来源于竞争

C. 在有效市场中，指数化投资策略是不可取的

D. 如果市场有效，历史信息不能引起股价变动

【解析】A 项，有效市场假设理论认为，证券在任一时点的价格均对所有相关信息作出了反应。股票价格的任何变化只会由新信息引起，由于新信息是不可预测的，因此股票价格的变化也就是随机变动的。C 项，如果认为市场是有效的，那么就没有必要浪费时间和精力进行积极的投资管理，而应采取消极的投资管理策略，例如指数化投资策略。

9. 下列有关多 - 空组合策略的说法正确的是(　　)。[2019 年 8 月真题]

A. 是一种被动性投资策略

B. 是一种战术性投资策略

C. 买入看涨股票，卖空看跌股票

D. 试图抵消市场风险而获得单个证券的阿尔法收益差额

【解析】AB 两项，战术性投资策略也称为战术性资产配置策略，通常是一些基于对市场前景预测的短期主动型投资策略。常见的战术性投资策略包括：①交易型策略；②多 - 空组合策略；③事件驱动型策略。C 项，多 - 空组合策略，有时也称为成对交易策略，通常需要买入某个看好的资产或资产组合，同时卖空另外一个看淡的资产或资产组合。D 项，多 - 空组合策略试图抵消市场风险而获取单个证券的阿尔法收益差额。

10. 由股票和债券构成的收入型证券组合追求(　　)最大化。[2019 年 7 月真题]

A. 股息收入　　B. 资本利得　　C. 资本收益　　D. 债息收入

【解析】收入型证券组合的特点是追求基本收益(即利息、股息收益)的最大化，由股票

7BC　8AC　9BCD　10AD

和债券构成的收入型证券组合的基本收益包括股息收入和债息收入。

11. 下列属于证券组合被动管理方法特性的有(　　)。[2018 年 12 月真题]

A. 长期稳定持有模拟市场指数的证券组合

B. 采用此种方法的管理者认为证券市场不总是有效的

C. 期望获得市场平均收益

D. 采用此种方法的管理者认为证券价格的未来变化无法估计

【解析】B 项，采用被动管理方法的管理者认为，证券市场是有效市场，凡是能够影响证券价格的信息均已在当前证券价格中得到反映。也就是说，证券价格的未来变化是无法估计的，以致任何企图预测市场行情或挖掘定价错误证券，并借此频繁调整持有证券的行为无助于提高期望收益，只会浪费大量的经纪佣金和精力。

12. 如果股票市场是一个有效的市场，那么股票市场上(　　)。[2018 年 9 月真题]

A. 存在价值低估的股票　　B. 不存在价值低估的股票

C. 不存在价值高估的股票　　D. 存在价值高估的股票

【解析】在一个有效的市场上，将不会存在证券价格被高估或被低估的情况，投资者将不可能根据已知信息获利。如果证券市场是一个完全有效的市场，那么任何人无论通过何种途径都无法获得超过市场的回报。

13. 套利定价理论的基本假设包括(　　)。[2018 年 3 月真题]

A. 投资者是追求收益的，同时也是厌恶风险的

B. 资本市场没有摩擦

C. 所有证券的收益都受到一个共同因素的影响

D. 投资者能够发现市场上是否存在套利机会，并利用该机会进行套利

【解析】与资本资产定价模型(CAPM)相比，建立套利定价理论的假设条件较少，可概括为三个基本假设：①投资者是追求收益的，同时也是厌恶风险的。②所有证券的收益都受到一个共同因素 F 的影响，并且证券的收益率具有如下构成形式：$r_i = a_i + b_iF_i + \varepsilon_i$。其中，$r_i$代表证券 i 的实际收益率；a_i代表因素指标 F_i为 0 时证券 i 的收益率；b_i代表因素指标 F_i的系数；F_i代表影响证券的那个共同因素 F 的指标值；ε_i代表证券 i 收益率 r_i的残差项。③投资者能够发现市场上是否存在套利机会，并利用该机会进行套利。

14. 以下关于可行域说法正确的有(　　)。[2016 年 11 月真题]

A. 可行域可能是平面上的一条线　　B. 可行域可能是平面上的一个区域

C. 可行域就是有效边界　　D. 可行域是由有效组合构成的

【解析】CD 两项，可行域包括有效边界和有效组合，也包括非有效边界和无效的组合。

15. 下列各项中，(　　)属于货币时间价值的影响因素。[2016 年 9 月真题]

A. 通货膨胀率　　B. 计息方式　　C. 市场利率　　D. 时间

【解析】货币的时间价值受到以下因素的影响：①时间，时间越长，货币时间价值越大；②收益率或通货膨胀率，收益率是决定货币在未来增值程度的关键因素，而通货膨胀

11ACD　12BC　13ACD　14AB　15ABCD

率则是使货币购买力缩水的反向因素；③单利与复利，复利会产生利上加利、息上添息的收益倍增效应。

16. 关于最优证券组合，下列说法正确的是（　　）。［2016 年 7 月真题］

A. 最优证券组合是在有效边界的基础上结合投资者个人的偏好得出的结果

B. 投资者偏好通过无差异曲线来反映，其位置越靠下满意度越高

C. 最优证券组合是无差异曲线簇与有效边界的切点所表示的组合

D. 最优证券组合所在的无差异曲线的位置最低

【解析】B 项，无差异曲线的位置越高，其上的投资组合带来的满意程度就越高；D 项，最优证券组合是在有效边界的基础上结合投资者个人的偏好得出的结果，是无差异曲线簇（表示投资者的偏好）与有效边界的切点所表示的组合。相对于其他有效组合，最优证券组合所在的无差异曲线位置最高（投资者满意程度最高）。

17. 家庭的生命周期包括（　　）。［2016 年 5 月真题］

A. 家庭衰老期　　B. 家庭成熟期　　C. 家庭形成期　　D. 家庭成长期

【解析】生命周期理论认为：自然人在相当长的期间内计划个人的储蓄消费行为，以实现生命周期内收支的最佳配置。生命周期分家庭和个人生命周期两种，其中，家庭的生命周期一般可分为形成期、成长期、成熟期以及衰老期四个阶段。

18. 关于 β 系数的含义，下列说法中正确的有（　　）。［2016 年 5 月真题］

A. β 系数绝对值越大，表明证券或组合对市场指数的敏感性越弱

B. β 系数为曲线斜率，证券或组合的收益与市场指数收益呈曲线相关

C. β 系数为直线斜率，证券或组合的收益与市场指数收益呈线性相关

D. β 系数绝对值越大，表明证券或组合对市场指数的敏感性越强

【解析】BC 两项，证券或组合的收益与市场指数收益呈线性相关，β 系数为直线斜率；AD 两项，β 系数反映了证券或组合的收益水平对市场平均收益水平变化的敏感性，其绝对值越大，表明证券或组合对市场指数的敏感性越强。

19. 在生命周期内，个人或家庭决定其目前的消费和储蓄需要综合考虑的因素有（　　）。［2016 年 4 月真题］

A. 退休时间　　B. 现在收入　　C. 可预期的工作　　D. 将来收入

【解析】生命周期理论对人们的消费行为提供了全新的解释，该理论指出自然人是在相当长的期间内计划个人的储蓄消费行为，以实现生命周期内收支的最佳配置，即一个人将综合考虑其当期、将来的收支，以及可预期的工作、退休时间等诸多因素，以决定目前的消费和储蓄，并保证其消费水平处于预期的平稳状态，而不至于出现大幅波动。

20. 关于 SML 和 CML，下列说法正确的有（　　）。［2016 年 4 月真题］

A. 两者都表示有效组合的收益与风险关系

B. SML 适合于所有证券或组合的收益风险关系，CML 只适合于有效组合的收益风险关系

16AC　17ABCD　18CD　19ABCD　20BCD

C. SML 以 β 描绘风险，而 CML 以 σ 描绘风险

D. SML 是 CML 的推广

【解析】A 项，CML（资本市场线）表明有效投资组合的期望收益率与风险是一种线性关系，而 SML（证券市场线）表明任一投资组合的期望收益率与风险是一种线性关系。

21. 家庭生命周期中家庭成熟期阶段会产生的财务状况有（　　）。

A. 收入增加而支出稳定，在子女上学前储蓄逐步增加

B. 支出随成员固定而趋于稳定，但子女上大学后学杂费用负担重

C. 可积累的资产达到巅峰，要逐步降低投资风险

D. 收入达到巅峰，支出相对较低

【解析】家庭成熟期的特点是从子女经济独立到夫妻双方退休，其财务状况如下：①收支，收入以薪酬为主，支出随家庭成员减少而降低；②储蓄，收入处于巅峰阶段，支出相对较低，储蓄增长的最佳时期；③资产，资产达到巅峰，降低投资风险；④负债，房贷余额逐年减少，退休前结清所有大额负债。AB 两项为家庭成长期的财务状况。

22. 下列有关家庭生命周期的描述，正确的有（　　）。

A. 家庭形成期是从结婚到子女婴儿期

B. 家庭成长期的特征是家庭成员数固定

C. 家庭成熟期时事业发展和收入达到顶峰

D. 家庭衰老期的收入以理财收入或移转性收入为主

【解析】家庭生命周期是指家庭形成期、家庭成长期、家庭成熟期和家庭衰老期的整个过程。家庭形成期是从结婚到子女婴儿期，收入以薪水为主。家庭成长期是从子女幼儿期到子女经济独立，收入也是以薪水为主，这一阶段的家庭成员数固定。家庭成熟期是从子女经济独立到夫妻双方退休，事业发展和收入处于巅峰阶段，支出相对较低，是储蓄增长的最好时期。家庭衰老期是指从夫妻双方退休到一方过世，这一阶段收入以理财收入或移转性收入为主，医疗费用支出增加，其他费用支出减少。

23. 下列关于个人生命周期各阶段理财活动的说法，正确的有（　　）。

A. 探索期要为将来的财务自由做好专业上与知识上的准备

B. 建立期应适当节约资金进行高风险的金融投资

C. 稳定期既要努力偿清各种中长期债务，又要为未来储备财富

D. 高原期的主要理财任务是妥善管理好积累的财富，积极调整投资组合

【解析】C 项，稳定期的理财任务是尽可能多地储备资产、积累财富，未雨绸缪，可考虑定期定额基金投资等方式，利用投资的复利效应和长期投资的时间价值为未来积累财富。

24. 个人生命周期中维持期的主要特征有（　　）。

A. 对应年龄为 45 ~ 54 岁

B. 家庭形态表现为子女上小学、中学

C. 主要理财活动为收入增加、筹退休金

21CD　22ABCD　23ABD　24ACD

D. 保险计划为养老险、投资型保险

【解析】B 项，维持期家庭形态表现为子女进入高等教育阶段。

25. 下列各项中，属于个人生命周期阶段的有(　　)。

A. 探索期　　B. 建立期　　C. 成长期　　D. 维持期

【解析】个人生命周期按年龄层可分为 6 个阶段，依次是探索期、建立期、稳定期、维持期、高原期和退休期。C 项属于家庭生命周期。

26. 关于货币的时间价值，下列表述正确的有(　　)。

A. 现值与终值成正比例关系

B. 折现率越高，复利现值系数就越小

C. 现值等于终值除以复利终值系数

D. 复利终值系数等于复利现值系数的倒数

【解析】计算多期中现值的公式为：$PV = FV \times (1 + r)^{-n}$。可以看出，现值与终值正相关。其中，复利终值系数为$(1 + r)^n$，折现率越高，复利终值系数就越高；复利现值系数为$(1 + r)^{-n}$，折现率越高，复利现值系数越低。

27. 货币具有时间价值的原因包括(　　)。

A. 货币本身具有的价值

B. 货币可用于投资，从而获得投资回报

C. 货币的购买力会受到通货膨胀的影响而降低

D. 未来的投资收入预期具有不确定性

【解析】货币的时间价值是指货币在无风险的条件下，经历一定时间的投资和再投资而发生的增值，又称资金时间价值。货币具有时间价值的原因包括：①现在持有的货币可以投资，从而获得投资回报；②货币的购买力会受到通货膨胀的影响而降低；③未来的投资收入预期具有不确定性。

28. 对于货币时间价值概念的理解，下列表述正确的有(　　)。

A. 货币只有经过投资和再投资才会增值，不投入生产经营过程的货币不会增值

B. 一般情况下，货币的时间价值应按复利方式来计算

C. 货币在使用过程中由于时间因素而形成的增值

D. 一般情况下，货币的时间价值应按单利方式来计算

【解析】D 项，货币时间价值一般按照复利进行计算。

29. 关于计息次数和现值、终值的关系，下列说法正确的有(　　)。

A. 一年中计息次数越多，其终值就越大

B. 一年中计息次数越多，其现值就越小

C. 一年中计息次数越多，其终值就越小

D. 一年中计息次数越多，其现值就越大

【解析】名义年利率 r 与有效年利率 EAR 之间的换算公式为：$EAR = (1 + r/m)^m - 1$，其中，r 指名义年利率；EAR 指有效年利率；m 指一年内复利次数。m 越大，EAR 越大，

25ABD　26ABCD　27BCD　28ABC　29AB

因此终值越大，现值越小。

30. 关于利率与年金现值、终值的关系，下列说法不正确的有(　　)。

A. 在不考虑其他条件的情况下，利率与年金终值反方向变化

B. 在不考虑其他条件的情况下，利率与年金现值同方向变化

C. 在不考虑其他条件的情况下，利率与年金现值反方向变化

D. 在不考虑其他条件的情况下，利率与年金终值同方向变化

【解析】以期末年金为例，年金现值计算公式为：$PV=\frac{C}{r}\left[1-\frac{1}{(1+r)^t}\right]$，年金终值计算公式为：$FV=\frac{C[(1+r)^t-1]}{r}$。可知，利率与年金现值反方向变化，与年金终值同方向变化。

31. 在计息期一定的情况下，下列关于利率与现值、终值系数的说法正确的有(　　)。

A. 当利率大于零，年金现值系数一定都大于1

B. 当利率大于零，年金终值系数一定都大于1

C. 当利率大于零，复利终值系数一定都大于1

D. 当利率大于零，复利现值系数一定都小于1

【解析】计算多期中终值的公式为 $FV=PV\times(1+r)^t$。其中，PV 是期初的价值，r 是利率，t 是投资时间，$(1+r)^t$是复利终值系数；计算多期中现值的公式为 $PV=FV/(1+r)^t$。其中，r 是利率，t 是投资时间，FV 是期末的价值，$1/(1+r)^t$是复利现值系数。若$r>0$，则$(1+r)^t>1$，可得年金终值系数、复利终值系数均大于1，复利现值系数小于1。

32. 下列说法不正确的有(　　)。

A. 增长型年金终值的计算公式为 $FV=\frac{C(1+r)^t}{r-g}\left[1-\left(\frac{1+g}{1+r}\right)^t\right]$

B. 生活费支出、教育费支出和房贷支出都属于期初年金

C. (期初)增长型永续年金的现值计算公式$(r>g)$为 $PV=\frac{C}{r-g}$

D. NPV 越大说明投资收益越高

【解析】A 项，当$r\neq g$ 时，$FV=\frac{C(1+r)^t}{r-g}\left[1-\left(\frac{1+g}{1+r}\right)^t\right]$；当$r=g$ 时，$FV=tC(1+r)^{t-1}$；B 项，房贷支出的现金流发生在当期期末；C 项，当$r>g$ 时，(期末)增长型永续年金的现值计算公式为 $PV=C/(r-g)$。

33. 下列各项中，属于影响利率期限结构的因素有(　　)。

A. 市场效率低下

B. 收益率曲线

C. 债券预期收益中可能存在的流动性溢价

D. 对未来利率变动方向的预期

30AB　31BCD　32ABC　33ACD

【解析】在任一时点上，都有以下三种因素影响期限结构的形状：对未来利率变动方向的预期、债券预期收益中可能存在的流动性溢价、市场效率低下或者资金从长期(或短期)市场向短期(或长期)市场流动可能存在的障碍。

34. 以下关于市场预期理论的描述，正确的有(　　)。

A. 投资者并不认为长期债券是短期债券的理想替代物

B. 如果预期未来即期利率上升，则利率期限结构呈上升趋势

C. 如果预期未来即期利率下降，则利率期限结构呈上升趋势

D. 假设市场参与者会按照其利率预期从债券市场的一个偿还期部分自由地转移到另一个偿还期部分，不受阻碍

【解析】A 项，市场预期理论认为，在特定时期内，长期债券是一组短期债券的理想替代物，长、短期债券取得的利率相同，即市场是均衡的。C 项，如果预期未来即期利率上升，则利率期限结构呈上升趋势；如果预期未来即期利率下降，则利率期限结构呈下降趋势。市场预期理论和流动性偏好理论都假设市场参与者会按照他们的利率预期，从债券市场的一个偿还期部分自由地转移到另一个偿还期部分，而不受任何阻碍。

35. 下列关于利率期限结构理论的说法中，正确的有(　　)。

A. 市场预期理论认为利率期限结构取决于短期资金市场供求状况与长期资金市场供求状况的比较

B. 流动性偏好理论认为流动性溢价是远期利率和未来的预期即期利率之间的差额

C. 市场分割理论认为利率期限结构完全取决于对未来即期利率的市场预期

D. 流动性偏好理论认为，利率曲线的形状是由对未来利率的预期和延长偿还期所必需的流动性溢价共同决定的

【解析】A 项，在市场分割理论下，利率期限结构取决于短期资金市场供求状况与长期资金市场供求状况的比较，或者说取决于短期资金市场供需曲线交叉点的利率与长期资金市场供需曲线交叉点的利率对比；C 项，市场预期理论又被称为无偏预期理论，认为利率期限结构完全取决于对未来即期利率的市场预期。

36. 我国利率市场化改革的总体思路为(　　)。

A. 先存款、后贷款　　B. 先本币、后外币

C. 先外币、后本币　　D. 存款先大额长期、后小额短期

【解析】我国利率市场化改革按照“先货币和债券市场利率，后存贷款利率”的顺序放开利率管制。存贷款利率又按照“先外币，后本币；先贷款，后存款；先长期、大额，后短期、小额”的顺序推进。

37. 放开存贷款利率管制后，我国的利率市场化改革还做了一些工作，主要包括(　　)。

A. 建立健全市场利率定价自律机制　　B. 有序推进同业存单和大额存单交易

C. 有效培育市场利率体系　　D. 逐步完善中央银行利率调控体系

【解析】放开存贷款利率管制后，我国的利率市场化改革还做了以下几方面的工作：①建立健全市场利率定价自律机制；②有序推进同业存单和大额存单发行交易；③有

34BD　35BD　36CD　37ABD

效培育了金融市场基准利率体系；④逐步完善中央银行利率调控体系。

38. 以下关于购买力平价的阐述，正确的是(　　)。

A. 若相对购买力平价成立，绝对购买力平价一定成立

B. 购买力平价的一个缺陷是没有考虑各国货物和服务的质量差异

C. 若绝对购买力平价成立，相对购买力平价一定成立

D. 相对购买力平价说明的是某一时期汇率的变动

【解析】A 项，由于物价指数是两个不同时点的物价绝对水平之比，因此，如果绝对购买力平价说成立，相对购买力平价说一定成立；而如果相对购买力平价说成立，则绝对购买力平价说不一定成立。

39. A 国的通货膨胀率达到了 8%，B 国的通货膨胀率达到了 16%，那么下列说法正确的是(　　)。

A. A 国货币将相对于 B 国货币升值　　B. A 国货币将相对于 B 国货币贬值

C. B 国货币将相对于 A 国货币贬值　　D. B 国货币将相对于 A 国货币升值

【解析】在一国通货膨胀率相对外国较高的情况下，该国货币所代表的价值量就会减少，其实际购买力下降，于是其对外币比价同样趋于下跌，导致外汇汇率上升。本题中，B 国的通货膨胀率相对 A 国较高，因此 B 国货币将相对于 A 国货币贬值，A 国货币将相对于 B 国货币升值。

40. 下列关于影响汇率的因素的说法，正确的是(　　)。

A. 反映货币购买力的物价水平变动是决定汇率长期变动的根本因素

B. 市场汇率的变动间接取决于外汇的市场供求状况

C. 市场预期变化是导致市场汇率短期变动的主要因素

D. 在某些极端情况下，货币当局会直接采用行政手段，实行外汇管理，维护汇率稳定

【解析】B 项，市场汇率的变动直接取决于外汇的市场供求状况。

41. 下列有关国际收支说的说法，正确的是(　　)。

A. 该理论是流量理论　　B. 利率上升，本币升值

C. 国民收入增加会导致本币贬值　　D. 外国国民收入增加导致本币贬值

【解析】D 项，当其他条件不变时，若外国国民收入增加，则本国出口增加，外汇汇率下跌，本币趋于升值。

42. 下列与汇率理论相关的说法正确的是(　　)。

A. 从货币分析法的角度看，一国国际收支逆差时其货币趋于贬值

B. 根据购买力平价理论，本国物价水平上涨幅度高于外国物价水平时本币趋于升值

C. 根据利率平价理论，利率高的国家货币在远期外汇市场贴水，利率低的国家货币在远期外汇市场升水

D. 根据国际借贷理论，在其他条件不变时，本国利息率相对于外国利息率提高，会使本币贬值

【解析】B 项，当本国物价水平上涨幅度高于外国物价水平时，本币国内购买力相对于

38BCD　39AC　40ACD　41ABC　42AC

外币的购买力下降，本币趋于贬值；D项，其他条件不变时，若本国利息率相对于外国利息率提高，则国外资金流入增加，本国资金流出减少，使得外汇汇率下跌，本币趋于升值。

43. 影响汇率变动的因素包括( )。

A. 通货膨胀　　B. 国际收支　　C. 利率　　D. 经济增长

【解析】影响汇率的因素主要包括：①国际收支情况；②利率水平；③通货膨胀因素；④政府干预；⑤一国经济实力；⑥其他因素。

44. 以下影响汇率变动的因素中，会使本币贬值的是( )。

A. 本国国际收支逆差　　B. 严重的通货紧缩

C. 本国利率大幅下降　　D. 扩张性的财政政策和货币政策

【解析】B项，在一国通货紧缩较严重的情况下，该国货币所代表的价值量就会增加，其实际购买力提高，于是其对外币比价同样趋于上升，使得本币升值。

45. 2016年10月1日，人民币正式加入SDR货币篮子，人民币在SDR货币篮子中的权重为10.92%，成为继美元、欧元之后的第三大基础货币，这是新兴经济货币首次被纳入SDR，也是人民币第一次成为国际储备货币。这意味着( )。

A. 中国人可以更方便地购置海外资产，到国外去投资不动产

B. 人民币汇率风险降低

C. 人民币流通速度降低

D. 降低汇兑成本，促进我国国内物价稳定

【解析】C项，人民币正式加入SDR货币篮子与国内人民币流通速度无关；D项，不合题意，人民币加入SDR，汇兑成本不一定下降，与国内物价是否稳定无关。

46. 资本资产定价模型的假设条件包括( )。

A. 证券的收益率具有确定性

B. 资本市场没有摩擦

C. 投资者都依据组合的期望收益率和方差选择证券组合

D. 投资者对证券的收益和风险及证券间的关联性具有完全相同的预期

【解析】资本资产定价模型的假设条件可概括为如下三项：①投资者都依据期望收益率评价证券组合的收益水平，依据方差(或标准差)评价证券组合的风险水平，按照资产组合理论选择最优证券组合；②投资者对证券的收益、风险及证券间的关联性具有完全相同的预期；③资本市场没有摩擦，摩擦是指市场对资本和信息自由流动的阻碍。

47. 用资本资产定价模型计算出来的单个证券的期望收益率( )。

A. 应与市场预期收益率相同　　B. 可被用作资产估值

C. 可被视为必要收益率　　D. 与无风险利率无关

【解析】由CAPM公式可知，证券预期收益率与无风险利率有关，与市场预期收益率可以不同。

43ABCD　44ACD　45AB　46BCD　47BC

48. 贝塔系数的经济学含义包括(　　)。

A. 贝塔系数为 1 的证券组合，其均衡收益率水平与市场组合相同

B. 贝塔系数反映了证券价格被误定的程度

C. 贝塔系数是衡量系统风险的指标

D. 贝塔系数反映证券收益率对市场收益率组合变动的敏感性

【解析】β 系数为直线斜率，反映了证券或组合的收益水平对市场平均收益水平变化的敏感性。β 系数值绝对值越大，表明证券或组合对市场指数的敏感性越强。β 系数是衡量证券承担系统风险水平的指数。

49. 在资本资产定价模型中，资本市场没有摩擦的假设是指(　　)。

A. 交易没有成本

B. 不考虑对红利、股息及资本利得的征税

C. 信息在市场中自由流动

D. 市场只有一个无风险借贷利率，在借贷和卖空上没有限制

【解析】资本市场没有摩擦，“摩擦”是指市场对资本和信息自由流动的阻碍。因此，该假设意味着：在分析问题的过程中，不考虑交易成本和对红利、股息及资本利得的征税；信息在市场中自由流动；任何证券的交易单位都是无限可分的；市场只有一个无风险借贷利率；在借贷和卖空上没有限制。

50. 引入无风险借贷后，(　　)。

A. 所有投资者对风险资产的选择是相同的

B. 所有投资者选择的最优证券组合是相同的

C. 线性有效边界对所有投资者来说是相同的

D. 所有投资者对证券的协方差的估计变得不同了

【解析】引入无风险借贷后，市场上只有一个无风险借贷利率，在借贷和卖空上没有限制，因此线性有效边界对所有投资者来说是相同的，从而导致所有投资者对风险资产的选择也是相同的。

51. 下列关于证券市场线的叙述正确的有(　　)。

A. 证券市场线是用标准差作为风险衡量指标

B. 如果某证券的价格被低估，则该证券会在证券市场线的上方

C. 如果某证券的价格被低估，则该证券会在证券市场线的下方

D. 证券市场线说明只有系统风险才是决定期望收益率的因素

【解析】证券市场线是用贝塔系数作为风险衡量指标，即只有系统风险才是决定期望收益率的因素；如果某证券的价格被低估，意味着该证券的期望收益率高于理论水平，则该证券会在证券市场线的上方。

52. 证券市场线可以表示为(　　)。

A. $E(r_P)=r_F+[E(r_M)-r_F]\beta_P$　　B. $E(r_P)=r_F+\beta_P E(r_M)-r_F\beta_P$

C. $r_P=\alpha_P+\beta_P r_M+\varepsilon_P$　　D. $\sigma_P^2=\beta_P^2\sigma_M^2+\varepsilon_P^2$

48ACD　49ABCD　50AC　51BD　52ABC

【解析】D 项衡量的是证券或组合的风险。

53. β 系数的应用主要有以下(　　)等方面。

A. 证券的选择　　B. 风险控制

C. 确定债券的久期和凸性　　D. 投资组合绩效评价

【解析】β 系数可用于：①证券的选择。如牛市时，在估值优势相差不大的情况下，投资者会选择 β 系数较大的股票，以期获得较高的收益。②风险控制。风险控制部门或投资者通常会控制 β 系数过高的证券投资比例。另外，针对衍生证券的对冲交易，通常会利用 β 系数控制对冲的衍生证券头寸。③投资组合绩效评价。评价组合业绩是基于风险调整后的收益进行考量，即既要考虑组合收益的高低，也要考虑组合所承担风险的大小。

54. 套利定价模型表明(　　)。

A. 市场均衡状态下，证券或组合的期望收益率完全由它所承担的因素风险决定

B. 期望收益率与因素风险的关系，可由期望收益率的因素风险敏感性的线性函数所反映

C. 承担相同因素风险的证券或组合应该具有不同的期望收益率

D. 承担不同因素风险的证券或组合都应该具有相同的期望收益率

【解析】套利定价模型表明：①市场均衡状态下，证券或组合的期望收益率完全由它所承担的因素风险所决定；②承担相同因素风险的证券或证券组合都应该具有相同期望收益率；③期望收益率与因素风险的关系，可由期望收益率的因素敏感性的线性函数反映。

55. 根据套利定价理论，套利组合满足的条件包括(　　)。

A. 该组合的期望收益率大于0

B. 该组合中各种证券的权数之和等于0

C. 该组合中各种证券的权数之和等于1

D. 该组合的因素灵敏度系数等于0

【解析】根据套利定价理论，套利组合满足的条件包括：①该组合中各种证券的权数满足 $w_1 + w_2 + \cdots + w_N = 0$。②该组合因素灵敏度系数为零，即 $w_1 b_1 + w_2 b_2 + \cdots + w_N b_N = 0$。其中，$b_i$表示证券 i 的因素灵敏度系数。③该组合具有正的期望收益率，即 $w_1 E(r_1) + w_2 E(r_2) + \cdots + w_N E(r_N) > 0$。其中，$E(r_i)$表示证券 i 的期望收益率。套利组合的上述特征表明，投资者如果能够发现套利组合并持有它，那么他就可以在不追加投资的情况下实现无风险收益。

56. 资本市场线(CML)是在以预期收益和标准差为坐标轴的平面上，表示风险资产的最优组合与一种无风险资产再组合的组合线。下列各项中属于资本市场线方程中的参数是(　　)。

A. 市场组合的期望收益率　　B. 无风险利率

C. 市场组合的标准差　　D. 风险资产之间的协方差

53ABD　54AB　55ABD　56ABC

【解析】资本市场线(CML)方程如下：$E(r_P)=r_F+\left[\frac{E(r_M)-r_F}{\sigma_M}\right]\sigma_P$。其中，$E(r_P)$为有效组合 P 的期望收益率；σ_P 为有效组合 P 的标准差；$E(r_M)$为市场组合 M 的期望收益率；σ_M为市场组合 M 的标准差；r_F为无风险证券收益率。

57. 下列属于有效边界 FT 上的切点证券组合 T 具有的特征的有(　　)。

A. 切点证券组合 T 与投资者的偏好相关

B. T 是有效组合中唯一一个不含无风险证券而仅由风险证券构成的组合

C. 有效边界之上的任意证券组合，即有效组合，均可视为无风险证券 F 与 T 的再组合

D. 切点证券组合 T 完全由市场确定，与投资者的偏好无关

【解析】A 项，由于一种证券或组合在均值标准差平面上的位置完全由该证券或组合的期望收益率和标准差所确定，并假定所有投资者对证券的收益、风险及证券间的关联性具有完全相同的预期。因此，同一种证券或组合在均值标准差平面上的位置对不同的投资者来说是完全相同的。切点证券组合 T 的确定过程与投资者的偏好无关。

58. 确定有效边界所用的数据包括(　　)。

A. 各类资产的投资收益率相关性　　B. 各类资产的风险大小

C. 各类资产在组合中的权重　　D. 各类资产的投资收益率

【解析】按照投资者的共同偏好规则，可以排除那些被所有投资者都认为差的组合，余下的这些组合称为有效证券组合。根据有效组合的定义，有效组合不止一个，描绘在可行域的图形中，是可行域的上边界部分，称为有效边界。可行域的形状依赖于可供选择的单个证券的投资收益率、风险以及证券收益率之间的相互关系，还依赖于投资组合中权数的约束。

59. 最优证券组合(　　)。

A. 是能带来最高收益的组合　　B. 肯定在有效边界上

C. 是无差异曲线与有效边界的切点　　D. 是理性投资者的最佳选择

【解析】A 项，最优证券组合是在既定风险下收益最高的组合。

60. 关于证券组合的有效边界，下列说法不正确的是(　　)。

A. 有效边界是可行域的上边界部分

B. 对于无限区域可行域，没有有效边界

C. 有效边界是可行域的外部边界

D. 对于有效区域可行域，其可行域就是有效边界

【解析】A 项，根据有效证券组合的定义，有效组合不止 1 个，描绘在可行域的图形中，可行域的上边界部分，称为“有效边界”。对于可行域内部及下边界上的任意可行组合，均可以在有效边界上找到一个有效组合比它好。

61. 追求收益厌恶风险的投资者的共同偏好包括(　　)。

A. 如果两种证券组合具有相同的期望收益率和不同的收益率方差，那么投资者选择方差较小的组合

57BCD　58ABCD　59BCD　60BCD　61AB

B. 如果两种证券组合具有相同的收益率方差和不同的期望收益率，那么投资者选择期望收益率大的组合

C. 如果两种证券组合具有相同的期望收益率和不同的收益率方差，那么投资者选择方差较大的组合

D. 如果两种证券组合具有相同的收益率方差和不同的期望的收益率，那么投资者选择期望收益率小的组合

【解析】收益率的方差代表风险，方差越大说明组合的风险越大。追求收益厌恶风险的投资者是风险厌恶者，当两种证券组合具有相同的期望收益率时，会偏好风险即方差较小的组合；当两种证券组合具有相同的方差时选择收益率较高的组合。

62. 在均值—方差模型中，如果不允许卖空，由两种风险证券构建的证券组合的可行域(　　)。

A. 可能是均值标准差平面上的一个无限区域

B. 可能是均值标准差平面上的一条折线段

C. 可能是均值标准差平面上的一条直线段

D. 可能是均值标准差平面上的一条光滑的曲线段

【解析】当这两种风险证券完全正相关时，其构建的证券组合的可行域是均值标准差平面上的一条直线段；当这两种风险证券完全负相关时，其构建的证券组合的可行域是均值标准差平面上的一个三角形区域；当这两种风险证券完全不相关时，其构建的证券组合的可行域是均值标准差平面上的一条光滑的曲线段。

63. 关于可行域，下列说法正确的有(　　)。

A. 可供选择的证券有两种以上，可能的投资组合便不再局限于一条曲线上，而是坐标系中的一个区域

B. 如果在允许卖空的情况下，可行域是一个无限的区域

C. 可行域的左边界可能向外凸或呈线性，也可能出现凹陷

D. 证券组合的可行域表示了所有可能的证券组合，它为投资者提供了一切可行的组合投资机会

【解析】C 项，可行域的左边界必然向外凸或呈线性，不会出现凹陷。

64. 下列关于有效边界的说法正确的有(　　)。

A. 有效边界是在证券组合可行域的基础上按照投资者的共同偏好规则确定的

B. 有效边界上的证券组合即是投资者的最优证券组合

C. 对于可行域内部及下边界上的任意可行组合，均可以在有效边界上找到一个有效组合比它好

D. 有效边界上的不同组合按共同偏好规则不能区分优劣

【解析】有效边界是在收益—风险约束条件下能够以最小的风险取得最大的收益的各种证券的集合。B 项，最优证券组合即是投资者最满意的有效组合，是无差异曲线簇与有效边界的切点所表示的组合。将各投资者的无差异曲线和有效边界结合在一起就可以定出各个投资者的最优组合。

62BCD　63ABD　64ACD

65. 对于一个只关心风险的投资者，(　　)。

A. 方差最小组合是投资者可以接受的选择

B. 方差最小组合不一定是该投资者的最优组合

C. 不可能寻找到最优组合

D. 其最优组合一定方差最小

【解析】不同投资者的无差异曲线簇可获得各自的最佳证券组合，一个只关心风险的投资者将选取最小方差组合作为最佳组合。

66. 下列关于等权重组合模式的说法中，正确的有(　　)。

A. 运用等权重投资组合策略，目的是获得巨额收益

B. 等权重投资实质上是一种反转策略

C. 等权重指数的波动性较大

D. 等权重指数易偏向市值较大部分

【解析】A 项，采取等权重投资组合策略并非为了获取巨额收益，而是在复杂环境中达到资产保值增值的目的。D 项，等权重指数易偏向市值较小部分，中小盘往往产生超额收益。

67. 按照策略适用期限的不同，证券投资策略分为(　　)。

A. 主动型策略　　B. 战略性投资策略

C. 战术性投资策略　　D. 股票投资策略

【解析】证券投资策略按照不同的标准有不同的分类：①根据投资决策的灵活性不同，分为主动型策略与被动型策略；②按照策略适用期限的不同，分为战略性投资策略和战术性投资策略；③根据投资品种的不同，分为股票投资策略、债券投资策略、另类产品投资策略等。

68. 下列投资策略中，属于战略性投资策略的有(　　)。

A. 事件驱动型策略　　B. 买入持有策略

C. 投资组合保险策略　　D. 固定比例策略

【解析】战略性投资策略也称长期资产配置策略，是指着眼较长投资期限，追求收益与风险最佳匹配的投资策略。常见的长期投资策略包括：①买入持有策略；②固定比例策略；③投资组合保险策略。

69. 在现代投资管理体制下，投资一般分为(　　)三个阶段。

A. 规划　　B. 实施　　C. 优化管理　　D. 风险评估

【解析】在现代投资管理体制下，投资一般分为规划、实施和优化管理三个阶段。其中，投资规划是资产组合管理决策制定步骤中最重要的环节，也是决定投资组合相对业绩的主要因素。

70. 常见的战略性资产配置模型主要包括(　　)。

A. 均值—方差模型　　B. B－L 模型

C. 风险平价模型　　D. 资本资产定价模型

65AD　66BC　67BC　68BCD　69ABC　70ABC

【解析】战略性资产配置的相关模型主要包括均值—方差模型、B－L 模型、风险平价模型以及美林投资时钟。

71. 下列各项中，符合均值—方差模型假设前提的有(　　)。

A. 投资者进行投资决策的依据是某一持仓时间内的证券收益的概率分布

B. 投资者根据证券的期望收益率的方差或标准差来估测证券组合的风险

C. 投资者的决定不仅仅是依据证券的风险和收益

D. 在一定的风险水平上，投资者期望收益最大；相对应的是在一定的收益水平上，投资者希望风险最小

【解析】均值—方差模型依据以下几个假设：①投资者在考虑每一次投资选择时，其依据是某一持仓时间内的证券收益的概率分布；②投资者是根据证券的期望收益率的方差或标准差估测证券组合的风险；③投资者的决定仅仅是依据证券的风险和收益；④在一定的风险水平上，投资者期望收益最大；相对应的是在一定的收益水平上，投资者希望风险最小。

72. 下列有关 B－L 模型的说法中，正确的有(　　)。

A. B－L 模型在均衡收益的基础上通过引入投资者观点，对期望收益进行了修正

B. B－L 模型考虑了投资者的主观观点

C. B－L 模型依据各类资产的预期收益和方差以及资产之间的相关系数，通过最优化模型求解得到最优投资组合

D. 通过 B－L 模型得到的结果是不可预期的

【解析】C 项描述的为均值—方差模型的基本思想；D 项，B－L 模型采用贝叶斯方法，将市场隐含的均衡收益(先验收益)和投资者主观观点相结合，因此该模型得出的结果是可预期的且符合直觉的。

73. 下列关于美林投资时钟理论的说法中，正确的是(　　)。

A. 美林投资时钟理论形象地用时钟来描绘经济周期周而复始的四个阶段

B. 过热阶段最佳的选择是现金

C. 股票和债券在滞涨阶段表现都比较差，现金为王，成为投资的首选

D. 对应美林时钟的 9～12 点是复苏阶段，此时是股票类资产的黄金期

【解析】B 项，在经济持续加速增长后，便进入过热阶段，此时大宗商品类资产是投资的最佳选择。

74. 美林投资时钟理论按照经济增长与通胀的不同搭配，将经济周期划分为(　　)。

A. 滞胀阶段　　B. 复苏阶段　　C. 过热阶段　　D. 衰退阶段

【解析】美林投资时钟理论按照经济增长与通胀的不同搭配，将经济周期划分为以下四个阶段：①“经济上行，通胀下行”构成复苏阶段；②“经济上行，通胀上行”构成过热阶段；③“经济下行，通胀上行”构成滞胀阶段；④“经济下行，通胀下行”构成衰退阶段。

75. 资产配置过程中明确投资目标和限制因素这一基本步骤通常需要考虑(　　)等问题。

71ABD　72AB　73ACD　74ABCD　75ABCD

A. 投资风险偏好　　B. 时间跨度需求

C. 流动性需求　　D. 市场上实际的投资限制

【解析】明确投资目标和限制因素这一步骤，通常考虑投资者的投资风险偏好、流动性需求、时间跨度要求，并考虑市场上实际的投资限制、操作规则、税收等问题，确定投资需求。

76. 下列关于预期效用理论说法正确的有(　　)。

A. 预期效用理论又称期望效用函数理论

B. 预期效用理论建立在公理化假设的基础上

C. 预期效用理论是运用逻辑和数学工具，建立的不确定条件下对理性人选择进行分析的框架

D. 预期效用理论的优点在于理性人假设

【解析】D 项，理性人假设属于预期效用理论的缺陷。预期效用理论的缺陷主要有：①理性人假设；②预期效用理论在一系列选择实验中受到了一些“悖论”的挑战。

77. 关于金融市场中羊群行为产生的原因说法正确的是(　　)。

A. 投资者信息不对称、不完全，模仿他人行为以节约自己搜寻信息的成本

B. 后悔厌恶与推卸责任的需要

C. 减少恐惧的需要

D. 投资者的个性特征

【解析】羊群行为的产生原因主要包括：①投资者信息不对称、不完全。模仿他人的行为以节约自己搜寻信息的成本。②推卸责任的需要。后悔厌恶心理使决策者为了避免个人决策失误可能带来的后悔和痛苦，而选择与其他人相同的策略，或听从他人的建议。③减少恐惧的需要。人类属于群体动物，偏离大多数人往往会产生一种孤独和恐惧感。④缺乏知识经验以及其他的一些个性方面的特征。

78. 金融市场泡沫的特征包括(　　)。

A. 乐观的预期　　B. 大量“幼稚投资者”的涌入

C. 价格与价值的严重背离　　D. 庞氏骗局

【解析】金融泡沫的产生、演变和发展有其共同的规律和特点，其主要特征可概括为：乐观的预期、大量“幼稚投资者”的涌入、价格与价值的严重背离、庞氏骗局、泡沫破裂和经济冲击。

79. 根据有效市场理论，下列说法正确的是(　　)。

A. 在有效率的市场中，投资者所获得的收益只能是与其承担的风险相匹配的那部分正常收益，而不会有高出风险补偿的超额收益

B. 只要证券价格充分反映了全部有价值的信息，市场价格代表着证券的真实价值，这样的市场就称为有效市场

C. 在有效率的市场中，“公平原则”得以充分体现

D. 在有效率的市场中，资源配置更为合理和有效

76ABC　77ABCD　78ABCD　79ABCD

【解析】有效市场假说理论认为，在一个充满信息交流和信息竞争的社会里，一个特定的信息能够在股票市场上迅即被投资者知晓。随后，股票市场的竞争将会驱使股票价格充分且及时地反映该组信息，从而使得投资者根据该组信息所进行的交易不存在非正常报酬，而只能赚取风险调整的平均市场报酬率。只要证券的市场价格充分及时地反映了全部有价值的信息、市场价格代表着证券的真实价值，这样的市场就称为有效市场。在有效市场中，“公平原则”得以充分体现。

80. 在有效市场假说中，证券市场被分为(　　)和强式有效市场。

A. 半弱式有效市场　　B. 弱式有效市场

C. 半强式有效市场　　D. 无效市场

【解析】法玛根据市场对信息反应的强弱将有效市场分为弱式有效市场、半强式有效市场和强式有效市场。

81. 下列关于有效市场理论的表述，正确的有(　　)。

A. 如果有效市场理论成立，则应采取积极的投资管理策略，从相关信息中获利

B. 有效市场理论认为，证券在任一时点的价格均对所有相关信息作出了反应，而新信息是不可预测的，因此，股票价格的变化也就不可预测

C. 如果有效市场理论成立，则应采取消极的投资管理策略，积极的投资管理策略只是浪费时间和精力

D. 有效市场理论认为，证券在任一时点的价格均对所有相关信息作出了反应，因此，股票价格的变化也可以预测

【解析】有效市场假设理论认为，证券在任一时点的价格均对所有相关信息作出了反应。股票价格的任何变化只会由新信息引起，由于新信息是不可预测的，因此股票价格的变化也就是随机变动的。如果认为市场是有效的，那么就没有必要浪费时间和精力进行积极的投资管理，而应采取消极的投资管理策略。

82. 下列关于有效市场假说的假设条件，说法正确的是( )。

A. 理性人假设　　B. 完全信息假设

C. 信息不对称　　D. 投资者均为风险厌恶者假设

【解析】有效市场假说的假设条件主要包括：①理性人假设，即经济行为人为完全意义上的理性人；②完全信息假设，即所有投资者都可获得与证券相关的所有信息；③投资者均为风险厌恶者假设，即所有投资者都是厌恶风险的。但是，现实中，并非所有的投资者都是保守型的，也有部分投资者是激进型的，他们偏好风险。

83. 下列关于有效市场说法正确的有(　　)。

A. 市场的有效性分为三种形式：弱式有效市场、半强式有效市场以及强式有效市场

B. 弱式有效市场假设认为，试图通过分析历史价格数据预测未来股价的走势，期望从过去价格数据中获益是徒劳的

C. 半强式有效市场假设认为，当前的股票价格已经充分反映了与公司前景有关的全部公开信息

80BC　81BC　82ABD　83ABCD

D. 强式有效市场假设认为，当前的股票价格反映了全部信息的影响，全部信息不但包括历史价格信息、全部公开信息，而且还包括私人信息以及未公开的内幕信息等

【解析】证券在任一时点的价格都是对与证券相关的所有信息做出的即时、充分的反映称为有效市场假说，它将资本市场划分为弱式有效市场、半强式有效市场和强式有效市场三种形式。弱式有效市场假设认为，当前的股票价格已经充分反映了全部历史价格信息和交易信息，如历史价格走势、成交量等，因此试图通过分析历史价格数据预测未来股价的走势，期望从过去价格数据中获益将是徒劳的。半强式有效市场假设认为，当前的股票价格已经充分反映了与公司前景有关的全部公开信息。强式有效市场假设认为，当前的股票价格反映了全部信息的影响，全部信息不但包括历史价格信息、全部公开信息，而且还包括私人信息以及未公开的内幕信息等。

84. 在弱式有效市场条件下，下列说法正确的有(　　)。

A. 证券价格反映了全部历史信息

B. 证券价格反映了全部公开信息

C. 证券价格反映了全部信息，包括内幕信息

D. 对证券进行技术分析无效

【解析】B 项中描述的市场属于半强式有效市场；C 项中描述的市场属于强式有效市场。

85. 下列有关有效市场假说的说法，正确的有(　　)。

A. 弱式有效市场假定认为股票价格反映了全部公开可得信息

B. 半强式有效市场假定认为股票价格反映了以往全部价格信息

C. 强式有效市场假定认为股票价格反映了包括内幕信息在内的全部相关信息

D. 市场有效性意味着技术分析毫无可取之处

【解析】A 项，在弱式有效市场上，证券的价格充分反映了过去的价格和交易信息，即历史信息；B 项，在半强式有效市场上，证券的价格反映了包括历史信息在内的所有公开发表的信息，即公开可得信息。

86. 以下选项中，属于被动管理方法特点的有(　　)。

A. 采用此种方法的管理者认为，加工和分析某些信息可以预测市场行情趋势和发现定价过高或过低的证券，进而对买卖证券的时机和种类作出选择，以实现尽可能高的收益

B. 采用此种方法的管理者坚持“买入并长期持有”的投资策略

C. 采用此种方法的管理者通常购买分散化程度较高的投资组合，如市场指数基金或类似的证券组合

D. 采用此种方法的管理者认为，证券市场是有效率的市场，凡是能够影响证券价格的信息均已在当前证券价格中得到反映

【解析】A 项为采用主动管理方法的管理者的态度。采用此种方法的管理者认为，市场不总是有效的，加工和分析某些信息可以预测市场行情趋势和发现定价过高或过低的证券，进而选择买卖证券的时机和种类，以实现尽可能高的收益。

84AD　85CD　86BCD

87. 下列方法中，可用于检验市场有效性的有(　　)。

A. 模拟检验　B. 游程检验　C. 过滤检验　D. 序列相关性检验

【解析】市场有效性的检验的主要方法包括：①模拟检验；②序列相关性检验；③游程检验；④过滤检验；⑤分布模式；⑥逆转效应。

88. 下列关于有效市场假说应用的说法中，正确的有(　　)。

A. 在高度有效的市场中，证券的价格应该与其预期价值一致

B. 在高度有效的市场中，所有投资者都不可能获得超额收益

C. 在高度有效的市场中，正确的投资策略是：与市场同步，取得和市场一致的投资收益

D. 如果市场是弱式有效的，具体做法是：按照市场综合价格指数组织投资

【解析】D项，如果市场是弱式有效的，提前掌握大量消息或内部消息的投资者就可以比其他投资者更准确地识别证券的价值。此时的策略是：设法得到第一手的有效信息，确定价格被高估或者低估的证券，并作卖出或者买进的处理。

三、判断题(下列判断正确的请打“√”，错误的打“×”)

1. CAPM模型中，贝塔值用来描述资产或资产组合的系统风险大小。(　　)[2023年3月真题]

【解析】CAPM利用希腊字母β来描述资产或资产组合的系统风险大小。

2. 保守型投资者的特征是稳定第一，追求投资安全和增值，承受风险能力有限。(　　)

【解析】保守型投资者认为本金安全第一，追求收益稳定，厌恶风险。题中描述的为中庸保守型投资者的偏好特征。

3. 家庭生命周期不同阶段理财目标不同，养老金的筹措是衰老期的主要目标。(　　)

【解析】养老金的筹措是成熟期的主要目标。

4. 风险承受能力较低的特点会出现在家庭生命周期的形成期。(　　)

【解析】风险承受能力较低的特点会出现在家庭生命周期的衰老期。形成期家庭具有一定的风险承受能力，应在保持流动性的前提下配置高收益类金融资产。

5. 家庭成熟期可积累的资产达到顶点，要降低投资风险。(　　)

【解析】家庭成熟期资产达到巅峰，应降低投资风险。这一阶段的理财目标是以资产安全为重点，保持资产收益回报稳定，增加固定收益类资产的比重，减少高风险资产的持有。

6. 根据家庭生命周期理论，家庭成熟期的资产特点是可积累的资产逐年增加，要开始控制投资风险。(　　)

【解析】家庭成熟期资产达到巅峰，应降低投资风险。题中描述的为家庭成长期的资产特点。

7. 家庭形成期的收益性需求最大，因此投资组合中债券比重应该最高。(　　)

87ABCD　88ABC　▌　1√　2×　3×　4×　5√　6×　7×

【解析】家庭衰老期的收益性需求最大，因此投资组合中债券比重应该最高，这一阶段的核心资产配置比例为股票 20%、债券 60%、货币 20%。

8. 处于建立期的个人必须加强现金流管理，多储蓄，科学合理安排各项日常收支，适当节约资金进行高风险的金融投资，如股票、基金、外汇、期货投资。(　　)

【解析】建立期是个人财务的建立与形成期，这一时期有很多理财目标，主要是筹备结婚、买房买车、继续教育支出等，如不科学规划，很容易形成入不敷出的窘境，因此，必须加强现金流管理，合理安排日常收支，适当节约资金进行适度金融投资，如股票、基金、外汇、期货投资，一方面积累投资经验，另一方面利用年轻人风险承受能力较强的特征博取较高的投资回报。

9. 处于退休期的理财客户的理财理念通常是避免财富的快速流失，承担低风险的同时获得有保障的收益。(　　)

【解析】退休期的主要理财任务就是稳健投资保住财产，合理消费以保障退休期间的正常支出。因此，这一时期的投资以安全为主要目标，保本是基本目标，投资组合应以固定收益投资工具为主，如各种债券、债券型基金、货币基金、储蓄等。

10. 根据生命周期理论，30 岁的投资人应该采取稳健的理财策略。(　　)

【解析】30 岁的投资人处于建立期。单身创业时代，是个人财务的建立与形成期。这一时期有很多理财目标，主要是筹备结婚、买房买车、继续教育支出等，如不科学规划，很容易形成入不敷出的窘境。因此，必须加强现金流管理，合理安排日常收支，适当节约资金进行适度金融投资，如股票、基金、外汇、期货投资，一方面积累投资经验，另一方面利用年轻人风险承受能力较强的特征博取较高的投资回报。

11. 生命周期理论是由 F. 莫迪利安尼单独创建的。(　　)

【解析】生命周期理论是由 F. 莫迪利安尼与 R. 布伦博格、A. 安多共同创建的。其中，F. 莫迪利安尼作出了尤为突出的贡献，并因此获得诺贝尔经济学奖。

12. 成长期的储蓄主要表现为：收入达到巅峰，支出相对较低，是储蓄增长的黄金时期。(　　)

【解析】成长期的储蓄主要表现为：收入增加而支出稳定，储蓄稳步增加。题中描述的是成熟期的储蓄表现。

13. 衰老期的投资应以固定收益工具为主。(　　)

【解析】养老护理和资产传承是衰老期阶段的核心目标，家庭收入大幅降低，储蓄逐步减少，建议进一步提升资产安全性，将 80% 以上资产投资于储蓄及固定收益类理财产品，同时购买长期护理类保险。

14. 形成期至衰老期，随客户年龄的增加，投资股票等风险资产的比重应逐步降低。(　　)

【解析】一般而言，客户年龄越大，其所能承受投资风险的能力越低，所以随着客户年龄的增加，投资股票等风险资产的比重应逐步降低。

8√　9√　10×　11×　12×　13√　14√

15. 在个人生命周期的高峰期，主要以夫妻两人为主，以长期看护险、退休年金的保险计划为主。（　　）

【解析】高峰期的家庭形态表现为子女独立，保险计划以长期看护险、退休年金为主；退休期的家庭形态为以夫妻两人为主。

16. 永续年金既无现值也无终值。（　　）

【解析】永续年金是一组在无限期内金额相等、方向相同、时间间隔相同的现金流。永续年金无到期日，有现值，却无法计算出准确的终值。

17. 单利的计算始终以最初的本金为计算收益的基数，而复利则以本金和利息为基数计息，从而产生利上加利、息上添息的收益倍增效应。（　　）

【解析】单利始终以最初的本金为基数计算收益，而复利则以本金和利息为基数计息，从而产生利上加利、息上添息的收益倍增效应，这是货币的时间价值影响因素之一。

18. 面值为1000元、票面利率为6%，距到期日还有10年、到期一次还本付息（按面值还本）、必要收益率为10%的债券按单利计算的当前市场合理价格为800元。（　　）

【解析】该债券当前的市场价格 $P = 1000 \times (1 + 6\% \times 10) / (1 + 10\%)^{10} = 616.87$（元）。

19. 某投资者于年初将10万元本金按年利率8%进行投资。那么，该项投资按复利计算，在投资第三年年末的终值为15.3895万元。（　　）

【解析】按复利计算，在投资第三年年末的终值 $= 10 \times (1 + 8\%)^3 = 12.597$（万元）。

20. 收益率是决定货币在未来增值程度的关键因素，而通货膨胀率与货币购买力正向相关。（　　）

【解析】货币时间价值的影响因素有：①时间；②收益率或通货膨胀率；③单利或复利。其中，收益率是决定货币在未来增值程度的关键因素，而通货膨胀率则是货币购买力缩水的反向因素。

21. 同样的期限和利率，按复利计算的到期收益率会高于按单利计算的到期收益率。（　　）

【解析】单利始终以最初的本金为基数计算收益，而复利则以本金和利息为基数计息，从而产生利上加利、息上添息的收益倍增效应。

22. 在货币的时间价值的影响因素中，单利与复利是影响货币时间价值的首要因素。（　　）

【解析】时间的长短是影响货币时间价值的首要因素，时间越长，货币时间价值越明显。

23. 货币的时间价值是由时间创造的，因此，所有的货币都有时间价值。（　　）

【解析】货币的时间价值是指货币在无风险的条件下，经历一定时间的投资和再投资所增加的价值，或者是指货币在使用过程中由于时间因素而形成的增值。

24. 若通货膨胀率为零，那么可以断言现在的1元钱与i年后的1元钱的经济价值是一样的。（　　）

15× 16× 17√ 18× 19× 20× 21√ 22× 23× 24×

【解析】即使通货膨胀率为0，也不可以断言现在的1元钱与i年后的1元钱的经济价值是一样的，因为货币具有时间价值，影响货币时间价值的因素除了通货膨胀率还有其他因素，比如收益率等。

25. 现值的计算就是确定未来值的现在价值。(　　)

【解析】现值指货币现在的价值，即资金在期初的价值。

26. 72法则是金融学上用作估计一定投资额倍增或减半所需要的时间的方法，当利率特别高时，应用72法则可以有效地节约计算时间。(　　)

【解析】72法则是指用72除以收益率或通胀率的数值就可以得到固定一笔投资(钱)翻番或减半所需时间。该法则只适用于利率(或通货膨胀率)在一个合适的区间内的情况，若利率太高则不适用。

27. 张先生在未来10年内每年年底获得1000元，年利率为8%，则这笔年金的终值为14587.56元。(　　)

【解析】(期末)年金终值的公式为：$FV = C[(1+r)^t - 1]/r$，可得：$FV = 1000/0.08 \times [(1+0.08)^{10} - 1] = 14486.56$(元)。

28. 永续年金的现值无穷大。(　　)

【解析】(期末)永续年金现值的公式为：$PV = C/r$。只要利率r不为零，永续年金的现值就不是无穷大。

29. 在终值和计息期一定的情况下，贴现率越低，则复利现值越小。(　　)

【解析】复利现值的计算公式为：$PV = FV/(1+r)^n$，则贴现率越低，复利现值越大。

30. 我国利率市场化改革的总体思路是"先本币、后外币；先贷款、后存款；先长期、大额，后短期、小额"。(　　)

【解析】我国利率市场化改革的总体思路是"先外币、后本币；先贷款、后存款；先长期、大额，后短期、小额"。

31. 如果预期未来即期利率上升，则利率期限结构呈下降趋势；如果预期未来即期利率下降，则利率期限结构呈上升趋势。(　　)

【解析】市场预期理论认为利率期限结构完全取决于对未来即期利率的市场预期。如果预期未来即期利率上升，则利率期限结构呈上升趋势；如果预期未来即期利率下降，则利率期限结构呈下降趋势。

32. 古典的利率理论认为，利率决定于储蓄与投资的均衡点。储蓄是利率的递减函数，即储蓄额与利率成负相关关系。(　　)

【解析】古典学派认为，利率决定于储蓄与投资的相互作用。当S(储蓄)$=I$(投资)时，利率达到均衡水平，二者交点E_0处的利率水平r_0为均衡利率。投资是利率的递增函数，即利率提高，投资额下降；利率降低，投资额上升；储蓄是利率的递增函数，即储蓄额与利率成正相关关系。

25√　26×　27×　28×　29×　30×　31×　32×

33. 根据流动性陷阱理论，货币供给独立于利率的变动。(　　)

【解析】凯恩斯认为，货币供给(M_s)是外生变量，由货币当局决定，因此货币供给独立于利率的变动。

34. 资产价格与实际利率呈负相关关系。(　　)

【解析】资产价格与实际利率呈负相关关系，即实际利率的上升会促使资产价格下降，实际利率的下降会刺激资产价格上涨。

35. 外汇资产中的官方储备资产包括央行持有的外汇储备、黄金储备、特别提款权(SDR)、在国际货币基金(IMF)的储备头寸、邮政储蓄凭证等。(　　)

【解析】外汇资产可分为官方储备资产和民间外汇资产。其中，官方储备资产主要包括央行持有的外汇储备、黄金储备、特别提款权(SDR)、在国际货币基金(IMF)的储备头寸等。邮政储蓄凭证属于民间外汇资产。

36. 政府干预是影响汇率变动的最重要因素。(　　)

【解析】国际收支是影响汇率变动的最重要因素。一般来说，国际收支逆差说明本国外汇收入少于外汇支出，对外汇的需求大于外汇供给，会引起外汇汇率上涨，本币贬值，外币升值；反之，当一国处于国际收支顺差时，则会引起外汇汇率下跌，本币升值。

37. 在纸币流通的条件下，两国货币之间的比率从根本上说，是根据各自所代表的价值量决定的。(　　)

【解析】在纸币流通的条件下，两国货币之间的比率从根本上说，是根据各自所代表的价值量决定的。因此，在一国通货膨胀率相对外国较高的情况下，该国货币所代表的价值量就会减少，其实际购买力下降，于是其对外币比价同样趋于下跌，导致外汇汇率上升。

38. 政府干预影响汇率变动的能力，取决于该国金融当局持有的外汇储备的多少。(　　)

【解析】政府的干预方式主要是中央银行直接参与外汇市场的买卖，通过在外汇市场上买进或卖出外汇改变外汇的供求关系，从而影响本币的对外汇率。政府干预影响汇率变动的能力，取决于该国金融当局持有的外汇储备的多少。

39. 与其他因素相比较，政府干预对汇率变化的影响是长期的。(　　)

【解析】与其他因素相比较，一国经济实力的强弱对汇率变化的影响是长期的。

40. 国际收支说将外汇看成一种资产，而汇率是两国资产的相对价格。(　　)

【解析】资产市场说将外汇看成一种资产，汇率是两国资产的相对价格，汇率变动源于两国货币供求关系的相应变化。

41. 在资本资产定价模型所描述的均衡状态下，期望收益率相同而标准差不同的两个证券组合一定具有相同的β系数。(　　)

【解析】根据资本资产定价模型，每一证券的期望收益率应等于无风险利率加上该证券由β系数测定的风险溢价，因此，在均衡状态下，期望收益率相同的两个证券组合一

33√　34√　35×　36×　37√　38√　39×　40×　41√

定具有相同的β系数，与标准差无关。

42. 若投资者以无风险收益率借入资金并投资到市场组合上，则其所承担的风险要大于市场组合的风险。(　　)

【解析】如果以无风险收益率借入资金并投资到市场组合上，所承担的风险要小于市场组合的风险。

43. 已知证券A的投资收益率等于0.08和-0.02的可能性大小是相同的，那么证券A的期望收益率等于0.03。(　　)

【解析】证券A的期望收益率=0.08×50%+(-0.02)×50%=0.03。

44. 套利组合的特征表明，如果投资者已经发现套利组合并持有它，那么他不需要增加投资就获得收益。(　　)

【解析】所谓套利组合，是指满足下述3个条件的证券组合：①该组合中各种证券的权数满足$w_1+w_2+\cdots+w_N=0$；②该组合因素灵敏度系数为零，即$w_1b_1+w_2b_2+\cdots+w_Nb_N=0$，其中，$b_i$表示证券$i$的因素灵敏度系数；③该组合具有正的期望收益率，即$w_1E(r_1)+w_2E(r_2)+\cdots+w_NE(r_N)>0$。其中，$E(r_i)$表示证券$i$的期望收益率。套利组合的特征表明，投资者如果能发现套利组合并持有它，那他就可以实现不需要追加投资又可获得收益的套利交易，即投资者是通过持有套利组合的方式来进行套利的。

45. 套利定价模型是描述证券的期望收益率水平与因素风险水平之间关系的一个均衡模型。(　　)

【解析】套利定价模型表明，市场均衡状态下，证券或组合的期望收益率完全由它所承担的因素风险所决定；承担相同因素风险的证券或证券组合都应该具有相同期望收益率；期望收益率与因素风险的关系，可由期望收益率的因素敏感性的线性函数反映。

46. 证券组合的β系数等于构成该组合的各组成证券β系数的算术加权平均值，其中权重等于各组成证券在组合中的投资比重。(　　)

【解析】证券组合的β系数等于构成该组合的各组成证券β系数的加权平均数。计算公式为：

$$\beta_P = \sum_{i=1}^{n} W_i\beta_i$$

证券组合的β系数的大小受到两个因素的影响，即各组成证券β系数和各组成证券在证券组合中所占的投资比重。

47. 在CAPM中，当市场达到均衡时，所有证券或证券组合的每单位系统风险补偿相等。(　　)

【解析】在均衡状态下，全体投资者所持有的风险证券的总和也就是市场上流通的全部风险证券的总和。这就意味着，全体投资者作为一个整体，其所持有的风险证券的总和所形成的整体组合在规模和结构上恰好等于市场组合M。

48. 资本资产定价模型的一个重要假设条件是资本市场没有摩擦。(　　)

42× 43√ 44√ 45√ 46√ 47√ 48√

【解析】资本资产定价模型的假设条件可概括为如下：①投资者都依据期望收益率评价证券组合的收益水平，依据方差(或标准差)评价证券组合的风险水平，并按照投资者共同偏好规则选择最优证券组合；②投资者对证券的收益、风险及证券间的关联性具有完全相同的预期；③资本市场没有摩擦，所谓摩擦，是指市场对资本和信息自由流动的阻碍。

49. 资本资产定价理论认为，除无风险资产外，资本市场线上任意两点对应的风险证券组合的构成相同。(　　)

【解析】资本市场线是指表明有效组合的期望收益率和标准差之间的一种简单的线性关系的一条射线。它是沿着投资组合的有效边界，由风险资产和无风险资产构成的投资组合。资本资产定价理论(CAPM)认为，除无风险资产外，资本市场线上任意两点对应的风险证券组合的构成相同。

50. β 系数绝对值越小，表明证券或证券组合对市场指数的敏感性越强。(　　)

【解析】β 系数为直线斜率，反映了证券或组合的收益水平对市场平均收益水平变化的敏感性。β 系数值绝对值越大，表明证券或组合对市场指数的敏感性越强。

51. 在 CAPM 模型假设下，如果市场处于均衡状态，所有有效组合都可视为无风险资产与市场组合的再组合。(　　)

【解析】在资本资产定价模型假设下，当市场达到均衡时，市场组合 M 成为一个有效组合；所有有效组合都可视为无风险证券 F 与市场组合 M 的再组合。

52. 在资产资本定价模型的假设下，市场为有效组合的总风险提供风险补偿。(　　)

【解析】在资本资产定价模型中，单个证券的非系统性风险已经通过分散投资规避掉了，市场只会对其承担的系统风险提供补偿。

53. 资本市场线是表示证券组合的风险与收益的关系，而证券市场线只适合于计算单个证券的收益与风险的关系。(　　)

【解析】资本市场线只是揭示了有效组合的收益风险均衡关系，而没有给出任意证券或组合的收益风险关系；证券市场线则对任意证券或组合的期望收益率和风险之间的关系提供了十分完整的阐述。

54. 由于套利策略要求同时买进与卖出不同的资产头寸，所以利率变动对套利组合没有影响。(　　)

【解析】所谓套利组合，是指满足下述三个条件的证券组合：①该组合中各种证券的权数满足 $w_1 + w_2 + \cdots + w_N = 0$；②该组合因素灵敏度系数为零；③该组合具有正的期望收益率。利率变动会影响套利组合中各种证券的价格，从而影响每种证券的投资比例，进而影响套利组合。

55. 资本资产定价模型可用于寻找价格偏离价值的资产。(　　)

【解析】资本资产定价模型主要应用于资产估值、资金成本预算以及资源配置等方面。在资产估值方面，资本资产定价模型主要被用来判断证券是否被市场错误定价。

49√　50×　51√　52×　53×　54×　55√

56. 证券市场线上，市场组合的β系数等于1。(　　)

【解析】证券市场线经过点$[1, E(r_M)]$，这一点就是市场组合，其β系数为1。β系数反映证券或证券组合对市场组合方差的贡献率，那么市场组合对自身方差的贡献率即β系数自然就为1。

57. 套利定价模型(APT)的一个假设是：所有证券的收益都受到一个共同因素的影响。(　　)

【解析】套利定价理论的假设条件可概括为三个基本假设：①投资者是追求收益的，同时也是厌恶风险的；②所有证券的收益都受到一个共同因素F的影响；③投资者能够发现市场上是否存在套利机会，并利用该机会进行套利。

58. 证券A与B的协方差等于$\sigma_A\sigma_B\rho_{AB}$，其中$\sigma_A\sigma_B$为证券A和证券B的标准差，$\rho_{AB}$为二者的相关系数。(　　)

【解析】通常股票投资组合的方差是由组合中各股票的方差和股票之间的协方差两部分组成，协方差记为$COV(A, B)=\sigma_A\sigma_B\rho_{AB}$，其中$\sigma_A$、$\sigma_B$为证券A、B的标准差，$\rho_{AB}$为二者的相关系数。

59. 所谓套利就是在不增加风险的情况下，能够实现正预期回报率的机会。(　　)

【解析】套利是指人们不需要追加投资就可获得收益的买卖行为。从经济学的角度讲，套利是指人们利用同一资产在不同市场间定价不一致，通过资金的转移而实现无风险收益的行为。风险套利是在不增加风险的情况下，能够实现正预期回报率的机会。

60. β系数反映了证券或证券组合对市场组合方差的贡献率。(　　)

【解析】β系数反映证券或证券组合对市场组合方差的贡献率。证券或组合的收益与市场指数收益呈线性相关，β系数为直线斜率，反映了证券或组合的收益水平对市场平均收益水平变化的敏感性。β系数值绝对值越大，表明证券或组合对市场指数的敏感性越强。

61. 如果两个证券收益率之间表现为同向变化，它们之间的协方差和相关系数就为负数。(　　)

【解析】如果两个证券收益率之间表现为同向变化，它们之间的协方差和相关系数为正数。

62. 套利定价模型(APT)认为有多种因素影响股票价格，并清楚地描述了影响证券期望收益率的因素有哪些，因而扩大了资产定价的思考范围。(　　)

【解析】套利定价模型在实践中的应用一般有两个方面：①运用统计分析模型对证券的历史数据进行分析，以分离统计上显著影响证券收益的主要因素。②确定影响证券收益的因素，回归证券历史数据以获得灵敏度系数，再运用公式$E(r_i)=\lambda_0+b_{i1}\lambda_1+b_{i2}\lambda_2+\cdots+b_{iN}\lambda_N$预测证券的收益。APT并没有清楚地描述影响证券期望收益率的因素有哪些。

63. 根据资本资产定价模型，每一证券的期望收益率应等于无风险利率加上该证券由β系

56√　57√　58√　59√　60√　61×　62×　63√

数测定的风险溢价。(　　)

【解析】资本资产定价模型对任意证券或组合的期望收益率和风险之间的关系提供了十分完整的阐述。任意证券或组合的期望收益率由两部分构成：一部分是无风险利率，它是由时间创造的，是对放弃即期消费的补偿；另一部分则是$[E(r_P)-r_F]\beta_P$，是对承担风险的补偿，通常称为“风险溢价”。它与承担的风险β_P的大小成正比。

64. 在资本资产定价模型中，证券或证券组合所面临的总风险用贝塔系数来测量。(　　)

【解析】按照特征线方程，证券或组合的风险为：$\sigma_P^2=\beta_P^2\sigma_M^2+\varepsilon_P^2$。很明显，证券或组合的风险分为两部分，其中$\beta_P^2\sigma_M^2$为系统性风险，$\varepsilon_P^2$为非系统风险。因此，$\beta$系数可以用来衡量证券承担系统风险的大小。

65. 在均值标准差平面上，资本市场线是一条从无风险利率出发，与由风险资产构成的有效前沿相切的切点相连而形成的直线。(　　)

【解析】在均值标准差平面上，所有有效组合刚好构成连接无风险资产与市场组合的射线，这条射线被称为资本市场线。资本市场线揭示了有效组合的收益和风险之间的均衡关系。

66. 在熊市中，应提高证券组合的贝塔值。(　　)

【解析】在资源配置方面，资本资产定价模型根据对市场走势的预测来选择具有不同β系数的证券或组合以获得较高收益或规避市场风险。证券市场线表明，β系数反映证券或组合对市场变化的敏感性，因此，熊市时，应选择低β系数的证券或组合，以减少因市场下跌而造成的损失。

67. 通常，投资者如果相信市场有效，将采取主动投资策略；如果相信市场无效，将采取被动投资策略。(　　)

【解析】投资者的投资策略的选择与市场是否有效有密切的关系。一般来说，如果相信市场无效，投资者将采取主动投资策略；如果相信市场有效，投资者将采取被动投资策略。

68. 一般来说，当投资者对债券和股票进行组合投资时，如果投资者加大对国债的投资比例，则意味着投资组合的总风险在下降。(　　)

【解析】国债是一种无风险、低收益证券。因此，投资组合中国债的比重越大，则投资组合的总风险越低。

69. 对一个特定的投资者而言，其对应的无差异曲线只能有一条。(　　)

【解析】每个投资者的无差异曲线形成密布整个平面又互不相交的曲线簇。

70. 对于多个证券组合来说，其可行域仅依赖于其组成证券的期望收益率和方差。(　　)

【解析】对于多个证券组合来说，可行域的形状依赖于可供选择的单个证券的特征期望收益率和方差以及证券收益率之间的相互关系，还依赖于投资组合中权数的约束。

71. 有效边界上的点对应的证券组合称为有效组合。(　　)

---

64 ×　65 ×　66 ×　67 ×　68√　69 ×　70 ×　71√

【解析】按照投资者的共同偏好规则，可以排除那些被所有投资者都认为差的组合，把排除后余下的这些组合称为有效证券组合，描绘在 $E-\sigma$ 坐标系中，即为可行域的上边界部分，称之为有效边界。

72. 在所有有效组合中，最优证券组合能使投资者获得最大的满意程度。（　　）

【解析】最优证券组合是无差异曲线簇与有效边界的切点所表示的组合，相对于其他有效组合来说所在的无差异曲线的位置最高，该有效组合便是使投资者最满意的有效组合。

73. 设有一个投资组合 P 由 A 和 B 两种股票构成，并且股票 A 和股票 B 具有相同的预期收益率，那么当股票 A 和股票 B 之间的相关系数发生变化时，投资组合 P 的方差也将随之发生变化。（　　）

【解析】投资组合 P 的期望收益率 $E(r_P)$ 和收益率的方差 $\sigma^2 p$ 为：

$$E(r_P) = x_A E(r_A) + x_B E(r_B)$$

$$\sigma_P^2 = x_A^2\sigma_A^2 + x_B^2\sigma_B^2 + 2x_A x_B \sigma_A \sigma_B \rho_{AB}$$

式中：ρ_{AB}——相关系数；

$\sigma_A\sigma_B\rho_{AB}$——协方差，记为 COV(A，B)。

因此，当股票 A 和股票 B 之间的相关系数发生变化时，投资组合 P 的方差也将随之发生变化。

74. 由三种或三种以上不完全相关证券构成组合的可行域是一条直线。（　　）

【解析】由三种或三种以上不完全相关证券构成组合的可行域是一个平面区域。

75. 假设证券市场禁止卖空交易。如果证券市场上存在着如下所述的三个证券组合 A、B 和 C：(1)证券组合 A 的 β 系数和期望收益率分别为 0.80 和 10.4%；(2)证券组合 B 的 β 系数和期望收益率分别为 1.00 和 10.0%；(3)证券组合 C 的 β 系数和期望收益率分别为 1.20 和 13.6%。那么用证券组合 B 和证券组合 C 构造新证券组合优于用证券组合 A 和证券组合 C 构造新证券组合。（　　）

【解析】证券组合 A 的期望收益高于 B，且 β 系数低于 B，所以证券组合 A 优于 B。因此，用证券组合 A 和证券组合 C 构造新证券组合优于用证券组合 B 和证券组合 C 构造新证券组合。

76. 理性投资者认为最小方差边界上的资产或资产组合都是有效组合。（　　）

【解析】有效组合是无差异曲线簇与有效边界的切点，并不一定是最小方差点。最小方差点也不一定都是有效组合。

77. 每一个投资者都拥有自己的无差异曲线簇。（　　）

【解析】一个特定的投资者，任意给定一个证券组合，根据他对风险的态度，可以得到一系列满意程度相同(无差异)的证券组合，这些组合恰好在 $E-\sigma$ 坐标系上形成一条曲线，我们将这条曲线视为该投资者的一条无差异曲线，每个投资者的无差异曲线可以形成密布整个平面又互不相交的曲线簇。

72√　73√　74×　75×　76×　77√

78. 无差异曲线弯曲程度高低的不同能够反映不同投资者在风险偏好个性上的差异。( )

【解析】无差异曲线向上弯曲的程度大小反映投资者承受风险的能力强弱；无差异曲线的位置越高，其上的投资组合给投资者带来的满意程度就越高。

79. 对于追求收益又厌恶风险的投资者而言，无差异曲线位置越高，表示组合的效用水平越高。( )

【解析】由无差异曲线的特征可知，无差异曲线的位置越高，其上的投资组合给投资者带来的满意程度就越高。在投资者承受的风险水平相同的情况下，无差异曲线的位置越高，表明给投资者带来的收益水平越高，组合的效用水平越高。

80. 无风险证券与风险证券的所有组合都处于由无风险证券与风险证券两点相连的直线上。( )

【解析】证券 A 与证券 B 的不同的关联性将决定 A、B 的不同形状的组合线：①在完全正相关下，证券 A、B 构成的组合线是连接这两点的直线；②在完全负相关情况，组合线是两条相交的直线；③不相关情形下的组合线是一条经过 A 和 B 的双曲线。

81. 资产配置的投资组合保险策略适用于波动性大的市场。( )

【解析】投资组合保险策略是在将一部分资金投资于无风险资产从而保证资产组合最低价值的前提下，将其余资金投资于风险资产，并随着市场的变动调整风险资产和无风险资产的比例，同时不放弃资产升值潜力的一种动态调整策略。投资组合保险策略是在强趋势的市场中的最优策略。

82. 按照投资组合理论，每个投资者拥有同一个风险证券组合的可行域。( )

【解析】由于一种证券或组合在均值标准差平面上的位置完全由该证券或组合的期望收益率和标准差所确定，并假定所有投资者对证券的收益、风险及证券间的关联性具有完全相同的预期，因此，同一种证券或组合在均值标准差平面上的位置对不同的投资者来说是完全相同的。由此可见，所有投资者在均值标准差平面上面对完全相同的证券组合可行域，进而面对完全相同的有效边界。

83. 证券组合的可行域中，上边界与下边界的交汇点代表的组合为最小方差组合。( )

【解析】证券组合的可行域中，上边界和下边界的交汇点所代表的组合在所有可行组合中方差最小，因而被称作最小方差组合。

84. 从资产配置的角度看，投资组合保险策略是将全部资产投资于风险资产的一种动态调整策略。( )

【解析】投资组合保险策略是在将一部分资金投资于无风险资产从而保证资产组合最低价值的前提下，将其余资金投资于风险资产，并随着市场的变动调整风险资产和无风险资产的比例，同时不放弃资产升值潜力的一种动态调整策略。当投资组合价值因风险资产收益率的提高而上升时，风险资产的投资比例也随之提高；反之则下降。

85. 买入并持有资产配置策略的投资者通常重视市场的短期波动，着眼于短期投

78√ 79√ 80 × 81 × 82√ 83√ 84 × 85 ×

资。( )

【解析】买入并持有策略是消极型的长期再平衡方式，适用于有长期计划水平并满足于战略性资产配置的投资者。一般而言，采取买入并持有策略的投资者通常忽略市场的短期波动，而着眼于长期投资。

86. 动态资产配置是根据资本市场环境及经济条件，对资产配置状态进行动态调整，从而增加投资组合价值的积极战略。( )

【解析】动态资产配置是根据资本市场环境及经济条件对资产配置状态进行动态调整，从而增加投资组合价值的积极战略。动态资产配置的目标在于，在不提高系统性风险或投资组合波动性的前提下提高长期报酬。

87. 无差异曲线的形状表示了投资者的风险厌恶程度，曲线越陡，投资者对风险的厌恶程度越强烈；曲线越平坦，投资者的风险厌恶程度越弱。( )

【解析】无差异曲线有如下六个特点：①无差异曲线是由左至右向上弯曲的曲线；②每个投资者的无差异曲线形成密布整个平面又互不相交的曲线簇；③同一条无差异曲线上的组合给投资者带来的满意程度相同；④不同无差异曲线上的组合给投资者带来的满意程度不同；⑤无差异曲线的位置越高，其上的投资组合给投资者带来的满意程度就越高；⑥无差异曲线向上弯曲的程度大小反映投资者承受风险的能力强弱。

88. 在具有相同期望收益水平的证券组合中，方差最小的组合是有效组合。( )

【解析】大量事实表明，投资者普遍喜好期望收益率而厌恶风险，因而人们在投资决策时希望期望收益率越大越好，风险越小越好。按照投资者的共同偏好规则，可以排除那些被所有投资者都认为差的组合，排除后余下的这些组合即为有效证券组合。因此，在具有相同期望收益水平的证券组合中，方差最小的组合是有效组合；或者说在具有相同方差的证券组合中，期望收益率水平最高的组合是有效组合。

89. 资本市场线是有效投资组合的集合。( )

【解析】有效边界是有效投资组合的集合，在预期收益率—标准差平面中，有效边界是区域内的一条曲线，资本市场线是过无风险利率点与有效边界相切的射线。

90. 投资组合理论表明，投资组合的风险并不是组合中各个证券风险的简单线性组合，而是在很大程度上取决于证券之间的相关关系。( )

【解析】在不卖空的情况下，投资组合降低风险的程度由证券间的关联程度决定。

91. 在各个股票完全正相关的情况下，股票组合的标准差将小于各股票的标准差的加权平均值。( )

【解析】在各个股票完全正相关的情况下，股票组合的标准差将等于各股票的标准差的加权平均值。除去各股票完全正相关的情况，组合资产的标准差将小于各股票标准差的加权平均。

92. 多个证券组合可行域的特点是，其左边界必然是向左凸的曲线或直线。( )

【解析】可行域满足一个共同的特点：左边界必然向外凸或呈线性，即不会出现凹陷。

86√ 87√ 88√ 89 × 90√ 91 × 92√

93. 动态资产配置策略对资产管理人预测资产收益变化的能力要求较高，而对其及时采取有效行动的能力则要求不高。(　)

【解析】动态资产配置的风险收益特征与资产管理人对资产类别收益变化的把握能力密切相关。运用动态资产配置的前提条件是资产管理人能够准确预测市场变化，并且能够有效实施动态资产配置投资方案。如果资产管理人能够准确预测资产收益变化的趋势，并采取及时有效的行动，则使用动态资产配置会带来更高的收益。如果资产管理人不能准确预测资产收益变化的趋势，或者即使能够准确预测但不能采取及时有效的行动，则投资收益将劣于准确地预测并把握市场变化时的情况，甚至很可能会劣于购买并持有最初的市场投资组合时的情况。

94. 战略性资产配置是在战术性资产配置的基础上根据市场的短期变化，对具体的资产比例进行微调。(　　)

【解析】资产配置的战略性资产配置策略以不同资产类别的收益情况与投资者的风险偏好、实际需求为基础，构造一定风险水平上的资产比例，并保持长期不变。战术性资产配置则是在战略资产配置的基础上根据市场的短期变化，对具体的资产比例进行微调。

95. 从无风险利率出发的直线与有效边界相切的切点，是能够给投资者带来最大效用的最优投资组合。(　　)

【解析】从无风险利率出发的直线与有效边界相切的切点是市场组合，连接无风险组合和市场组合的射线是资本市场线，投资者的无差异曲线簇与资本市场线的切点才是能够给投资者带来最大效用的最优投资组合。

96. 等权重指数在对市场的描述上会更接近中小型投资者的实际感受。(　　)

【解析】等权重指数在对市场的描述上更接近中小投资者的实际感受，不会出现多数小盘股下跌而指数因大市值股票带动上涨的情况(即赚指数不赚钱)。

97. 资产配置再平衡的主要优点在于，它可以使得投资者提高实现其短期回报率目标的概率。(　　)

【解析】资产配置再平衡的主要优点在于，它可以使得投资者提高实现其长期回报率目标(可能是具体的资产，也可能是一项给定的资产配置)的概率。

98. 资产配置指根据投资需求将投资资金在不同资产类别之间进行分配，通常是将资产在低风险、低收益证券与高风险、高收益证券之间进行分配。(　　)

【解析】资产配置是指根据投资需求将投资资金在不同资产类别之间进行分配，通常是将资产在低风险、低收益证券与高风险、高收益证券之间进行分配。在现代投资管理体制下，投资一般分为规划、实施和优化管理三个阶段。

99. 市场有效性假定认为，如果市场是半强式有效，股价已经反映了所有的公开信息，那么基本面分析将是徒劳的。(　　)

【解析】有效市场假说，它将资本市场划分为弱式有效市场、半强式有效市场和强式有

93× 94× 95× 96√ 97× 98√ 99√

效市场三种形式。其中，半强式有效市场假设认为，当前的股票价格已经充分反映了与公司前景有关的全部公开信息。公开信息除包括历史价格信息外，还包括公司的公开信息、竞争对手的公开信息、经济以及行业的公开信息等。因此，试图通过分析公开信息是不可能取得超额收益的。

100. 强式有效市场认为证券价格充分反映了包括公开信息和内幕信息在内的所有信息。(　　)

【解析】强式有效市场假设认为，当前股票价格反映了全部信息的影响，全部信息不但包括历史价格信息、全部公开信息，而且还包括私人信息以及未公开的内幕信息等。这是一个极端的假设，是对任何内幕信息的价值持否定态度。

101. 市场有效意味着市场上不会存在证券价格被高估或低估的情况。(　　)

【解析】在一个有效的市场上，将不会存在证券价格被高估或被低估的情况，投资者将不可能根据已知信息获利。

102. 市场有效意味着你可以随机挑选股票组成一个投资组合。(　　)

【解析】即使在有效市场中，不同投资者的风险偏好不同，仍需要选择适合自己的最优组合，而有效的证券选择仍有利于风险的分散，因此资产组合管理仍有其存在的价值。

103. 债券的价格与市场利率变动密切相关，当市场利率上升时，大部分债券的价格会下降。(　　)

【解析】债券的价格与市场利率变动密切相关，且呈反方向变动。当市场利率上升时，大部分债券的价格会下降；当市场利率降低时，债券的价格通常会上升。

104. 序列相关性检验是确定一定时期内价格变化的相关性，如 $t+1$ 时的价格与 t 时价格间的关系，相关系数在 0 到 1 间取值。(　　)

【解析】序列相关性检验是市场有效性检验的一种方法，这种检验是确定一定时期内价格变化的相关性，如 $t+1$ 时的价格与 t 时价格间的关系，相关系数在 -1 到 $+1$ 间取值。

105. 现代投资理论的发展极大地改变了传统投资管理实践，其中资本资产定价模型为以指数基金为代表的被动式的组合管理实践提供了重要的理论基础。(　　)

【解析】被动管理方法的理论基础是有效市场理论，而不是资本资产定价模型。

106. 市场有效性是指股票的市场价格反映影响股票价格信息的充分程度。(　　)

【解析】市场有效性就是股票的市场价格反映影响股票价格信息的充分程度。如果股票价格中已经反映了影响价格的全部信息，我们就称该股票市场是强式有效市场；如果股票价格中仅包含了影响价格的部分信息，我们通常根据信息反映的程度将股票市场分为半强式有效市场和弱式有效市场。

100√　101√　102×　103√　104×　105×　106√

四、综合题(以下备选项中有一项或多项符合题目要求，多选、少选、错选均不得分)

(一)王先生夫妇育有一对子女，均已从高中毕业，迈入大学校园生活。平日里，王先生夫妇支出较为稳定，子女的教育负担较重。

根据上述材料，回答下列各小题。

1. 根据题中描述，王先生夫妇处于家庭生命周期的(　　)。

A. 家庭形成期　　B. 家庭成长期　　C. 家庭成熟期　　D. 家庭衰老期

【解析】家庭成长期为子女幼儿期到子女经济独立这一阶段，收支特征为：①收入以薪水为主；②支出趋于稳定，子女教育费用负担重。这一阶段收入增加而支出稳定，储蓄稳步增加。

2. 这一阶段的资产特点为(　　)。

A. 积累资产有限，追求高风险、高收益投资

B. 资产达到巅峰，降低投资风险

C. 积累资产逐年增加，注重投资风险管理

D. 变现投资资产支付支出费用，投资以固定收益类为主

【解析】由上题分析可知，王先生夫妇处于家庭成长期。这一阶段的资产特点为积累资产逐年增加，注重投资风险管理。A 项描述的为家庭形成期；B 项描述的为家庭成熟期；D 项描述的为家庭衰老期。

3. 下列各项中，对于王先生夫妇理财目标及特点的描述正确的有(　　)。

A. 保持资产流动性，同时配置高收益类金融资产

B. 保持资产流动性，适当增加固定收益类资产

C. 资产配置比例大约为股票 60%、债券 30%、货币 10%

D. 资产配置比例大约为股票 50%、债券 40%、货币 10%

【解析】家庭成长期的理财目标是保持资产流动性，适当增加固定收益类资产，如债券基金、浮动收益类理财产品。资产配置比例在股票 60%、债券 30%、货币 10% 比较适宜。A 项为家庭形成期的理财目标；D 项为家庭成熟期的资产配置比例。

4. 王先生夫妇处于个人生命周期的______，其子女处于______。(　　)

A. 稳定期；探索期　　B. 维持期；建立期

C. 稳定期；建立期　　D. 维持期；探索期

【解析】王先生夫妇的子女处于探索期，对应年龄为 15 ~ 24 岁，以父母家庭为生活重心；王先生夫妇处于维持期，对应年龄为 45 ~ 54 岁，子女进入高等教育阶段。

5. 下列各项中，对于王先生夫妇所处个人生命周期阶段的描述不正确的是(　　)。

A. 应加强现金流管理，合理安排日常收支

B. 这一阶段是个人和家庭进行财务规划的关键期

C. 理财重点是以稳健的方式使资产得以保值增值

D. 财务投资是理财的主要手段

【解析】由上题分析可知，王先生夫妇处于个人生命周期的维持期。这一阶段是个人和家

(一)1B　2C　3BC　4D　5AC

庭进行财务规划的关键期，既要通过提高劳动收入积累尽可能多的财富，更要善用投资工具创造更多财富；既要偿清各种中长期债务，又要为未来储备财富。这一时期，财务投资尤其是可获得适当收益的组合投资成为主要手段。A 项是建立期的理财重点；C 项是高原期的理财重点。

（二）李先生计划投资某奶茶品牌，需要一次性投资 200000 元，目前李先生的可用流动资金为 1000000 元，拟向银行申请贷款 100000 元，贷款期限为 2 年。他分别向 A、B、C 三家银行进行了贷款咨询，三家银行给出的贷款年利率均为 6%，且均为到期还本付息，A 银行采用单利计息，B 银行按年计算复利，C 银行按半年计算复利。

根据上述材料，回答下列各小题。

1. 若李先生选择从 A 银行贷款，则到期应付利息为(　　)。

A. 10000　　B. 12000　　C. 13000　　D. 15000

【解析】由题干已知 A 银行为单利计息，根据计算公式，到期应付利息 $=100000\times6\%\times2=12000$(元)。

2. 若李先生选择从 B 银行贷款，则到期应付本息和为(　　)。

A. 112000　　B. 112150　　C. 112360　　D. 112500

【解析】由题干已知 B 银行按年计算复利，根据复利终值计算公式，可得：到期应付本息和 $FV=PV\times(1+r)^t=100000\times(1+6\%)^2=112360$(元)。

3. 若李先生选择从 C 银行贷款，则到期应付本息和为(　　)。

A. 112400　　B. 112450　　C. 112500　　D. 112550

【解析】由题干已知 C 银行按半年计算复利，根据计算公式，$FV=PV\times(1+r/m)^{m\times t}$，式中，$m$ 为复利期间数量，t 为复利次数。则到期应付本息和 $=100000\times(1+6\%/2)^{2\times2}\approx 112550$(元)。

4. 通过银行贷款咨询，在复利计息时，一定时期内复利计算的周期越短，频率越高，则(　　)。

A. 现值越大　　B. 存储的金额越大

C. 实际利率更小　　D. 终值越大

【解析】根据周期性复利终值计算公式 $FV=PV\times(1+r/m)^{m\times t}$，其中，$m$ 为复利期间数量，t 为复利次数。可见，复利的计算周期越短，频率越高，m 越大，终值越大。

5. 李先生的奶茶品牌投资预计报酬率 10%，若以复利计算，那么 2 年可积累多少钱？(　　)

A. 120000　　B. 220000　　C. 240000　　D. 242000

【解析】根据复利终值计算公式，2 年可积累 $FV=PV\times(1+r)^t=200000\times(1+10\%)^2=242000$(元)。

（三）甲投资者投资一项目，该项目 5 年后，将一次性获得 1 万元收入，年利率为 5%。乙机构投资者计划进行为期 2 年的投资，预计第 2 年年末收回的现金流为 121 万元。

（二）1B　2C　3D　4D　5D

根据上述材料，回答下列各小题。

1．如果按单利计算，甲投资者投资的现值为(　　)元。

A．12500　　B．8000　　C．10000　　D．7500

【解析】单利下，甲投资者投资的现值 $PV = FV/(1 + r \times t) = 10000/(1 + 5\% \times 5) = 8000$(元)。

2．如果按复利每年计息一次，年利率10%，则乙机构投资者第2年年末收回的现金流现值为(　)万元。

A．100　　B．105　　C．200　　D．210

【解析】现值是指未来某一时点上的一定量现金折合到现在的价值，俗称"本金"。连续复利下的现值的计算公式为：

$$PV = \frac{A_n}{\left(1 + \frac{r}{m}\right)^{nm}}$$

式中，A_n表示第n年年末的现金流量，m是年计息次数，r是年贴现率。所以，第2年年末收回的现金流现值$=121/[(1+10\%)^2]=100$(万元)。

(四)吴先生今年32岁，妻子30岁，儿子两岁。家庭年收入10万元，支出6万元，现有存款20万元。吴先生夫妇的日常花销较少，在儿子教育方面投入更多。目前两人看中一套学区房，有购房计划，但由于每月还款压力较重，两人还在商议中。

根据上述材料，回答下列各小题。

1．阅读材料可知，该家庭处在(　　)。

A．家庭形成期　　B．家庭成长期　　C．家庭成熟期　　D．家庭衰老期

【解析】根据材料，该家庭正处于子女幼儿期到子女经济独立这一阶段，收支特点为：①收入以薪水为主；②支出趋于稳定，子女教育费用负担重；储蓄特点为收入增加而支出稳定，储蓄稳步增加。因此该家庭处在家庭成长期。

2．从家庭生命周期来看，以下对其理财目标的描述不正确的有(　　)。

A．保持流动性的同时配置高收益类金融资产

B．保持资产流动性，适当增加固定收益类资产

C．提升资产安全性，将80%以上资产投资于储蓄及固定收益类理财产品

D．增加固定收益类资产的比重，减少高风险资产的持有

【解析】由上题分析可知，该家庭处在家庭成长期，这一阶段的理财目标是保持资产流动性，适当增加固定收益类资产，如债券基金、浮动收益类理财产品。

3．若吴先生夫妇准备进行理财投资，为儿子的教育进行储蓄及按揭购房，则其期望达到的目标属于(　　)。

A．短期目标　　B．中期目标　　C．长期目标　　D．永久目标

【解析】客户提出的所期望达到的目标按时间长短可以划分为：①短期目标(如休假、购新车、存款等)；②中期目标(如子女教育储蓄、按揭购房等)；③长期目标(如退休安

(三)1B　2A　(四)1B　2ACD　3B

排、遗产安排）。

4. 根据材料描述，下列有关吴先生夫妇所处个人生命周期描述正确的有（　　）。

A. 可考虑采用定期定额基金投资等方式

B. 必须加强现金流管理，合理安排日常收支

C. 可适当节约资金进行适度金融投资

D. 要做好投资规划与家庭现金流规划，以防范疾病、意外、失业等风险

【解析】根据材料描述，吴先生夫妇处于建立期这一阶段。这一阶段必须加强现金流管理，合理安排日常收支，适当节约资金进行适度金融投资，如股票、基金、外汇、期货投资，一方面积累投资经验，另一方面利用年轻人风险承受能力较强的特征博取较高的投资回报。AD 属于稳定期的理财重点。

5. 若吴先生希望在 5 年末取得 20000 元作为儿子的教育金，则在年利率为 2%，单利计息的方式下，他现在应当存入银行（　　）元。

A. 19801　　B. 18004　　C. 18182　　D. 18114

【解析】根据公式，可得：单利现值 = 终值/（1 + 利率 × 年数）= 20000/（1 + 2% × 5）≈ 18182（元）。

（五）假设证券市场只有证券 A 和证券 B，证券 A 和证券 B 的期望收益率分别为 6% 和 12%，β 系数分别为 0.6 和 1.2，无风险借贷利率为 3%。

根据上述材料，回答下列各小题。

1. 根据资本资产定价模型，（　　）。

A. 这个证券市场不处于均衡状态　　B. 这个证券市场处于均衡状态

C. 证券 A 的单位系统风险补偿为 0.05　　D. 证券 B 的单位系统风险补偿为 0.075

【解析】根据证券市场线，证券 A 的单位系统风险补偿为（6% − 3%）/0.6 = 0.05，证券 B 的单位系统风险补偿为（12% − 3%）/1.2 = 0.075。当市场均衡时，单位系统风险补偿应该相同。

2. 一般而言，资本资产定价模型的应用领域包括（　　）。

A. 资产估值　　B. 资金成本预算

C. 资源配置　　D. 预测股票市场的变动趋势

【解析】1964 年、1965 年和 1966 年，威廉·夏普、约翰 − 林特耐和简·摩辛三人几乎同时独立地提出了著名的资本资产定价模型（CAPM）。资本资产定价模型主要应用于资产估值、资金成本预算以及资源配置等方面。

（六）基金 A、基金 B、基金 C 和基金 D，以及沪深 300ETF 基金和国债的表现情况的数据表 1 所示。

表 1　基金 A、B、C、D，沪深 300ETF 基金和国债的表现情况

	年平均收益率	标准差	β 值
基金 A	13.5%	13.6%	1.01

4BC　5C　（五）1ACD　2ABC

续表

	年平均收益率	标准差	β值
基金 B	15.6%	15.2%	1.28
基金 C	16.5%	19.5%	1.33
基金 D	12.0%	12.3%	1.15
沪深 300ETF 基金（市场组合）	12.1%	9.8%	1
国债（无风险资产）	3.2%	0	0

根据上述材料，回答下列各小题。

1. 若张先生三年前将 40% 的资金投资于基金 A，60% 的资金投资于基金 B，并持有至今，该投资组合的年平均收益率为(　　)。

A. 14.76%　　B. 14.55%　　C. 14.93%　　D. 15.21%

【解析】投资组合的年平均收益率 $=13.5\% \times 40\% + 15.6\% \times 60\% = 14.76\%$。

2. 根据以上条件，基金 B 的夏普比率为______，基金 C 的特雷诺比率为______，基金 D 的詹森比率为______。(　　)

A. 1.0263；0.8462；－1.435%　　B. 0.8158；0.1000；－1.435%

C. 1.0263；0.1241；－0.1000%　　D. 0.8158；0.1000；－0.1000%

【解析】基金 B 的夏普比率 $S_P = (r_P - r_F)/\sigma_P = (15.6\% - 3.2\%)/15.2\% \approx 0.8158$；基金 C 的特雷诺指数 $T_P = (r_P - r_F)/\beta_P = (16.5\% - 3.2\%)/1.33 = 0.1000$；基金 D 的詹森比率 $J_P = r_P - \{r_F + \beta_P[E(r_M) - r_F]\} = 12.0\% - [3.2\% + 1.15 \times (12.1\% - 3.2\%)] = -1.435\%$。

（七）王先生打算投资一风险资产组合，年末来自该资产组合的现金流可能为 70000 或 200000 元，概率相等，均为 0.5；可供选择的无风险国库券投资年利率为 6%。

根据上述材料，回答下列各小题。

1. 如果王先生要求 8% 的风险溢价，则王先生愿意支付(　　)元去购买该资产组合。

A. 118421　　B. 151478　　C. 221546　　D. 296973

【解析】预期现金流为 $0.5 \times 70000 + 0.5 \times 200000 = 135000$(元)。风险溢价为 8%，无风险利率为 6%，则要求的收益率为 14%。因此，资产组合的现值为：$135000 \div 1.14 = 118421$(元)。

2. 假定现在王先生要求 12% 的风险溢价，则其愿意支付的价格为(　　)元。

A. 114407　　B. 120589　　C. 124507　　D. 150236

【解析】如果王先生要求的风险溢价为 12%，则要求的收益率为 $6\% + 12\% = 18\%$，该资产组合的现值就是 $135000/1.18 = 114407$(元)。

3. 比较第 1 题和第 2 题的答案，关于投资所要求的风险溢价与售价之间的关系，结论正确的是(　　)。

A. 对于一给定的现金流，要求有更高的风险溢价的资产组合必须以更高的价格售出，

（六）1A　2B　（七）1A　2A　3D

预期价值的多余折扣相当于风险的罚金

B. 对于一给定的现金流，要求有更高的风险溢价的资产组合可以以与风险溢价较低的资产组合相等的价格售出，预期价值的多余折扣相当于风险的罚金

C. 对于一给定的现金流，要求有更低的风险溢价的资产组合必须以更低的价格售出，预期价值的多余折扣相当于风险的罚金

D. 对于一给定的现金流，要求有更高的风险溢价的资产组合必须以更低的价格售出，预期价值的多余折扣相当于风险的罚金

【解析】风险溢价是指投资者要求较高的收益以抵消更大的风险。这种超出无风险收益率之上的必要收益率就是风险溢价。对于一给定的现金流，要求有更高的风险溢价的资产组合必须以更低的价格售出，预期价值的多余折扣相当于风险的罚金。

(八)某投资者打算购买A、B、C三只股票，该投资者通过证券分析得出三只股票的分析数据：

(1)股票A的收益率期望值等于0.05、贝塔系数等于0.6；

(2)股票B的收益率期望值等于0.12，贝塔系数等于1.2；

(3)股票C的收益率期望值等于0.08，贝塔系数等于0.8。

据此决定在股票A上的投资比例为0.2、在股票B上的投资比例为0.5，在股票C上的投资比例为0.3。

根据上述材料，回答下列各小题。

1. 根据案例，下列说法正确的是(　　)。

A. 在期望收益率 $-\beta$ 系数平面上，该投资者的组合优于股票C

B. 该投资者的组合 β 系数等于0.96

C. 该投资者的组合预期收益率大于股票C的预期收益率

D. 该投资者的组合预期收益小于股票C的预期收益率

【解析】该投资者的组合的预期收益率 $=0.05\times0.2+0.12\times0.5+0.08\times0.3=0.094$；该投资者的组合 β 系数 $=0.6\times0.2+1.2\times0.5+0.8\times0.3=0.96$。

2. 在资本资产定价模型分析中，贝塔系数具体应用在(　　)方面。

A. 证券选择　　B. 证券估值

C. 投资组合绩效评价　　D. 风险控制

【解析】β 系数被广泛应用于证券的分析、投资决策和风险控制中，主要有以下几个方面的应用：①证券的选择；②风险控制；③投资组合绩效评价。

(九)客户王先生投资经验比较丰富，近日精选了一项投资计划A，根据估算，预计如果现在投资268元，未来第一年会回收90元，第二年回收120元，第三年回收150元。与之相比，同期市场大盘平均收益率为12%，无风险收益率为6%。但王先生认为投资计划A还是不能达到其理想的效果，遂咨询理财师。

根据上述材料，回答下列各小题。

1. 根据计划A的收益预期，可计算出其预期收益率约为(　　)。

A. 13.93%　　B. 14.92%　　C. 15.62%　　D. 16.56%

(八)1BC　2ACD　(九)1B

【解析】根据公式，可得：$268 = 90 \times (1+r)^{-1} + 120 \times (1+r)^{-2} + 150 \times (1+r)^{-3}$，解得 $r = 14.92\%$。

2. 把计划 A 当作一只股票，根据已知数据，计算 A 的 β 系数为（　　）。

A. 2.55　　B. 2.62　　C. 1.49　　D. 1.78

【解析】根据 β 的计算公式有：$14.92\% = 6\% + \beta \times (12\% - 6\%)$，解得 $\beta = 1.49$。

3. β 系数是构建投资组合的重要指标，关于 β 系数下列说法不正确的是（　　）。

A. β 系数表示了某证券对市场组合方差的贡献率

B. 个人资产的风险溢价与 β 系数呈正比例

C. 只有单只证券才可将 β 系数作为风险的合理测定

D. 实践中的 β 值难以确定

【解析】C 项，β 系数是特定资产（或资产组合）的系统性风险度量。换句话说，β 系数就是一种评估证券系统性风险的工具，用于度量一种证券或一个投资证券组合相对总体市场的波动性。

（十）某投资者选择证券甲和证券乙进行组合投资，这两种证券的分析数据如下：①证券甲的收益率期望值和标准差分别为 0.08 和 10%；②证券乙的收益率期望值和标准差分别为 0.16 和 14%；③证券甲和证券乙的相关系数为 1；④证券甲和证券乙的投资比重分别为 0.45 和 0.55。

根据上述材料，回答下列各小题。

1. 根据上述数据，那么（　　）。

A. 该投资者的投资组合的期望收益率等于 0.124

B. 该投资者的投资组合的标准差等于 14.2%

C. 该投资者的投资组合的期望收益率等于 0.14

D. 该投资者的投资组合的标准差等于 12.2%

【解析】$E(r_P) = 0.45 \times 0.08 + 0.55 \times 0.16 = 0.124$；$\sigma_P = 0.45 \times 10\% + 0.55 \times 14\% = 12.2\%$。

2. 在不允许卖空的情况下，当 A、B 两种证券的相关系数为（　　）时，可以通过按适当比例买入这两种证券，获得比这两种证券中任何一种风险都小的证券组合。

A. −1　　B. −0.5　　C. 0.5　　D. 1

【解析】因为两种证券负相关，因而同时买入的两种证券可抵消风险。

（十一）1965 年美国芝加哥大学著名教授尤金·法玛在《商业学刊》上发表了一篇题为“股票市场价格行为”的论文，并于 1970 年对该理论进行了深化并提出有效市场假说。这个理论假设参与市场的投资者有足够的理性，能够迅速对所有市场信息作出合理反应。

根据上述材料，回答下列各小题。

1. 在（　　）中，投资组合管理者会选择完全消极保守型的策略，只求获得市场平均的收益率水平。

A. 无效市场　　B. 弱式有效市场

2C　3C　（十）1AD　2AB　（十一）1D

C. 半强式有效市场　　　　　　　　　D. 强式有效市场

【解析】强式有效市场是指与证券有关的所有信息，包括公开发布的信息和未公开发布的内部信息，都已经充分、及时地反映到了证券价格之中。市场价格已经完全体现了全部的私有信息。对于证券组合的管理者来说，如果市场是强式有效的，管理者会选择消极保守的态度，只求获得市场平均的收益水平。管理者一般模拟某一种主要的市场指数进行投资。

2. 在弱式有效市场里，正确的有(　　)。

A. 存在“内幕信息”

B. 投资者对信息进行价值判断的效率受到损害

C. 想要获取超额回报，必须寻求历史价格以外的信息

D. 所有投资者对所披露的信息都能作出全面、正确、及时和理性的解读和判断

【解析】D 项，在弱式有效市场中，并不是每位投资者对所披露的信息都能作出全面、正确、及时和理性的解读和判断，只有那些掌握专门分析工具和具有较高分析能力的专业人员才能对所披露的信息作出恰当的理解和判断。

2ABC

第三部分 专业技能

第三章 客户匹配度分析

一、单项选择题（以下备选项中只有一项最符合题目要求，不选、错选均不得分）

1. 通常来说，对于（　）型投资者而言，他们希望投资在保证本金安全的基础上能有一些增值收入，进而常选择低风险的投资工具。［2020 年 8 月真题］

A. 稳健　B. 成长　C. 保守　D. 平衡

【解析】稳健型的客户总体来说已经偏向保守，对风险的关注更甚于对收益的关心，往往以临近退休的中老年人士为主。因此它们更愿意选择风险较低而不是收益较高的产品，喜欢选择既保本又有较高收益机会的结构性理财产品。因此，稳健型客户适合投资低风险的理财产品或投资工具。

2. 对于个人风险承受能力评估方法中的定性方法和定量方法，下列说法正确的是（　）。［2020 年 8 月真题］

A. 定量评估方法不需要对所搜集的信息予以量化

B. 定量评估方法主要通过面对面的交谈来搜索客户的必要信息

C. 定性评估方法通常采用有组织的形式（如调查问卷）来搜集信息

D. 定性评估方法主要通过面对面的交谈来搜集客户的必要信息，但没有严格的量化关系

【解析】D 项，定性评估方法主要通过面对面的交谈来搜集客户的必要信息，但没有对所搜集的信息给予量化，而定量评估方法要求对所搜集的信息给予量化。

3. 一笔交易使得资产负债表中总资产项和总负债项都减少了 15000 元，这可能是由下列（　）交易产生的。［2019 年 12 月真题］

A. 使用现金偿还银行贷款 15000 元　B. 价值 15000 元的资产被大火销毁

C. 使用 15000 元现金购买二手铲车　D. 收到 15000 元的应收账款

【解析】A 项会使现金和银行借款同时减少 15000 元；B 项会使资产减少 15000 元，负债不变；C 项会使现金减少 15000 元，固定资产增加 15000 元，属于资产内部的变动，不影响负债；D 项会使现金增加 15000 元，应收账款减少 15000 元，属于资产内部的变动，不影响负债。

4. 以下各项中属于个人资产负债表中短期资产的是（　）。［2016 年 4 月真题］

A. 保险费　B. 活期存款　C. 汽车贷款　D. 自用房产

【解析】A 项，保险费属于个人资产负债表中的短期负债项目；C 项，汽车贷款属于长期负债项目；D 项，自用房产属于个人资产负债表中的长期资产项目。

5. 下列关于风险偏好的最佳描述是（　）。［2019 年 3 月真题］

A. 反映的是风险可能对客户造成的最大损失

1A　2D　3A　4B　5D

B. 反映的是客户对风险的基本度量

C. 反映的是风险在客观上对客户的影响程度

D. 反映的是客户主观上对风险的态度

【解析】客户的风险特征可以由以下三个方面构成：①风险偏好。反映的是客户主观上对风险的态度，也是一种不确定性在客户心理上产生的影响。②风险认知度。反映的是客户主观上对风险的基本度量，这也是影响人们对风险态度的心理因素。③实际风险承受能力。反映的是风险客观上对客户的影响程度，同样的风险对不同的人影响是不一样的。

6. 下列个人理财目标中，属于客户长期目标的是(　　)。[2016 年 4 月真题]

A. 休假　　B. 按揭买房　　C. 建立退休基金　　D. 购置新车

【解析】理财规划中，客户提出的所期望达到的目标按时间的长短可以划分为：①短期目标，如休假、购置新车、存款等；②中期目标，如子女的教育储蓄、按揭买房等；③长期目标，如退休安排、遗产安排等。AD 两项，休假和购置新车均属于客户短期目标；B 项，按揭买房属于客户中期目标。

7. 下列各项属于投资适当性要求的是(　　)。[2016 年 4 月真题]

A. 特定的投资者购买恰当的产品　　B. 适合的投资者购买低风险的产品

C. 适合的投资者购买恰当的产品　　D. 特定的投资者购买低风险的产品

【解析】适当性是指金融中介机构所提供的金融产品或服务与客户的财务状况、投资目标、风险承受水平、财务需求、知识和经验之间的契合程度。即投资适当性的要求是“适合的投资者购买恰当的产品”。

8. 下列不属于客户财务信息的是(　　)。

A. 财务状况未来发展趋势　　B. 当期收入状况

C. 当期财务安排　　D. 投资风险偏好

【解析】客户信息可简单分为财务信息和非财务信息两大类。财务信息主要是指客户家庭的收支与资产负债状况，以及相关的财务安排(包括储蓄、投资、保险账户情况等)。D 项属于非财务信息。

9. 对开展理财顾问业务而言，关于客户的重要的非财务信息是(　　)。

A. 资产和负债　　B. 收入与支出

C. 房地产升值预期　　D. 客户风险厌恶系数

【解析】财务信息，是指客户当前的收支状况、财务安排以及这些情况的未来发展趋势等；非财务信息，是指除客户财务信息以外的与投资规划有关的信息，包括客户的社会地位、年龄、投资偏好和风险承受能力等。AB 两项属于财务信息；C 项，房地产升值属于非财务信息，但并非分析财务状况的重要非财务信息，关于客户的重要的非财务信息是客户风险厌恶系数。

10. 在收集客户信息的过程中，属于定性信息的是(　　)。

A. 资产与负债　　B. 雇员福利　　C. 投资偏好　　D. 客户的投资规模

6C　7C　8D　9D　10C

【解析】客户信息可以分为定量信息和定性信息。客户财务方面的信息基本属于定量信息；定性信息是指非财务信息，即客户基本信息和个人兴趣爱好、职业生涯发展和预期目标等。

11. 客户信息可以分为定量信息和定性信息，以下对应正确的是(　　)。

A. 消费支出情况——定性信息　　B. 风险偏好——定性信息

C. 家庭基本信息——定量信息　　D. 投资经验——定量信息

【解析】A 项，消费支出情况属于定量信息；C 项，家庭基本信息属于定性信息；D 项，投资经验属于定性信息。

12. 下列属于客户定量信息的是(　　)。[2021 年 12 月真题]

A. 金钱观　　B. 每月收入与支出

C. 风险偏好　　D. 投资经验

【解析】定量信息主要包括：①普通个人和家庭档案：姓名、身份证号码、性别、出生日期、年龄、婚姻状况、学历、就业情况、配偶及抚养赡养状况等；②有关财务顾问的信息；③资产和负债；④收入与支出；⑤保单信息；⑥雇员福利；⑦养老金规划；⑧现有投资情况；⑨其他退休收益；⑩客户的事业信息；⑪遗嘱。ACD 三项均属于定性信息。

13. 填写开户资料时，理财师可获得的客户的基本信息不包括(　　)。

A. 证件信息　　B. 联系地址　　C. 通讯方式　　D. 兴趣爱好

【解析】填写开户资料时，理财师可获得的客户的基本信息包括：姓名、性别、证件信息、出生日期、联系地址、通讯方式等。D 项，兴趣爱好属于个人兴趣及人生规划和目标方面的信息。

14. 在开展业务时，(　　)是了解客户、收集信息的最好时机。

A. 开户　　B. 调查问卷　　C. 面谈沟通　　D. 电话沟通

【解析】开户，通常是与客户的首次接触，也是了解客户、收集信息的最好时机。在填写开户资料时，可以获得客户姓名、性别、证件信息、出生日期、联系地址、电话号码等最基础的信息。

15. 下列关于个人资产负债表的表述错误的是(　　)。

A. 当负债相对于所有者权益过高时，个人就容易出现财务危机

B. 净资产就是资产减去负债

C. 活期存款、股票、债券、基金等变现较快，属于流动资产

D. 分析客户的资产负债表是财务规划和投资组合的基础

【解析】C 项，在个人资产负债表中，流动资产主要有现金、存款和货币市场基金等。股票和债券属于投资资产。

16. 下列对个人资产负债表的理解错误的一项是(　　)。

A. 资产负债表的记账法遵循会计恒等式“资产 = 负债 + 所有者权益”

11B　12B　13D　14A　15C　16B

B. 资产负债表可以反映客户的动态财务特征

C. 资产和负债的结构是报表分析的重点

D. 当负债高于所有者权益时，个人有可能出现财务危机的风险

【解析】B 项，资产负债表是反映某个时点上客户的资产、负债和所有者权益等财务状况信息的报表，反映的是客户的静态财务特征。

17. 家庭资产负债表中的流动资产项目不包括下列哪个会计科目？(　　)

A. 房产　B. 货币市场基金　C. 活期存款　D. 短期国库券

【解析】流动资产是相对于固定资产来说的，能很快变现。BCD 三项，货币市场基金、活期存款和短期国库券变现比较容易，属于流动资产。A 项，房产的变现能力很差，不属于流动资产。

18. 在考虑客户的财务状况时，下列财务行为不影响其净资产的是(　　)。

A. 工资水平提高　B. 年终奖金增加　C. 自费出国旅游　D. 分期贷款买房

【解析】由会计恒等式"净资产 = 资产 - 负债"，AB 两项，工资水平提高和年终奖增加影响了净资产；C 项，自费出国旅游增加了负债；D 项，分期贷款增加了负债，买房增加了资产，因此，分期贷款买房不影响净资产。

19. 以下各项中属于个人资产负债表中短期负债的是(　　)。

A. 主要住房贷款　B. 公共事业费用　C. 教育贷款　D. 自用房产

【解析】AC 两项，主要住房贷款和教育贷款属于个人资产负债表中的长期负债项目；D 项，自用房产属于个人资产负债表中的实际资产项目。

20. 个人现金流量表具体内容包括(　　)。

A. 资产分类、额度及其与总资产的占比情况

B. 负债分类、额度及其与总负债的占比情况

C. 主要支出的分类、额度及其与总支出的占比情况

D. 净资产额度

【解析】个人现金流量表的主要内容包括：①主要收入的分类、额度及其与总收入的占比情况；②主要支出的分类、额度及其与总支出的占比情况；③结余额度。ABD 三项均为个人资产负债表内容。

21. 现金流量表中，下列(　　)项目可以不列入表内。

A. 资本利得　B. 工资收入　C. 股票市值　D. 保单分红所得

【解析】现金流量表用来说明在过去一段时期内个人的现金收入和支出情况。现金流量表只记录涉及实际现金流入和流出的交易。那些额外收入，如红利和利息收入、人寿保险现金价值的累积以及股权投资的资本利得也应列入现金流量表。

22. 关于现金流量表分析作用，下列表述错误的是(　　)。

A. 说明客户现金流入流出的原因　B. 反映客户偿债能力

C. 反映客户资产的流动性水平　D. 反映理财活动对财务状况的影响

17A　18D　19B　20C　21C　22B

【解析】B 项，能够反映客户偿债能力的是资产负债表。

23. 在预测客户的未来支出时，不恰当的一项是(　　)。

A. 了解客户满足基本生活支出和期望实现的支出水平

B. 考虑通货膨胀的影响

C. 必须参考当地社会的平均水平

D. 预测支出的根本目的是提高生活质量

【解析】D 项，对客户的支出进行预测的根本目的是对客户未来的现金流量表进行预测和分析。

24. 为了制定合理的现金预算，需预测客户的收入，若客户是一位市场销售人员，在这一过程中，主要应该估计(　　)。

A. 客户收入最低时的状况和最高时的状况

B. 客户收入过去的平均状况和最高时的状况

C. 以客户过去的平均收入为基准，做最好与最坏状况下的分析

D. 客户收入最低时的状况和过去平均状况

【解析】在预测年度收入时，收入稳定的国家机关工作人员或在大企业工作的工薪阶层，可以较准确地预估年度收入；收入淡旺季差异大的市场销售人员或自由职业者，就要以过去的平均收入为基准，做最好与最坏状况下的分析。

25. 以下符合对风险偏好型客户理财规划描述的是(　　)。

A. 投资工具以安全性高的储蓄、国债、保险等为主

B. 投资应遵循组合设计、设置风险止损点，防止投资失败影响家庭整体财务状况

C. 投资应以储蓄、理财产品和债券为主，结合高收益的股票、基金和信托投资，优化组合模型，使收益与风险均衡化

D. 不在乎风险，不因风险的存在而放弃投资机会

【解析】A 项属于对风险厌恶型投资者理财规划的描述；C 项适合风险中立型投资者；D 项，风险偏好型客户愿意为获取高收益而承担高风险，重视风险分析和规避，并非不在乎风险。

26. 某投资者期望获得较高的收益，但又对于高风险望而生畏，则他属于(　　)。

A. 风险偏好型　　B. 风险畏惧型　　C. 风险厌恶型　　D. 风险中立型

【解析】按照客户对风险的态度，可以把客户划分为：风险厌恶型、风险偏好型及风险中立型三类：①风险厌恶型投资者厌恶风险，对待风险态度消极，不愿为增加收益而承担风险，非常注重资金安全，极力回避风险；②风险偏好型投资者喜爱风险，对待风险投资较为积极，愿意为获取高收益而承担高风险，重视风险分析和规避，不因风险的存在而放弃投资机会；③风险中立型投资者介于风险厌恶型和风险偏好型投资者之间，期望获得较高收益，但对于高风险也望而生畏。

27. 下列关于评估客户投资风险承受度的表述，错误的是(　　)。

A. 年轻人一般偏好较高风险

23D　24C　25B　26D　27C

B. 资金需动用的时间离现在越近，越不能承担风险

C. 年龄越低，人力资本越高，所能承受的风险越大

D. 已退休客户，应该建议其投资保守型产品

【解析】一般而言，客户年龄越大，所能够承受的投资风险越低。通常情况下，年轻人的人生与事业刚刚起步，面临着无数的机会，他们敢于尝试、敢于冒险，偏好较高风险。但这并不表示年龄越小，所能承受的风险越大。

28. 下面(　　)不是高资产净值客户。

1：小王单笔认购理财产品150万元人民币

2：小李购买理财产品时，出示120万元个人储蓄存款证明

3：小张提供了最近三年的收入证明，每年不低于20万元

4：小赵提供了最近三年每年28万元的家庭收入证明

A. 小王　　B. 小张　　C. 小赵　　D. 小李

【解析】高资产净值客户是满足下列条件之一的客户：①单笔认购理财产品不少于100万元人民币的自然人；②认购理财产品时，个人或家庭金融净资产总计超过100万元人民币，且能提供相关证明的自然人；③个人收入在最近三年每年超过20万元人民币或者家庭合计收入在最近三年内每年超过30万元人民币，且能提供相关证明的自然人。

29. 客户主观上对风险的基本度量是指(　　)。

A. 风险偏好　　B. 实际风险承受能力

C. 客户全部的风险特征　　D. 风险认知度

【解析】客户的风险特征由以下三个方面构成：①风险偏好，反映客户主观上对风险的态度；②风险认知度，反映客户主观上对风险的基本度量；③实际风险承受能力，反映风险客观上对客户的影响程度。

30. 下列属于客户证券投资目标中的长期目标的是(　　)。

A. 建立退休基金　　B. 筹集住房基金

C. 提高保险保障　　D. 启动个人生意

【解析】客户提出的所期望达到的目标按时间长短可以划分为短期目标、中期目标和长期目标。BCD三项，筹集住房基金、提高保险保障和启动个人生意均属于客户证券投资目标中的中期目标。

31. 下列关于客户投资目标分类的说法中，错误的是(　　)。

A. 按照时间的长短可以分为短期目标、中期目标和长期目标

B. 休假、购置新车等属于短期目标

C. 短期、中期和长期目标之间的界限是绝对分明的

D. 退休保障安排、遗产安排等属于长期目标

【解析】C项，按照时间的长短，可以将证券投资目标分为短期目标、中期目标和长期目标。短期目标、中期目标和长期目标之间的界限并不是绝对的，相同的投资目标对

28C　29D　30A　31C

于不同的客户其分类可能不同，需要根据客户的实际情况来界定和划分。

32. 按揭购房属于客户证券投资目标中的(　　)目标。

A. 中期目标　　B. 临时目标　　C. 长久目标　　D. 短期目标

【解析】客户提出的所期望达到的目标按时间长短可以划分为：①短期目标，如休假、购新车、存款等；②中期目标，如子女教育储蓄、按揭购房等；③长期目标，如退休安排、遗产安排。按揭购房属于客户证券投资目标中的中期目标。

33. 投资顾问在制定客户理财目标过程中，如果计划对已确定的投资目标进行改动，则需(　　)。

A. 对客户说明　　B. 对客户说明并征得客户同意

C. 不能修改　　D. 自行修改

【解析】理财目标确定的步骤主要包括：①应当了解客户的基本信息、财务信息，并通过交流和沟通，了解客户的风险偏好、投资需求和目标等信息。在确定客户的投资目标前，应先征询客户的期望目标。②根据对客户财务状况及期望目标的了解，初步拟定客户的理财目标后，应再次征询客户的意见并取得客户的确认。若客户明确表示反对，从业人员应要求客户以书面方式提出自己的理财目标。③如果在制定投资方案的过程中，从业人员计划对已确定的投资目标进行改动，必须对客户说明，并征得客户同意。

34. 下列哪一项不属于确定投资目标的原则？(　　)

A. 现实可行性　　B. 资产的流动性

C. 具体明确　　D. 要有一定的时间弹性和金额弹性

【解析】投资目标确定的原则主要有：①投资目标要具有现实可行性；②投资目标要具体明确；③投资期限要明确；④投资目标的实现要有一定的时间弹性和金额弹性；⑤投资目标要与客户总体理财目标相一致；⑥投资目标要与其他目标相协调，避免冲突；⑦投资目标要兼顾不同期限和先后顺序。

35. 如果客户对拟定的理财目标明确表示反对，从业人员应要求客户以(　　)方式提出自己的理财目标。

A. 口头　　B. 书面和口头　　C. 书面或口头　　D. 书面

【解析】从业人员根据对客户财务状况及期望目标的了解，初步拟定客户的理财目标后，应再次征询客户的意见并取得客户的确认。若客户明确表示反对，从业人员应要求客户以书面方式提出自己的理财目标。

36. 普通投资者申请成为专业投资者应当以(　　)向经营机构提出申请并确认自主承担可能产生的风险和后果，提供相关证明材料。

A. 书面形式　　B. 电子邮件　　C. 电话　　D. 以上均可

【解析】《证券期货投资者适当性管理办法》第十二条规定，普通投资者申请成为专业投资者应当以书面形式向经营机构提出申请并确认自主承担可能产生的风险和后果，提供相关证明材料。经营机构应当通过追加了解信息、投资知识测试或者模拟交易等方

32A　33B　34B　35D　36A

式对投资者进行谨慎评估，确认其符合前条要求，说明对不同类别投资者履行适当性义务的差别，警示可能承担的投资风险，告知申请的审查结果及其理由。

37. 下列各项中，(　　)不属于《证券期货投资者适当性管理办法》约定的金融资产的范畴。

A. 银行存款、银行理财产品

B. 银行存款、融资融券份额

C. 股票、债券、基金份额

D. 资产管理计划、信托计划、保险产品、期货及其他衍生产品

【解析】《证券期货投资者适当性管理办法》约定的金融资产，是指银行存款、股票、债券、基金份额、资产管理计划、银行理财产品、信托计划、保险产品、期货及其他衍生产品等。B 项，融资融券不属于该办法约定的金融资产的范畴。

38. 经营机构向普通投资者销售产品或者提供服务前，下列(　　)不属于应当告知的信息。

A. 可能直接导致本金亏损的事项

B. 因经营机构的业务或者财产状况变化，影响客户判断的重要事由

C. 因经营机构的业务或者财产状况变化，可能导致本金或者原始本金亏损的事项

D. 产品或服务的预期收益率

【解析】《证券期货投资者适当性管理办法》第二十三条规定，经营机构向普通投资者销售产品或者提供服务前，应当告知下列信息：①可能直接导致本金亏损的事项；②可能直接导致超过原始本金损失的事项；③因经营机构的业务或者财产状况变化，可能导致本金或者原始本金亏损的事项；④因经营机构的业务或者财产状况变化，影响客户判断的重要事由；⑤限制销售对象权利行使期限或者可解除合同期限等全部限制内容；⑥本办法第二十九条规定的适当性匹配意见。

39. 当投资者风险承受能力与产品风险等级不匹配时，下列说法正确的是(　　)。

A. 投资者不能购买与其风险承受能力不匹配的产品

B. 经营机构允许投资者购买与其风险承受能力不匹配的产品

C. 经营机构无需确认投资者是否属于风险承受能力最低类别的投资者

D. 投资者坚持购买与其风险承受能力不符的产品或者服务时，经营机构应进行特别的书面风险提示

【解析】《证券经营机构投资者适当性管理实施指引(试行)》第十九条规定，经营机构告知投资者不适合购买相关产品或者接受相关服务后，投资者主动要求购买风险等级高于其风险承受能力的产品或者接受相关服务的，经营机构在确认其不属于风险承受能力最低类别的投资者后，应当就产品或者服务风险高于其承受能力进行特别的书面风险警示，投资者仍坚持购买的，可以向其销售相关产品或者提供相关服务。

40. 证券期货经营机构应当按照相关规定妥善保存其履行适当性义务的相关信息资料，对匹配方案、告知警示资料、录音录像资料、自查报告等的保存期限应不得少于(　　)年。

37B　38D　39D　40C

A. 10　　B. 15　　C. 20　　D. 25

【解析】《证券期货投资者适当性管理办法》第三十二条规定，经营机构应当按照相关规定妥善保存其履行适当性义务的相关信息资料，防止泄露或者被不当利用，接受中国证监会及其派出机构和自律组织的检查。对匹配方案、告知警示资料、录音录像资料、自查报告等的保存期限不得少于 20 年。

41. 下列不属于专业投资者的是(　　)。

A. 经行业协会备案的私募基金管理人

B. 最近 1 年末净资产不低于 2000 万元的法人或者其他组织

C. 社会保障基金、企业年金等养老基金

D. 金融资产不低于 500 万元，且具有 2 年以上期货投资经历的自然人

【解析】B 项，同时符合下列条件的法人或者其他组织为专业投资者：①最近 1 年末净资产不低于 2000 万元；②最近 1 年末金融资产不低于 1000 万元；③具有 2 年以上证券、基金、期货、黄金、外汇等投资经历。

42. 根据《证券期货投资者适当性管理办法》的要求，经营机构向投资者销售产品或者提供服务时，应当了解的投资者的必要信息不包括(　　)。

A. 投资经验

B. 自然人的家庭成员情况

C. 收入来源及数额

D. 实际控制投资者的自然人和交易的实际受益人

【解析】《证券期货投资者适当性管理办法》第六条规定，证券经营机构向投资者提供服务时，应当了解投资者的下列信息：①自然人的姓名、住址、职业、年龄、联系方式，法人或者其他组织的名称、注册地址、办公地址、性质、资质及经营范围等基本信息；②收入来源和数额、资产、债务等财务状况；③投资相关的学习、工作经历及投资经验；④投资期限、品种、期望收益等投资目标；⑤风险偏好及可承受的损失；⑥诚信记录；⑦实际控制投资者的自然人和交易的实际受益人；⑧法律法规、自律规则规定的投资者准入要求相关信息；⑨其他必要信息。

二、多项选择题(以下备选项中有两项或两项以上符合题目要求，多选、少选、错选均不得分)

1. 某画家以出售本人的美术作品为主要收入来源，收入的变化幅度很大，证券投资顾问在预测其收入时，应该(　　)。[2022 年 11 月真题]

A. 考虑正常收入情况　　B. 考虑最低收入情况

C. 考虑最高收入情况者　　D. 考虑临时收入情况

【解析】由于客户未来收入会受到各种因素的影响而具有不确定性，应该进行两种不同的收入预测：①估计客户收入最低情况下的收入，这一分析将有助于客户了解自己在经济萧条时的生活质量以及如何选择有关保障措施；②客户正常情况下的收入(根据以往收入和宏观经济情况进行合理的预期)。

2. 假设王某是一位成长型投资者，下列各项中，可以视为对王某相对准确的描述的有

41B　42B　▎　1AB　2AC

(　　)。[2022 年 8 月真题]

A. 知道自己要什么并甘于冒风险去追求，但是通常也不会忘记给自己留条后路

B. 追求极度的成功，常常不留后路以激励自己向前，不惜冒失败的风险

C. 常常会为提高投资收益而采取一些行动，并愿意为此承受较大的风险

D. 可以承受一定的投资波动，但是希望自己的投资风险低于市场的整体风险，因此希望投资收益长期、稳步地增长

【解析】成长型的客户一般是有一定的资产基础、一定的知识水平、风险承受能力较高的人士，他们愿意承受一定的风险，追求较高的投资收益，但是又不会像进取型的人士过度风险投资那些具有高度风险的投资收益。B 项描述的为进取型投资者；D 项描述的为稳健型投资者。

3. 在估计客户的未来支出时，从业人员需要了解不同状况下的客户支出，包括(　　)。[2022 年 2 月真题]

A. 常规性支出　　B. 收入最低情况下的支出

C. 满足客户基本生活的支出　　D. 客户期望实现的支出水平

【解析】在估计客户的未来支出时，从业人员需要了解两种不同状态下的客户支出：①满足客户基本生活的支出；②客户期望实现的支出水平。其中"基本生活"并非指仅实现基本生存状态的生活水平，而是指在保证客户正常生活水平不变的情况下，考虑了通货膨胀后的支出数额预测。

4. 关于客户的次级信息，下列说法正确的是(　　)。[2021 年 12 月真题]

A. 次级信息是指客户的个人和财务资料

B. 次级信息包括由政府部门和金融机构公布的宏观经济数据

C. 次级信息靠交流和问卷调查相组合的方式来获得

D. 次级信息可以靠数据库获得

【解析】A 项，次级信息是指从政府部门或金融机构公布的信息中获得的宏观经济信息；C 项，次级信息的获得需要从业人员在平日的工作中注意收集和积累，建立专门数据库，以便随时调用。

5. 一般而言，风险偏好型客户会倾向于选择(　　)。[2020 年 9 月真题]

A. 垃圾债券　　B. 股指期货

C. 投资于新兴产业的股票型基金　　D. 货币型基金

【解析】风险偏好型客户对待风险投资较为积极，愿意为获取高收益而承担高风险，重视风险分析和规避，不因风险的存在而放弃投资机会。D 项一般是风险中立型投资者的选择。

6. 下列属于客户的定量信息的有(　　)。[2020 年 8 月真题]

A. 客户姓名、身份证号码、出生日期等

B. 客户资产和负债、收入与支出等

C. 客户现有投资情况

3CD　4BD　5ABC　6ABC

D．客户投资偏好及理财决策模式等

【解析】客户信息可以分为定量信息和定性信息。定量信息主要包括：①普通个人和家庭档案：姓名、身份证号码、性别、出生日期、年龄、婚姻状况、学历、就业情况、配偶及抚养赡养状况等；②有关财务顾问的信息；③资产和负债；④收入与支出；⑤保单信息；⑥雇员福利；⑦养老金规划；⑧现有投资情况；⑨其他退休收益；⑩客户的事业信息；⑪遗嘱。D 项属于客户的定性信息。

7．个人风险承受能力常用的评估方法主要包括（　　）。［2019 年 12 月真题］

A．投资组合分析法　　B．定性分析方法与定量分析方法结合

C．客户投资目标　　D．概率与收益的权衡

【解析】风险承受能力常见的评估方法有：①定性分析方法和定量分析方法相结合；②客户投资目标；③对投资产品的偏好；④概率和收益的权衡。

8．关于对未来支出的预测，下列说法正确的是（　　）。［2019 年 7 月真题］

A．通货膨胀因素是支出预期的考虑因素之一

B．生活质量是支出预期的考虑因素之一

C．为了顾及客户未来支出，首先要考虑客户基本生活的支出

D．客户未来支出还包括临时性支出

【解析】在估计客户的未来支出时，需要了解两种不同状态下的客户支出：①满足客户基本生活的支出；②客户期望实现的支出水平。“基本生活”并非指仅实现基本生存状态的生活水平，而是指在保证客户正常生活水平不变的情况下，考虑了通货膨胀后的支出数额预测。而有很多客户在维持现有消费水平的基础上，都期望能够进一步提高生活质量，所以，要根据客户的要求制定出客户期望实现的支出水平。

9．下列关于个人现金流量表的说法，正确的有（　　）。［2017 年 12 月真题］

A．在解读个人现金流量表时，一个基本关系式是盈余（赤字）= 收入 - 支出

B．通过对现金流量表的分析有助于发现个人消费方式上的潜在问题

C．房贷支付/租金属于个人现金流量表中的支出项

D．个人现金流量表和个人资产负债表是两个相互独立的主体，二者间无关联

【解析】D 项，向客户提供财务分析、财务规划的顾问服务时，需要掌握两类个人财务报表——资产负债表和现金流量表，两者不是相互独立的主体，有密切关联，应结合起来分析。

10．关于个人风险承受能力的评估方法，下列说法错误的是（　　）。［2017 年 5 月真题］

A．定性分析法可基本判断客户的风险属性，调查问卷是其常采用的形式

B．衡量客户风险承受能力最直接的方式是调查问卷

C．在对概率和收益进行权衡时，有风险收益常用的五个成功概率是 10%、30%、50%、70%、90%

D．在明确客户投资目标时，若客户最关心本金流动性，则很可能是风险追求者

【解析】A 项，定性分析主要是通过与客户面对面的交谈来基本判断客户的风险属性，

7BCD　8ABC　9ABC　10ABD

调查问卷是定量分析法常采用的形式；B 项，衡量客户风险承受能力最直接的方式是让客户回答自己所偏好的投资产品，也可以让客户将投资产品从最喜欢到最不喜欢排序，或者给每一种产品进行评级，不同级别代表客户的风险偏好程度；D 项，如果客户最关心本金的安全性和流动性，则该客户很可能是风险厌恶者。

11. 关于客户的财务信息，下列说法正确的是（　　）。［2016 年 10 月真题］

A. 客户财务信息包括客户的社会地位、年龄、投资偏好等

B. 客户财务信息指客户当前的收支状况、财务安排等

C. 客户财务信息是制定个人财务规划的基础和根据

D. 客户财务信息不仅包含个人当前的财务状况，还包括其未来发展趋势

【解析】客户的财务信息，是指客户家庭的收支与资产负债状况，以及相关的财务安排（包括储蓄、投资、保险账户情况等）。A 项属于非财务信息。

12. 关于风险厌恶型客户，下列说法正确的是（　　）。［2016 年 10 月真题］

A. 相比收益而言，更在乎安全性

B. 因风险的存在而放弃投资机会

C. 投资工具选择储蓄存款和政府债券为主

D. 不愿意为增加收益而承担风险

【解析】按照客户对风险的态度，可以把客户划分为：风险厌恶型、风险偏好型及风险中立型三类。其中，风险厌恶型客户对待风险态度消极，不愿为增加收益而承担风险，非常注重资金安全，极力回避风险，以安全性高的储蓄、国债、保险等投资为主。

13. 下列对于评估客户投资风险承受能力的表述正确的是（　　）。［2016 年 5 月真题］

A. 已退休客户，应该建议其投资保守型产品

B. 年龄与投资风险承受能力完全无关

C. 理财目标的弹性越大，越无法承担高风险

D. 资金需动用的时间离现在越近，越不能承担风险

【解析】B 项，一般而言，客户年龄越大，所能够承受的投资风险越低；C 项，客户理财目标的弹性越大，其可承受的风险也越高。

14. 了解客户的基本信息是提供针对性投资理财建议的基础和保证，以下属于客户基本信息的有（　　）。［2016 年 4 月真题］

A. 婚姻状况　　　　B. 重要的家庭和社会关系

C. 工作单位与职务　　　　D. 个人兴趣爱好和志向

【解析】客户的基本信息大体包括客户的姓名、年龄、联系方式、工作单位与职务、国籍、婚姻状况、健康状况，以及重要的家庭、社会关系信息（包括需要供养父母、子女信息）。D 项属于客户的个人兴趣及人生规划和目标方面的信息，不属于客户基本信息。

15. 属于客户理财需求短期目标的有（　　）。［2016 年 4 月真题］

A. 分期付款买房　　　　B. 子女教育储蓄

11BCD　12ACD　13AD　14ABC　15CD

C. 筹集紧急备用金　　　　　　　　　D. 计划去东南亚度假

【解析】客户理财需求的短期目标有休假、购置新车、存款、税务负担最小化、筹集紧急备用金、减少债务、投资股票市场、控制开支预算等。AB 两项，分期付款买房和子女教育储蓄属于客户理财需求的中期目标。

16. 从客户对理财规划需求的角度看，客户信息包括(　　)。

A. 基本信息　　B. 财务信息　　C. 个人兴趣　　D. 人生规划

【解析】根据理财规划的需求，一般把客户信息分为：基本信息、财务信息、个人兴趣及人生规划和目标三方面。

17. 下列客户信息属于定量信息的有(　　)。

A. 雇员福利　　B. 养老金　　C. 金钱观　　D. 理财知识水平

【解析】客户信息可以分为定量信息和定性信息，客户财务方面的信息基本属于定量信息；非财务信息，即客户基本信息和个人兴趣爱好、职业生涯发展和预期目标等属于定性信息。

18. 收集客户信息的途径包括(　　)。

A. 填写登记表　　　　　　　　　B. 心理测试问卷

C. 与客户面谈沟通　　　　　　　D. 向第三人打听

【解析】客户的个人和财务资料只能通过与客户沟通获得。从业人员与客户初次会面时，通过交谈的方式收集信息是不够的，通常还要采用数据调查表来帮助收集定量信息。对客户的风险厌恶度等信息，也可以使用心理测试问卷进行收集。

19. 与客户面谈沟通时，从业人员需要注意的问题有(　　)。

A. 在面见客户前需要在面谈的主要内容或目的、客户的基本情况和以往接触历史等方面有所准备

B. 在面谈中，言谈举止应符合相关商务和服务礼仪标准要求，突出专业形象和真诚、亲切、自然

C. 应该掌握一些关键的沟通技巧，并能在接触中熟练自然地加以运用

D. 在会面后要针对面谈中客户提出、有待解决的问题及时向客户回复

【解析】在面对面接触中，从业人员需要注意的问题包括：①见面前的准备工作，包括面谈的主要内容或目的、客户的基本情况和以往接触历史等；②在面谈中，言谈举止应符合相关商务和服务礼仪标准要求，突出专业形象，表现得真诚、亲切、自然；③掌握一些关键的沟通技巧，并能在接触中熟练自然地加以运用；④做好会面后的后续跟踪工作，譬如电话或邮件致谢，关怀、询问面谈中客户提及的事情或问题，还有面谈中客户提出、有待解答、解决的问题，要及时给予客户回复。

20. 在客户信息收集的方法中，属于初级信息收集方法的有(　　)。

A. 建立数据库，平时多注意收集和积累

B. 和客户交谈

C. 采用数据调查表

16ABCD　17AB　18ABC　19ABCD　20BC

D. 收集政府部门公布的信息

【解析】由于客户的个人和财务材料只能通过与客户沟通获得，所以又称为初级信息。从业人员和客户初次见面时，通过交谈的方式收集信息是不够的，通常还要采用数据调查表来帮助收集定量信息。AD 两项，建立数据库，平时多注意收集和积累，收集政府部门公布的信息是次级信息的收集方法。

21. 客户的个人理财行为影响到其个人资产负债表，下列表述正确的有(　　)。

A. 用银行存款购买期望收益率更高的公司债券，则客户的总资产将会增加

B. 股票市值下降后，客户的总资产将会减少

C. 用银行存款每月偿还住房分期付款，则每月偿还后净资产将会减少

D. 以分期付款的方式购买一处房产，客户的总资产将会增加

【解析】A 项，用银行存款购买期望收益率更高的公司债券，客户的总资产不会发生变化；C 项，用银行存款每月偿还住房分期付款，则每月偿还后总资产将会减少，总负债也会减少相同的数额，因此净资产不变。

22. 下列哪些选项可能增加家庭的净资产？(　　)

A. 投资实现资产增值　　B. 增加消费

C. 将投资收益进行再投资　　D. 利用自动转账偿还信用卡透支

【解析】个人资产负债表遵循的等式为：净资产 = 总资产 - 负债。B 项，增加消费，将减少净资产；D 项，利用自动转账偿还信用卡透支，总资产减少，负债也减少，净资产没有改变。

23. 从业人员在向客户提供理财顾问服务时需要掌握的个人财务报表包括(　　)。

A. 资产负债表　　B. 现金流量表　　C. 利润分配表　　D. 中间业务表

【解析】从业人员向客户提供财务分析、财务规划的顾问服务时，需要掌握两类个人财务报表，即资产负债表和现金流量表。

24. 影响投资风险的主要因素包括(　　)。

A. 景气循环　　B. 投资金额　　C. 投资期限　　D. 复利效应

【解析】如果用于投资的一项资金可以长时间持续进行投资而无须考虑短时间内变现，那么这项投资可承受的风险能力就较强。相反，如果一项投资要准备随时变现，就要选择更安全、流动性更好的产品，那么这项投资可承受的风险能力就较弱。影响投资风险的主要因素有：①景气循环；②复利效应；③投资期限。

25. 客户的常规性收入包括(　　)。

A. 租金收入　　B. 奖金　　C. 股票投资收益　　D. 工资

【解析】在预测客户的未来收入时，可以将收入分为常规性收入和临时性收入两类。常规性收入一般可以在上一年收入的基础上预测其变化率，如工资、奖金和津贴、股票和债券投资收益、银行存款利息和租金收入等。

26. 证券从业人员提供投资顾问服务时，应掌握个人财务报表的分析。下列对个人财务报

21BD　22AC　23AB　24ACD　25ABCD　26BD

表的理解，错误的是(　　)。

A. 需要掌握的个人财务报表包括个人资产负债表和现金流量表

B. 个人资产负债表不能反映资产和负债的结构

C. 当负债高于所有者权益时，个人有可能出现财务危机的风险

D. 个人资产负债表可以作为衡量个人是否合理使用其收入的工具

【解析】B项，个人资产负债表能够反映资产和负债结构，客户的资产负债表是记录和分析客户资产和负债情况的重要工具；D项，个人现金流量表用于反映个人一定时期的收入与支出情况，可以作为衡量个人是否合理使用其收入的工具。

27. 证券投资顾问在对客户的现金流量表分析时，应重点关注(　　)。

A. 具体分析各项收入、支出的数额及其在总额中的占比

B. 分析客户的净资产

C. 对客户财务状况影响较大的经常性项目应重点关注

D. 分析客户的净现金流量

【解析】证券投资顾问对客户的现金流量分析应重点关注以下几点：①具体分析各项收入、支出的数额及其在总额中的占比；②对客户财务状况影响较大的经常性项目应重点关注；③分析客户的净现金流量。若客户的现金流量表的结余是赤字，说明客户财务状况欠佳。B项，客户的净资产属于分析客户资产负债表时应重点关注的对象。

28. 关于风险偏好的说法，正确的是(　　)。

A. 反映的是客户主观上对风险的基本态度

B. 反映的是客观上对风险的基本态度

C. 影响因素多且复杂

D. 与客户所处的文化氛围、成长环境有密切关系

【解析】风险偏好反映的是客户主观上对风险的基本态度；影响因素较多且复杂；与客户所处的文化氛围、成长环境有密切关系。

29. 根据客户的风险偏好，可以把客户划分为(　　)。

A. 风险厌恶型　　B. 风险规避型　　C. 风险偏好型　　D. 风险中立型

【解析】按照客户对风险的态度，可以把客户划分为：风险厌恶型、风险偏好型及风险中立型三类。

30. 风险偏好属于非常保守型的客户往往会选择(　　)等产品。

A. 债券型基金　　B. 存款

C. 保本型理财产品　　D. 股票型基金

【解析】保守型客户往往对于投资风险的承受能力很低，选择一项产品或投资工具首要考虑是否能够保本，然后才考虑追求收益。因此，这类客户往往选择国债、存款、保本型理财产品、货币与债券型基金等低风险、低收益的产品。

31. 一般将客户的风险偏好分为非常进取型、(　　)。

A. 温和进取型　　B. 中庸稳健型　　C. 温和保守型　　D. 非常保守型

27ACD　28ACD　29ACD　30ABC　31ABCD

【解析】风险偏好就是人对风险的态度，是对一项风险事件的容忍程度。一般将客户的风险偏好分为非常进取型、温和进取型、中庸稳健型、温和保守型和非常保守型。

32. 对客户进行风险承受能力评估的依据主要包括(　　)。

A. 财务状况　　B. 风险认识　　C. 流动性要求　　D. 投资经验

【解析】风险承受能力评估依据主要包括客户年龄、财务状况、投资经验、投资目的、收益预期、风险偏好、流动性要求、风险认识以及风险损失承受程度等。

33. 在个人风险承受能力评估中，关于定性分析法和定量分析法，下列说法正确的有(　　)。

A. 定性分析法基于直觉和印象而给客户作出评价

B. 调查问卷是定性分析法的形式之一

C. 定量分析法采用有组织的形式来收集信息

D. 定量分析法将观察结果转化为某种形式的数值

【解析】B 项，调查问卷是定量分析法的形式之一。定量分析方法通常采用有组织的形式，如通过设计风险承受能力问卷调查表来收集客户的必要信息，进而将观察结果转化为某种形式的数值，进行分析，来判断客户的风险承受能力。

34. 一般而言，影响客户风险承受能力的因素有很多，下列表述正确的有(　　)。

A. 随着财富的增加，客户绝对风险承受能力也会增加

B. 客户年龄越大，其所能承受的风险越低

C. 客户理财目标的弹性越大，其可承受的风险也越高

D. 客户风险承受能力与其受教育程度无关

【解析】D 项，受教育程度对一个人的消费观念和生活态度影响巨大，进而影响个人对理财服务的需求。一般地，风险承受能力随着受教育程度的增加而增加。

35. 下列关于绝对风险承受能力和相对风险承受能力，说法正确的有(　　)。

A. 相对风险承受能力由一个人投入到风险资产的财富金额来衡量

B. 相对风险承受能力由一个人投入到风险资产的财富比例来衡量

C. 绝对风险承受能力由一个人投入到风险资产的财富比例来衡量

D. 绝对风险承受能力由一个人投入到风险资产的财富金额来衡量

【解析】AB 两项，相对风险承受能力由一个人投入到风险资产的财富比例来衡量，其未必随财富的增加而增加，二者之间没有必然的直接联系；CD 两项，绝对风险承受能力由一个人投入到风险资产的财富金额来衡量，一般随财富的增加而增加。

36. 一般而言，客户的风险特征是进行理财顾问服务要考虑的重要因素之一，主要由(　　)等构成。

A. 风险偏好　　B. 风险认知度　　C. 个人性格　　D. 实际风险承受能力

【解析】客户的风险特征由以下三个方面构成：①风险偏好，反映客户主观上对风险的态度；②风险认知度，反映客户主观上对风险的基本度量；③实际风险承受能力，反映风险客观上对客户的影响程度。

32ABCD　33ACD　34ABC　35BD　36ABD

37. 根据时间长短，可以将客户证券投资目标分为(　　)。

A. 短期目标　B. 中期目标　C. 中长期目标　D. 长期目标

【解析】客户提出的所期望达到的目标按时间长短可以划分为：①短期目标，如休假、购新车、存款等；②中期目标，如子女教育储蓄、按揭购房等；③长期目标，如退休安排、遗产安排。

38. 属于客户的其他理财要求的有(　　)。

A. 收入保护　B. 资产保护

C. 客户死亡情况下的债务减免　D. 投资目标与风险预测之间的矛盾

【解析】客户可能提出的其他理财要求包括：①收入保护，如预防失去工作能力而造成生活困难等；②资产保护，如财产保险等；③客户死亡情况下的债务减免；④投资目标与风险预测之间的矛盾。

39. 以下属于客户证券投资理财要求中的中期目标的是(　　)。

A. 子女教育储蓄　B. 按揭购房　C. 存款　D. 购新车

【解析】根据客户的理财需求所期望达到的目标按时间的长短可以划分为：①短期目标，如休假、购置新车、存款等；②中期目标，如子女的教育储蓄、按揭买房等；③长期目标，如退休安排、遗产安排等。CD 两项，存款和购新车均属于客户证券投资理财要求中的短期目标。

40. 下列选项属于个人理财的目标有(　　)。

A. 购买心仪已久的一部跑车　B. 出国旅游

C. 为孩子准备教育金　D. 防范风险和储备未来的养老所需

【解析】理财的根本目的是实现人生目标中的经济目标，管理人生财务风险，降低对财务状况的焦虑，进而实现财务自由。实践中，个人理财的目标可分为短期目标(休假、购车、存款等)、中期目标(子女的教育储蓄、按揭买房等)和长期目标(退休安排、遗产安排等)。

41. 以下属于财务目标内容的有(　　)。

A. 个人兴趣爱好　B. 保险规划　C. 现金规划　D. 职业生涯发展

【解析】理财规划方案中的理财规划目标是一个复杂的集合体，既包括客户不同方向的财务目标(投资规划、保险规划、现金规划等)，也包括客户的时间目标(短期目标、中期目标和长期目标)。AD 两项属于客户信息中的非财务信息。

42. 客户投资目标的确定可以用(　　)等来作为参考。

A. 产品市场风险　B. 客户理财需求　C. 理财目标　D. 主要财务问题

【解析】证券投资顾问在确定客户证券投资目标时，应结合客户理财需求、理财具体目标及产品市场情况进行分析确定。D 项，主要财务问题与客户的投资目标无关。

43. 普通投资者在(　　)方面享有特别保护。

A. 收益保证　B. 信息告知　C. 风险警示　D. 适当性匹配

37ABD　38ABCD　39AB　40ABCD　41BC　42ABC　43BCD

【解析】《证券期货投资者适当性管理办法》规定，投资者分为普通投资者与专业投资者。普通投资者在信息告知、风险警示、适当性匹配等方面享有特别保护。

44. 证券经营机构销售产品或者提供服务的禁止性行为包括(　　)。

A. 向不符合准入要求的投资者销售产品或者提供服务

B. 向普通投资者主动推介风险等级高于其风险承受能力的产品或者服务

C. 向投资者就不确定事项提供确定性的判断

D. 向风险承受能力最低类别的投资者销售风险等级高于其风险承受能力的产品或者服务

【解析】《证券期货投资者适当性管理办法》第二十二条规定，禁止经营机构进行下列销售产品或者提供服务的活动：①向不符合准入要求的投资者销售产品或者提供服务；②向投资者就不确定事项提供确定性的判断，或者告知投资者有可能使其误认为具有确定性的意见；③向普通投资者主动推介风险等级高于其风险承受能力的产品或者服务；④向普通投资者主动推介不符合其投资目标的产品或者服务；⑤向风险承受能力最低类别的投资者销售或者提供风险等级高于其风险承受能力的产品或者服务；⑥其他违背适当性要求，损害投资者合法权益的行为。

45. 证券经营机构对投资者进行告知、警示的内容应当符合下列(　　)的要求。

A. 真实、准确、完整

B. 不存在虚假记载、误导性陈述或者重大遗漏

C. 语言应当通俗易懂

D. 语言应当简明扼要

【解析】《证券期货投资者适当性管理办法》第二十四条规定，经营机构对投资者进行告知、警示，内容应当真实、准确、完整，不存在虚假记载、误导性陈述或者重大遗漏，语言应当通俗易懂；告知、警示应当采用书面形式送达投资者，并由其确认已充分理解和接受。

46. 同时符合以下(　　)条件的法人为专业投资者。

A. 最近1年末净资产不低于2000万元

B. 最近1年末总资产不低于2000万元

C. 最近1年末金融资产不低于1000万元

D. 具有2年以上证券、基金、期货、黄金、外汇等投资经历

【解析】同时符合下列条件的法人或者其他组织为专业投资者：①最近1年末净资产不低于2000万元；②最近1年末金融资产不低于1000万元；③具有2年以上证券、基金、期货、黄金、外汇等投资经历。符合此项规定的专业投资者，可以书面告知经营机构选择成为普通投资者，经营机构应当对其履行相应的适当性义务。

47. 以下有资格由普通投资者申请转化为专业投资者的有(　　)。

A. 最近一年末净资产800万元，最近1年末金融资产200万元，且具有3年黄金投资经验的王某

44ABCD　45ABCD　46ACD　47CD

B. 最近一年末净资产1000万元，最近1年末金融资产100万元，且具有2年期货投资经验的张某

C. 金融资产500万元，且具有2年外汇投资经历的赵某

D. 最近3年个人年均收入50万元，且具有2年金融产品设计工作经历的李某

【解析】符合下列条件之一的普通投资者可以申请转化成为专业投资者，但经营机构有权自主决定是否同意其转化：①最近1年末净资产不低于1000万元，最近1年末金融资产不低于500万元，且具有1年以上证券、基金、期货、黄金、外汇等投资经历的除专业投资者外的法人或其他组织；②金融资产不低于300万元或者最近3年个人年均收入不低于30万元，且具有1年以上证券、基金、期货、黄金、外汇等投资经历或者1年以上金融产品设计、投资、风险管理及相关工作经历的自然人投资者。

48. 经营机构可以根据专业投资者的(　　)等因素，对其进行进一步细化分类。

A. 业务资格　　B. 投资实力　　C. 投资范围　　D. 投资经历

【解析】《证券期货投资者适当性管理办法》第九条规定，经营机构可以根据专业投资者的业务资格、投资实力、投资经历等因素，对专业投资者进行细化分类和管理。

49. 证券经营机构违反适当性管理规定的，中国证监会及其派出机构可采取的监管措施有(　　)。

A. 监管谈话　　B. 责令改正　　C. 禁止参加培训　　D. 出具警示函

【解析】《证券期货投资者适当性管理办法》规定，经营机构违反本办法规定的，中国证监会及其派出机构可以对经营机构及其直接负责的主管人员和其他直接责任人员，采取责令改正、监管谈话、出具警示函、责令参加培训等监督管理措施。

三、判断题(下列判断正确的请打“√”，错误的打“×”)

1. 初级信息是只能通过和客户沟通获得的关于客户的个人和财务的资料。(　　)

【解析】初级信息是指只能通过和客户沟通获得的关于客户的个人和财务的资料。这是理财规划师进行分析和拟定计划的基础。

2. 根据理财规划的需要，客户信息可以分为财务信息和非财务信息。(　　)

【解析】根据理财规划需要，客户信息可以分为基本信息、财务信息、个人兴趣及人生规划和目标；根据是否属于财务信息，客户信息可以分为财务信息和非财务信息。

3. 从业人员在进行客户财务分析时要对客户未来支出进行预测，必须考虑“基本生活”因素，即保证客户正常生活水平不变。(　　)

【解析】在估计客户的未来支出时，需要了解两种不同状态下的客户支出：①满足客户基本生活的支出；②客户期望实现的支出水平。这里所指的“基本生活”，并非指仅实现基本生存状态的生活水平，而是指在保证客户正常生活水平不变的情况下，考虑了通货膨胀后的支出数额预测。

4. 净资产可用于衡量在某一时点上客户能够真正支配的财富价值。(　　)

【解析】净资产是客户总资产减去总负债的差额，可用于衡量在某一时点上客户能够真正

48ABD　49ABD　▌　1√　2×　3√　4√

支配的财富价值。

5. 现金流量表分为收入、支出和盈余(或赤字)三个部分，一般以1个月为一个时间段，将客户在该时期内的收入、支出情况分别列出。(　　)

【解析】个人现金流量表用于反映个人一定时期的收入与支出情况，主要分为收入、支出和盈余(赤字)三个部分。一般以12个月为一个时间段，将客户在该时期内的收入、支出情况分别在表中列出。

6. 个人理财规划在执行过程中会遇到一些影响，为了保证目标的实现必须坚持原则，不能进行个人理财规划的调整。(　　)

【解析】在生命周期的不同阶段，客户的财务状况、理财需求和理财重点各不相同，因此，客户的理财目标处于一个动态调整的过程中。

7. 理财产品风险评级结果应当以风险等级体现，由低到高至少包括三个等级，并可根据实际情况进一步细分。(　　)

【解析】确定客户风险承受能力评级，由低到高至少包括五级，并可根据实际情况进一步细分。

8. 个人理财人员对客户的评估报告，应报个人理财业务部门负责人或经其授权的业务主管人员审核。(　　)

【解析】商业银行分支机构理财产品销售部门负责人或经授权的业务主管人员应当定期对已完成的客户风险承受能力评估书进行审核。

9. 依照客户风险承受能力由低到高，客户依次被划分为保守型、平衡型、稳健型、成长型和进取型五个类型。(　　)

【解析】在实际理财业务过程中，可以按照人们的主观风险偏好类型和程度将投资者的理财风格分为五种类型：保守型、稳健型、平衡型、成长型和进取型。

10. 商业银行首次完成客户风险承受能力评估后应当将风险承受能力评估结果告知客户，由客户签名确认后银行留存。(　　)

【解析】根据客户风险承受能力评估的相关规定，在客户首次购买理财产品前在银行网点进行风险承受能力评估。商业银行应当建立客户风险承受能力评估信息管理系统，用于测评、记录和留存客户风险承受能力评估内容和结果。

11. 客户风险评估方法只能采用定量的方法，因为定量的分析才是合理、科学的。(　　)

【解析】由于定性分析仅仅是凭金融理财师的直觉，没有严格的量化关系，而且受金融理财师的经验、技巧以及风险偏好的影响，不同的金融理财师可能得出差别较大的结论，因此，我们在采用定性分析的同时还需要采用定量分析，综合运用两种方法以确定投资者的实际风险承受能力。

12. 风险是对收益的不确定性，是不可以被度量的。(　　)

【解析】风险是对预期的不确定性，是可以被度量的，可依据方差(或标准差)评价证券

5× 6× 7× 8√ 9× 10√ 11× 12×

组合的风险水平。同样的风险在不同的主体那里会有不同的感受，因此每个客户对待风险的态度都是不一样的。客户的风险特征是进行理财顾问服务要考虑的重要因素之一。

13. 稳健型投资者既不厌恶风险也不追求风险，对任何投资都比较理性，往往会仔细分析不同的投资市场、工具与产品，从中寻找风险适中、收益适中的产品、获得社会平均的收益，同时承受社会平均风险。（　　）

【解析】平衡型投资者既不厌恶风险也不追求风险，对任何投资都比较理性，往往会仔细分析不同的投资市场、工具与产品，从中寻找风险适中、收益适中的产品、获得社会平均的收益，同时承受社会平均风险。稳健型投资者追求投资安全和适度增值，风险承受能力有限。

14. 个人收入在最近三年内每年超过 30 万元人民币或家庭合计收入在最近三年内每年超过 50 万元人民币，且能提供相关证明的自然人属于高资产净值客户。（　　）

【解析】高资产净值客户是满足下列条件之一的商业银行客户：①单笔认购理财产品不少于 100 万元人民币的自然人；②认购理财产品时，个人或家庭金融净资产总计超过 100 万元人民币，且能提供相关证明的自然人；③个人收入在最近三年内每年超过 20 万元人民币或家庭合计收入在最近三年内每年超过 30 万元人民币，且能提供相关证明的自然人。

15. 风险认知度反映的是客户主观上对风险的基本态度，也是一种不确定性在客户心理上产生的影响。（　　）

【解析】风险偏好反映的是客户主观上对风险的基本态度，也是一种不确定性在客户心理上产生的影响。风险认知度反映的是客户对风险的主观评价。

16. 理财目标的弹性越大，可承受的风险也越高。（　　）

【解析】理财目标的弹性越大，可承受的风险也越高。若理财目标时间短且完全无弹性，则采取存款以保本保息是最佳选择。

17. 相对风险承受能力由一个人投入到风险资产的财富金额来衡量，一般随财富的增加而增加。（　　）

【解析】绝对风险承受能力由一个人投入到风险资产的财富金额来衡量，而相对风险承受能力由一个人投入到风险资产的财富比例来衡量。一般地，绝对风险承受能力随财富的增加而增加，因为投资者将更多的财富用来投资，而相对风险承受能力则与财富多寡没有必然的直接联系。

18. 就客户而言，寻求理财顾问服务的根本目的是实现人生目标中的经济目标，管理人生财务风险，降低对财务状况的焦虑，进而实现财务自由。（　　）

【解析】人生理财目标可分为实现财务安全和财务自由两个层次。财务安全指个人或家庭对自己的财务现状充满信心，认为现有的财富足以应对未来的财务支出和其他生活目标的实现，不会出现大的财务危机；财务自由是指个人和家庭的收入主要来源于主

---

13 ×　14√　15 ×　16√　17 ×　18√

动投资而不是被动工作。就客户而言，寻求理财顾问服务的根本目的是实现人生目标中的经济目标，进而实现财务自由。

19. 在对客户理财目标进行分析的过程中，应与客户充分沟通，增加客户对投资产品和投资风险的认识。(　　)

【解析】在确定客户的目标与需求的过程中，由于客户对于投资产品和投资风险的认识不足，很有可能会提出一些不切实际的要求。针对这个问题，必须加强与客户的沟通，增加客户对于投资产品和投资风险的认识，在确保客户理解的基础上，共同确定一个合理的目标。

20. 在制定个人理财目标时，目标的可行性和清晰性有助于制定出详细的理财规划，因此理财目标应该具有唯一性。(　　)

【解析】个人理财目标具有多重性，对一个个体来说可以同时有好几个理财目标，包括一些短期目标和一些长期目标，一些重点目标和次要目标等。目标的可行性和清晰性有助于制订出详细的理财规划，从而有利于理财目标的实现。

21. 投资者适当性制度核心目的在于“将适当的产品或服务销售或提供给适当的投资者”。(　　)

【解析】投资者适当性制度是证券期货经营机构服务投资者、控制经营风险和保护投资者合法权益的重要操作流程，其核心目的在于“将适当的产品或服务销售或提供给适当的投资者”。

22. 证券经营机构可以将产品或服务风险等级由低至高至少划分为五级。(　　)

【解析】《证券经营机构投资者适当性管理实施指引(试行)》规定，证券经营机构可以将产品或服务风险等级由低至高至少划分为五级，分别为：R1、R2、R3、R4、R5。

23. 证券经营机构确定普通投资者的风险承受能力，无需考虑其诚信状况。(　　)

【解析】《证券期货投资者适当性管理办法》规定，经营机构应当按照有效维护投资者合法权益的要求，综合考虑收入来源、资产状况、债务、投资知识和经验、风险偏好、诚信状况等因素，确定普通投资者的风险承受能力，对其进行细化分类和管理。

24. 经营机构向普通投资者销售产品或者提供服务前不需要告知投资者适当性匹配意见。(　　)

【解析】经营机构向普通投资者销售产品或者提供服务前，应当告知下列信息：①可能直接导致本金亏损的事项；②可能直接导致超过原始本金损失的事项；③因经营机构的业务或者财产状况变化，可能导致本金或者原始本金亏损的事项；④因经营机构的业务或者财产状况变化，影响客户判断的重要事由；⑤限制销售对象权利行使期限或者可解除合同期限等全部限制内容；⑥投资者适当性匹配意见。

25. 经营机构在提供服务的过程中，禁止向投资者就不确定事项提供确定性的判断。(　　)

【解析】经营机构在销售产品或者提供服务的过程中，禁止向投资者就不确定事项提供

19√　20×　21√　22√　23×　24×　25√

确定性的判断，或者告知投资者有可能使其误认为具有确定性的意见。

26. 证券公司的适当性匹配意见是对其产品或者服务的风险做出实质性判断。(　　)

【解析】《证券期货投资者适当性管理办法》第四条规定，经营机构的适当性匹配意见不表明其对产品或者服务的风险和收益作出实质性判断或者保证。

27. 经营机构与普通投资者发生纠纷的，一般投资者应当提供相关资料，证明证券公司未向投资者履行相应义务。(　　)

【解析】《证券期货投资者适当性管理办法》第三十四条规定，经营机构与普通投资者发生纠纷的，经营机构应当提供相关资料，证明其已向投资者履行相应义务。

四、综合题(以下备选项中有一项或多项符合题目要求，多选、少选、错选均不得分)

(一)在很多年前，陈先生因为投资股票遭受损失，再也不愿意投资股票，担心会再次遭受损失，对于理财师小王推荐的一些非保本收益理财产品也不大感兴趣。

根据上述材料，回答下列各小题。

1. 陈先生对待风险的态度为(　　)。

A. 无法判断　B. 风险中立型　C. 风险厌恶型　D. 风险偏好型

【解析】按照客户对风险的态度把客户划分为风险厌恶型、风险偏好型及风险中立型三类。其中，风险厌恶型投资者对待风险态度消极，不愿为增加收益而承担风险，非常注重资金安全，极力回避风险；投资工具以安全性高的储蓄、国债、保险等为主。

2. 陈先生的风险偏好类型符合下列(　　)特征。

A. 以储蓄、理财及债券为主

B. 设置风险止损点

C. 以安全性高的储蓄、国债、保险等为主

D. 财富效用函数为下凸函数

【解析】风险厌恶型投资者以安全性高的储蓄、国债、保险等为主；风险偏好型投资者遵循组合设计、设置风险止损点，防止投资失败影响家庭整体财务状况；风险中立型投资者以储蓄、理财及债券为主，结合高收益的股票、基金和信托投资，优化组合模型，均衡收益与风险。风险厌恶型客户的效用函数一般被假设为凹性，效用随货币收益增加，但增加率递减；风险中立型客户的财富效用函数是一条直线；风险偏好型客户的财富效用函数为下凸函数。

3. 下列各项中，会对客户风险承受能力产生影响的因素有(　　)。

A. 年龄　B. 资金的投资期限

C. 家庭情况　D. 受教育情况

【解析】客户风险承受能力的影响因素包括年龄，受教育情况，收入、职业和财富规模，资金的投资期限，理财目标的弹性，主观风险偏好及其他影响因素。其他影响因素是指，客户的性别、家庭情况和就业状况等都会影响到其风险承受能力。

4. 下列对于评估客户投资风险承受能力的表述不正确的是(　　)。

---

26 ×　27 ×　▎　(一)1C　2C　3ABCD　4AC

A. 客户年龄越大，个人财力越雄厚，所能承受的风险越高

B. 理财目标的弹性越大，可承受的风险也越高

C. 绝对风险承受能力与财富多寡没有必然的直接联系

D. 个人态度直接决定客户对不同风险程度的产品的选择与决策

【解析】A 项，一般而言，客户年龄越大，所能承受的风险越低；C 项，一般地，绝对风险承受能力随财富的增加而增加，因为投资者将更多的财富用来投资，而相对风险承受能力则与财富多寡没有必然的直接联系。

5. 按照人们的主观风险偏好类型和程度对投资者的理财风格进行分类，临近退休的中老年人士应属于(　　)。

A. 平衡型　　B. 保守型　　C. 稳健型　　D. 成长型

【解析】稳健型投资者总体来说已经偏向保守，对风险的关注更甚于对收益的关心，往往以临近退休的中老年人士为主。这类投资者更愿意选择风险较低而不是收益较高的产品，喜欢选择既保本又有较高收益机会的结构性理财产品。

(二)《证券期货投资者适当性管理办法》规定，向投资者销售证券期货产品或者提供证券期货服务的机构应当遵守法律、行政法规、本办法及其他有关规定，在销售产品或者提供服务的过程中，勤勉尽责，审慎履职，全面了解投资者情况，深入调查分析产品或者服务信息，科学有效评估，充分揭示风险，基于投资者的不同风险承受能力以及产品或者服务的不同风险等级等因素，提出明确的适当性匹配意见，将适当的产品或者服务销售或者提供给适合的投资者，并对违法违规行为承担法律责任。

根据上述材料，回答下列各小题。

1. 证券经营机构应当(　　)开展一次适当性自查，并形成自查报告。

A. 每月　　B. 每季度　　C. 每半年　　D. 每年

【解析】《证券期货投资者适当性管理办法》第三十条规定，经营机构应当每半年开展一次适当性自查，形成自查报告。发现违反本办法规定的问题，应当及时处理并主动报告住所地中国证监会派出机构。

2. 投资者分为普通投资者与专业投资者，以下(　　)不属于专业投资者。

A. 金融资产不低于 500 万元且具有 2 年以上证券投资经历的自然人

B. 最近 1 年末净资产不低于 2000 万元的法人

C. 最近 1 年末金融资产不低于 1000 万元的法人

D. 最近 3 年个人年均收入 60 万元的某期货公司副总经理

【解析】BC 两项，同时符合下列条件的法人或者其他组织是专业投资者：①最近 1 年末净资产不低于 2000 万元；②最近 1 年末金融资产不低于 1000 万元；③具有 2 年以上证券、基金、期货、黄金、外汇等投资经历。

3. 经营机构确定普通投资者的风险承受能力，需综合考虑(　　)因素。

A. 收入来源　　B. 诚信状况　　C. 风险偏好　　D. 资产状况

【解析】经营机构应当按照有效维护投资者合法权益的要求，综合考虑收入来源、资产状

5C　(二)1C　2BC　3ABCD

况、债务、投资知识和经验、风险偏好、诚信状况等因素，确定普通投资者的风险承受能力，对其进行细化分类和管理。

4. 经营机构应当根据风险特征和程度，综合考虑以下(　　)因素后对销售的产品或者提供的服务划分风险等级。

A. 杠杆情况　　B. 投资方向

C. 投资单位相关服务的最高金额　　D. 同类产品过往业绩

【解析】《证券期货投资者适当性管理办法》规定，经营机构应当了解所销售产品或者所提供服务的信息，根据风险特征和程度，对销售的产品或者提供的服务划分风险等级。划分产品风险等级时应当综合考虑以下因素：①流动性；②到期时限；③杠杆情况；④结构复杂性；⑤投资单位产品或者相关服务的最低金额；⑥投资方向和投资范围；⑦募集方式；⑧发行人等相关主体的信用状况；⑨同类产品或者服务过往业绩；⑩其他因素。

5. 以下对适当性匹配方法描述不正确的是(　　)。

A. 证券经营机构应当与普通投资者确认其风险承受能力等级结果，并以书面或电子方式记载留存

B. C2 级投资者仅匹配 R2 级的产品

C. 专业投资者可以购买 R5、R4、R3、R2、R1 级的产品或服务

D. 具体分类标准、方法及其变更应当告知投资者

【解析】A 项，证券经营机构应当与普通投资者确认其风险承受能力等级结果，并以书面方式记载留存；B 项，C2 级投资者匹配 R2、R1 级的产品或服务。

4ABD　5AB

第四章　证券分析

一、单项选择题（以下备选项中只有一项最符合题目要求，不选、错选均不得分）

1．通常基本分析法中自上而下流程的最后一步内容是（　　）。［2023 年 3 月真题］

A．地域经济　　B．股份分析　　C．公司分析　　D．产业分析

【解析】自上而下分析法是指先从经济面和资本市场的分析出发，重视对大环境变量的考虑，挑选未来前景较好的产业，之后再从所选产业中挑出具有竞争力和绩效良好的公司的一种分析方法。自上而下分析法的主要步骤依次为：①宏观经济分析；②证券市场分析；③行业和区域分析；④公司分析。

2．宏观分析中的经济先行指标是指（　　）。［2022 年 11 月真题］

A．库存量　　B．利率　　C．失业率　　D．GDP

【解析】宏观分析中的经济指标主要包括先行性指标、同步性指标、滞后性指标。其中，先行性指标可以对将来的经济状况提供预示性的信息，如利率水平、货币供给、消费者预期、主要生产资料价格、企业投资规模等。

3．就单根 K 线而言，反映多方占据绝对优势的 K 线形状是（　　）。［2022 年 11 月真题］

A．光头光脚大阴线　　B．带有较长上影线的阳线

C．大十字星　　D．光头光脚大阳线

【解析】D 项，光头光脚大阳线这种 K 线表示最高价与收盘价相同，最低价与开盘价一样，是大幅低开高收的阳线，实体很长以至于可以忽略上下影线的存在。表明从一开盘买方就积极进攻，中间也可能出现买方与卖方的斗争，但买方发挥最大力量，一直到收盘，买方始终占优势，使价格一路上扬，直至收盘。这种 K 线说明多方已经取得了决定性胜利，这是一种涨势的信号。

4．关于波浪理论，下列说法错误的是（　　）。［2022 年 11 月真题］

A．波浪理论起源于美国

B．波浪理论中隐含有道氏理论的思想

C．不同的人可能有不同的数浪方法

D．波浪理论认为，成交量与波浪的形成有密切关系

【解析】波浪理论是以美国人艾略特的名字命名的一种技术分析理论。艾氏波浪理论中的大部分理论是与道氏理论相吻合的。不过艾略特不仅找到了股价移动的规律，而且还找到了股价移动发生的时间和位置，这是波浪理论较之于道氏理论更为优越的地方。波浪理论的第二个不足是面对同一个形态，不同的人会产生不同的数法，而且都有道理，谁也说服不了谁。D 项，波浪理论考虑了价格形态上的因素，而忽视了成交量方面的影响。

5．某公司 2017 年一季度产品生产量预算为 1200 件，单位产品材料用量为 3 千克/件，期初材料库存量 800 千克，一季度还要根据二季度生产耗用材料的 10% 安排季末存量，预计

1C　2B　3D　4D　5D

二季度生产耗用6000千克材料，材料采购价格预计为12元/千克，则该企业一季度材料采购的金额为(　　)元。[2022年8月真题]

A. 26400　　B. 60000　　C. 45600　　D. 40800

【解析】根据计算公式可得，该企业第一季度材料采购的金额为(1200×3+6000×10%-800)×12=40800(元)。

6. 下列关于产业结构政策的定义，正确的是(　　)。[2022年8月真题]

A. 产业结构政策是选择行业发展重点的优先顺序的政策措施

B. 产业结构政策是促进产业技术进步的政策

C. 产业结构政策是调整产业存在和发展的空间形式的政策

D. 产业结构政策是调整市场结构和规范市场行为的政策

【解析】B项，产业技术政策是促进产业技术进步的政策；C项，产业布局是调整产业存在和发展空间形式的政策；D项，产业组织政策是调整市场结构和规范市场行为的政策。

7. 某公司某年末利润总额15000万元，利息费用为5000万元，则该公司已获利息倍数为(　　)。[2022年2月真题]

A. 4　　B. 5　　C. 2　　D. 3

【解析】已获利息倍数是指公司经营业务收益与利息费用的比率，根据计算公式可得：公司已获利息倍数=息税前利润/利息费用=(15000+5000)/5000=4。

8. 下列关于切线理论趋势分析的说法，正确的是(　　)。[2020年11月真题]

A. 图形中每个后面的峰和谷都高于前面的峰和谷，则趋势就是下降方向

B. 图形中每个后面的谷都低于前面的谷，则趋势就是下降方向

C. 图形中每个后面的峰和谷都低于前面的峰和谷，则趋势就是下降方向

D. 图形中每个后面的谷都低于前面的峰，则趋势就是下降方向

【解析】趋势的方向有三类：①上升方向。如果图形中每个后面的峰和谷都高于前面的峰和谷，则趋势就是上升方向。②下降方向。如果图形中每个后面的峰和谷都低于前面的峰和谷，则趋势就是下降方向。③水平方向(无趋势方向)。如果图形中后面的峰和谷与前面的峰和谷相比，没有明显的高低之分，几乎呈水平延伸，这时的趋势就是水平方向。

9. 某公司年末总资产为180000万元，流动负债为40000万元，长期负债为60000万元。该公司发行在外的股份有20000万股，每股股价为24元，则该公司每股净资产为(　　)元/股。[2020年8月真题]

A. 9　　B. 6　　C. 4　　D. 7

【解析】年末净资产=年末总资产-流动负债-长期负债=180000-40000-60000=80000(万元)，根据每股净资产的计算公式可得：每股净资产=年末净资产/年末普通股股数=80000/20000=4(元/股)。

10. 关于周期型行业的特征的说法，正确的是(　　)。[2019年12月真题]

6A　7A　8C　9C　10B

A. 在大多数年份中该行业的年增长率都低于国民经济综合指标的年增长率
B. 如果在国民经济繁荣阶段，行业的销售额也逐年同步增长；或是在国民经济处于衰退阶段时，行业的销售额也下降
C. 如果在国民经济繁荣阶段，行业的销售额逐年下降；或是在国民经济处于衰退阶段时，行业的销售额逐年上升
D. 在大多数年份中该行业的年增长率都高于国民经济综合指标的年增长率

【解析】周期型行业的运行状态与经济周期紧密相关。当经济处于上升时期，这些行业会紧随其扩张；当经济衰退时，这些行业也相应衰落，且该类型行业收益的变化幅度往往会在一定程度上夸大经济的周期性。

11. 我国早期的邮电行业属于(　　)。[2019 年 6 月真题]
A. 私人完全垄断　B. 寡头竞争　C. 政府完全垄断　D. 垄断竞争

【解析】完全垄断可分为两种类型：①政府完全垄断。通常在公用事业中居多，如国有铁路、邮电等部门。②私人完全垄断。如根据政府授予的特许专营，或根据专利生产的独家经营以及由于资本雄厚、技术先进而建立的排他性的私人垄断经营。

12. 下列说法中错误的是(　　)。[2019 年 3 月真题]
A. 行业分析是连接宏观经济分析和上市公司分析的桥梁
B. 宏观经济活动是行业经济活动的总和
C. 公司的投资价值并不因所处的行业不同而有明显差异
D. 行业分析和公司分析是相辅相成的

【解析】C 项，公司的投资价值可能会由于所处行业不同而有明显差异。因此，行业是决定公司投资价值的重要因素之一。

13. 行业的成长实际上是指(　　)。[2018 年 12 月真题]
A. 行业的扩大再生产　B. 行业中的企业越来越多
C. 行业的风险越来越小　D. 行业的竞争力很强

【解析】根据行业成长的定义，行业的成长实际上是指行业的扩大再生产。成长能力主要体现在生产能力和规模的扩张、区域的横向渗透能力以及自身组织结构的变革能力。

14. 下列关于行业集中度的说法，错误的是(　　)。[2018 年 10 月真题]
A. 行业集中度越低，市场越趋向于竞争
B. 行业集中度越高，市场越趋向于垄断
C. 行业集中度是指某行业相关市场内前 N 家最大的企业所占市场份额
D. 行业集中度一般以某一行业排名前 10 位的企业的销售额占行业总的销售额的比例来度量

【解析】行业集中度是指某行业相关市场内前 N 家最大的企业所占市场份额(产值、产量、销售额、销售量、职工人数、资产总额等)的总和，一般以某一行业排名前 4 位的企业的销售额(或生产量等数值)占行业总的销售额的比例来度量。行业集中度值越大，说明这一行业的集中度越高，市场越趋向于垄断；反之，集中度越低，市场越趋向于

11C　12C　13A　14D

竞争。

15. 相比之下，下列信息中能够更为真实地反映公司规模变动特征的是(　　)。[2018 年 9 月真题]

A. 历年市场利率水平　　B. 历年公司销售收入

C. 公司债券发行量　　D. 公司股价变动

【解析】历年公司销售收入是分析公司规模变动的内容。ACD 三项主要与宏观经济有关，不属于公司微观层面分析的内容。

16. 通过对上市公司的资产负债表、利润表和现金流量表的分析，可以发现(　　)。[2018 年 9 月真题]

A. 公司各少数股东的权益构成　　B. 公司各股东的权益构成

C. 公司的少数股东权益　　D. 公司的主营业务收入构成

【解析】通过对上市公司的资产负债表、利润表和现金流量表的分析，可以了解公司的股东权益、少数股东权益以及主营业务收入，但是不能得到其构成。

17. 移动平均线不具有(　　)特点。[2017 年 5 月真题]

A. 助涨助跌性　　B. 支撑线和压力线特性

C. 超前性　　D. 稳定性

【解析】移动平均线的特点包括：①追踪趋势；②滞后性；③稳定性；④助涨助跌性；⑤支撑线和压力线的特性。

18. 对上市公司进行流动性分析，有利于发现(　　)。[2017 年 4 月真题]

A. 盈利能力是否处于较高水平　　B. 存货周转率是否理想

C. 其资产使用效率是否合理　　D. 其是否存在偿债风险

【解析】流动性是指将资产迅速转变为现金的能力。对上市公司进行流动性分析，有利于发现其是否存在偿债风险。

19. 某公司某年度末总资产为 30000 万元，流动负债为 4000 万元，长期负债为 8000 万元，该公司发行在外的股份有 3000 万股，每股股价为 18 元，则该公司的市净率为(　　)倍。[2017 年 2 月真题]

A. 2　　B. 3　　C. 4　　D. 18

【解析】市净率(P/B)又称净资产倍率，是每股市场价格与每股净资产之间的比率，其计算公式为：市净率 = 每股市价/每股净资产。其中，每股净资产是年末净资产(即年末股东权益)与发行在外的年末普通股总数的比值，也称为每股账面价值或每股权益，用公式表示为：每股净资产 = 年末净资产/发行在外的年末普通股总数 = (30000 − 4000 − 8000)/3000 = 6(元/股)。故该公司的市净率 = 18/6 = 3 倍。

20. 下列关于 GDP 与证券市场波动关系表述错误的是(　　)。[2016 年 11 月真题]

A. GDP 负增长速度逐渐减缓并呈现正增长转变的趋势时，证券市场走势将由下跌转为上升

15B　16C　17C　18D　19B　20B

B. GDP 增长证券市场必将同步上升

C. 持续、稳定、高速的 GDP 增长，证券市场将呈现上升走势

D. 高通货膨胀下的 GDP 增长，失衡的经济增长将导致证券市场行情下跌

【解析】B 项，从长期看，在上市公司的行业结构与该国产业结构基本一致的情况下，股票平均价格的变动与 GDP 的变化趋势是相吻合的。但不能简单地认为 GDP 增长，证券市场就必将伴之以上升的走势，实际走势有时恰恰相反。

21. 关于基本分析法，下列说法正确的是(　　)。[2016 年 10 月真题]

A. 对决定证券价值及价格的基本要素进行分析，评估证券的投资价值，判断证券的合理价位，并提出相应投资建议的一种分析方法

B. 利用统计模型来解决证券估值、证券投资组合的构造与优化等

C. 根据股票的供求关系变化来预测市场运行趋势

D. 利用证券市场的价、量指标等分析判断市场的运行趋势

【解析】基本分析法是指证券分析师根据经济学、金融学、财务管理学及投资学等基本原理，对决定证券价值及价格的基本要素进行分析，评估证券的投资价值，判断证券的合理价位，并提出相应投资建议的一种分析方法。

22. 投资于(　　)阶段的行业往往获得较高的投资回报，该阶段也被称为投资机会时期。[2016 年 10 月真题]

A. 幼稚期　　B. 成熟期　　C. 成长期　　D. 衰退期

【解析】行业处于成长期，拥有较强研究开发实力、市场营销能力、雄厚资本实力和畅通融资渠道的企业逐渐占领市场。这个时期的行业增长非常迅猛，部分优势企业脱颖而出，投资于这些企业的投资者往往获得极高的投资回报，所以成长期阶段有时被称为投资机会时期。

23. 某公司某年末的资产总额 5000 万元，负债总额 2000 万元，则其产权比率为(　　)。[2016 年 9 月真题]

A. 66.67%　　B. 60%　　C. 40%　　D. 71.43%

【解析】根据计算公式，可知该公司的产权比率 = 负债总额/股东权益 × 100% = 2000/(5000 − 2000) × 100% = 66.67%。

24. 通过对证券基本财务要素的计算和处理得出该证券的绝对金额，该估值方法是(　　)。[2016 年 6 月真题]

A. 绝对估值　　B. 相对估值　　C. 风险中性定价　　D. 无套利定价

【解析】绝对估值法是指通过对证券的基本财务要素的计算和处理得出该证券的绝对金额，各种基于现金流贴现的方法均属此类。

25. 下列关于道氏理论说法，正确的是(　　)。[2016 年 6 月真题]

A. 道氏理论对大形势的判断有较大的作用，但对小波动则显得无能为力

B. 道氏理论是用来指出应该买卖哪只股票

C. 道氏理论的信号领先于价格变化，信号较早

21A　22C　23A　24A　25A

D. 道氏理论对单只股票的实际操作具有重要意义

【解析】道氏理论应注意的问题有：①道氏理论不是用来指出应该买卖哪只股票，对大形势的判断有较大的作用，无法判断小波动、次要趋势。②可操作性较差，首先，道氏理论的信号太迟，结论落后于价格变化；其次，理论本身有缺陷。

26. 关于证券投资的基本分析法，下列说法错误的是(　　)。[2016年4月真题]

A. 以经济学、金融学、财务管理学及投资学等基本原理为依据

B. 对决定证券价值及价格的基本要素进行分析

C. 是根据证券市场自身变化规律得出结果的分析方法

D. 评估证券的投资价值，判断证券的合理价位，提出相应的投资建议

【解析】证券投资的分析方法有基本分析法和技术分析法，技术分析法是主要根据证券市场自身变化规律得出结果的分析方法。

27. 假设一个公司今年的EBIT(息税前利润)是100万元，折旧是20万元，营运资本增加了10万元，适用税率是40%，那么该公司今年的自由现金流量是(　　)。[2016年4月真题]

A. 40万元　　B. 50万元　　C. 60万元　　D. 70万元

【解析】依题意，该公司今年的自由现金流量＝息税前利润×(1－税率)＋折旧和摊销－营运资本增加－资本支出＝100×(1－40%)＋20－10＝70(万元)。

28. 某公司年末会计报表上部分数据为：流动负债80万元，流动比率为3，速动比率为1.6，营业成本150万元，年初存货为60万元，则本年度存货周转率为(　　)次。[2016年4月真题]

A. 1.60　　B. 2.50　　C. 3.03　　D. 1.74

【解析】流动资产＝流动负债×流动比率＝80×3＝240(万元)，速动资产＝流动负债×速动比率＝80×1.6＝128(万元)，年末存货＝流动资产－速动资产＝240－128＝112(万元)，则存货周转率$=\frac{\text{营业成本}}{\text{平均存货}}=\frac{150}{(112+60)\div 2}\approx 1.74$(次)。

29. 基本分析的重点是(　　)。

A. 宏观经济分析　　B. 公司分析　　C. 区域分析　　D. 行业分析

【解析】公司分析是基本分析的重点，如果没有对发行证券的公司状况进行全面的分析，就不可能准确地预测其证券的价格走势。

30. 公司分析中最重要的是(　　)。

A. 公司经营能力分析　　B. 公司行业地位分析

C. 公司产品分析　　D. 公司财务分析

【解析】公司分析中最重要的是财务状况分析。其中，财务报表通常被认为是最能够获取有关公司信息的工具。在信息披露规范的前提下，已公布的财务报表是上市公司投资价值预测与证券定价的重要信息来源。

26C　27D　28D　29B　30D

31. (　　)财政政策将使过热的经济受到控制，证券市场将走弱。

A. 紧的　　B. 松的　　C. 中性　　D. 弹性

【解析】实施紧缩财政政策，会引起证券市场价格走弱。如减少财政支出，财政赤字减少，从而抑制投资，就业水平降低，居民收入减少，持有货币减少。不景气的趋势降低投资者的信心，买气降低，证券市场和债券市场趋于不活跃，导致价格走弱。

32. 影响证券市场需求的政策因素不包括(　　)。

A. 市场准入政策　　B. 融资融券政策

C. 产业调整政策　　D. 金融监管政策

【解析】证券市场需求的决定因素主要包括：①宏观经济环境；②政策因素，具体政策包括融资融券政策、市场准入政策、金融监管政策、货币与财政政策等；③居民金融资产结构的调整；④机构投资者的培育和壮大；⑤资本市场的逐步对外开放。

33. 中央银行参与证券投资的目的主要是为了(　　)。

A. 套期保值　　B. 实现盈利　　C. 影响汇率　　D. 宏观调控

【解析】中央银行以公开市场操作为政策手段，通过买卖政府债券或金融债券，影响货币供应量或利率水平，从而进行宏观调控。

34. 在货币政策传导中，货币政策的操作目标(　　)。

A. 介于货币政策中介目标与最终目标之间

B. 是货币政策实施的远期操作目标

C. 是货币政策工具操作的远期目标

D. 介于货币政策工具与中介目标之间

【解析】货币政策的操作目标又称近期目标，介于货币政策工具和中介目标之间。

35. 在凯恩斯学派的货币政策传导理论中，其传导机制的核心是(　　)。

A. 基础货币　　B. 货币乘数　　C. 利率　　D. 货币供应量

【解析】凯恩斯学派的货币政策传导机制是：通过货币供给的增减影响利率，利率的变化则通过资本边际效益影响投资，而投资的增减进而影响总支出和总收入。这一传导机制的主要环节是利率。

36. 行业的发展与国民经济总体的周期变动之间有一定的联系，按照两者联系的密切程度划分，可以将行业分为(　　)。

A. 增长型行业、周期型行业、衰退型行业

B. 初创型行业、成长型行业、衰退型行业

C. 增长型行业、周期型行业、防守型行业

D. 幼稚型行业、周期型行业、衰退型行业

【解析】各行业变动时，往往呈现出明显的、可测的增长或衰退的格局。这些变动与国民经济总体的周期变动是有关系的，但关系密切的程度又不一样。据此，可以将行业分为三类：①增长型行业，其运行状态与经济活动总水平的周期及其振幅并不紧密相关；②周期型行业，其运行状态与经济周期紧密相关；③防守型行业，其经营状况在

31A　32C　33D　34D　35C　36C

经济周期的上升和下降阶段都很稳定。

37. 从竞争结构角度分析，煤炭企业对火力发电公司来说属于(　　)竞争力量。

A. 替代产品　　B. 供给方　　C. 需求方　　D. 潜在入侵者

【解析】迈克尔·波特认为，一个行业激烈竞争的局面源于其内在的竞争结构。一个行业内存在着五种基本竞争力量，即潜在入侵者、替代产品、供给方、需求方以及行业内现有竞争者。煤炭是火力发电的原料，因此煤炭企业对火力发电公司来说属于供给方竞争力量。

38. 考察行业所处生命周期阶段的一个标志是产出增长率，当增长率低于(　　)时，表明行业由成熟期进入衰退期。

A. 10%　　B. 15%　　C. 20%　　D. 30%

【解析】产出增长率在成长期较高，在成熟期以后降低，经验数据一般以15%为界。到了衰退阶段，行业处于低速运行状态，有时甚至处于负增长状态。

39. 电视业的崛起，导致了电影业的衰退，这种衰退属于(　　)。

A. 绝对衰退　　B. 相对衰退　　C. 偶然衰退　　D. 自然衰退

【解析】行业衰退可分为绝对衰退和相对衰退。其中，相对衰退是指行业因结构性原因或者无形原因引起行业地位和功能发生衰减的状况，而并不一定是行业实体发生了绝对的萎缩。电影业的衰退并不是因为其自身的绝对萎缩，而是相对于电视业而言发生了衰减，因而属于相对衰退。

40. 某一行业有如下特征：企业的利润增长很快，但竞争风险较大，破产率与被兼并率相当高，那么这一行业最有可能处于生命周期的(　　)。

A. 成长期　　B. 成熟期　　C. 幼稚期　　D. 衰退期

【解析】处于成长期的企业虽然其利润增长很快，但所面临的竞争风险也非常大，破产率与被兼并率相当高。由于市场竞争优胜劣汰规律的作用，市场上生产厂商的数量会在一个阶段后出现大幅度减少，之后开始逐渐稳定下来。

41. 美国哈佛商学院教授迈克尔·波特认为，一个行业内存在着(　　)种基本竞争力量。

A. 3　　B. 4　　C. 5　　D. 6

【解析】美国哈佛商学院教授迈克尔·波特认为，一个行业激烈竞争的局面源于其内在的竞争结构。一个行业内存在着五种基本竞争力量，即潜在进入者、替代品、供给方、需求方以及行业内现有竞争者。

42. 比较而言，下列行业创新不够活跃的是(　　)。

A. 通讯　　B. 生物　　C. 计算机　　D. 自行车

【解析】D项，自行车行业处于衰退期，相比较其他三项处于成长期的新兴行业来说，创新不够活跃。

43. 在现实经济中，最为少见的市场类型是(　　)。

A. 完全竞争　　B. 不完全竞争　　C. 寡头垄断　　D. 完全垄断

37B　38B　39B　40A　41C　42D　43A

【解析】行业的市场结构分为四种：完全竞争、垄断竞争、寡头垄断、完全垄断。其中完全竞争市场最为少见，因为其条件特征在现实生活中很难满足。

44. 在垄断竞争市场上，造成竞争现象的是(　　)。

A. 生产者多　　B. 一个企业能有效影响其他企业的行为

C. 产品差别　　D. 产品同种

【解析】垄断竞争型市场中有大量企业，但没有一个企业能有效影响其他企业的行为。该市场结构中，造成垄断现象的原因是产品差别，造成竞争现象的是产品同种，即产品的可替代性。

45. 关于行业集中度，下列说法错误的是(　　)。

A. 在分析行业的市场结构时，通常会使用到这个指标

B. 行业集中度(CR)一般以某一行业排名前4位的企业的销售额(或生产量等数值)占行业总的销售额的比例来度量

C. CR4越大，说明这一行业的集中度越低

D. 行业集中度的缺点是没有指出这个行业相关市场中正在运营和竞争的企业的总数

【解析】C项，CR4越大，说明这一行业的集中度越高，市场越趋向于垄断；反之，集中度越低，市场越趋向于竞争。

46. 高增长行业的股票价格与经济周期的关系是(　　)。

A. 同经济周期及其振幅密切相关　　B. 同经济周期及其振幅并不紧密相关

C. 大致上与经济周期的波动同步　　D. 有时候相关，有时候不相关

【解析】增长型行业的运动状态与经济活动总水平的周期及其振幅并不紧密相关，因为它们主要依靠技术的进步、新产品推出及更优质的服务，从而使其经常呈现出增长形态，因此这类行业的股票价格也不会随着经济周期的变化而变化。

47. 对经济周期性波动来说，提供了一种财富套期保值手段的行业属于(　　)。

A. 增长型　　B. 周期型　　C. 防守型　　D. 幼稚型

【解析】增长型行业提供了一种财富套期保值的手段。在经济高涨时，高增长行业的发展速度通常高于平均水平；在经济衰退时期，其所受影响较小甚至仍能保持一定的增长。

48. 有关周期型行业说法不正确的是(　　)。

A. 周期型行业的运动状态直接与经济周期相关

B. 当经济处于上升时期，周期型行业会紧随其下降；当经济衰退时，周期型行业也相应衰落，且该类型行业收益的变化幅度往往会在一程度上夸大经济的周期性

C. 消费品业、耐用品制造业及其他需求的收入弹性较高的行业，属于典型的周期性行业

D. 产生周期型行业现象的原因是：当经济上升时，对周期型行业相关产品的购买相应增加；当经济衰退时，周期型行业相关产品的购买被延迟到经济回升之后

【解析】B项，当经济处于上升时期，周期型行业会紧随其扩张；当经济衰退时，周期

44D　45C　46B　47A　48B

型行业也相应衰落，且该类型行业收益的变化幅度往往会在一定程度上夸大经济的周期性。

49. 行业的生命周期可分为(　　)四个阶段。

A. 上升阶段、下跌阶段、盘整阶段、跳动阶段

B. 幼稚阶段、成长阶段、成熟阶段、衰退阶段

C. 主要趋势阶段、次要趋势阶段、短暂趋势阶段、微小趋势阶段

D. 盘整阶段、活跃阶段、拉升阶段、出货阶段

【解析】通常，每个行业都要经历一个由成长到衰退的发展演变过程，这个过程便称为行业的生命周期，一般地可分为幼稚阶段、成长阶段、成熟阶段和衰退阶段四个阶段。

50. 随着行业生产技术的成熟、生产成本的降低和市场需求的扩大，新行业从幼稚期迈入成长期，其变化是(　　)。

A. 由低风险、低收益变为高风险、高收益

B. 由高风险、低收益变为高风险、高收益

C. 由低风险、高收益变为高风险、高收益

D. 由高风险、低收益变为低风险、高收益

【解析】在幼稚期后期，随着行业生产技术的成熟、生产成本的降低和市场需求的扩大，新行业便逐步由高风险、低收益的幼稚期迈入高风险、高收益的成长期。

51. 某一行业有如下特征：企业的利润由于一定程度的垄断达到了很高的水平，竞争风险比较稳定，新企业难以进入。那么，这一行业最有可能处于生命周期的(　　)阶段。

A. 幼稚期　　B. 成长期　　C. 成熟期　　D. 衰退期

【解析】在行业生命周期的成熟期，行业市场需求接近饱和，生产能力也趋于饱和，出现买方市场。行业成熟期，行业增长速度下降到适度的水平，甚至增长可能会完全停止，产出下降。行业利润处于较高的水平，但由于较稳定的市场结构、新企业不易进入，风险较低。

52. (　　)是行业成熟的标志。

A. 技术上的成熟　　B. 产品的成熟

C. 生产工艺的成熟　　D. 产业组织上的成熟

【解析】产品的成熟是行业成熟的标志。产品的成熟是指产品的基本性能、式样、功能、规格、结构都将趋向成熟，且已经被消费者习惯使用。

53. 如果一个行业产出增长率处于负增速状态，可以初步判断该行业进入(　　)阶段。

A. 幼稚期　　B. 成长期　　C. 成熟期　　D. 衰退期

【解析】衰退期出现在较长的稳定期之后。由于大量替代品的出现，原行业产品的市场需求开始不断减少，销售量不断下降，并且一些厂商开始向其他更盈利的行业转移资金，厂商数量减少、利润水平停滞不前甚至逐渐下降，行业产业增长率转向负增速状态，萧条景象出现。整个行业进入衰退期。

49B　50B　51C　52B　53D

54. 下列说法中错误的是(　　)。

A. 分析师通过自身分析研究得出的有关上市公司经营状况的判断属于内幕信息

B. 公司调研是基本分析的重要环节

C. 公司调研的对象并不限于上市公司本身

D. 上市公司在接受调研的过程中不得披露任何未公开披露的信息

【解析】A 项，分析师通过自身分析研究而得出的有关上市公司经营状况的判断不属内幕信息，可以向客户披露。内幕消息是指所有非公开的公司消息，如未来的投资项目、公司政策等，一般只有公司内部高层人员能获得。

55. 下列各项中，对提高公司的长期盈利能力有帮助的是(　　)。

A. 公司所处的市场有新的进入者

B. 转让某子公司的股权，获得投资收益

C. 被认定为高新技术企业，享有税收优惠

D. 从财政部一次性获得补贴

【解析】A 项，公司所处的市场有新的进入者会造成竞争，不利于公司盈利；B 项，转让某子公司的股权，获得投资收益只是使短期的盈利增加，并不能提高长期盈利能力；D 项，一次性的补贴是政府支持企业发展采取的措施，对提高公司自身盈利能力没有帮助。

56. 下列各项中，(　　)是对公司当前经营能力的较精确估计。

A. 产品市场占有率　　B. 企业文化特征

C. 质量水平　　D. 技术水平

【解析】市场占有率是指公司某产品销售量占该类产品整个市场销售总量的比例，是对公司实力和经营能力较精确的估计。

57. 公司行业地位分析的侧重点是(　　)。

A. 对公司所在行业的成长性分析　　B. 对公司在行业中的竞争地位分析

C. 对公司所在行业的生命周期分析　　D. 对公司所在行业的市场结构分析

【解析】行业地位分析的目的是判断公司在所处行业中的竞争地位。公司的行业地位决定了其盈利能力是高于还是低于行业平均水平，决定了其在行业内的竞争地位。所以，公司行业地位分析的侧重点是公司在行业中所处的竞争地位。

58. 下列关于市场占有率的说法中，错误的是(　　)。

A. 市场占有率反映了公司产品的技术含量

B. 市场占有率是指一个公司的产品销售量占该类产品整个市场销售总量的比例

C. 公司的市场占有率可以反映公司在同行业中的地位

D. 公司销售市场的地域范围可反映公司的产品市场占有率

【解析】市场占有率是指一个公司的产品销售量占该类产品整个市场销售总量的比例。该指标是对公司的实力和经营能力的较精确的估计，其值越高，表示公司的经营能力和竞争力越强，公司的销售和利润水平越好、越稳定。A 项，市场占有率高并不一定

54A　55C　56A　57B　58A

表示其产品的技术含量高，这种技术优势主要体现在生产的技术水平和产品的技术含量上。

59. 公司的经营战略分析属于(　　)分析内容之一。

A. 公司技术水平　B. 公司成长性　C. 公司财务　D. 公司生命周期

【解析】公司的成长性分析包括公司盈利预测、公司经营战略分析、公司规模变动特征及扩张潜力分析。ACD 三项分析均不包括公司经营战略分析。

60. 存货周转率不取决于(　　)。

A. 期初存货　B. 主营业务成本　C. 期末存货　D. 主营业务收入

【解析】存货周转率是营业成本被平均存货所除得到的比率，即存货的周转次数。“营业成本”来自利润表，“平均存货”为期初存货与期末存货的平均数。存货周转率是衡量和评价公司购入存货、投入生产、销售收回等各环节管理状况的综合性指标。

61. 下列有关财务弹性的表述，不正确的是(　　)。

A. 财务弹性是指将资产迅速转变为现金的能力

B. 财务弹性是用经营现金流量与支付要求进行比较

C. 财务弹性是指企业适应经济环境变化和利用投资机会的能力

D. 现金满足投资比率越大，说明资金自给率越高

【解析】财务弹性是指公司适应经济环境变化和利用投资机会的能力。这种能力来源于现金流量和支付现金需要的比较，现金流量超过需要，有剩余的现金，适应性就强。财务弹性是用经营现金流量与支付要求进行比较，支付要求可以是投资需求或承诺支付等。A 项，流动性是将资产迅速转变为现金的能力。

62. 所有者权益变动表中，属于“利润分配”科目项上内容的是(　　)。

A. 资本公积转增资本(或股本)　B. 一般风险准备弥补亏损

C. 提取一般风险准备　D. 所有者投入资本

【解析】在所有者权益表中，属于“利润分配”科目主要有：①提取盈余公积；②提取一般风险准备；③对所有者(或股东)的分配；④其他。AB 两项均属于“所有者权益内部结转”科目；D 项属于“所有者投入和减少的资本”科目。

63. 反映资产总额周转速度的指标是(　　)。

A. 股东权益周转率　B. 总资产周转率

C. 存货周转率　D. 固定资产周转率

【解析】总资产周转率是营业收入与平均资产总额的比值。该项指标反映资产总额的周转速度，周转越快，反映销售能力越强。公司可以通过薄利多销的方法，加快资产的周转，带来利润绝对额的增加。

64. 以下能够反映变现能力的财务指标是(　　)。

A. 资本化比率　B. 固定资产净值率

C. 股东收益比率　D. 保守速动比率

59B　60D　61A　62C　63B　64D

【解析】变现能力是公司产生现金的能力，它取决于可以在近期转变为现金的流动资产的多少，是考察公司短期偿债能力的关键。反映变现能力的财务比率主要有流动比率和速动比率。

65. 某公司某年度的资产负债表显示，当年总资产为 10000000 元，其中流动资产合计为 3600000 元，包括存货 1000000 元；公司的流动负债 2000000 元，其中应付账款 2000000 元，则该年度公司的流动比率为(　　)。

A. 1.8　　B. 1.44　　C. 1.3　　D. 2.0

【解析】流动比率是流动资产与流动负债的比值。其计算公式为：流动比率 = 流动资产 ÷ 流动负债。代入数值，可得该年度公司的流动比率为：3600000 ÷ 2000000 = 1.8。

66. 关于有形资产净值债务率，下列说法中不正确的有(　　)。

A. 有形资产净值债务率能反映债权人投资受到股东权益的保障程度

B. 有形资产净值债务率是负债总额与有形资产净值的百分比

C. 有形资产值是股东具有所有权的有形资产的净值

D. 对于债权人而言，有形资产净值债务率越高越好

【解析】D 项，有形资产净值债务率是公司负债总额与有形资产净值的百分比。有形资产净值债务率指标实质上是产权比率指标的延伸，其更为谨慎、保守地反映了公司清算时债权人投入的资本受到股东权益的保障程度。从长期偿债能力来讲，对于债权人而言的有形资产净值债务率越低越好。

67. 财务报表分析的原则主要有两个：一是坚持全面原则，二是坚持(　　)原则。

A. 考虑个性　　B. 均衡性　　C. 非流动性　　D. 流动性

【解析】分析财务报表要坚持全面原则，将多个指标、比率综合在一起得出对公司全面客观的评价。同时，要坚持考虑个性原则，在对公司进行财务分析时，要考虑公司的特殊性，不能简单地与同行业公司直接比较。

68. 资产负债表的左方列示的是(　　)。

A. 负债各项目　　B. 资产各项目　　C. 税款各项目　　D. 所有者权益各项目

【解析】我国资产负债表按账户式反映，即资产负债表分为左方和右方，左方列示资产各项目，右方列示负债和所有者权益各项目。

69. 在企业综合评价方法中，成长能力、盈利能力与偿债能力之间比重的分配大致按照(　　)来进行。

A. 5:3:2　　B. 2:5:3　　C. 3:2:5　　D. 3:5:2

【解析】一般认为，公司财务评价的内容主要是盈利能力，其次是偿债能力，此外还有成长能力。成长能力、盈利能力与偿债能力之间大致可按 2:5:3 来分配比重。

70. 对上市公司进行流动性分析，有利于发现(　　)。

A. 盈利能力是否处于较高水平　　B. 存货周转率是否理想

C. 其资产使用效率是否合理　　D. 其是否存在偿债风险

65A　66D　67A　68B　69B　70D

【解析】流动性是指将资产迅速转变为现金的能力。对上市公司进行流动性分析，有利于发现其是否存在偿债风险。

71. 每股股利与股票市价的比率称为(　　)。

A. 股利支付率　B. 市净率　C. 股票获利率　D. 市盈率

【解析】A 项，股利支付率 = 每股股利/每股净收益；B 项，市净率 = 股票市价/每股净资产；D 项，市盈率 = 每股市价/每股收益。

72. 某公司某年现金流量表显示其经营活动产生的现金净流量为 4000000 元，投资活动产生的现金净流量为 4000000 元，筹资活动产生的现金净流量为 6000000 元，公司当年长期负债为 10000000 元，流动负债 4000000 元，公司该年度的现金债务总额比为(　　)。

A. 0.29　B. 1.0　C. 0.67　D. 0.43

【解析】现金债务总额比是经营现金净流量与负债总额的比值，即：现金债务总额比 = 经营现金净流量/负债总额 = 4000000/(10000000 + 4000000) ≈ 0.29。

73. 资产负债率计算公式中的分子项是(　　)。

A. 短期负债　B. 负债总额

C. 长期负债　D. 长期借款加短期借款

【解析】资产负债率是负债总额除以资产总额的百分比，即负债总额与资产总额的比例关系。它反映在总资产中有多大比例是通过借债来筹资的，也可以衡量公司在清算时保护债权人利益的程度。其计算公式如下：资产负债率 = 负债总额/资产总额 × 100%。

74. 下列说法错误的是(　　)。

A. 股利支付率越高，表明企业的盈利能力越高

B. 资产净利率越高，表明资产的利用效率越高

C. 营业净利率反映每 1 元营业收入带来的净利润，表示营业收入的收益水平

D. 主营业务毛利率和主营业务净利率之间存在一定的正相关关系

【解析】A 项，股利支付率是投资收益的分析指标之一，其值越高，表明企业的股利分配政策和支付股利的能力越强。

75. 有形资产净值是指(　　)。

A. 资产总额减去无形资产净值后的净值　B. 股东权益减去无形资产净值后的净值

C. 资产总额减去无形资产后的净值　D. 股东权益减去无形资产后的净值

【解析】有形资产净值是股东权益减去无形资产净值后的净值，即股东具有所有权的有形资产的净值。

76. 通过对公司现金流量表的分析，可以了解(　　)。

A. 公司资本结构　B. 公司盈利状况

C. 公司偿债能力　D. 公司资本化程度

【解析】通过单独反映经营活动产生的现金流量，可以了解企业在不动用企业外部筹得

71C　72A　73B　74A　75B　76C

资金的情况下，凭借经营活动产生的现金流量是否足以偿还负债、支付股利和对外投资。

77. 下列说法不正确的是(　　)。

A. 分析财务报表所使用的比率以及对同一比率的解释和评价，因使用者的着眼点、目标和用途不同而异

B. 长期债权人分析财务报表着眼于企业的获利能力和经营效率，对资产的流动性则很少注意

C. 不同资料使用者对同一比率的解释和评价，基本上应该一致，不可能发生矛盾

D. 比率分析涉及到企业管理的各个方面，大致可分为以下六大类：变现能力分析、营运能力分析、长期偿债能力分析、盈利能力分析、投资收益分析和现金流量分析等

【解析】C 项，不同资料使用者对同一比率的解释和评价，基本上应该一致，但有时候可能发生矛盾。

78. 若流动比率大于 1，则下列成立的是(　　)。

A. 速动比率大于 1　　B. 营运资金大于零

C. 资产负债率大于 1　　D. 短期偿债能力绝对有保障

【解析】流动比率 = 流动资产/流动负债，它大于 1 说明流动资产 > 流动负债，而营运资金 = 流动资产 - 流动负债，因此营运资金大于零。

79. 当公司流动比率小于 1 时，增加流动资金借款会使当期流动比率(　　)。

A. 降低　　B. 提高　　C. 不变　　D. 不确定

【解析】设公司原流动资产为 a，流动负债为 b，可得流动比率 $=a/b<1$。当增加流动资金借款，将会引起流动负债和流动资产的等额增加(设等额为 c)，可知当期流动比率 $=(a+c)/(b+c)$，由 $a/b<1$ 可得，$(a+c)/(b+c)>a/b$ 加流动资金借款会使当期流动比率提高。

80. 下列关于速动比率的说法，错误的是(　　)。

A. 影响速动比率可信度的重要因素是应收账款的变现能力

B. 低于 1 的速动比率是不正常的

C. 季节性销售可能会影响速动比率

D. 应收账款较多的企业，速动比率可能要大于 1

【解析】B 项，通常认为正常的速动比率为 1，低于 1 的速动比率被认为是短期偿债能力偏低。但因为行业不同，速动比率会有很大差别，没有统一标准的速动比率。例如，采用大量现金销售的商店，几乎没有应收账款，大大低于 1 的速动比率是很正常的。

81. 在计算速动比率时需要排除存货的影响，这样做最主要的原因在于流动资产中(　　)。

A. 存货的价格变动较大　　B. 存货的质量难以保障

C. 存货的变现能力最差　　D. 存货的数量不易确定

【解析】在计算速动比率时，要把存货从流动资产中排除的主要原因是：①在流动资产中，存货的变现能力最差；②由于某种原因，部分存货可能已损失报废，还没做处理；

77C　78B　79B　80B　81C

③部分存货已抵押给某债权人；④存货估价还存在着成本与当前市价相差悬殊的问题。

82. 反映企业偿付到期长期债务的能力的财务比率是(　　)。

A. 负债比率　　B. 资产管理比率　　C. 现金流量比率　　D. 投资收益比率

【解析】长期偿债能力是指公司偿付到期长期债务的能力，通常以反映债务与资产、净资产的关系的负债比率来衡量。负债比率主要包括：资产负债率、产权比率、有形资产净值债务率、已获利息倍数、长期债务与营运资金比率等。

83. 属于股东权益变动表的项目是(　　)。

A. 营业收入　　B. 利润总额　　C. 净利润　　D. 营业利润

【解析】股东权益增减变动表的各项内容包括：①净利润；②直接计入所有者权益的利得和损失项目及其总额；③会计政策变更和差错更正的累积影响金额；④所有者投入资本和向所有者分配利润等；⑤按照规定提取的盈余公积；⑥实收资本(或股本)、资本公积、盈余公积、未分配利润的期初和期末余额及其调节情况。

84. 某企业某会计年度的资产负债率为60%，则该企业的产权比率为(　　)。

A. 40%　　B. 66.6%　　C. 150%　　D. 60%

【解析】资产负债率 = 负债总额/资产总额 = 60%，产权比率 = 负债总额/股东权益 = 负债总额/(资产总额 − 负债总额) = 1/(资产总额/负债总额 − 1) = 1/(1/60% − 1) = 150%。

85. 某公司某会计年度末的总资产为200万元，其中无形资产为10万元，长期负债为60万元，股东权益为80万元。根据上述数据，该公司的有形资产净值债务率为(　　)。

A. 1.71　　B. 1.50　　C. 2.85　　D. 0.85

【解析】根据有形资产净值债务率的公式，可得：有形资产净值债务率 = 债务总额/(股东权益 − 无形资产) = (200 − 80)/(80 − 10) = 1.71。

86. 用以衡量公司偿付借款利息能力的指标是(　　)。

A. 已获利息倍数　　B. 流动比率

C. 速动比率　　D. 应收账款周转率

【解析】BC两项，流动比率和速动比率反映短期偿债能力；D项，应收账款周转率反映应收账款的流动速度。

87. 利息保障倍数的计算中，经营业务收益是指(　　)。

A. 税息前利润　　B. 损益表中扣除利息费用之后的利润

C. 利息费用　　D. 税后利润

【解析】已获利息倍数 = 税息前利润/利息费用，其中，税息前利润是指利润表中未扣除利息费用和所得税之前的利润。

88. 某公司2011年税后利润201万元，所得税税率为25%，利息费用为40万元，则该企业2011年已获利息倍数为(　　)。

A. 7.70　　B. 8.25　　C. 6.75　　D. 6.45

82A　83C　84C　85A　86A　87A　88A

【解析】已获利息倍数 = 税息前利润总额/利息费用 = [201/(1 − 25%) + 40]/40 = 7.70。

89. (　　)是一种资本化的租赁，在分析长期偿债能力时，已经包含在债务比率指标计算之中。

A. 长期租赁　B. 融资租赁　C. 财产信托　D. 经营租赁

【解析】在融资租赁形式下，租入的固定资产作为公司的固定资产入账进行管理，相应的租赁费用作为长期负债处理。这种资本化的租赁，在分析长期负债能力时，已经包括在债务比率指标计算之中。

90. 下列财务指标中属于分析盈利能力的指标是(　　)。

A. 主营业务收入增长率　B. 股息发放率

C. 利息保障倍数　D. 营业净利率

【解析】通常使用的反映公司盈利能力的指标主要有营业净利率、营业毛利率、资产净利率和净资产收益率等。ABC 三项不属于盈利能力分析指标。

91. 净资产收益率高，反映了(　　)。

A. 公司资产质量高　B. 公司每股净资产高

C. 每股收益高　D. 股东权益高

【解析】净资产收益率反映公司所有者权益的投资报酬率，具有很强的综合性。净资产收益率高表明资产具有较强的获利能力，说明公司资产质量高。

92. 在股价既定的条件下，公司市盈率的高低，主要取决于(　　)。

A. 每股收益　B. 投资项目的优劣

C. 资本结构是否合理　D. 市场风险大小

【解析】市盈率 = 每股市价/每股收益。在市价确定的情况下，每股收益越高，市盈率越低，投资风险越小；反之亦然。在每股收益确定的情况下，市价越高，市盈率越高，风险越大；反之亦然。

93. 假设某公司股票当前的市场价格是每股 80 元，该公司上一年末支付的股利为每股 1 元，以后每年的股利以一个不变的增长率 2% 增长，该公司下一年的股息发放率是 25%。则该公司股票下一年的市盈率为(　　)。

A. 20.88　B. 19.61　C. 17.23　D. 16.08

【解析】根据公式，市盈率 = 每股市价/每股收益 = 80/[1 × (1 + 2%) ÷ 25%] = 19.61。

94. 回归分析作为有效方法应用在经济或者金融数据分析中，具体遵循以下步骤，其中顺序正确的选项是(　　)。

①参数估计；②模型应用；③模型设定；④模型检验；⑤变量选择；⑥分析陈述

A. ①②③④　B. ③②④⑥　C. ③①④②　D. ⑤⑥④①

【解析】回归分析方法是指利用回归分析的统计方法，通过考察股票价格、收益、增长、风险、货币的时间价值和股息政策等各种因素变动与市盈率之间的关系，得出能够最好解释市盈率与这些变量间线性关系的方程，进而根据这些变量的给定值对市盈率大

89B　90D　91A　92A　93B　94C

小进行预测的分析方法。回归分析法的主要步骤依次为模型设定、参数估计、模型检验、模型应用。

95. 反映每股普通股所代表的账面权益的财务指标是(　　)。

A. 净资产倍率　B. 每股净收益　C. 市盈率　D. 每股净资产

【解析】每股净资产 = 年末净资产/发行在外的年末普通股股数，该指标反映了发行在外的每股普通股所代表的净资产成本即账面权益。

96. 关于现金流量分析，以下说法错误的是(　　)。

A. 现金流量分析包括流动性分析、获取现金能力分析、财务弹性分析、收益质量分析

B. 现金流量分析只需要依靠现金流量表

C. 现金流量分析是在现金流量表出现以后发展起来的，其方法体系并不完善，一致性也不充分

D. 现金流量分析中，经营现金净流量是最重要的因素

【解析】B 项，现金流量分析是在现金流量表出现以后发展起来的，其方法体系并不完善，一致性也不充分。现金流量分析不仅要依靠现金流量表，还要结合资产负债表和利润表。

97. 反映财务弹性的指标是(　　)。

A. 全部资产现金回收率　B. 现金股利保障倍数

C. 现金流动负债比　D. 现金到期债务比

【解析】反映财务弹性的指标包括资本购置比率、现金股利保障倍数、全部现金流量比率和再投资现金比率。

98. 评价企业收益质量的财务指标是(　　)。

A. 长期负债与营运资金比率　B. 现金满足投资比率

C. 营运指数　D. 每股营业现金净流量

【解析】A 项属于长期偿债能力分析指标；B 项属于现金流量分析中的财务弹性分析指标；D 项属于现金流量分析中的获取现金能力分析指标。

99. D 公司 2013 年经营现金净流量为 1355 万元。部分补充资料如下：2013 年净利润 4000 万元，计提坏账准备 5 万元，提取折旧 1000 万元，待摊费用摊销 100 万元，处置固定资产收益为 300 万元，固定资产报废损失 100 万元，对外投资收益 100 万元。存货比上年增加 50 万元，应收账款比上年增加 2400 万元，应付账款比上年减少 1000 万元。根据以上资料，计算 D 公司的营运指数为(　　)。

A. 0.18　B. 0.2　C. 0.28　D. 0.38

【解析】经营净收益 = 净利润 - 非经营收益 = 4000 - 300 + 100 - 100 = 3700(万元)，经营所得现金 = 经营净收益 + 非付现费用 = 3700 + 5 + 1000 + 100 = 4805(万元)，则该公司的营运指数为：营运指数 = 经营现金净流量/经营所得现金 = 1355/4805 ≈ 0.28。

100. 下列关于杜邦财务分析体系的说法中，不正确的是(　　)。

95D　96B　97B　98C　99C　100A

A. 总资产收益率是一个综合性最强的指标

B. 在净资产收益率大于零的前提下，提高资产负债率可以提高净资产收益率

C. 资产负债率与权益乘数同方向变化

D. 资产负债率高会给企业带来较多的杠杆利益，也会带来较大的风险

【解析】A 项，在杜邦财务分析体系中，净资产收益率 = 资产净利率 × 权益乘数 = 销售净利率 × 总资产周转率 × 权益乘数 = 销售净利率 × 总资产周转率/(1 - 资产负债率)，由此可知，在杜邦财务分析体系中，净资产收益率是一个综合性最强的指标。

101. 上海、深圳证券交易所上市证券的分红派息，主要是通过(　　)进行。

A. 交易清算系统　　B. 交易系统

C. 各证券公司　　D. 各银行

【解析】目前，上海、深圳证券交易所上市证券的分红派息，主要是通过中国结算公司的交易清算系统进行的。投资者领取红股、股息无需办理其他申领手续，红股、股息由交易清算系统自动派到投资者账户。

102. 以下指标，不宜对固定资产更新变化较快的公司进行估值的是(　　)。

A. 市盈率

B. 市净率

C. 经济增加值与利息折旧摊销前收入比

D. 股价/销售额比率

【解析】经济增加值与利息折旧摊销前收入比指标，简称 EV/EBIDA，适用于资本密集、准垄断或具有巨额商誉的收购型公司，不适用于固定资产更新变化较快的公司。

103. 假设某公司在未来无限时期支付的每股股利为 5 元，必要收益率为 10%。当前股票市价为 45 元，则对于该股票投资价值的说法正确的是(　　)。

A. 该股票有投资价值　　B. 该股票没有投资价值

C. 依市场情况来确定投资价值　　D. 依个人偏好来确定投资价值

【解析】根据零增长模型股票内在价值决定公式，可得：$V = D_0/K = 5/10\% = 50$(元)。即：股票内在价值为 50 元，大于股票的市场价格 45 元，说明股票价值被低估，因此有投资价值。

104. 今年年初，分析师预测某公司今后 2 年内(含今年)股利年增长率为 6%，之后，股利年增长率将下降到 3%，并将保持下去。已知该公司上一年末支付的股利为每股 4 元，市场上同等风险水平的股票的预期必要收益率为 5%。如果股利免征所得税，那么今年年初该公司股票的内在价值最接近(　　)元。

A. 212.17　　B. 216.17　　C. 218.06　　D. 220.17

【解析】根据股利贴现模型，今年年初该公司股票的内在价值为：$V = [4 \times (1+6\%)]/(1+5\%) + [4 \times (1+6\%)^2]/(1+5\%)^2 + 1/(1+5\%)^2 \times [4 \times (1+6\%)^2 \times (1+3\%)]/(5\% - 3\%) \approx 218.06$(元)。

105. (　　)通过代理变量的预示作用选择未来表现强势的行业进行投资。

101A　102C　103A　104C　105A

A. 主动轮动　　B. 强势轮动　　C. 被动轮动　　D. 弱势轮动

【解析】轮动投资策略包括主动轮动和被动轮动。从行业轮动角度，主动轮动是指通过代理变量的预示作用选择未来表现强势的行业进行投资；被动轮动则是在轮动趋势确立后进行相关行业的投资。

106. 基金经理经常调查不同行业的投资比重，主要目的在于获取(　　)。

A. 股票选择决策的超额报酬　　B. 择时决策的超额报酬

C. 行业轮动决策的超额报酬　　D. 资产配置决策的超额报酬

【解析】在一个完整的经济周期中，有些行业是先行行业，有些行业是跟随行业。例如，对某个地方基础设施的投资，钢铁、水泥、机械属于先行行业，投资完成后会带来房地产、消费、文化行业的发展，这些行业属于跟随行业。研究在一个经济周期中的行业轮动顺序，从而在轮动开始前进行配置，在轮动结束后进行调整，可以获取超额收益。行业收益差在扩张性政策和紧缩性政策下具有显著的差异。基金经理经常调查不同行业的投资比重，主要目的在于获取行业轮动决策的超额报酬。

107. 对于债券收益率曲线不同形状的解释产生了不同的期限结构理论，不包括(　　)。

A. 流动性陷阱理论　　B. 市场分割理论

C. 流动性偏好理论　　D. 预期理论

【解析】收益率曲线是描述到期收益率和到期期限之间关系的曲线，反映了市场的利率期限结构。对于收益率曲线不同形状的解释产生了不同的期限结构理论，主要包括预期理论、市场分割理论与流动性偏好理论。A 项属于利率决定理论。

108. 反转收益曲线意味着(　　)。

A. 短期债券收益率较低，而长期债券收益率较高

B. 长短期债券收益率基本相等

C. 短期债券收益率和长期债券收益率差距较大

D. 短期债券收益率较高，而长期债券收益率较低

【解析】从形状上来看，收益率曲线主要包括四种类型：①正向的利率曲线。一条向上倾斜的利率曲线，表示期限越长的债券利率越高。②反向的利率曲线。一条向下倾斜的利率曲线，表示期限越长的债券利率越低。③一条平直的率曲线，表示不同期限的债券利率相等。④拱形利率曲线。表示期限相对较短的债券，利率与期限呈正向关系，期限相对较长的债券，利率与期限呈反向关系。

109. 在进行证券投资技术分析的假设中，最根本、最核心的条件是(　　)。

A. 市场行为涵盖一切信息　　B. 证券价格沿趋势移动

C. 历史会重演　　D. 投资者都是理性的

【解析】技术分析的基本假设：①市场行为涵盖一切信息，即任何一个影响证券市场的因素，最终都必然体现在股票价格的变动上；②证券价格沿趋势移动，即证券价格的变动是有一定规律的，具有保持原来运动方向的惯性，而证券价格的运动方向是由供求关系决定的；③历史会重演，该假设认为根据历史资料概括出来的规律已经包含了

106C　107A　108D　109B

未来证券市场的一切变动趋势。其中，证券价格沿趋势移动是最根本、最核心的条件。

110. 在技术分析的几点假设中，从人的心理因素方面考虑的是(　　)。

A. 证券价格沿趋势移动　　B. 市场行为涵盖一切信息

C. 历史会重演　　D. 市场是弱势有效的市场

【解析】历史会重演的假设是从人的心理因素方面考虑的。市场中进行具体买卖的是人，由人决定最终的操作。技术分析法认为，根据历史资料概括出来的规律已经包含了未来证券市场的一切变动趋势，所以可以根据历史预测未来。这一假设也有一定的合理性，因为投资者的心理因素会影响投资行为，进而影响证券价格。

111. 关于K线组合，下列表述正确的是(　　)。

A. 最后一根K线的位置越低，越有利于多方

B. 最后一根K线的位置越高，越有利于空方

C. 越是靠后的K线越重要

D. 越是靠前的K线越重要

【解析】AB两项，在K线组合中，最后一根K线的位置越低，越有利于空方，位置越高，越有利于多方；CD两项，无论K线的组合多复杂，考虑问题的方式是相同的，都是由最后一根K线相对于前面K线的位置来判断多空双方的实力大小。因此，越是靠后的K线越重要。

112. 如果价格的变动呈“头肩底”形，证券分析人员通常会认为(　　)。

A. 价格将反转向下　　B. 价格将反转向上

C. 价格呈横向盘整　　D. 无法预测价格走势

【解析】头肩底是头肩顶的倒转形态，是一个可靠的买进时机。这一形态的构成和分析方法，除了在成交量方面与头肩顶有所区别外，其余与头肩顶类同，只是方向正好相反，价格将反转向上。

113. 一般而言，当(　　)时，股价形态不构成反转形态。

A. 股价形成头肩底后突破颈线位并上涨一定形态高度

B. 股价完成旗形形态

C. 股价形成双重顶后突破颈线位并下降一定形态高度

D. 股价形成双重底后突破颈线位并上涨一定形态高度

【解析】B项，股价完成旗形形态时，标志着旗形完成，而旗形是著名的持续整理形态之一，所以不构成反转形态。

114. K线理论起源于(　　)。

A. 美国　　B. 日本　　C. 印度　　D. 英国

【解析】K线又称为日本线，起源于200多年前的日本。当时日本没有证券市场，K线只是用于米市交易。

110C　111C　112B　113B　114B

115. 根据股价移动的规律，可以把股价曲线的形态划分为(　　)。

A. 三角形和矩形　　B. 持续整理形态和反转突破形态

C. 旗形和楔形　　D. 多重顶形和圆弧顶形

【解析】根据股价移动的规律，可以把股价曲线的形态分成两大类型：①持续整理形态，主要有三角形、矩形、旗形和楔形；②反转突破形态，主要有头肩形态、双重顶(底)形态、圆弧顶(底)形态、喇叭形以及V形反转形态等多种形态。

116. 下列图形中，光脚阴线的图形为(　　)。

A. 　　B. 　　C. 　　D. 

【解析】光脚阳线和光脚阴线是没有下影线的K线。当开盘价或收盘价正好与最低价相等时，就会出现这种K线。A项，图像表示光头阳线；B项，图像表示光头阴线；D项，图像表示光脚阳线。

117. 关于头肩顶形态中的颈线，以下说法不正确的是(　　)。

A. 头肩顶形态中，它是支撑线，起支撑作用

B. 突破颈线一定需要大成交量配合

C. 当颈线被突破，反转确认以后，大势将下跌

D. 如果股价最后在颈线水平回升，而且回升的幅度高于头部，或者股价跌破颈线后又回升到颈线上方，这可能是一个失败的头肩顶，宜作进一步观察

【解析】突破颈线不一定需要大成交量配合，但日后继续下跌时，成交量会放大。

118. 与头肩顶形态相比，三重顶形态容易演变成(　　)。

A. 喇叭形态　　B. 圆弧顶形态　　C. 反转突破形态　　D. 持续整理形态

【解析】三重顶(底)与一般头肩顶形态最大的区别是：前者的颈线和顶部(底部)连线是水平的，这使得其更具有矩形的特征，因此比起后者来说，前者更容易演变成持续形态，而不是反转形态。

119. 在圆弧顶或圆弧底的形成过程中，成交量的过程是(　　)。

A. 两头少，中间多　　B. 两头多，中间少

C. 开始多，尾部少　　D. 开始少，尾部多

【解析】在圆弧顶或圆弧底形态的形成过程中，成交量的变化都是两头多，中间少。越靠近顶或底成交量越少，到达顶或底时成交量达到最少。在突破后的一段，都有相当大的成交量。

120. 根据技术分析的形态理论，喇叭形态的标志是(　　)。

A. 有三个高点和两个低点　　B. 有两个高点和三个低点

C. 有三个高点和三个低点　　D. 有两个高点和两个低点

【解析】喇叭形是一种较为可靠的看跌形态。一个标准的喇叭形态应该有3个高点、2个低点。股票投资者应该在第三峰调头向下时就抛出手中的股票，这在大多数情况下是正确的。

115B　116C　117B　118D　119B　120A

121. V 形是一种典型的价格形态，(　　)。

A. 便于普通投资者掌握　　B. 一般没有明显的征兆

C. 与其他反转形态相似　　D. 它的顶和底出现两次

【解析】V 形走势是一种很难预测的反转形态，无论 V 形顶、还是 V 形底的出现都没有一个明显的形成过程，这一点同其他反转形态有较大的区别，故而往往让投资者感到突如其来甚至难以置信。因此，V 形并不便于普通投资者掌握。

122. 下列选项中，不属于持续整理形态的是(　　)。

A. 三角形　　B. 矩形　　C. V 形　　D. 楔形

【解析】持续整理形态描述的是，在股价向一个方向经过一段时间的快速运行后，不再继续原趋势，而在一定区域内上下窄幅波动，等待时机成熟后再继续前进。这种运行所留下的轨迹称为“整理形态”。三角形、矩形、旗形和楔形都是著名的整理形态。

123. 关于上升三角形和下降三角形，下列说法正确的是(　　)。

A. 上升三角形是以看跌为主

B. 上升三角形在突破顶部的阻力线时，不必有大成交量的配合

C. 下降三角形的成交量一直十分低沉，突破时不必有大成交量配合

D. 下降三角形同上升三角形正好反向，是看涨的形态

【解析】A 项，下降三角形是以看跌为主；B 项，上升三角形在突破顶部的阻力线时，必须有大成交量的配合，否则为假突破；D 项，下降三角形同上升三角形正好反向，是看跌的形态。

124. (　　)往往出现在行情趋势的末端，而且伴随着大的成交量。

A. 普通缺口　　B. 突破缺口　　C. 持续性缺口　　D. 消耗性缺口

【解析】A 项，普通缺口经常出现在股价整理形态中，特别是出现在矩形或对称三角形等整理形态中；B 项，突破缺口是证券价格向某一方向急速运动，跳出原有形态所形成的缺口；C 项，持续性缺口是在证券价格向某一方向有效突破之后，由于急速运动而在途中出现的缺口。

125. 以下各种技术分析手段中，衡量价格波动方向的是(　　)。

A. 压力线　　B. 支撑线　　C. 趋势线　　D. 黄金分割线

【解析】趋势线用来表示证券价格变化趋势的方向。反映价格向上波动发展的趋势线称为上升趋势线；反映价格向下波动发展的趋势线则称为下降趋势线。

126. 与趋势线平行的切线为(　　)。

A. 压力线　　B. 轨道线　　C. 速度线　　D. 角度线

【解析】轨道线又称通道线或管道线，是基于趋势线的一种方法。在已经得到了趋势线后，通过第一个峰和谷可以做出这条趋势线的平行线，这条平行线就是轨道线。

127. 在上升趋势中，将两个低点连成一条直线，得到(　　)。

A. 轨道线　　B. 压力线　　C. 上升趋势线　　D. 下降趋势线

121B　122C　123C　124D　125C　126B　127C

【解析】连接一段时间内价格波动的高点或低点可画出一条趋势线。在上升趋势中，将两个低点连成一条直线，就得到上升趋势线；在下降趋势中，将两个高点连成一条直线，就得到下降趋势线。

128. 股票价格走势的支撑线和压力线(　　)。

A. 可以相互转化　　B. 不能相互转化

C. 不能同时出现在上升或下降市场中　　D. 是一条曲线

【解析】支撑线和压力线之所以能起支撑和压力作用，两者之间之所以能相互转化，很大程度上是受心理因素方面的影响，这也是支撑线和压力线理论上的依据。一条支撑线如果被跌破，则其将成为压力线；同理，一条压力线被突破，这条压力线就将成为支撑线。

129. 支撑线和压力线之所以能起支撑和压力作用，很大程度是由于(　　)。

A. 机构主力斗争的结果　　B. 支撑线和压力线的内在抵抗作用

C. 投资者心理因素的原因　　D. 证券市场的内在运行规律

【解析】支撑线和压力线之所以能起支撑和压力作用，两者之间之所以能相互转化，很大程度上是心理因素方面的影响，这也是支撑线和压力线理论上的依据。

130. 关于支撑线和压力线，以下说法错误的是(　　)。

A. 股价停留的时间越长，这个支撑或压力区域对当前的影响就越大

B. 伴随的成交量越大，这个支撑或压力区域对当前的影响就越大

C. 伴随的成交量越小，这个支撑或压力区域对当前的影响就越大

D. 离现在越近，这个支撑或压力区域对当前的影响就越大

【解析】股价停留的时间越长、伴随的成交量越大、离现在越近，则这个支撑或压力区域对当前的影响就越大；反之就越小。

131. 在成熟市场中，机构投资者非常看重(　　)移动平均线，并以此作为长期投资的依据。

A. 60 天　　B. 200 天　　C. 180 天　　D. 120 天

【解析】西方投资机构非常看重 200 天移动平均线，并以此作为长期投资的依据。若行情价格在 200 天均线以下，属空头市场；反之，则为多头市场。

132. 移动平均线最常见的使用法则是(　　)。

A. 威廉法则　　B. 葛兰威尔法则　　C. 夏普法则　　D. 艾略特法则

【解析】在 MA(移动平均线)的应用上，最常见的是葛兰威尔的“移动平均线八大买卖法则”。

133. 在应用移动平均线时，下列操作或说法错误的是(　　)。

A. 当股价突破了 MA 时，无论是向上突破还是向下突破，股价将逐渐回归

B. MA 在股价走势中起支撑线和压力线的作用

C. MA 的行动往往过于迟缓，调头速度落后于大趋势

128A　129C　130C　131B　132B　133A

D．在盘整阶段或趋势形成后中途休整阶段，MA 极易发出错误的信号

【解析】当股价突破移动平均线时，无论是向上还是向下突破，股价都有继续向突破方向发展的愿望。

134．下列各种技术指标中，属于趋势型指标的是（　　）。

A．WMS　　B．MACD　　C．KDJ　　D．RSI

【解析】趋势型指标包括 MA（移动平均线）和 MACD（指数平滑异同移动平均线）。

135．假设某证券最近 10 周收盘价分别为 22、21、22、24、26、27、25、24、26、25，那么本周的 RSI（9）等于（　　）。

A．45　　B．50　　C．61.54　　D．56

【解析】每周的收盘价减去上一周的收盘价，可得到下面 9 个数字：-1、1、2、2、1、-2、-1、2、-1。最近 10 周收盘价格上涨总数 = 1 + 2 + 2 + 1 + 2 = 8；最近 10 周收盘价格下跌总数 =（-1 - 2 - 1 - 1）×（-1）= 5。因此，RSI（9）= 8/（8 + 5）× 100 ≈61.54。

136．1922 年，（　　）在《股票市场晴雨表》一书中对道氏理论进行了系统的阐述。

A．威姆斯　　B．凯恩斯　　C．希克斯　　D．汉密尔顿

【解析】华尔街日报记者在《投机入门》一书中率先提出了“道氏理论”这个名词。1922 年，该报总编汉密尔顿在《股票市场晴雨表》一书中对道氏理论进行了系统的阐述。

137．道氏理论认为，最重要的价格是（　　）。

A．最高价　　B．最低价　　C．收盘价　　D．开盘价

【解析】市场平均价格指数可以解释和反映市场的大部分行为，这是道氏理论对证券市场的重大贡献。道氏理论认为收盘价是最重要的价格，并利用收盘价计算平均价格指数。

138．技术分析的理论基础是（　　）。

A．道氏理论　　B．切线理论　　C．波浪理论　　D．K 线理论

【解析】道氏理论是技术分析的理论基础，许多技术分析方法的基本思想都来自于道氏理论。

139．道氏理论认为，趋势必须得到（　　）的确认。

A．交易价格　　B．交易量　　C．交易速度　　D．交易者的参与程度

【解析】在确定趋势时，交易量是重要的附加信息，交易量应在主要趋势的方向上放大。

140．一般而言，道氏理论主要用于对（　　）的研判。

A．主要趋势　　B．次要趋势　　C．长期趋势　　D．短暂趋势

【解析】道氏理论从来就不是用来指出应该买卖哪只股票，而是在相关收盘价的基础上确定出股票市场的主要趋势。因此，道氏理论对大形势的判断有较大的作用，但对于每日每时都在发生的小波动则显得无能为力。道氏理论甚至对次要趋势的判断作用也

134B　135C　136D　137C　138A　139B　140A

不大。

141. 使用技术分析方法应注意(　　)。

A. 结合多种技术分析方法综合研判

B. 不要与基本面分析同时使用，避免产生不必要的干扰

C. 不同时期选择不同的理论

D. 资本资产定价模型产生的历史背景

【解析】技术分析作为一种证券投资分析工具，在应用时应该注意以下问题：①技术分析必须与基本分析结合起来使用；②多种技术分析方法综合研判；③理论与实践相结合。

142. 技术分析的基础假设之一是(　　)。[2020 年 8 月真题]

A. 市场总是理性的　　B. 市场行为涵盖一切信息

C. 证券价格运行历史不会重演　　D. 证券价格随经济周期变化而波动

【解析】作为一种投资分析工具，技术分析是以一定假设条件为前提的。这些假设是：市场行为涵盖一切信息、证券价格沿趋势移动和历史会重演。

二、多项选择题(以下备选项中有两项或两项以上符合题目要求，多选、少选、错选均不得分)

1. 迈克尔·波特认为在一个行业中，存在着哪些基本的竞争力量(　　)。[2022 年 11 月真题]

A. 潜在的加入者　B. 购买者　C. 供应者　D. 替代品

【解析】美国学者迈克尔·波特认为在一个行业中，存在着潜在的进入者、购买者、供应者、替代品和行业中现有竞争者五种基本的竞争力量。

2. 关于自下而上的分析方法，下列说法正确的有(　　)。[2022 年 11 月真题]

A. 自下而上的分析法注重对股票趋势的把握

B. 根据投资目标，通过一系列的公司财务指标等选出投资个股

C. 自下而上的分析法更注重个股的选择，忽略市场的短期波动

D. 巴菲特是采用自下而上分析法的成功典范

【解析】自下而上的分析方法是指按照公司分析、行业和区域分析、证券市场分析、宏观经济分析的顺序进行投资分析。自下而上的分析法主要通过某些数量指标，如营业收入增长率、净资产收益等财务指标进行筛选，选出符合标准的公司，再进行公司分析、行业分析、证券市场分析和宏观经济分析。

3. 完全垄断型市场可分为(　　)。[2022 年 8 月真题]

A. 政府完全垄断　B. 私人完全垄断　C. 机构完全垄断　D. 自然完全垄断

【解析】完全垄断可分为两种类型：①政府完全垄断，通常在公用事业中居多，如国有铁路、邮电等部门；②私人完全垄断，如根据政府授予的特许专营，或根据专利生产的独家经营以及由于资本雄厚、技术先进而建立的排他性的私人垄断经营。

4. 预示区域政策法规发生重大变化的警示信号包括(　　)。[2022 年 8 月真题]

141A　142B　▎　1ABCD　2ABCD　3AB　4BCD

A. 区域产业集中度提高，区域主导产业出现衰退
B. 国家政策法规变化，给当地带来不利影响
C. 国家宏观政策变化，使得地方原定的优惠政策难以执行
D. 地方政府为鼓励企业投资，不惜代价提供优惠条件

【解析】A 项，区域产业集中度高，区域主导产业出现衰退属于区域经营环境恶化的预警信号。

5. 下列关于外汇储备的说法，正确的有(　　)。[2022 年 7 月真题]
A. 外汇储备是一国对外债权的总和
B. 在一个时期内，国际储备中可能发生较大变动的主要是外汇储备
C. 外汇储备的变动是由国际收支产生差额引起的
D. 扩大外汇储备会相应减少国内需求

【解析】D 项，扩大外汇储备会相应增加国内需求。

6. 根据对数据处理方法的不同，移动平均线可分为(　　)。[2022 年 7 月真题]
A. 算术移动平均线　　B. 几何移动平均线
C. 指数平滑移动平均线　　D. 加权移动平均线

【解析】根据对数据处理方法的不同，移动平均线可分为算术移动平均线、加权移动平均线和指数平滑移动平均线。

7. 经济周期的衰退、复苏、过热、滞胀 4 个阶段中，下列属于复苏阶段的特征的是(　　)。[2022 年 2 月真题]
A. 失业率大幅上升　　B. 生产能力扩充
C. 企业盈利上升　　D. 企业开始面临产能约束

【解析】在复苏阶段，通胀率继续下降，因为空置的生产能力还未耗尽，周期性的生产能力扩充也变得强劲。企业盈利大幅上升、债券的收益率仍处于低位。

8. 根据 K 线理论，K 线实体和影线的长短不同所反映的分析意义不同。譬如，在其他条件相同时，(　　)。[2020 年 11 月真题]
A. 实体越长，表明多方力量越强　　B. 上影线越长，越有利于空方
C. 下影线越短，越有利于多方　　D. 上影线长于下影线，有利于空方

【解析】一般说来，上影线越长，下影线越短，阳线实体越短或阴线实体越长，越有利于空方占优；上影线越短，下影线越长，阴线实体越短或阳线实体越长，越有利于多方占优。上影线长于下影线，利于空方；下影线长于上影线，则利于多方。

9. 反转突破的几种形态中，未来走势向下的可能性较大的有(　　)。[2020 年 11 月真题]
A. 头肩顶形态　　B. 头肩底形态　　C. 双重顶形态　　D. 圆弧顶形态

【解析】B 项，头肩底是头肩顶的倒转形态，是一个可靠的买进时机，未来走势向上的可能性较大。

10. 财务报表常用的比较分析方法包括(　　)。[2020 年 8 月真题]

5ABC　6ACD　7BC　8BD　9ACD　10BCD

A. 确定各因素影响财务报表程度的比较分析
B. 不同时期的财务报表比较分析
C. 与同行业其他公司之间的财务指标比较分析
D. 单个年度的财务比率分析

【解析】比较分析法，指对两个或几个有关的可比数据进行对比，揭示财务指标的差异和变动关系，是财务报表分析中最基本的方法。最常用的比较分析方法有单个年度的财务比率分析、对公司不同时期的财务报表比较分析、与同行业其他公司之间的财务指标比较分析三种。

11. RSI 的应用法则包括(　　)。[2020 年 8 月真题]
A. 根据 RSI 的取值大小判断行情
B. 两条或多条 RSI 曲线的联合使用
C. 从 RSI 的曲线形状判断行情
D. 从 RSI 与股价的背离程度方面判断行情

【解析】RSI 的运用法则，主要有以下的四条：①根据 RSI 的取值判断市场行情；②两条或多条 RSI 曲线联合使用；③从 RSI 的曲线形状判断行情；④从 RSI 与股价的背离程度方面判断行情。

12. 宏观经济运行对证券市场的影响主要表现在(　　)。[2019 年 4 月真题]
A. 企业经济效益　　B. 居民收入水平
C. 投资者对股价的预期　　D. 资金成本

【解析】宏观经济因素是影响证券市场长期走势的唯一因素。宏观经济运行对证券市场的影响主要表现在以下方面：①企业经济效益；②居民收入水平；③投资者对股价的预期；④资金成本。

13. 下列关于趋势线的表述中，正确的有(　　)。[2019 年 4 月真题]
A. 上升趋势被突破后，该趋势线就转化为潜在的压力线
B. 下降趋势线是一种压力线
C. 趋势线是被用来判断股票价格运动方向的切线
D. 在上升趋势中，需将股价的三个低点连成一条直线才能得到一条上升趋势线

【解析】D 项，在上升趋势中，将两个低点连成一条直线，就得到上升趋势线；在下降趋势中，将两个高点连成一条直线，就得到下降趋势线。

14. 绝对估值是通过对证券基本财务要素的计算和处理得出该证券的绝对金额，各种基于(　　)的方法不属于此类。[2018 年 9 月真题]
A. 套利定价模型　　B. 资本资产定价模型
C. 均值方差模型　　D. 现金流贴现模型

【解析】绝对估值是指通过对证券基本财务要素的计算和处理得出该证券的绝对金额，各种基于现金流贴现的方法均属此类，包括：①红利贴现模型；②企业自由现金流贴现模型；③股东现金流贴现模型；④经济利润估值模型。

11ABCD　12ABCD　13ABC　14ABC

15. 以下选项中，可以采用自下而上分析方法的有（　　）。［2018 年 3 月真题］

A. 宏观分析　　B. 行业配置策略分析

C. 区域产业经济分析　　D. 公司分析

【解析】由下而上分析法通过某些数量指标（如营业收入增长率、净资产收益率等）筛选出符合标准的公司，再进行公司、行业、宏观经济和证券市场分析。其主要步骤为：①公司分析；②行业和区域分析；③证券市场分析；④宏观经济分析。

16. 以下关于行业所处的生命周期阶段的说法，正确的有（　　）。［2018 年 3 月真题］

A. 太阳能、某些遗传工程等行业正处于行业生命周期的幼稚期

B. 电子信息、生物医药等行业已进入成熟期阶段

C. 石油冶炼、超级市场等行业处于行业生命周期的成长期

D. 煤炭开采、自行车等行业已进入衰退期

【解析】B 项，电子信息（电子计算机及软件、通信）、生物医药等行业处于行业生命周期的成长期；C 项，石油冶炼、超级市场和电力等行业已进入成熟期。

17. 下列各项中，某行业（　　）的出现一般表明该行业进入了衰退期。［2017 年 12 月真题］

A. 产品价格不断下降　　B. 公司经营风险加大

C. 公司的利润减少并出现亏损　　D. 公司数量不断减少

【解析】衰退期出现在较长的稳定期之后，由于大量替代品的出现，原行业产品的市场需求开始逐渐减少，产品的销售量也开始下降，某些厂商开始向其他更有利可图的行业转移资金，因而原行业出现了厂商数目减少、利润水平停滞不前或不断下降的萧条景象。至此，整个行业便进入了衰退期。

18. 移动平均线的特点包括（　　）。［2017 年 9 月真题］

A. 追踪趋势　　B. 滞后性

C. 稳定性　　D. 支撑线和压力线的特性

【解析】除 ABCD 四项外，移动平均线的特点还包括助涨助跌性。

19. 确认一条支撑线和压力线的重要识别手段包括（　　）。［2017 年 5 月真题］

A. 股价在这个区域停留时间的长短

B. 股价在这个区域伴随着的成交量大小

C. 这个支撑区域或压力区域发生的时间距离当前这个时期的远近

D. 市场因素影响的大小

【解析】一条支撑线或压力线对当前影响的重要性有三个方面的考虑：①股价在这个区域停留时间的长短；②股价在这个区域伴随的成交量大小；③这个支撑区域或压力区域发生的时间距离当前这个时期的远近。股价停留的时间越长、离现在越近、伴随的成交量越大，则这个支撑或压力区域对当前的影响就越大；否则就越小。

20. 某公司某年末净赚利润为 150 万，营业收入为 3000 万，资产总额为 2000 万元，股东权益为 1000 万元，则下列财务指标正确的是（　　）。［2016 年 9 月真题］

15ABCD　16AD　17BCD　18ABCD　19ABC　20ABCD

A. 营业利润率为5% B. 总资产周转率为1.5

C. 权益乘数为2 D. 净资产收益率为15%

【解析】A项，营业利润率=净利润/营业收入=150/3000=5%；B项，总资产周转率=营业收入/总资产=3000/2000=1.5；C项，权益乘数=总资产/股东权益=2000/1000=2；D项，净资产收益率=净利润/净资产=营业利润率×总资产周转率×权益乘数=5%×1.5×2=15%。

21. 判断某个行业所处的实际生命周期阶段时，综合考察的方面包括(　　)。[2016年9月真题]

A. 行业规模 B. 产出增长率 C. 利润率水平 D. 资本进退

【解析】具体判断一个行业实际的生命周期阶段时，一般考虑以下几个方面：①产出增长率；②行业规模；③技术进步和技术成熟程度；④利润率水平；⑤从业人员的职业化水平和工资福利收入水平；⑥开工率；⑦资本进退。

22. 指数平滑异同移动平均线(MACD)由正负差DIF(也称离差值)和异同平均数(DEA)两部分组成，其应用法则包括(　　)。[2016年9月真题]

A. DIF和DEA均为正值时，属多头市场

B. DIF和DEA均为负值时，属空头市场

C. 当DIF向下跌破零轴线时，为卖出信号

D. 当DIF向上穿零轴线时，为买入信号

【解析】以DIF和DEA的取值和这两者之间的相对取值对行情进行预测，有如下应用法则：①DIF和DEA均为正值时，属多头市场。DIF向上突破DEA是买入信号；DIF向下跌破DEA只能认为是回落，做获利了结。②DIF和DEA均为负值时，属空头市场。DIF向下突破DEA是卖出信号；DIF向上穿破DEA只能认为是反弹，做暂时补空。③当DIF向下跌破零轴线时，此为卖出信号，即12日EMA与26日EMA发生死亡交叉；当DIF上穿零轴线时，为买入信号，即12日EMA与26日EMA发生黄金交叉。

23. 宏观经济分析的主要目的是(　　)。[2016年4月真题]

A. 把握证券市场的总体变动趋势

B. 掌握宏观经济政策对证券市场的影响力度和方向

C. 了解股票价、量变化的形成机理

D. 判断整个证券市场的投资价值

【解析】除ABD三项外，宏观经济分析的意义还包括了解转型背景下宏观经济对股市的影响不同于成熟市场经济，了解中国股市表现和宏观经济相背离的原因。

24. 基本分析流派是指以(　　)作为投资分析对象与投资决策基础的投资分析流派。

A. 宏观经济形势 B. 行业特征

C. 地区特征 D. 上市公司的基本财务数据

【解析】基本分析流派是指以宏观经济形势、行业特征及上市公司的基本财务数据作为投资分析对象与投资决策基础的投资分析流派。基本分析流派是目前西方投资界的主

21ABCD　22ABCD　23ABD　24ABD

流派别。

25. 基本分析流派是以价值分析理论为基础，以(　　)为主要分析手段。

A. 演绎推理　　B. 统计方法　　C. 终值计算方法　　D. 现值计算方法

【解析】基本分析流派的分析方法体系体现了以价值分析理论为基础、以统计方法和现值计算方法为主要分析手段的基本特征。基本分析法的理论基础在于：①任何一种投资对象都有一种可以称之为内在价值的固定基准，且这种内在价值可以通过对该种投资对象的现状和未来前景的分析获得；②市场价格和内在价值之间的差距最终会被市场所纠正，因此市场价格低于(或高于)内在价值之日，便是买(卖)机会到来之时。

26. 基本面分析的两种主要方法为(　　)。

A. 自上而下分析法　　B. 自左而右分析法

C. 自下而上分析法　　D. 自右而左分析法

【解析】基本面分析是对影响证券投资的经济因素、政治因素、上市公司的业绩、财务状况等要素进行分析，以判定证券的内在投资价值，衡量其价格是否合理。基本面分析包括自上而下分析法和自下而上分析法两种。

27. 以下说法正确的有(　　)。

A. 行业经济是宏观经济的构成部分，宏观经济活动是行业经济活动的总和

B. 行业经济活动是微观经济分析的主要对象之一

C. 行业是决定公司投资价值的重要因素之一

D. 行业分析是对上市公司进行分析的前提，也是连接宏观经济分析和上市公司分析的桥梁，是基本分析的重要环节

【解析】B 项，行业经济活动是中观经济分析的主要对象之一。

28. 行业分析方法包括(　　)。

A. 历史资料研究法　　B. 调查研究法

C. 归纳与演绎法　　D. 比较分析法

【解析】行业分析的方法包括：历史资料研究法、调查研究法、归纳与演绎法、比较分析法和数理统计法。

29. 基本分析法中的公司分析侧重于对(　　)的分析。

A. 盈利能力　　B. 发展潜力　　C. 经营业绩　　D. 潜在风险

【解析】公司分析侧重对公司的竞争能力、盈利能力、经营管理能力、发展潜力、财务状况、经营业绩以及潜在风险等进行分析，借此评估和预测证券的投资价值、价格及其未来变化的趋势。

30. 证券分析师在上市公司分析过程中需要关注(　　)。

A. 上市公司本身

B. 其他上市公司

C. 与上市公司之间存在关联关系的非上市公司

25BD　26AC　27ACD　28ABCD　29ABCD　30ACD

D. 与上市公司之间存在收购行为的非上市公司

【解析】证券投资分析中公司分析的对象主要是指上市公司，但证券分析师对上市公司进行分析的过程中往往还关注一些与上市公司之间存在关联关系或收购行为的非上市公司。

31. 财政政策的手段包括(　)。

A. 财政补贴　B. 国家预算　C. 转移支付　D. 增加外汇储备

【解析】财政政策是政府依据客观经济规律制定的指导财政工作和处理财政关系的一系列方针、准则和措施的总称。财政政策手段主要包括国家预算、税收、国债、财政补贴、财政管理体制、转移支付制度等。这些手段可以单独使用，也可以配合协调使用。D项，增加外汇储备属于货币政策。

32. 影响证券市场供给的制度因素主要有(　　)。

A. 发行上市制度　B. 市场设立制度　C. 上市公司质量　D. 股权流通制度

【解析】影响证券市场供给的制度因素主要有发行上市制度、市场设立制度和股权流通制度三大因素。C项，上市公司质量不属于制度因素。

33. 货币政策中介目标选择的标准包括(　　)。

A. 可测性　B. 可控性　C. 流动性　D. 相关性

【解析】我国货币政策的传导机制，经历了从直接传导转变为直接传导、间接传导的双重传导，并逐步过渡到以间接传导为主的阶段。货币政策中介目标选择的标准包括可测性、可控性和相关性。

34. 目前我国接近完全垄断市场类型的行业包括(　　)。

A. 煤气公司等公用事业　B. 计算机及相关设备制造业

C. 稀有金属矿藏的开采　D. 某些资本、技术高度密集型行业

【解析】在当前的现实生活中没有真正的完全垄断型市场，每个行业都或多或少地引进了竞争。公用事业(如发电厂、煤气公司、自来水公司和邮电通信等)和某些资本、技术高度密集型或稀有金属矿藏的开采等行业属于接近完全垄断的市场类型。

35. 下列关于增长型行业的说法，正确的有(　　)。

A. 投资这些行业的股票可以使投资者避免受经济周期波动的显著影响

B. 这些行业收入增长的速率总会随着经济周期的变动而出现同步变动

C. 这些行业的发展主要依靠技术进步、产品创新等，从而使其呈现持续的增长状态

D. 这些行业的股票价格完全不会受到经济周期的影响

【解析】增长型行业的运行状态与经济活动总水平的周期及其振幅并不紧密相关。这些行业收入增长的速率并不会总是随着经济周期的变动而出现同步变动，因为它们主要依靠技术的进步、新产品推出及更优质的服务，从而使其经常呈现出增长形态。

36. 完全垄断型市场结构的特点有(　　)。

A. 垄断者根据市场情况制定理想的价格和产量

31ABC　32ABD　33ABD　34ACD　35AC　36ABD

B. 产品没有或缺少合适的替代品

C. 垄断者在制定理想的价格与产量时不会受到政府的约束

D. 市场被独家企业所控制

【解析】完全垄断型市场结构的特点包括：①市场被独家企业所控制，其他企业不可以或不可能进入该行业；②产品没有或缺少相近的替代品；③垄断者能够根据市场的供需情况制定理想的价格和产量，在高价少销和低价多销之间进行选择，以获取最大的利润；④垄断者在制定产品的价格与生产数量方面的自由性是有限度的，要受到有关反垄断法和政府管制的约束。

37. 不同行业受经济周期影响的程度会有差异，受经济周期影响较为明显的行业有(　　)。

A. 公用事业　B. 钢铁　C. 生活必需品　D. 耐用消费品

【解析】BD 两项，钢铁、耐用消费品属于周期型行业，其运动状态与经济周期紧密相关。当经济处于上升时期，这些行业会紧随其扩张；当经济衰退时，这些行业也相应衰落，且该类型行业收益的变化幅度往往会在一定程度上夸大经济的周期性。

38. 行业处于成熟期的特点有(　　)。

A. 企业规模庞大，产品普及程度高

B. 行业生产能力趋于饱和，市场要求也趋于饱和

C. 行业的利润降低，行业的竞争加剧

D. 构成支柱产业地位，其生产要素份额、产值、利税份额在国民经济中占有一席之地

【解析】成熟期行业的特点包括：①企业地位显赫、规模空前，产品普及程度高；②处于产业支柱地位，其生产产值、要素份额、利税份额在国民经济中占有较高比例；③行业市场需求接近饱和，生产能力也趋于饱和，出现买方市场。行业成熟期，行业增长速度下降到适度的水平，甚至增长可能会完全停止，产出下降。行业利润处于较高的水平，但由于较稳定的市场结构、新企业不易进入，风险较低。

39. 近年来我国政府采取的有利于扩大股票需求的措施有(　　)。

A. 成立中外合资基金公司　B. 取消利息税

C. 提高保险公司股票投资比重　D. 股权分置改革

【解析】证券市场需求主要受到以下因素的影响：①宏观经济环境；②政策因素；③居民金融资产结构的调整；④机构投资者的培育和壮大；⑤资本市场的逐步对外开放。B 项，取消利息税促使投资者将股票投资转化为储蓄，有利于降低股票的需求；D 项，股权分置改革扩大了股票的供给。

40. 分析行业的一般特征通常考虑的主要内容包括(　　)。

A. 行业的竞争结构　B. 行业的文化

C. 行业的生命周期　D. 行业与经济周期关联程度

【解析】分析行业的一般特征通常从以下几方面入手：①行业的市场结构分析；②行业的竞争结构分析；③经济周期与行业分析；④行业生命周期分析；⑤行业景气分析。

41. 一般而言，影响行业市场结构变化的因素包括(　　)。

37BD　38ABD　39AC　40ACD　41BCD

A. 企业的质量　　B. 企业的数量　　C. 进入限制程度　　D. 产品差别

【解析】根据该行业中企业数量的多少、进入限制程度和产品差别，行业基本上分为四种市场结构：完全竞争、垄断竞争、寡头垄断和完全垄断。

42. 依据“价值链(Value Chain)”理论，企业的产业价值链包括(　　)。

A. 管理　　B. 设计　　C. 销售　　D. 交货

【解析】根据“价值链(Value Chain)”理论，企业内部各业务单元的联系构成了企业的价值链，一般企业都可以视为一个由管理、设计、采购、生产、销售、交货等一系列创造价值的活动所组成的链条式集合体。

43. 进行产业链分析的意义包括(　　)。

A. 有利于企业根据自己独特的比较优势和竞争优势进行相应产业价值链环节的选择
B. 有利于企业形成自己独特的产业竞争力
C. 有利于企业增进自己的创新研发能力
D. 有利于不同生产者在不同环节间形成有效协作和分工

【解析】对产业链进行分析，实质上就是将某一产业价值链进行分解考察，通过区分和界定处于产业价值链上的不同企业在某一特定产业内的各种活动，比较各个环节的价值和变化，以分析产业链上企业的竞争力和产业的发展方向。产业链分析有利于不同国家或地区的企业和行业根据自己独特的比较优势和竞争优势进行相应产业价值链环节的选择，进而一方面因正确的产业定位和选择而形成自己独特的产业竞争力，另一方面也促使不同国家或地区的生产者在同一产业价值链上不同环节间的有效协作和分工的形成。

44. 美国哈佛商学院教授迈克尔·波特认为，从静态角度看，基本竞争力量的状况及其综合强度决定着(　　)。

A. 行业的发展方向　　B. 行业内的企业可能获得利润的最终潜力
C. 行业内的竞争激烈程度　　D. 行业竞争的强度和获利能力

【解析】从静态角度看，基本竞争力量的状况及其综合强度，决定着行业内的竞争激烈程度，决定着行业内的企业可能获得利润的最终潜力；从动态角度看，这五种竞争力量抗衡的结果，共同决定着行业的发展方向，共同决定行业竞争的强度和获利能力。

45. 增长型行业主要依靠(　　)等，从而使其经常呈现出增长形态。

A. 政策的扶持　　B. 企业家的努力　　C. 技术的进步　　D. 新产品推出

【解析】增长型行业的运行状态与经济活动总水平的周期及其振幅并不紧密相关。这些行业收入增长的速率并不会总是随着经济周期的变动而出现同步变动，因为它们主要依靠技术的进步、新产品推出及更优质的服务，从而使其经常呈现出增长形态。

46. (　　)是行业形成的基本保证。

A. 人们的物质文化需求　　B. 高管人员的素质
C. 资本的支持　　D. 资源的稳定供给

【解析】一个行业的萌芽和形成，最基本和最重要的条件是人们的物质文化需求。社会

42ABCD　43ABD　44BC　45CD　46CD

的物质文化需要是行业经济活动的最基本动力。资本的支持与资源的稳定供给是行业形成的基本保证。

47. 行业的形成方式包括( )。

A. 分化 B. 衍生 C. 新生长 D. 合并

【解析】行业形成的方式有三种：分化、衍生和新生长。分化是指新行业从原行业(母体)中分离出来，分解为一个独立的新行业，比如电子工业从机械工业中分化出来，石化行业从石油工业中分化出来等。衍生是指出现与原有行业相关、相配套的行业，如汽车业衍生出来的汽车修理业，房地产业衍生出来的房地产咨询业等。新生长方式是指新行业以相对独立的方式进行，并不依附于原有行业。这种行业的产生往往是科学技术产生突破性进步的结果，经常萌芽于实验室或者科技园区。

48. 下列关于行业幼稚期的说法，正确的有( )。

A. 这一阶段的企业投资显现“高风险、低收益”

B. 这一阶段，投资于该行业的公司数量较少

C. 处于幼稚期的行业更适合于风险投资者和创业投资者

D. 处于幼稚期的行业更适合于稳健的投资者

【解析】处于幼稚期的企业，由于较高的产品成本和价格与较小的市场需求之间的矛盾使得创业公司面临很大的市场风险，而且还可能因财务困难而引发破产风险。因此，这类企业更适合投机者和创业投资者。

49. 判断一个行业的成长能力，可以考察的方面有( )。

A. 需求弹性 B. 生产技术

C. 市场容量与潜力 D. 产业组织变化活动

【解析】判断一个行业的成长能力，可以从以下几方面考察：需求弹性、生产技术、产业关联度、市场容量与潜力、行业在空间的转移活动和产业组织变化活动。

50. 以下关于行业衰退的说法，正确的有( )。

A. 自然衰退是一种自然状态下到来的衰退

B. 偶然衰退是指在偶然的外部因素作用下，提前或者延后发生的衰退

C. 绝对衰退是指行业本身内在的衰退规律起作用而发生的规模萎缩、功能衰退、产品老化

D. 相对衰退是指行业因结构性原因或者无形原因引起行业地位和功能发生衰减的状况，而并不一定是行业实体发生了绝对的萎缩

【解析】行业的生命周期，一般地可分为幼稚阶段、成长阶段、成熟阶段和衰退阶段四个阶段。行业衰退可以分为自然衰退和偶然衰退：前者是一种自然状态下到来的衰退；后者是指在偶然的外部因素作用下，提前或者延后发生的衰退。行业衰退还可以分为绝对衰退和相对衰退：前者是指行业本身内在的衰退规律起作用而发生的规模萎缩、功能衰退、产品老化；后者是指行业因结构性原因或者无形原因引起行业地位和功能发生衰减的状况，而并不一定是行业实体发生了绝对的萎缩。

47ABC 48ABC 49ABCD 50ABCD

51. 下述关于行业的实际生命周期的说法，正确的有(　　)。

A. 随着行业兴衰，行业的市场容量有一个“小—大—小”的过程，行业的资产总规模也经历“小—大—萎缩”的过程

B. 利润率水平是行业兴衰程度的一个综合反映，一般都有“低—高—稳定—低—严重亏损”的过程

C. 随着行业兴衰，行业的创新能力有一个强增长到逐步衰减的过程，技术成熟程度有一个“低—高—老化”的过程

D. 随着行业兴衰，从业人员的职业化和工资福利收入水平有一个“低—高—低”的过程

【解析】分析师具体判断一个行业实际的生命周期阶段时，一般考虑以下几个方面：①产出增长率。成长期，产出增长率较高；成熟期以后降低；衰退期，行业低速运行或出现负增长。②行业规模。行业的市场容量经历“小—大—小”的进程，行业的资产总规模则出现“小—大—萎缩”的阶段。③技术进步和技术成熟程度。行业的创新能力由强增长到逐步衰减，技术成熟程度经历“低—高—老化”的阶段。④利润率水平。通常经历“低—高—稳定—低—严重亏损”的阶段。⑤从业人员的职业化水平和工资福利收入水平。通常会经历“低—高—低”的阶段。⑥开工率。行业处在成长或成熟期间，长时期开工充足体现了景气状态。衰退期一般体现为开工不足。⑦资本进退。成熟期之前，企业数量及资本量的进入量大于退出量；成熟期，表现为均衡；衰退期，表现为退出量超过进入量，行业规模萎缩，企业转产、倒闭时常发生。

52. 对上市公司所处经济区位内的自然条件与基础条件分析，有利于(　　)。

A. 分析该上市公司的发展前景

B. 判断上市公司的发展是否会受到当前的自然条件和基础条件制约

C. 判断上市公司的主营业务是否符合当地政府实行的政策

D. 分析该上市公司的财务状况

【解析】分析区位内的自然条件和基础条件，有利于分析该区位内上市公司的发展前景。如果上市公司所从事的行业与当地的自然和基础条件不符，公司的发展可能会受到很大的制约。

53. 公司经营能力分析的主要内容包括(　　)。

A. 公司从业人员的素质和创新能力分析

B. 公司管理人员的素质和能力分析

C. 公司区位特征分析

D. 公司法人治理结构分析

【解析】公司经营能力分析包括以下内容：①公司法人治理结构，其至少体现在以下七个方面：规范的股权结构、有效的股东大会制度、董事会权力的合理界定与约束、完善的独立董事制度、监事会的独立性和监督责任、优秀的职业经理层和相关利益者的共同治理；②公司管理层的素质；③公司从业人员素质和创新能力。

54. 公司区位分析的主要内容应当包括(　　)。

51ABCD　52AB　53ABD　54ABCD

A. 公司所处区位内的经济特色分析　　B. 公司所处区位内的自然条件分析
C. 公司所处区位内的基础条件分析　　D. 公司所处区位内的产业政策分析

【解析】公司经济区位是指地理范畴上的经济增长点及其辐射范围，区位分析主要内容包括：①区位内的自然条件与基础条件；②区位内的政府的产业政策；③区位内的经济特色。

55. 下列关于公司偿债能力分析的说法，正确的有(　　)。
A. 包括短期偿债能力分析和长期偿债能力分析两个方面
B. 短期偿债能力的强弱取决于流动资产的流动性
C. 长期偿债能力是指公司偿还 1 年以上债务的能力
D. 从长期来看，短期偿债能力与公司的获利能力是密切相关的

【解析】D 项，从长期来看，所有真实的报告收益应最终反映为公司的现金净流入，所以长期偿债能力与公司的获利能力是密切相关的。

56. 规范的股权结构的含义包括(　　)。
A. 有效的股东大会制度　　B. 流通股股权适度集中
C. 降低股权集中度　　D. 股权的流通性

【解析】规范的股权结构包括三层含义：①降低股权集中度，改变“一股独大”局面；②流通股股权适度集中，发展机构投资者、战略投资者，发挥他们在公司治理中的积极作用；③股权的流通性。

57. 关于股东大会制度，下列说法正确的有(　　)。
A. 股东大会制度是确保股东充分行使权利的最基础的制度安排，能否建立有效的股东大会制度是上市公司建立健全公司法人治理机制的关键
B. 股东大会是公司的决策机构
C. 有效的股东大会制度应具备规范的召开与表决程序
D. 股东大会应赋予董事会合理充分的权力，但也要建立对董事会权力的约束机制

【解析】B 项，董事会是公司的决策机构。

58. 形成高效运作的经理层的前提条件是公司必须建立和形成一套科学的市场化的制度，这些制度主要包括(　　)。
A. 选聘制度　　B. 激励制度　　C. 独立董事制度　　D. 财务制度

【解析】优秀的职业经理层是保证公司治理结构规范化、高效化的人才基础。形成高效运作的职业经理层的前提条件是上市公司必须建立和形成一套科学化、市场化、制度化的选聘制度和激励制度。

59. 管理和销售费用预测包括(　　)。
A. 销售费用
B. 销售费用占销售收入的比例
C. 新市场的拓展
D. 每年的研究和开发费用占销售收入的比例

55ABC　56BCD　57ACD　58AB　59ABCD

【解析】盈利预测的假设主要包括以下内容：①销售收入预测；②生产成本预测；③管理和销售费用预测，包括销售费用和销售费用占销售收入的比例、管理费用的变化、新市场的拓展、每年的研究和开发费用占销售收入的比例等；④财务费用预测；⑤其他，包括主营业务利润占税前利润的百分比、非经常项目及其他利润占税前利润的比例、到目前为止利润的完成情况等。

60. 财务费用预测包括(　　)。

A. 新增长期贷款

B. 新增短期贷款

C. 主营业务利润占税前利润的百分比

D. 非经常项目及其他利润占税前利润的比例

【解析】盈利预测的假设主要包括以下内容：①销售收入预测；②生产成本预测；③管理和销售费用预测；④财务费用预测，包括新增长期贷款和新增短期贷款等；⑤其他，包括主营业务利润占税前利润的百分比、非经常项目及其他利润占税前利润的比例、到目前为止利润的完成情况等。

61. 经营战略具有(　　)的特征。

A. 全局性　　B. 长远性　　C. 目标性　　D. 纲领性

【解析】经营战略具有全局性、长远性和纲领性的特征，它从宏观上规定了公司的成长方向、成长速度及其实现方式。

62. 公司规模变动特征和扩张潜力一般与其所处的(　　)密切相关，它是从微观方面具体考察公司的成长性。

A. 行业发展阶段　B. 品牌战略　　C. 市场结构　　D. 经营战略

【解析】公司规模变动特征和扩张潜力一般与其所处的行业发展阶段、市场结构、经营战略密切相关，它是从微观方面具体考察公司的成长性，可以从以下几个方面进行分析：①公司规模的扩张是由供给推动还是由市场需求拉动引致，是通过公司的产品创造市场需求还是生产产品去满足市场需求，是依靠技术进步还是依靠其他生产要素等等，以此找出企业发展的内在规律。②纵向比较公司历年的销售、利润、资产规模等数据，把握公司的发展趋势是加速发展、稳步扩张，还是停滞不前。③将公司销售、利润、资产规模等数据及其增长率与行业平均水平及主要竞争对手的数据进行比较，了解其行业地位的变化。④分析预测公司主要产品的市场前景及公司未来的市场份额，分析公司的投资项目，预计其销售和利润水平。⑤分析公司的财务状况以及公司的投资和筹资潜力。

63. 对公司成长性进行分析，其内容应该包括(　　)。

A. 公司产品市场前景的预测　　B. 公司财务指标的纵向比较

C. 引发公司规模变动的原因　　D. 公司财务指标的横向比较

【解析】公司成长性分析包括两个方面：①公司经营战略分析。②公司规模变动特征及扩张潜力分析，包括引发公司规模变动的原因；公司财务指标的纵向比较；公司财务

60AB　61ABD　62ACD　63ABCD

指标的横向比较；主要产品的市场前景及公司未来的市场份额的预测；公司的投资项目的销售和利润水平的分析；公司的财务状况以及公司的投资和筹资潜力。

64. 公司调研是上市公司基本分析的重要环节，分析师通过公司调研需要达到以下(　　)等几个目的。

A. 核实公司公开信息中披露的信息，如重要项目的进展、融资所投项目等是否与信息披露一致

B. 对公司公开信息中披露的对其利润有重大影响的会计科目或对主营业务发生重大改变的事项进行实地考察和咨询

C. 通过与公司管理层的对话与交谈，深入了解公司管理层对公司未来战略的设想(包括新的融资计划等)，并对其基本素质有一个基本的判断

D. 通过对车间或工地的实地考察，对公司的开工率和员工精神面貌有比较清醒的认识

【解析】除 ABCD 四项外，分析师通过公司调研需要达到的目的还包括：深入了解公司可能面临的风险；提高公司盈利预测模型中相关参数确定的准确性。

65. 已知某公司某年财务数据如下：年初存货 69 万元，年初流动资产 130 万元，年末存货 62 万元，年末流动资产 123 万元，营业利润 96 万元，营业成本 304 万元，利润总额 53 万元，净利润 37 万元。根据上述数据可以计算出(　　)。

A. 流动资产周转率为 3.2 次　　B. 存货周转天数为 77.6 天

C. 营业净利率为 13.25%　　D. 存货周转率为 3 次

【解析】依题意，营业净利润率 = 净利润/营业收入 = 37/(96 + 304) = 9.25%；存货周转天数 = 360/存货周转率 = 平均存货 × 360 ÷ 营业成本 = [(69 + 62)/2] × 360/304 = 77.6(天)；流动资产周转率 = 营业收入/平均流动资产 = (96 + 304)/[(130 + 123)/2] = 3.2(次)；存货周转率 = 360/存货周转天数 = 360/77.6 = 4.6(次)。

66. 流动资产周转率反映流动资产的周转速度，其影响因素有(　　)。

A. 营业收入　　B. 营业利润　　C. 流动资产　　D. 财务费用

【解析】流动资产周转率是营业收入与全部流动资产的平均余额的比值。其计算公式为：流动资产周转率 = 营业收入/平均流动资产(次)，公式中的平均流动资产是资产负债表中的流动资产合计期初数与期末数的平均数。

67. 尽管财务报表是按会计准则编制的，但不一定反映公司的实际情况，如(　　)。

A. 有些数据是估计的，如无形资产摊销等，但这种估计未必正确

B. 流动资产的余额是按历史成本减折旧或摊销计算的，不代表现行成本或变现价值

C. 报表数据未按通货膨胀或物价水平调整

D. 发生了非常或偶然的事项，如坏账损失，可能歪曲本期的净收益，使之不能反映盈利的正常水平

【解析】财务报表是按会计准则编制的，它们合乎规范，但不一定反映该公司的客观实际，除了 ACD 三项外，还有如下情况：①非流动资产的余额是按历史成本减折旧或摊销计算的，不代表现行成本或变现价值；②有许多项目，如科研开发支出和广告支出，

64ABCD　65AB　66AC　67ACD

从理论上看是资本支出，但发生时已列作了当期费用。

68. 下列各类公司或行业，不适宜采用市盈率进行估值的有(　　)。

A. 成熟行业　　B. 亏损公司　　C. 周期性公司　　D. 服务行业

【解析】市盈率估值方法一般适用于周期性较弱企业，如一般制造业、服务业；不适用于亏损公司、周期性公司。

69. 下列各项中，反映公司偿债能力的财务比率指标有(　　)。

A. 营业成本/平均存货　　B. (流动资产－存货)/流动负债

C. 营业收入/平均流动资产　　D. 流动资产/流动负债

【解析】A项是存货周转率的计算公式，存货周转率是反映公司营运能力的指标；BD两项分别是速动比率和流动比率的计算公式，反映公司变现能力，是考察公司短期偿债能力的关键指标；C项是流动资产周转率的计算公式，反映公司营运能力。

70. 构成利润表的项目有(　　)。

A. 营业收入　　B. 利润总额　　C. 应付股利　　D. 营业利润

【解析】利润表是反映企业一定期间生产经营成果的会计报表，表明企业运用所拥有的资产进行获利的能力。构成利润表的项目有营业收入、营业成本、营业利润以及利润总额等。C项，应付股利属于资产负债表项目。

71. 已知某公司某年财务数据如下，营业收入2500000元，利息费用160000元，营业利润540000元，税前利润380000元。根据上述数据可以计算出(　　)。

A. 利息保障倍数为3.375　　B. 净利润为2340000元

C. 利息支付倍数为2.255　　D. 息税前利润为540000元

【解析】息税前利润＝税前利润＋利息费用＝380000＋160000＝540000(元)；利息保障倍数(利息支付倍数)＝息税前利润/利息费用＝(380000＋160000)/160000＝3.375。题中没有给出税率，所以无法得出净利润。

72. 使用财务报表的主体可能包括(　　)。

A. 公司的债权人　　B. 公司的潜在投资者

C. 公司的经营管理人员　　D. 公司的现有投资者

【解析】财务报表分析的目的是为有关各方提供可以用来作出决策的信息。使用财务报表的主体可能包括：①公司的经理人员；②公司的现有投资者及潜在投资者；③公司的债权人；④公司雇员与供应商。

73. 公司现金流主要来自(　　)。

A. 公司融资　　B. 公司投资　　C. 公司变更　　D. 公司经营

【解析】现金流量表反映企业一定期间现金的流入和流出，表明企业获得现金和现金等价物的能力。现金流量表主要分经营活动、投资活动和筹资活动产生的现金流量三个部分。

74. 以下指标中，属于对公司的长期偿债能力进行分析的有(　　)。

68BC　69BD　70ABD　71AD　72ABCD　73ABD　74CD

A. 总资产周转率　　　　　　　　　　B. 净资产收益率
C. 资产负债率　　　　　　　　　　　D. 产权比率

【解析】A 项，总资产周转率是营运能力分析的指标；B 项，净资产收益率是盈利能力分析的指标。

75. 衡量公司营运能力的财务比率指标有(　　)。

A. 净资产倍率　　　　　　　　　　　B. 总资产周转率
C. 资产负债率　　　　　　　　　　　D. 存货周转率和存货周转天数

【解析】A 项，净资产倍率(市盈率)是投资收益分析的指标；C 项，资产负债率是长期偿债能力分析的指标。

76. 在计算营运指数时，经营所得现金是必需的一个数据。其计算过程中的"非付现费用"包括下列项目中的(　　)。

A. 固定资产报废损失　　　　　　　　B. 长期待摊费用摊销
C. 无形资产摊销　　　　　　　　　　D. 固定资产折旧

【解析】非付现费用涉及计提的资产减值准备、固定资产折旧、无形资产摊销、长期待摊费用摊销、待摊费用的减少、预提费用的增加等项目；非经营收益涉及处置固定资产、无形资产和其他资产的损失，固定资产报废损失，财务费用，投资损失等项目。

77. 通过对财务报表进行分析，投资者可以(　　)。

A. 准确预测公司股票价格　　　　　　B. 评价公司风险
C. 得到反映公司发展趋势方面的信息　D. 计算投资收益率

【解析】投资者通过对财务报表所传递的信息进行分析、加工，可以得到反映公司发展趋势、竞争能力等方面的信息；计算投资收益率，评价风险，比较该公司和其他公司的风险和收益，决定自己的投资策略。

78. 已知某公司某年的财务数据如下：应收账款 500000 元，流动资产 860000 元，固定资产 2180000 元，存货 300000 元，短期借款 460000 元，流动负债 660000 元。根据以上数据可以计算出(　　)。

A. 速动比率为 0.85　　　　　　　　B. 流动比率为 1.30
C. 存货周转率 4.42 次　　　　　　　D. 应收账款周转率 5.26 次

【解析】速动比率 =(流动资产 − 存货)/流动负债 =(860000 − 300000)/660000 = 0.85；流动比率 = 流动资产/流动负债 = 860000/660000 = 1.30；存货周转率 = 营业成本/平均存货，应收账款周转率 = 营业收入/平均应收账款，但题目中没有给出营业成本及营业收入金额，因此无法计算存货周转率及应收账款周转率指标。

79. 上市公司必须遵守财务公开的原则，定期公开自己的财务报表。这些财务报表主要包括(　　)。

A. 资产负债表　　　　　　　　　　　B. 利润表
C. 所有者权益变动表　　　　　　　　D. 现金流量表

【解析】上市公司必须遵守财务公开的原则，定期公开自己的财务状况，提供有关财务

75BD　76BCD　77BCD　78AB　79ABCD

资料，便于投资者查询。上市公司公布的财务资料中，主要是一些财务报表。按照中国证监会2014年修订的《公开发行证券的公司信息披露编报规则第15号——财务报告的一般规定》，要求披露的财务报表包括资产负债表、利润表、现金流量表和所有者权益变动表。

80. 下列关于利润表的说法，错误的有(　　)。

A. 利润总额在主营业务利润的基础上，加减投资收益、补贴收入和营业外收支等后得出

B. 利润表把一定期间的营业收入与其同一会计期间相关的营业费用进行配比，以计算出企业一定时期的净利润

C. 净利润在利润总额的基础上，减去本期计入损益的所得税费用后得出

D. 营业利润在主营业务利润的基础上，减营业费用、管理费用和财务费用后得出

【解析】A项，利润总额(或亏损总额)在营业利润的基础上加营业外收入，减营业外支出后得到；D项，营业收入减去营业成本(主营业务成本、其他业务成本)、营业税金及附加、销售费用、管理费用、财务费用、资产减值损失，加上公允价值变动收益、投资收益，即为营业利润。

81. 下列各种现金流量，属于现金流量表中经营活动产生的现金流量的有(　　)。

A. 公司支付给职工以及为职工支付的现金

B. 偿还债务支付的现金

C. 支付的增值税、所得税款项

D. 收到的税费返还

【解析】B项，偿还债务支付的现金属于筹资活动产生的现金流量。

82. 可以用于财务报表分析的方法有(　　)。

A. 趋势分析　　B. 差额分析　　C. 财务比率分析　　D. 指标分解

【解析】财务报表分析的方法有比较分析法和因素分析法两大类。进一步细分，比较分析法与因素分析法这两类分析方法又各自包含了不同种类的具体方法，如财务比率分析、结构百分比分析、趋势分析、差额分析、指标分解、连环替代、定基替代等等。

83. 上市公司配股增资后，下列各项中上升的财务指标有(　　)。

A. 总股本　　B. 流通股本　　C. 资产负债率　　D. 产权比率

【解析】CD两项，公司通过配股融资后，由于净资产增加，而负债总额和负债结构都不会发生变化，因此公司的资产负债率和权益负债比率(即产权比率)将降低，减少了债权人承担的风险，而股东所承担的风险将增加。

84. 下列关于变现能力分析的说法，正确的有(　　)。

A. 反映变现能力的财务比率主要有流动比率和速动比率

B. 企业能否偿还短期债务，要看有多少债务，以及有多少可变现偿债的资产

C. 通常认为正常的速动比率为1，低于1的速动比率说明短期偿债能力一定低

D. 一些财务报表资料中没有反映出的因素，也会影响企业的短期偿债能力

80AD　81ACD　82ABCD　83AB　84ABD

【解析】C 项，速动比率低于 1 被认为是短期偿债能力偏低，但这也仅是一般的看法，因为行业不同，速动比率会有很大差别，没有统一标准的速动比率。

85. 影响流动比率的主要因素有(　　)。

A. 流动资产中的应收账款数额　　B. 营业周期

C. 存货的周转速度　　D. 同行业的平均流动比率

【解析】流动比率是流动资产除以流动负债的比值，一般情况下，营业周期、流动资产中的应收账款数额和存货的周转速度是影响流动比率的主要因素。

86. 下列关于应收账款周转率的说法，正确的有(　　)。

A. 应收账款周转率说明应收账款流动的速度

B. 应收账款周转率等于营业收入与期末应收账款的比值

C. 应收账款周转率越高，平均收账期越短，说明应收账款的收回越快

D. 它表示企业从取得应收账款的权利到收回款项转换为现金所需要的时间

【解析】B 项，应收账款周转率是营业收入与平均应收账款的比值；D 项，应收账款周转天数是应收账款周转率的倒数乘以 360 天，表示公司从取得应收账款的权利到收回款项转换为现金所需要的时间。

87. 应收账款周转率提高意味着(　　)。

A. 短期偿债能力增强　　B. 收账费用减少

C. 收账迅速，账龄较短　　D. 销售成本降低

【解析】及时收回应收账款，不仅能增强公司的短期偿债能力，也能反映出公司管理应收账款方面的效率。

88. 一般而言，比率越低表明企业的长期偿债能力越好的指标有(　　)。

A. 资产负债率　　B. 产权比率

C. 有形资产净值债务率　　D. 已获利息倍数

【解析】D 项，已获利息倍数指标是指公司经营业务收益与利息费用的比率，用以衡量偿付借款利息的能力，也称利息保障倍数。已获利息倍数越大，企业偿付利息的能力就越充足，否则就相反。

89. 在某会计年度出现(　　)时，一般意味着企业的长期偿债能力可能出现问题，投资者、管理层须保持关注。

A. 长期债务与营运资金比率远远大于 1

B. 有形资产净值债务率不断下降

C. 利息支付倍数低于近几年的平均数，但较最低的年份要高出不少

D. 负债权益比率不断上升，远远超过了行业平均值

【解析】A 项，一般情况下，长期债务不应超过营运资金；B 项，从长期偿债能力来讲，有形资产净值债务率越低越好；C 项，只要已获利息倍数足够大，公司就有充足的能力偿付利息，否则相反；D 项，负债权益比率越低对债权人越有利。

85ABC　86AC　87AC　88ABC　89AD

90. 收益质量分析指(　　)。

A. 分析收益与股价之间的关系　　B. 分析会计收益与现金净流量的比率关系

C. 分析收益是否真实　　D. 分析收益与公司业绩之间的关系

【解析】收益质量是指报告收益与公司业绩之间的关系。从现金流量表的角度来看，收益质量分析主要是分析会计收益与现金净流量的比率关系，其主要的财务比率是营运指数。营运指数小于1，说明收益质量不够好。

91. 公司在计算稀释每股收益时，应考虑(　　)，按照其稀释程度从大到小的顺序计入稀释每股收益，直至稀释每股收益达到最小值。

A. 所有稀释性潜在普通股对归属于公司普通股股东的净利润的影响

B. 所有稀释性潜在普通股对扣除非经常性损益后归属于公司普通股股东的净利润及加权平均股数的影响

C. 报告期因公积金转增股本或股票股利分配等增加股份数

D. 报告期因发行新股或债转股等增加股份数

【解析】目前我国上市公司须根据归属于公司普通股股东的净利润和扣除非经常性损益后归属于公司普通股股东的净利润分别计算和披露基本每股收益和稀释每股收益。公司在计算稀释每股收益时，应考虑所有稀释性潜在普通股对归属于公司普通股股东的净利润，或扣除非经常性损益后归属于公司普通股股东的净利润及加权平均股数的影响，按照其稀释程度从大到小的顺序计入稀释每股收益，直至稀释每股收益达到最小值。

92. 使用每股收益指标要注意的问题有(　　)。

A. 每股收益同时说明了每股股票所含有的风险

B. 不同股票的每一股在经济上不等量，它们所含有的净资产和市价不同，即换取每股收益的投入量不同，限制了公司间每股收益的比较

C. 每股收益多，不一定意味着多分红，还要看公司的股利分配政策

D. 每股收益多，就意味着分红多，股票价值就越大

【解析】A 项，每股收益不反映股票所含有的风险；D 项，每股收益多，不一定意味着多分红，还要看公司的股利分配政策。

93. 下列关于市盈率的论述，正确的有(　　)。

A. 不能用于不同行业之间的比较

B. 市盈率低的公司没有投资价值

C. 一般情况下，市盈率越高的公司未来的成长潜力越大

D. 市盈率的高低受市价的影响

【解析】成长性好的新兴行业的市盈率普遍较高，而传统行业的市盈率普遍较低，但这并不说明后者的股票没有投资价值。

94. 关于每股净资产指标，下列说法正确的有(　　)。

A. 该指标反映发行在外的每股普通股所代表的净资产成本即账面权益

90BD　91AB　92BC　93ACD　94AD

B. 该指标反映净资产的变现价值

C. 该指标反映净资产的产出能力

D. 该指标在理论上提供了股票的最低价值

【解析】每股净资产是年末净资产(即年末股东权益)与发行在外的年末普通股总数的比值，反映发行在外的每股普通股所代表的净资产成本即账面权益。在投资分析时，只能有限地使用这个指标，因其是用历史成本计量的，既不反映净资产的变现价值，也不反映净资产的产出能力。每股净资产在理论上提供了股票的最低价值。

95. 在进行获取现金能力分析时，所使用的比率包括(　　)。

A. 营业现金比率　　B. 每股营业现金净流量

C. 现金股利保障倍数　　D. 全部资产现金回收率

【解析】C 项，现金股利保障倍数属于财务弹性分析。

96. 综合评价方法一般认为，公司财务评价的内容有(　　)。

A. 偿债能力　　B. 盈利能力　　C. 成长能力　　D. 抗风险能力

【解析】一般来讲，公司财务评价的内容主要是盈利能力，其次是偿债能力，此外还有成长能力。它们之间的分配比重大约是5:3:2。

97. EVA 是衡量企业(　　)的综合指标。

A. 经营效率　　B. 偿债能力　　C. 资本使用效率　　D. 财务结构

【解析】EVA 又称"经济利润"，衡量了减除资本占用费用后企业经营产生的利润，是反映企业经营效率和资本使用效率的综合指标。

98. 通过对上市公司的负债比率分析，(　　)。

A. 财务管理者可以获得公司的资产负债率是否合理的信息

B. 经营者可以获得公司再次借贷难易程度的信息

C. 投资者可以获得上市公司股价未来确定走势的信息

D. 债权人可以获得其贷给公司的款项是否安全的信息

【解析】负债比率主要包括：资产负债率、产权比率、有形资产净值债务率、已获利息倍数、长期债务与营运资金比率等。资产负债率反映在总资产中有多大比例是通过借债来筹资的，也可以衡量公司在清算时保护债权人利益的程度。产权比率反映由债权人提供的资本与股东提供的资本的相对关系，反映公司基本财务结构是否稳定。有形资产净值债务率谨慎、保守地反映了公司清算时债权人投入的资本受到股东权益的保障程度。已获利息倍数指标反映公司经营收益为所需支付的债务利息的多少倍。

99. 可能会降低企业的资产负债率的公司行为有(　　)。

A. 公司配股行为　　B. 公司增发新股行为

C. 公司发行债券行为　　D. 公司向银行贷款行为

【解析】公司发行债券行为、公司向银行贷款行为和向其他公司借款行为都会使企业的资产负债率提高。

95ABD　96ABC　97AC　98ABD　99AB

100. 公司通过配股融资后，(　　)。

A. 公司负债结构发生变化　　B. 公司净资产增加

C. 公司权益负债比率下降　　D. 公司负债总额发生变化

【解析】公司通过配股融资后，由于净资产增加，而负债总额和负债结构都不会发生变化，因此公司的资产负债率和权益负债比率将降低，减少了债权人承担的风险，而股东所承担的风险将增加。

101. 下列关于杜邦分析体系的说法中，正确的有(　　)。

A. 权益净利率是杜邦分析体系的核心比率

B. 权益净利率 = 资产净利率/权益乘数

C. 权益净利率 = 销售净利率 × 总资产周转次数 × 权益乘数

D. 权益净利率不受资产负债率高低的影响

【解析】B 项，权益净利率 = 资产净利率 × 权益乘数；D 项，资产负债率的变化会影响权益乘数，进而影响权益净利率。

102. 我国目前上市公司分红派息的主要形式有(　　)。

A. 现金股利　　B. 股票股利　　C. 配股　　D. 权证

【解析】分红派息的形式主要有现金股利和股票股利两种。上市公司分红派息须在每年决算并经审计之后，由董事会根据公司盈利水平和股息政策确定分红派息方案，提交股东大会审议。随后，董事会根据审议结果向社会公告分红派息方案，并规定股权登记日。

103. 证券的绝对估计值法包括(　　)。

A. 市盈率法　　B. 现金流贴现模型

C. 经济利润估值模型　　D. 市值回报增长比法

【解析】绝对估值是指通过对证券基本财务要素的计算和处理得出该证券的绝对金额。主要包括：红利贴现模型、企业自由现金流贴现模型、股东现金流贴现模型和经济利润估值模型。AD 两项属于相对估值法。

104. 某公司在未来每期支付的每股股息为 9 元，必要收益率为 10%，当前股票价格为 70 元，则在股价决定的零增长模型下，(　　)。

A. 该公司的股票价值等于 90 元　　B. 股票净现值等于 15 元

C. 该股被低估　　D. 该股被高估

【解析】运用零增长模型，可知该公司股票的价值为 9 ÷ 10% = 90(元)，而当前股票价格为 70 元，每股股票净现值为 90 − 70 = 20(元)，说明该股票被低估 20 元。

105. 某公司承诺给优先股东按 0.2 元/股派息，优先股股东要求的收益率为 2%，该优先股的理论定价为(　　)。

A. 4 元/股　　B. 不低于 9 元/股

C. 8 元/股　　D. 不高于 11 元/股

【解析】依题意，优先股内在价值的定价为：0.2/2% = 10(元/股)。

100BC　101AC　102AB　103BC　104AC　105BD

106. 某公司上一年度每股收益为1元，公司未来每年每股收益以5%的速度增长，公司未来每年的所有利润都分配给股东。如果该公司股票今年年初的市场价格为35元，并且必要收益率为10%，那么(　　)。

A. 该公司股票今年年初的内在价值约等于39元

B. 该公司股票的内部收益率为8%

C. 该公司股票今年年初市场价格被高估

D. 持有该公司股票的投资者应当在明年年初卖出该公司股票

【解析】该公司股票今年年初的内在价值 $=1\times(1+5\%)/(10\%-5\%)=21$(元)。设该公司股票的内部收益率为 r，则 $35=1\times(1+5\%)/(r-5\%)$，解得：$r=8\%$，因此该公司股票价格被高估，投资者应当在今年年初卖出该公司股票。

107. 假定某投资者在去年初购买了某公司股票，该公司去年年末支付每股股利2元，预期今年支付每股股利3元，以后股利按每年10%的速度持续增长。假定同类股票的必要收益率是15%，那么正确的结论有(　　)。

A. 该公司股票今年初的内在价值介于56元至57元之间

B. 如果该投资者购买股票的价格低于53元，则该股票当时被市场低估价格

C. 如果该投资者购买股票的价格高于54元，则该股票当时被市场高估价格

D. 该公司股票后年初的内在价值约等于48.92元

【解析】A项，该公司股票今年初的内在价值为：$V=3/(1+15\%)+1/(1+15\%)\times[3\times(1+10\%)]/(15\%-10\%)=60$(元)。BC两项，该投资者购买股票时该股票的内在价值为：$V=2/(1+15\%)+3/(1+15\%)^2+1/(1+15\%)^2\times[3\times(1+10\%)]/(15\%-10\%)\approx53.91$(元)，如果该投资者购买股票的价格低于53元，则该股票当时被市场低估价格；如果购买价格高于54元，则被高估。D项，该公司股票后年年初的内在价值为：$V=[3\times(1+10\%)^2]/(15\%-10\%)=72.6$(元)。

108. 证券估值的方法主要有(　　)。

A. 相对估值　　B. 无套利定价　　C. 绝对估值　　D. 资产价值

【解析】观察角度、估值技术甚至价值哲学的巨大差异，导致证券估值相关领域的理论和方法层出不穷。证券估值方法主要包括：①绝对估值；②相对估值；③资产价值；④其他估值方法，包括无套利定价和风险中性定价。

109. 根据技术分析的形态理论，股价形态包括(　　)。

A. 四边形形态　　B. 直角三角形形态

C. 双重顶(底)形态　　D. 头肩顶(底)形态

【解析】根据股价移动的规律，可以把股价曲线的形态分成两大类型：①持续整理形态，主要有三角形、矩形、旗形和楔形；②反转突破形态，主要有头肩形态、双重顶(底)形态、圆弧顶(底)形态、喇叭形以及V形反转形态等多种形态。

110. 反转突破形态包括(　　)。

A. 圆弧顶　　B. 三重顶　　C. 头肩底　　D. 双重顶

106BC　107BC　108ABCD　109ABCD　110ABCD

【解析】反转突破形态描述了趋势方向的反转，是投资分析中应该重点关注的变化形态。反转变化形态主要有头肩形态、双重顶(底)形态、圆弧顶(底)形态、喇叭形以及V形反转形态等多种形态。三重顶(底)形态是双重顶(底)形态的扩展形式，也属于头肩顶(底)形态的变形。

111. 关于矩形形态，下列说法中正确的有(　　)。

A. 矩形形态是典型的反转突破形态　　B. 矩形形态表明股价横向延伸运动

C. 矩形形态又被称为箱形　　D. 矩形形态是典型的持续整理形态

【解析】A项，矩形又称为箱形，是一种典型的整理形态，股票价格在两条横着的水平直线之间上下波动，呈现横向延伸的运动。

112. 下列说法正确的有(　　)。

A. 阴线K线表明收盘价小于开盘价

B. 当最高价等于收盘价时，K线没有上影线

C. 阳线K线表明收盘价大于开盘价

D. 当最高价等于最低价时，画不出K线

【解析】D项，当最高价、最低价、收盘价、开盘价4个价格相等时，则会出现一字型K线。

113. 利用单根K线研判行情，主要从(　　)方面进行考虑。

A. 上下影线长短　　B. 阴线还是阳线

C. 实体与上下影线　　D. 实体的长短

【解析】应用单根K线研判行情，主要从实体的长短、阴阳，上下影线的长短以及实体的长短与上下影线长短之间的关系等几个方面进行。

114. 技术分析的基本假设包括(　　)。

A. 市场行为涵盖一切信息　　B. 证券价格沿趋势移动

C. 历史会重演　　D. 证券价格的变动无规律，不可预测

【解析】D项，证券价格的变动有一定的规律性，具有保持原来运动方向的惯性，而供求关系决定证券价格的运动方向。

115. 下列有关趋势线和轨道线的描述，正确的有(　　)。

A. 两者都可独立存在并起作用

B. 股价对两者的突破都可认为是趋势反转的信号

C. 两者是相互合作的一对，但趋势线比轨道线重要

D. 先有趋势线，后有轨道线

【解析】A项，趋势线可以单独存在，而轨道线则不能单独存在；B项，趋势线被突破后，就说明股价下一步的走势将要反转。与突破趋势线不同，对轨道线的突破并不是趋势反转的开始，而是趋势加速的开始，即原来的趋势线的斜率将会增加，趋势线的方向将会更加陡峭。

111BCD　112ABC　113ABCD　114ABC　115CD

116. 股票价格走势的压力线是(　　)。

A. 阻止股价上升的一条线　　B. 一条直线

C. 一条曲线　　D. 只出现在上升行情中

【解析】压力线又称为阻力线，是指当股价上涨到某价位附近时，会出现卖方增加、买方减少的情况，股价会停止上涨，甚至回落。压力线起阻止股价继续上升的作用，是平行于横轴的一条直线。同时，压力线既可以出现在上升的行情中，也可以出现在下降的行情中，在一定条件下还可以与支撑线相互转化。

117. 下列哪些指标应用是正确的？(　　)

A. 利用 MACD 预测时，如果 DIF 和 DEA 均为正值，当 DEA 向上突破 DIF 时，买入

B. 当 WMS 高于 80，即处于超买状态，行情即将见底，卖出

C. 当 KDJ 在较高位置形成了多重顶，则考虑卖出

D. 当短期 RSI > 长期 RSI 时，属于多头市场

【解析】A 项，利用 MACD 预测时，若 DIF 和 DEA 均为正值，DIF 向上突破 DEA 是买入信号。B 项，当 WMS 高于 80 时，处于超卖状态，行情即将见底，应当考虑买进；当 WMS 低于 20 时，处于超买状态，行情即将见顶，应当考虑卖出。

118. 道氏理论认为股价的波动趋势包括(　　)。

A. 主要趋势　　B. 微小趋势　　C. 次要趋势　　D. 短暂趋势

【解析】道氏理论认为，价格的波动尽管表现形式不同，但最终可以将它们分为三种趋势：①主要趋势，指那些持续 1 年或 1 年以上的趋势，看起来像大潮；②次要趋势，指那些持续 3 周 ~3 个月的趋势，看起来像波浪，是对主要趋势的调整；③短暂趋势，指持续时间不超过 3 周，看起来像波纹，其波动幅度更小。

119. 道氏理论的主要原理有(　　)。

A. 市场平均价格指数可以解释和反映市场的大部分行为

B. 市场波动具有某种趋势

C. 趋势必须得到交易量的确认

D. 一个趋势形成后将持续，直到趋势出现明显的反转信号

【解析】道氏理论的主要原理包括：①市场平均价格指数可以解释和反映市场的大部分行为。②市场波动具有某种趋势，可以归为三种趋势：主要趋势、次要趋势和短暂趋势。③主要趋势有三个阶段。以上升趋势为例，包括以下三个阶段：a. 累积阶段；b. 上涨阶段；c. 市场价格达到顶峰后出现的又一个累积期。④工业平均指数和运输业平均指数必须相互加强。工业、运输业平均指数必须在同一方向上运行时方能确认某一市场趋势的形成。⑤趋势必须得到交易量的确认。交易量是确定趋势重要的附加信息，交易量应放大主要趋势的方向。⑥一个趋势形成后将持续，直到趋势出现明显的反转信号。

120. 证券投资技术分析方法的要素包括(　　)。

A. 证券市场价格的波动幅度　　B. 证券的交易量

116AB　117CD　118ACD　119ABCD　120ABD

C. 证券市场的交易制度　　　　　　　　D. 证券的市场价格

【解析】证券市场中，价格、成交量、时间和空间是进行技术分析的要素。这几个因素的具体情况和相互关系是进行正确分析的基础。其中，空间在某种意义上可以认为是价格的一方面，指的是价格波动能够达到的极限。

121. 切线类技术分析方法中，常见的切线有(　　)。

A. 压力线　　B. 支撑线　　C. 趋势线　　D. 移动平均线

【解析】常见的切线有趋势线、轨道线、支撑线、压力线、黄金分割线、甘氏线、角度线等。

122. 技术分析的类别主要包括(　　)。

A. 指标类　　B. 切线类　　C. K 线类　　D. 波浪类

【解析】一般说来，可以将技术分析方法分为如下常用的五类：指标类、切线类、形态类、K 线类和波浪类。

123. 按照计算期的长短，MA 一般分为(　　)。

A. 短期移动平均线　　　　B. 中期移动平均线

C. 中长期移动平均线　　　D. 长期移动平均线

【解析】按照计算期的长短，MA 可分为短期、中期和长期移动平均线。一般以 5 日、10 日线观察证券市场的短期走势，称为短期移动平均线；以 30 日、60 日线观察中期走势，称为中期移动平均线；以 13 周、26 周观察长期趋势，称为长期移动平均线。

124. 在 RSI 应用法则中投资操作为买入的有(　　)。

A. RSI 值在 80 ~ 100　　　　B. RSI 值在 50 ~ 80

C. RSI 值在 20 ~ 50　　　　D. RSI 值在 0 ~ 20

【解析】根据 RSI 应用法则，B 项的市场特征为强，投资操作为买入；D 项的市场特征为极弱，投资操作为买入。

125. 关于 RSI 指标的运用，下列论述正确的有(　　)。

A. 根据 RSI 上升和下降的轨迹画趋势线，此时支撑线和压力线作用的切线理论同样适用

B. 短期 RSI > 长期 RSI，应属空头市场

C. RSI 在低位形成两个底部抬高的谷底，而股价还在下降，是可以买入的信号

D. 当 RSI 在较高或较低的位置形成头肩形和多重顶(底)，是采取行动的信号

【解析】B 项，短期 RSI > 长期 RSI，应属多头市场，股价趋于上涨；短期 RSI < 长期 RSI，则属空头市场，股价趋于下跌。

126. 下列有关 RSI 的描述，正确的有(　　)。

A. 其参数为天数，一般有 5 日、9 日、14 日等

B. 短期 RSI < 长期 RSI，则属空头市场

C. RSI 的计算只涉及到开盘价

121ABC　122ABCD　123ABD　124BD　125ACD　126ABD

D. RSI 的取值介于 0 ~ 100 之间

【解析】RSI 的参数是天数 n，一般取 5 日、9 日、14 日等。RSI 取值范围在 0 ~ 100 之间。短期 RSI > 长期 RSI，则属多头市场，反之则属空头市场，其计算应用到开盘价和收盘价。

三、判断题(下列判断正确的请打“√”，错误的打“×”)

1. M2 行业轮动策略属于被动轮动策略。(　　)

【解析】M2 行业轮动策略属于主动轮动策略。

2. 为了保持经济真实的增长，政府往往不能容忍任何程度通货膨胀的存在。(　　)

【解析】各个国家往往不会长期容忍高的通货膨胀率，但为抑制通货膨胀而采取的货币政策和财政政策通常会导致高失业和 GDP 的低增长，由此而损失的产量和就业数量本身作为抑制通货膨胀的代价是很大的。

3. 现金流量分析不仅要依靠现金流量表，还要结合资产负债表和利润表。(　　)

【解析】现金流量分析是在现金流量表出现以后发展起来的，其方法体系并不完善，一致性也不充分。现金流量分析不仅要依靠现金流量表，还要结合资产负债表和利润表。

4. 已获利息倍数指标主要用以衡量公司支付利息的能力，其计算公式是：已获利息倍数 = 税息前利润/利息费用。(　　)

【解析】已获利息倍数指标是指公司经营业务收益与利息费用的比率，用以衡量偿付借款利息的能力，也称利息保障倍数。其计算公式为：已获利息倍数 $=\dfrac{\text{税息前利润}}{\text{利息费用}}$(倍)。

5. 产权比率，也称为债务股权比率，是负债总额与股东权益总额之间的比率。(　　)

【解析】产权比率是负债总额与股东权益总额之间的比率，也称为债务股权比率。其计算公式为：产权比率 $=\dfrac{\text{负债总额}}{\text{股东权益}}\times 100\%$。

6. 公司通过配股融资后，公司的产权比率将降低，股东承担风险的能力将增加。(　　)

【解析】公司通过配股融资后，由于净资产增加，而负债总额和负债结构都不会发生变化，因此公司的资产负债率和权益负债比率(即产权比率)将降低，减少了债权人承担的风险，而股东所承担的风险将增加。

7. 对于企业的股东来说，有形资产净值债务率应该是越低越有利。(　　)

【解析】有形资产净值是股东权益减去无形资产净值后的净值，即股东具有所有权的有形资产的净值。从长期偿债能力来讲，有形资产净值债务率越低越好。

8. 盈利能力就是公司赚取利润的能力。(　　)

【解析】盈利能力就是公司赚取利润的能力。一般来说，公司的盈利能力只涉及正常的营业状况。

9. 影响速动比率可信度的重要因素之一是应收账款的变现能力。(　　)

1× 2× 3√ 4√ 5√ 6√ 7√ 8√ 9√

【解析】影响速动比率可信度的重要因素是应收账款的变现能力。账面上的应收账款不一定都能变成现金，实际坏账可能比计提的准备金要多；季节性的变化，可能使报表的应收账款数额不能反映平均水平。

10. 资产净利率的数值高，表明企业在增加收入和节约资金使用等方面取得了良好效果，即资产的利用效率高。（　　）

【解析】资产净利率取决于销售净利率和总资产周转率的高低。资产净利率越高，表明资产的利用效率越高，说明公司在增加收入和节约资金使用等方面取得了良好的效果；否则相反。

11. 存货周转率的高低反映存货管理水平，但不影响对企业的短期偿债能力的判断。（　　）

【解析】存货周转天数（存货周转率）指标的好坏反映存货管理水平，它不仅影响公司的短期偿债能力，也是整个公司管理的重要内容。

12. 公司的每股收益越高，意味着该企业投资者在该年度的投资分红就会越多。（　　）

【解析】使用每股收益指标分析投资收益时要注意以下问题：①每股收益不反映股票所含有的风险；②不同股票的每一股在经济上不等量，它们所含有的净资产和市价不同，即换取每股收益的投入量不同，限制了公司间每股收益的比较；③每股收益多，不一定意味着多分红，还要看公司的股利分配政策。

13. 实地调研比较适合于那些不宜简单定量的研究课题。（　　）

【解析】实地调研的最大好处就是研究者能够在行为现场观察并且思考，具有其他研究方法所不及的弹性。实地调研特别适合于那些不宜简单定量的研究课题。

14. 上市公司财务报表分析的目的主要是为二级市场投资者提供买卖的决策。（　　）

【解析】从共性的角度来看，财务报表分析的目的是为有关各方提供可以用来作出决策的信息，而不单单是针对二级市场投资者。

15. 通过分析公司规模变动特征，可以更好地把握公司的成长性特征。（　　）

【解析】公司规模变动特征和扩张潜力一般与其所处的行业发展阶段、市场结构、经营战略密切相关，它是从微观方面具体考察公司的成长性。

16. 每股净资产等于净资产除以发行在外的普通股总股数。（　　）

【解析】每股净资产是年末净资产（即年末股东权益）与发行在外的年末普通股总数的比值，也称为每股账面价值或每股权益。用公式表示为：

$$\text{每股净资产}=\frac{\text{年末净资产}}{\text{发行在外的普通股股数}}$$

这里的年末股东权益指扣除优先股权益后的余额。

17. 与其他类型行业相比，高增长行业的股票价格受经济周期变化的影响相对较小。（　　）

10√　11×　12×　13√　14×　15√　16√　17√

【解析】在经济高涨时，高增长行业的发展速度通常高于平均水平；在经济衰退时期，其所受影响较小甚至仍能保持一定的增长，这些行业的股票价格不会明显地随着经济周期的变化而变化。

18. 公司向银行借款后其产权比率和资产负债率都将提高。（　　）

【解析】根据产权比率和资产负债率的计算公式：

$$产权比率=\frac{负债总额}{股东权益}\times 100\%$$

$$资产负债率=\frac{负债总额}{资产总额}\times 100\%$$

可见，公司向银行借款后，负债总额增加，则资产负债率和产权比率均增加。

19. 企业所属行业类型的不同，不同企业的流动资产周转率可能高于，也可能低于其总资产周转率。（　）

【解析】流动资产周转率是营业收入与全部流动资产的平均余额的比值。总资产周转率是营业收入与平均资产总额的比值。而总资产 = 流动资产 + 非流动资产，则企业的流动资产转换率必然高于总资产周转率。

20. 寡头垄断是指独家生产某种产品，市场被独家企业所控制。（　　）

【解析】寡头垄断型市场是指相对少量的生产者在某种产品的生产中占据很大市场份额，从而控制了这个行业的供给的市场结构。题中描述的是完全垄断。

21. 对国家财政政策、货币政策和收入政策的分析属于宏观经济分析的范畴。（　　）

【解析】宏观经济分析主要探讨各经济指标和经济政策对证券价格的影响。经济政策主要包括货币政策、财政政策、信贷政策、债务政策、税收政策、利率与汇率政策、产业政策、收入分配政策等。

22. 资产负债表是反映公司财务状况的动态报告，利润表、现金流量表是反映公司财务状况的静态报告。（　　）

【解析】资产负债表是反映企业在某一特定日期财务状况的会计报表，是静态的；利润表是反映企业一定期间生产经营成果的会计报表，现金流量表反映企业一定期间现金的流入和流出，它们是反映公司财务状况的动态报告。

23. 通常来说，市净率越低，说明股票的投资价值越高，股价的支撑越有保证。（　　）

【解析】市净率又称净资产倍率，是每股市场价格与每股净资产之间的比率，其计算公式为：

$$市净率=\frac{每股价格}{每股净资产}(倍)$$

市净率反映的是，相对于净资产，股票当前市场价格是处于较高水平还是较低水平。市净率越大，说明股价处于较高水平；反之，市净率越小，说明股价处于较低水平，股票的投资价值越高，股价的支撑越有保证。

18√　19 ×　20 ×　21√　22 ×　23√

24. 如果中央银行降低存款准备金率或再贴现率，通常将会导致股票市场行情上扬。(　　)

【解析】中央银行通过再贴现政策和法定存款准备金率调节货币供应量，影响资金供求，进而影响证券市场。如果央行下调法定存款准备金率或降低再贴现率，则社会信用扩大，证券行情趋于上涨。

25. 在企业的综合评价方法中，一般认为企业财务评价的内容主要是盈利能力，其次是成长能力，此外还有偿债能力。(　　)

【解析】公司财务评价的内容主要是盈利能力，其次是偿债能力，此外还有成长能力。

26. 商业银行可以通过增加或减少货币供应量调节货币市场，实现对经济的干预。(　　)

【解析】中央银行可以通过增加或减少货币供应量调节货币市场，实现对经济的干预。

27. 由于证券市场价格受市场供求等因素的影响难以把握，行业分析师在确定某一行业的投资价值时，只需要对行业的基本面进行分析预测即可，无须对市场价格进行分析。(　　)

【解析】基本面分析法，是指证券分析师根据经济学、金融学、财务管理学及投资学等基本原理，对决定证券价值及价格的基本要素进行分析，评估证券的投资价值，判断证券的合理价位，提出相应的投资建议的一种分析方法。在进行基本面分析的基础上，还需要进行具体的市场价格的分析。

28. 根据经济周期与行业的变动关系，可以把行业分为增长型、周期型和衰退型三类。(　　)

【解析】根据各行业变动与国民经济总体周期变动之间的关系，可以将行业分为三类：增长型行业、周期型行业、防守型行业。

29. 绝对衰退是指行业本身内在的衰退规律引起的规模萎缩、功能衰退、产品老化。(　　)

【解析】行业衰退可以分为绝对衰退和相对衰退：绝对衰退是指行业本身内在的衰退规律起作用而发生的规模萎缩、功能衰退、产品老化；相对衰退是指行业因结构性原因或者无形原因引起行业地位和功能发生衰减的状况，而并不一定是行业实体发生了绝对的萎缩。

30. 甲公司的资产负债率是30%，乙公司的资产负债率是20%，则甲公司的短期偿债能力高于乙公司。(　　)

【解析】变现能力是公司产生现金的能力，它取决于可以在近期转变为现金的流动资产的多少，是考察公司短期偿债能力的关键。判断公司短期偿债能力的高低主要决定于其变现能力的高低而非资产负债率。

31. 成熟期的行业盈利较大，投资风险相对也较高。(　　)

【解析】成熟期的行业盈利较大，投资风险相对也较低。

24√　25 ×　26 ×　27 ×　28 ×　29√　30 ×　31 ×

32. 对上市公司的资产负债表、利润表和现金流量表进行分析，有利于分析了解公司的财务状况。(　　)

【解析】财务报表通常被认为是最能够获取有关公司信息的工具。财务报表一般主要包括资产负债表、利润表和现金流量表。在信息披露规范的前提下，已公布的财务报表是上市公司投资价值预测与证券定价的重要信息来源。财务报表分析的一般目的可以概括为：评价过去的经营业绩，衡量现在的财务状况，预测未来的发展趋势。

33. 当社会总需求小于总供给时，中央银行会采取宽松的货币政策。(　　)

【解析】货币政策可通过调控货币供应量达到对社会总需求和总供给两方面的调节，使经济达到均衡。当总需求不足时，可通过增加货币供应量提高社会总需求，使经济继续发展。

34. 有形资产净值债务率比产权比率更谨慎地反映了公司清算时债权人投入的资本受到股东权益的保障程度。(　　)

【解析】有形资产净值债务率是公司负债总额与有形资产净值的百分比。有形资产净值是股东权益减去无形资产净值后的净值，即股东具有所有权的有形资产的净值。有形资产净值债务率指标实质上是产权比率指标的延伸，其更为谨慎、保守地反映了公司清算时债权人投入的资本受到股东权益的保障程度。

35. 如果以本币作为标价货币来表示汇率，当汇率上升时，政府可以通过抛售外汇，同时又回购国债的方法，使债市与汇市联动，这样做，既可以控制外汇上升，又可以减少货币供应量。(　　)

【解析】汇率上升时，本币表示的进口商品价格提高，进而带动国内物价水平上涨，为维持汇率稳定，政府可能动用外汇储备，抛售外汇，从而减少本币的供应量，使得证券市场价格下跌，直到汇率回落恢复均衡。如果政府利用债市与汇市联动操作达到既控制汇率的升势又不减少货币供应量，即抛售外汇的同时回购国债，则将使国债市场价格上涨。

36. 一般来说，公司资产净利率与资产收益率相同。(　　)

【解析】资产净利率是公司净利润与平均资产总额的百分比。其公式为：

$$资产净利率=\frac{净利润}{平均资产总额}\times 100\%$$

而资产收益率是资产与收益的百分比，两者不同。

37. 宏观经济因素是影响证券市场长期走势的关键因素。(　　)

【解析】宏观经济因素是影响证券市场长期走势的关键因素，其他因素可以暂时改变证券市场的中期和短期走势，但改变不了证券市场的长期走势。

38. 相对通货膨胀而言，通货紧缩尽管有利于货币稳定，但对经济增长可能有负面影响。(　　)

【解析】通货紧缩将损害消费者和投资者的积极性，造成经济衰退和经济萧条，与通货

32√　33√　34√　35×　36×　37√　38×

膨胀一样不利于币值稳定和经济增长。通货紧缩甚至被认为是导致经济衰退的“杀手”。

39. 实施产业政策时，政府的决策和协调动机都是从经济的角度来考虑。( )

【解析】产业政策是国家干预或参与经济的一种形式，是国家(政府)系统设计的有关产业发展的政策目标和政策措施的总和。产业结构长期构想是产业结构政策之一，是根据现阶段发展水平和进一步发展的要求，遵循产业发展演变的规律，提出在较长一段时期内产业发展的目标和方向。

40. 同一行业在不同发展水平的国家可能处于行业生命周期的不同阶段。( )

【解析】同一行业在不同发展水平的不同国家或者在同一国家的不同发展时期，可能处于生命周期的不同阶段。

41. 一般地讲，影响行业兴衰最重要的因素是技术进步。( )

【解析】一个行业的兴衰会受到技术进步、产业政策、产业组织创新、社会习惯改变和经济全球化等因素的影响而发生变化。一般地讲，技术进步是最重要的影响因素。

42. 处于行业生命周期幼稚期的企业更适合投机者而非投资者投资。( )

【解析】较少的投资公司投资这个新兴的行业，并且创业公司的开发和研究费用较高，产品市场需求较少，销售收入较低。因此，这类企业更适合投机者和创业投资者进行投资。

43. 一般来说，在其他条件相同的情况下，债券的票面利率越高，债券价格的波动性就越大。( )

【解析】债券估值的基本原理就是现金流贴现。债券投资者持有债券，会获得利息和本金偿付。把现金流入用适当的贴现率进行贴现并求和，便可得到债券的理论价格。票面利率越高，则债券的利息越高，在期限等其他条件相同的情况下价格的波动性越小。

44. 工业产权、专利技术等都是评价企业技术水平中技术硬件的重要内容。( )

【解析】技术优势是指公司拥有的比同行业其他竞争对手更强的技术实力及其研究与开发新产品的能力。这种能力主要体现在生产的技术水平和产品的技术含量上。

45. 在评价企业利息支付倍数的合理性时，一般应选取企业过去连续几年该指标的平均数作为标准。( )

【解析】要合理评价公司的已获利息倍数，不仅需要与其他公司，特别是本行业平均水平进行比较，而且从稳健性角度出发，分析、比较本公司连续几年的该项指标水平，并选择最低指标年度的数据作为标准。

46. 收入政策的结构目标着眼于处理各种投入的比例，以解决公共消费、私人消费和收入差距等问题。( )

【解析】收入政策目标包括收入总量目标和收入结构目标。收入总量目标着眼于近期的宏观经济总量平衡，着重处理积累和消费、人们近期生活水平改善和国家长远经济发展的关系以及失业和通货膨胀的问题。收入结构目标则着眼于处理各种收入的比例，

39√ 40√ 41√ 42√ 43 × 44 × 45 × 46√

以解决公共消费和私人消费、收入差距等问题。

47. 行业是指从事国民经济中同性质的生产或其他经济社会活动的经营单位和个体等构成的组织结构体系。(　　)

【解析】所谓行业，是指从事国民经济中同性质的生产或其他经济社会活动的经营单位和个体等构成的组织结构体系，如林业、汽车业、银行业、房地产业等。从严格意义上讲，行业与产业有差别，主要是适用范围不一样。产业作为经济学的专门术语，有更严格的使用条件。

48. 行业集中度又称“行业集中率”或“市场集中度”。(　　)

【解析】行业集中度又称“行业集中率”或“市场集中度”，是指某行业相关市场内前N家最大的企业所占市场份额(产值、产量、销售额、销售量、职工人数、资产总额等)的总和。

49. 资产负债率越高，企业的财务杠杆越大，对企业股东越有利。(　　)

【解析】债务对投资者收益的影响，称为财务杠杆。从股东的角度看，由于公司通过举债筹措的资金与股东提供的资金在经营中发挥同样的作用，所以股东所关心的是全部资本利润率是否超过借入款项的利率，即借入资本的代价高低。从股东的立场看，在全部资本利润率高于借款利息率时，负债比例越大越好；否则相反。

50. 投资者很难精确地把握增长型行业的购买时机，因为这些行业的股票价格不会明显地随着经济周期的变化。(　　)

【解析】在经济高涨时，高增长行业的发展速度通常高于平均水平；在经济衰退时期，其所受影响较小甚至仍能保持一定的增长。然而，这种行业增长的形态却使得投资者难以把握精确的购买时机，因为这些行业的股票价格不会明显地随着经济周期的变化而变化。

51. 当通货膨胀发生时，证券价格会下跌。(　　)

【解析】通货膨胀对证券市场特别是个股的影响，没有一成不变的规律可循，完全可能产生反方向影响，所以应具体情况具体分析。因此，对这些影响进行分析和比较必须从该时期通货膨胀的原因、通货膨胀的程度、配合当时的经济结构和形势政府可能采取的干预措施等方面的分析入手。

52. 利润表把一个时点的营业收入与相关的营业费用进行配比，以计算企业该时点的净利润(或净亏损)。(　　)

【解析】利润表把一定期间的营业收入与其同一会计期间相关的营业费用进行配比，以计算企业一定时期的净利润(或净亏损)。

53. 在市场经济条件下，财政政策和货币政策是国家调控宏观经济的主要手段。(　　)

【解析】在市场经济条件下，国家通过财政政策和货币政策来调控经济，或抑制经济过热，或促进经济增长。这些政策将会影响经济增长速度和企业经济效益，并进一步对证券市场产生影响。

47√　48√　49×　50√　51×　52×　53√

54. 政府对证券市场的监管措施的变化会对证券的市场价格产生影响，因而政府对证券市场的监管属于影响证券价格的外部因素。(　　)

【解析】一般来讲，影响证券投资价值的外部因素主要包括宏观经济因素、行业因素及市场因素。其中，政府的监管属于宏观经济因素。

55. 经济周期是一个连续不断的过程，表现为扩张和收缩的交替出现。(　　)

【解析】经济周期是一个连续不断的过程，表现为扩张和收缩的交替出现。人们对于经济形势的预期较全面地反映了人们对经济发展过程中表现出的有关信息的感受。这种预期又必然反映到投资者的投资行为中，从而影响证券市场的价格。

56. 企业所在行业市场结构的变化，对于单个企业的规模变动及扩张潜力一般影响不大。(　　)

【解析】公司规模变动特征和扩张潜力一般与其所处的行业发展阶段、市场结构、经营战略密切相关，它是从微观方面具体考察公司的成长性。

57. 本币汇率下降必然导致股价下跌。(　　)

【解析】当汇率下降时，本币升值，国外对本币的需求增大以及流出增加，对国内的进口增加，这就使国内需求减少，使国内供给增加，但对股价影响并不确定。

58. 财政政策分为积极性财政政策、被动性财政政策和中性财政政策。(　　)

【解析】财政政策分为扩张性财政政策、紧缩性财政政策和中性财政政策。

59. 产业结构政策和产业技术政策是产业政策的核心。(　　)

【解析】产业结构政策与产业组织政策是产业政策的核心。

60. 总资产周转率是销售收入与资产总额的比值。(　　)

【解析】总资产周转率是营业收入与平均资产总额的比值。

61. 周期型行业的运动状态一般与经济周期密切相关。(　　)

【解析】周期型行业的运行状态与经济周期紧密相关。当经济处于上升时期，这些行业会紧随其扩张；当经济衰退时，这些行业也相应衰落，且该类型行业收益的变化幅度往往会在一定程度上夸大经济的周期性。

62. 上市公司质量与经济效益状况是影响证券市场供给质量的最根本因素。(　　)

【解析】上市公司质量会直接或间接影响证券市场的供给。最根本因素是上市公司质量与经济效益状况。

63. 理论上，对债券进行估值采用贴现率是到期收益率。(　　)

【解析】债券估值的基本原理就是现金流贴现。债券投资者持有债券，会获得利息和本金偿付。把现金流入用适当的贴现率进行贴现并求和，便可得到债券的理论价格。估值采用的贴现率是投资者对该债券要求的最低回报率，也称为必要回报率。债券的到期收益率(YTM)是使债券未来现金流现值等于当前价格所用的相同的贴现率，也就是金融学中的内部报酬率(IRR)。

54√　55√　56×　57×　58×　59×　60×　61√　62√　63×

64. 推动产业升级的重要力量之一是产业组织创新，即同一产业内企业的组织形态和企业间关系的创新。( )

【解析】影响行业兴衰的主要因素包括：①技术进步；②产业政策；③产业组织创新；④社会习惯改变。产业组织创新是指同一产业内企业的组织形态和企业间关系的创新。

65. 各项资产的周转指标用于衡量公司运用资产赚取利润的能力。( )

【解析】各项资产的周转指标是衡量营运能力的指标，即反映公司经营管理中利用资金运营的能力。盈利能力指标反映公司赚取利润的能力。

66. 中央银行的公开市场业务对证券市场影响的途径主要是影响再贴现。( )

【解析】宽松的货币政策使货币供给量增加，利率下调，资金成本降低，生产扩张，利润增加，推动股票价格上涨；反之，股票价格将下跌。公开市场业务又称公开市场操作，是指中央银行在金融市场上公开买进或卖出政府债券和银行承兑票据。中央银行买卖证券的目的不是为了盈利，而是为了调节货币供应量，以实施宏观货币政策的活动。再贴现政策通过调节再贴现率影响证券市场。

67. 完全垄断市场的特点之一是市场被少数人控制。( )

【解析】完全垄断型市场是指独家企业生产某种特质产品的情形，即整个行业的市场完全处于一家企业所控制的市场结构。其特点之一是市场被独家企业所控制，其他企业不可以或不可能进入该行业。

68. 货币政策运作分为积极货币政策和被动货币政策。( )

【解析】货币政策的运作主要是指中央银行根据客观经济形势采取适当的政策措施调控货币供应量和信用规模，使之达到预定的货币政策目标，并以此影响整体经济的运行。通常，将货币政策的运作分为紧缩性货币政策和宽松性货币政策。

69. 国家产业政策可以通过财政政策手段来实现。( )

【解析】财政政策手段主要包括国家预算、税收、国债、财政补贴、财政管理体制、转移支付制度等。在国家产业结构调整和优化升级过程中，财政政策作为政府调控经济的主要手段，其作用不容忽视。

70. 判断流动比率是否合理的一般标准是看流动比率是否大于1。( )

【解析】流动比率可以反映短期偿债能力。一般认为，生产型公司合理的最低流动比率是2。流动比率只有与同行业平均流动比率、本公司历史的流动比率进行比较，才能知道这个比率是高还是低。

71. 股权分置改革是针对我国A股和B股同股不同权进行的改革。( )

【解析】由于特殊历史原因，我国A股上市公司内部普遍形成了两种不同性质的股票，即非流通股和社会流通股。这两类股票表现出不同股、不同价、不同权的特征，这一特殊的市场制度与结构被称为股权分置。

72. 行业发展处于幼稚期，由于较高的成本和较小的市场需求，创业公司要面临很大的市

64√ 65 × 66 × 67 × 68 × 69√ 70 × 71 × 72√

场风险。( )

【解析】行业发展处于幼稚期，较少的投资公司投资这个新兴的行业，并且创业公司的开发和研究费用较高，产品市场需求较少，销售收入较低。因此，这类企业更适合投机者和创业投资者投资。

73. 假设附息债券A期限5年，面值1000元，年息6元，现行市价为a元($a<1000$)，到期收益率为9%，一年后，若其价格为b元($b<1000$)，到期收益率仍为9%，那么数值($1000-b$)大于数值($1000-a$)。( )

【解析】一年之后的到期收益率没有变，那么债券价格会逐渐向面值靠拢，应该上升，即$b>a$，则($1000-b$)小于数值($1000-a$)。

74. 产业组织创新不可能改变该产业(行业)生命周期的运行轨迹。( )

【解析】实践证明，产业组织创新的直接效应包括实现规模经济、专业化分工与协作、提高产业集中度、促进技术进步和有效竞争等；间接影响包括创造产业增长机会、促进产业增长实现、构筑产业赶超效应、适应产业经济增长等多项功效。产业组织创新能在一定程度上引起产业(或行业)生命周期运行轨迹或生命周期阶段持续时间的变化。

75. 市盈率越高，表明公司成长潜力越大。( )

【解析】一般说来，市盈率越高，表明市场对公司的未来越看好。在市价确定的情况下，每股收益越高，市盈率越低，投资风险越小；反之亦然。在每股收益确定的情况下，市价越高，市盈率越高，风险越大；反之亦然。

76. 在行业生命周期的成熟阶段，行业的利润水平较高，而风险相对较低。( )

【解析】行业成熟期，行业增长速度下降到适度的水平，甚至增长可能会完全停止，产出下降。行业利润处于较高的水平，但由于较稳定的市场结构、新企业不易进入，风险较低。

77. 产品的差异性是垄断竞争与完全竞争的主要区别。( )

【解析】产品的差异性是指各种产品之间存在着实际或想象上的差异，这是垄断竞争与完全竞争的主要区别。

78. 计算存货周转率，所需的财务数据来自资产负债表和损益表。( )

【解析】存货周转率是营业成本被平均存货所除得到的比率，计算公式为：存货周转率=营业成本/平均存货。公式中的“营业成本”数据来自利润表，“平均存货”数据来自资产负债表中的“存货”期初数与期末数的平均数。

79. 防守型行业在经济衰退时出现增长，而在经济上升时反而出现收缩。( )

【解析】防守型行业的经营状况在经济周期的上升和下降阶段都很稳定。这种运动形态的存在是因为该类型行业的产品需求相对稳定，需求弹性小，经济周期处于衰退阶段对这种行业的影响也比较小。

80. 零增长模型实质上是不变增长模型的特例，当假定增长率等于零时，不变增长模型就

73× 74× 75√ 76√ 77√ 78√ 79× 80√

是零增长模型。(　　)

【解析】零增长模型实际上是不变增长模型的一个特例。假定增长率 g 等于零，股息将永远按固定数量支付，这时不变增长模型就是零增长模型。从这两种模型来看，虽然不变增长的假设比零增长的假设有较小的应用限制，但是在许多情况下仍然被认为是不现实的。

81. 在完全竞争的市场结构中，所有的企业都无法控制市场价格。(　　)

【解析】完全竞争型市场是指竞争不受任何阻碍和干扰的市场结构。完全竞争是一个理论上的假设，该市场结构得以形成的根本因素在于企业产品的无差异，所有的企业都无法控制产品的市场价格。

82. 货币供给的增加有利于贷款利率的降低，反之，货币供给的减少，将促使贷款利率上升。(　　)

【解析】货币供给的增加有利于贷款利率的降低，可减少投资成本，刺激投资增长和生产扩大，从而增加社会总供给。反之，货币供给的减少将促使贷款利率上升，从而抑制社会总供给的增加。

83. 股东权益收益率通常被用来衡量企业盈利能力。(　　)

【解析】净资产收益率是净利润与净资产的百分比，也称股东权益收益率、净值报酬率或权益报酬率，是衡量企业盈利能力的财务指标。

84. 股利支付率越高，说明企业的经济效益就越好。(　　)

【解析】反映公司盈利能力的指标很多，通常使用的主要有营业净利率、营业毛利率、资产净利率、净资产收益率等。股利支付率是投资收益分析指标，该指标反映公司股利分配政策和支付股利的能力。

85. 如果某股票投资净现值大于零，那么这种股票价格被低估，进而购买这种股票是可取的。(　　)

【解析】净现值(NPV)等于内在价值(V)与成本(P)之差，即：

$$NPV = V - P = \sum_{t=1}^{\infty} \frac{D_t}{(1+k)^t} - P$$

式中：P 表示在 $t=0$ 时购买股票的成本。如果 $NPV>0$，意味着所有预期的现金流入的现值之和大于投资成本，即这种股票被低估价格，因此购买这种股票可行。

86. 当本币贬值时，本国产品竞争力增强，出口型企业将受益，相关企业的股票价格可能上涨。(　　)

【解析】一般而言，以外币为基准，汇率上升，本币贬值，本国产品竞争力强，出口型企业将增加收益，因而企业的股票和债券价格将上涨。

87. 选择性货币政策工具包括：法定存款准备金率、再贴现、公开市场业务。(　　)

【解析】选择性货币政策工具包括贷款规模控制、特种存款、对金融企业窗口指导等。法定存款准备金率、再贴现、公开市场业务属于一般性货币政策工具。

81√　82√　83√　84×　85√　86√　87×

88. 衡量公司行业竞争地位的主要指标之一是公司产品的市场占有率。(　　)

【解析】企业的行业地位决定了其盈利能力是高于还是低于行业平均水平，决定了其在行业内的竞争地位。衡量公司行业竞争地位的主要指标是产品的市场占有率。

89. 一般来说，产权比率高，是低风险的财务结构，产权比率低，是高风险的财务结构。(　　)

【解析】产权比率高，是高风险、高报酬的财务结构；产权比率低，是低风险、低报酬的财务结构。

90. 耐用消费品行业属防守型行业。(　　)

【解析】周期型行业的运行状态与经济周期紧密相关。例如，消费品业、耐用品制造业及其他需求收入弹性较高的行业，就属于典型的周期性行业。防守型行业的经营状况在经济周期的上升和下降阶段都很稳定。例如，食品业和公用事业就属于防守型行业。

91. 资产净利率是企业净利润与平均资产总额的百分比。(　　)

【解析】资产净利率是公司净利润与平均资产总额的百分比。资产净利率取决于销售净利率和总资产周转率的高低。

92. 垄断竞争型行业的特点之一是生产的产品同种但不同质。(　　)

【解析】垄断竞争型市场是指既有垄断又有竞争的市场结构。其特点是：①生产者众多，各种生产资料可以流动；②生产的产品同种但不同质，即产品之间存在着差异；③由于产品差异性的存在，生产者可以树立自己产品的信誉，从而对其产品的价格有一定的控制能力。

93. 当社会总需求不足时，使用扩张性财政政策，一般将促使证券市场价格上涨。(　　)

【解析】财政政策分为扩张性财政政策、紧缩性财政政策和中性财政政策。紧缩财政政策将使得过热的经济受到控制，证券市场也将走弱，因为这预示着未来经济将减速增长或走向衰退；而扩张性财政政策将刺激经济发展，证券市场则将走强，因为这预示着未来经济将加速增长或进入繁荣阶段。

94. 财政赤字过大一般会引起社会总需求的膨胀和社会总供求的失衡。(　　)

【解析】财政收入与财政支出的差额即为赤字(差值为负时)或结余(差值为正时)。如果财政赤字过大，就会引起社会总需求的膨胀和社会总供求的失衡。

95. 在股份有限公司中，股东权益等于净资产，因而股东权益收益率与净资产收益率是一个概念。(　　)

【解析】净资产收益率是净利润与净资产的百分比，也称股东权益收益率、净值报酬率或权益报酬率。

96. 流动资产周转率是销售成本与全部流动资产的平均余额的比值。(　　)

【解析】流动资产周转率是营业收入与全部流动资产的平均余额的比值。

97. 寡头垄断型行业的重要特点是相对少量的生产者在某种产品的生产中占据很大的市场

88√　89×　90×　91√　92√　93√　94√　95√　96×　97√

份额。(　　)

【解析】寡头垄断型市场是指相对少量的生产者在某种产品的生产中占据很大市场份额，从而控制了这个行业的供给的市场结构。该市场结构得以形成的原因有：①这类行业初始投入资本较大，阻止了大量中小企业的进入；②这类产品只有在大规模生产时才能获得好的效益，这就会在竞争中自然淘汰大量的中小企业。

98. 上市公司的投资价值与区位经济的发展密切相关，处在经济区位内的上市公司，一般具有较高的投资价值。(　　)

【解析】上市公司的投资价值与区位经济的发展密切相关，对上市公司进行区位分析，就是将上市公司的价值分析与区位经济的发展联系起来，以便分析上市公司未来发展的前景，确定上市公司的投资价值。如处在经济区位内的上市公司，一般具有较高的投资价值。

99. 一个公司的品牌知名度，表明该公司的产品市场占有率。(　　)

【解析】企业的行业地位决定了其盈利能力是高于还是低于行业平均水平，决定了其在行业内的竞争地位。衡量公司行业竞争地位的主要指标是产品的市场占有率。

100. 行业经济是宏观经济的构成部分，宏观经济是行业经济活动的总和。(　　)

【解析】行业经济是宏观经济的构成部分，宏观经济活动是行业经济活动的总和。行业经济活动是介于宏观经济活动和微观经济活动中的经济层面，是中观经济分析的主要对象之一。

101. 在行业成长期，由于企业面临的竞争风险非常大，破产率和兼并率相当高，企业利润增长缓慢。(　　)

【解析】在行业成长期，企业的利润增长很快，但所面临的竞争风险也非常大，破产率与被兼并率相当高。

102. 在计算资产负债比率时，负债总额不包括短期负债。(　　)

【解析】资产负债率是负债总额除以资产总额的百分比。在计算资产负债比率时，负债总额包括短期负债和长期负债。

103. 市场供给变化是未来产业的发展导向，并在相当程度上影响行业的兴衰。(　　)

【解析】需求变化是未来优势产业的发展导向，并在相当程度上影响行业的兴衰。

104. 在经济萎缩时期，较高的产权比率可以减少利息负担。(　　)

【解析】在经济萎缩时期，少借债可以减少利息负担和财务风险。产权比率高，是高风险、高报酬的财务结构；产权比率低，是低风险、低报酬的财务结构。

105. 负债比率通过债务、资产和净资产之间的关系比较，可以反映企业偿付长期债务的能力。(　　)

【解析】长期偿债能力是指公司偿付到期长期债务的能力，通常以反映债务与资产、净资产的关系的负债比率来衡量。负债比率主要包括资产负债率、产权比率、有形资产

98√　99×　100√　101×　102×　103×　104×　105√

净值债务率、已获利息倍数、长期债务与营运资金比率等。

106. 当社会总需求不足时，可使用紧缩性财政政策，通过减少财政赤字，增加公开市场上出售国债的数量，减少财政补贴等方法加以解决。(　　)

【解析】当社会总需求不足时，可使用扩张性财政政策，通过增加财政赤字，减少公开市场上出售国债的数量，增加财政补贴等方法加以解决。

107. 内部收益率大于必要收益率，则该股票的价值被低估。(　　)

【解析】内部收益率大于其必要收益率，表明股票价格被低估；内部收益率小于其必要收益率，表明股票价格被高估。

108. “(营业收入－营业成本)/营业收入”这一指标可以反映每1元营业收入所带来的净利润。(　　)

【解析】“(营业收入－营业成本)/营业收入”这一指标反映的不是每1元营业收入带来的净利润，而是每1元营业收入带来的毛利润。

109. 分析利率期限结构形成成因的理论主要有市场预期理论、流动性偏好理论以及有效市场理论。(　　)

【解析】分析利率期限结构形成成因的理论主要有市场预期理论、流动性偏好理论和市场分割理论。

110. 公司的投资价值主要取决于其经营业绩，而与它所处行业没有关系。(　　)

【解析】公司的投资价值可能会由于所处行业不同而有明显差异。因此，行业是决定公司投资价值的重要因素之一。

111. 流动比率可以反映公司的中长期偿债能力，一般认为，生产企业合理的最低流动比率是2。(　　)

【解析】流动比率是流动资产除以流动负债的比值，可以反映公司的短期偿债能力。一般认为，生产型公司合理的最低流动比率是2。

112. 已获利息倍数可以用于测量债权人投入资本的风险和收益状况。(　　)

【解析】已获利息倍数指标是指公司经营业务收益与利息费用的比率，用以衡量偿付借款利息的能力，也称利息保障倍数。从债权人的立场出发，可以通过计算已获利息倍数来测试债权人投入资本的风险，但是不能测量投入资本的收益状况。

113. 在实际应用中，债券到期收益率并不能准确地反映债券的实际价值。(　　)

【解析】到期收益率是使债券未来现金流现值等与当前价格所用的相同的贴现率，也称为内部报酬率。这种方法虽然可以准确地衡量现金流量的内部收益率，但是不能准确地衡量债券的实际回报率，可见，债券到期收益率并不能准确地反映债券的实际价值。

114. 技术分析的理论基础主要来自于经济学、财政金融学、财务管理学和投资学。(　　)

【解析】基本分析法又称基本面分析法，是指证券分析师根据经济学、金融学、财务管

106× 107√ 108× 109× 110× 111× 112× 113√ 114×

理学及投资学等基本原理，对决定证券价值及价格的基本要素，如宏观经济指标、经济政策走势、行业发展状况、产品市场状况、公司销售和财务状况等进行分析，评估证券的投资价值，判断证券的合理价位，提出相应的投资建议的一种分析方法。

115. 圆弧形态形成过程与复合头肩形态有相似之处，但成交量的变化特征却截然相反。(　　)

【解析】圆弧形态形成过程与复合头肩形态有相似之处，但成交量的变化特征却不完全相同。在圆弧顶或圆弧底形态的形成过程中，成交量的变化都是两头多，中间少。头肩顶形态就成交量而言，左肩最大，头部次之，而右肩成交量最小，即呈梯状递减。

116. 一般地讲，在涨跌停板制度下，如果涨跌停板上成交萎缩，则趋势仍将延续。(　　)

【解析】在涨跌停板制度下，如果某只股票在涨停板时没有成交量，那是卖主目标更高，想今后卖出好价，因而不愿意以此价抛出，买方买不到，所以才没有成交量。第二天，买方会继续追买，因而会出现续涨。然而，当出现涨停后中途打开，而成交量放大，说明想卖出的投资者增加，买卖力量发生变化，下跌有望。

117. 按照葛兰碧的量价关系法则，在股价走势因成交量的递增而上升时，如果上升幅度较大，则暗示趋势反转的信号。(　　)

【解析】价格随着成交量的递增而上涨，为市场行情的正常特性，此种量增价升的关系，表示股价将继续上升。股价走势因成交量的递增而上升，是十分正常的现象，并无特别暗示趋势反转的信号。

118. 一般来说，K 线上影线越长，下影线越短，阴线实体越短，越表明多方占一定优势。(　　)

【解析】一般说来，上影线越长，下影线越短，阳线实体越短或阴线实体越长，越有利于空方占优；上影线越短，下影线越长，阴线实体越短或阳线实体越长，越有利于多方占优。

119. 上市公司基本分析的主要目的是找出公司股价波动的规律。(　　)

【解析】技术分析法是仅从证券的市场行为来分析证券价格未来变化趋势的方法，主要目的是找出公司股价波动的规律。

120. WMS 在股价上升或下降趋势中准确率较高。(　　)

【解析】在盘整过程中，WMS 的准确性较高；而在上升或下降趋势当中，却不能只以 WMS 超买超卖信号作为行情判断的依据，注意与其他技术指标相配合。

121. 按照波浪理论，一个完整的上升周期由 5 浪构成，一个完整的下降周期由 3 浪构成，从而形成 8 浪结构。(　　)

【解析】按照波浪理论，一个周期无论时间长短，都是以一种模式进行，即每个周期都是由上升(或下降)的 5 个过程和下降(或上升)的 3 个过程组成。

---

115 ×　116√　117 ×　118 ×　119 ×　120 ×　121√

122. K线理论认为，当收盘价等于开盘价时，其K线形态一定为“十”。（　）

【解析】当收盘价与开盘价相同时，就会出现十字形、T字形和倒T字形、一字形。

123. 股价随着缓慢递增的成交量而逐渐上涨，渐渐地，走势突然成为垂直上升的喷发行情，成交量急剧增加，股价猛涨，紧随着此波走势，继之而来的是成交量的大幅度萎缩，同时股价急速下跌，这种现象预示着股价趋势反转。（　）

【解析】葛兰碧在对成交量与股价趋势关系研究之后，总结出九大法则。其中，股价随着缓慢递增的成交量而逐渐上涨，渐渐地，走势突然成为垂直上升的喷发行情，成交量急剧增加，股价猛涨，紧随着此波走势，继之而来的是成交量的大幅度萎缩，同时股价急速下跌，这种现象表明涨势已到末期，上升乏力，显示出趋势有反转的迹象。反转所具有的意义，将视前一波股价上涨幅度的大小及成交量增加的程度而言。

124. 技术分析派认为，当短期 RSI > 长期 RSI，股价趋于上涨，反之股价趋于下跌。（　）

【解析】短期 RSI > 长期 RSI，应属多头市场，股价趋于上涨；短期 RSI < 长期 RSI，则属空头市场，股价趋于下跌。

125. 技术分析方法中的切线不一定就是直线，还可以是曲线。（　）

【解析】切线是按一定方法和原则，在根据股票价格数据所绘制的图表中画出一些直线，然后根据这些直线的情况推测股票价格的未来趋势，为投资者的操作行为提供参考。这些切线必然为直线。

126. 一般地讲，股价的矩形形态是一种看跌的持续整理形态。（　）

【解析】矩形又称箱形，也是一种典型的整理形态，如果原来的趋势是上升，那么经过一段矩形整理后，会继续原来的趋势，多方会占优势并采取主动，使股价向上突破矩形的上界；如果原来是下降趋势，则空方会采取行动，突破矩形的下界。

127. 葛兰威尔法则与乖离率指标结合使用可以帮助解决具体买卖点问题。（　）

【解析】葛氏法则的不足是没有明确指出投资者在股价距平均线多远时才可以买进卖出，这可用乖离率指标弥补。二者相结合可以解决具体买卖点的问题。

128. 旗形和楔形这两种形态的共同之处是：大多出现在顶部，而且两者都是看跌。（　）

【解析】旗形和楔形是两个著名的持续整理形态。旗形和楔形在股票价格曲线图上出现的频率很高，它们代表一个趋势的中途休整过程，休整之后，还要保持原来的趋势方向。其特征在于，有明确的形态方向，如向上或向下，并且形态方向与原有的趋势方向相反。

129. 当股价具有明显趋势时，使用移动平均线研判行情的准确性较高。（　）

【解析】移动平均线的缺点是，在股市没有明显趋势而进入盘整时，失误的时候较多。另外，对未来股价的上升和下降的深度不能提供有帮助的建议。

130. 当K、D超过80时是买入信号，低于20时是卖出信号。（　）

---

122 ×　123√　124√　125 ×　126 ×　127√　128 ×　129√　130 ×

【解析】当K、D超过80时，是卖出信号；低于20时，是买入信号。

131. “价是虚的，量是实的”指的是价格可以被操纵。（　　）

【解析】通常说“价是虚的，量是实的”表明：成交量是对股价形态的“确认”，是股价的先行指标，在形态中，如果没有成交量的确认，价格形态就不一定可靠，当量增时，价迟早会跟上来，当价升而量不增时，价迟早会跌下来。所以，在技术分析时，一定要把对量的分析放在重要的位置，与价格匹配起来进行分析。

132. 进行证券投资分析有利于正确评估证券的价值，但对确定证券的买卖时机没有指导作用。（　）

【解析】正确的证券投资分析，能够为后来具体的证券买卖提供指导作用，其中，包括确定证券买卖的时机。例如技术分析，技术分析中的很多方法都能对证券买卖时机给出指导。如技术指标MACD利用正负离差值与离差值的9日平均线的交叉信号作为买卖行为的依据。

133. 没有下影线的阴线表明收盘价正好与最低价相等。（　　）

【解析】收盘价高于开盘价时为阳线，收盘价低于开盘价时为阴线，没有下影线的阴线表明收盘价正好与最低价相等。

134. 当运用不同种类的K线组合得到的结论不同时，应尽量使用根数多的K线的结论。（　）

【解析】无论K线的组合多复杂，考虑问题的方式是相同的，都是由最后一根K线相对于前面K线的位置来判断多空双方的实力大小。由于三根K线组合比两根K线组合多了一根K线，获得的信息就多些，得出的结论相对于两根K线组合来讲要准确些，可信度更大些。即，K线多的组合要比K线少的组合得出的结论可靠。

135. 按照葛兰碧九大法则，在一波段的涨势中，股价随着递增的成交量而上涨，突破前一波的高峰，创下新高后上涨，此波段股价上涨的整个成交量水准低于前一波段上涨的成交量水准，这是股价趋势潜在的反转信号。（　　）

【解析】在一个波段的涨势中，股价随着递增的成交量而上涨，突破前一波的高峰，创下新高价，继续上扬。然而，此段股价上涨的整个成交量水准却低于前一个波段上涨的成交量水准。此时股价创出新高，但量却没有突破，则此段股价涨势令人怀疑，同时也是股价趋势潜在反转信号。

136. 根据K线理论，当收盘价低于开盘价时，K线为阳线。（　　）

【解析】根据K线理论，收盘价高于开盘价时为阳线，收盘价低于开盘价时为阴线。

137. RSI指标处于80以上时，应当加码买进。（　　）

【解析】根据RSI取值的大小判断行情。将100分成四个区域，根据RSI的取值落入的区域进行操作。划分区域的方法如表2所示。“极强”与“强”的分界线和“极弱”与“弱”的分界线是不明确的，它们实际上是一个区域。

131× 　132× 　133√ 　134√ 　135√ 　136× 　137×

表2　划分区域的方法

$RSI(n)$	市场特征	投资操作
80～100	极强	卖出
50～80	强	买入
20～50	弱	卖出
0～20	极弱	买入

138. 涨跌停板的涨跌幅度越大，其助涨助跌性就越强。(　　)

【解析】由于涨跌停板制度限制了股票一天的涨跌幅度，使多空的能量得不到彻底的宣泄，容易形成单边市。很多投资者存在追涨杀跌的意愿，而涨跌停板制度下的涨跌幅度比较明确，在股票接近涨幅或跌幅限制时，很多投资者可能经不起诱惑，挺身追高或杀跌，形成涨时助涨、跌时助跌的趋势。而且，涨跌停板的幅度越小，这种现象就越明显。

139. 技术分析流派认为，头肩形态是最著名和最可靠的反转突破形态。(　　)

【解析】头肩形态是实际股价形态中出现最多的一种形态，也是最著名和最可靠的反转突破形态。

140. 道氏理论堪称完美，因而成为技术分析的理论基础。(　　)

【解析】尽管道氏理论存在无法判断小波动和次要趋势、可操作性较差等缺陷，有的内容对今天的投资者来说已过时，但它仍是许多技术分析的理论基础。

141. 不同的技术分析流派从不同的方面理解和分析证券市场，但其理论基础并非总是很明确。(　　)

【解析】一般说来，可以将技术分析方法分为常用的五类：指标类、切线类、形态类、K线类、波浪类。这五类技术分析流派从不同的方面理解和考虑证券市场，有的有相当坚实的理论基础，有的没有很明确的理论基础。

142. 技术分析OBOS指标是根据股票的上涨家数和下跌家数的比值，得到证券市场多空双方力量的对比，进而判断股票市场的走势的指标。(　　)

【解析】超买超卖指标(OBOS)是运用一段时间内上涨和下跌股票家数的差距来反映当前股市多空双方力量的对比和强弱的指标。

143. 大多数技术分析方法对分析水平方向(无趋势方向)运行的市场作用不大。(　　)

【解析】大多数的技术分析方法，在对处于水平方向的市场进行分析时，都容易出错，或者说作用不大。这是因为这时的市场正处在供需平衡的状态，股价下一步朝哪个方向走没有规律可循，可以向上也可以向下，而对这样的对象去预测它朝何方运动是极为困难的，也是不明智的。

144. 一般地讲，股价三角形形态是一种看涨的持续整理形态。(　　)

【解析】上升三角形是看涨的形态；下降三角形是看跌的形态。

138×　139√　140×　141√　142√　143√　144×

145. RSI以一特定时期内股价的变动情况推测价格未来的变动方向。(　　)

【解析】RSI是通过比较一段时期内的平均收盘涨数和平均收盘跌数来分析市场买沽盘的意向和实力，从而作出未来市场的走势。

146. 葛兰威尔法则是以证券价格与移动平均线之间的偏离关系作为研判的依据。(　　)

【解析】在移动平行线的应用上，最常见的是葛兰威尔的移动平均线八大买卖法则，此法则以证券价格(或指数)与移动平均线之间的偏离关系作为研判的依据，4条为买进法则，4条为卖出法则。

147. 波浪理论认为，在上升周期中的第5波后的下跌过程中，a浪和c浪是下跌浪，b浪是反弹浪。(　　)

【解析】5浪完成后，紧接着会出现一个3浪的向下调整，这3浪是：从5到a为a浪、从a到b为b浪、从b到c为c浪。具体形态如图6所示。

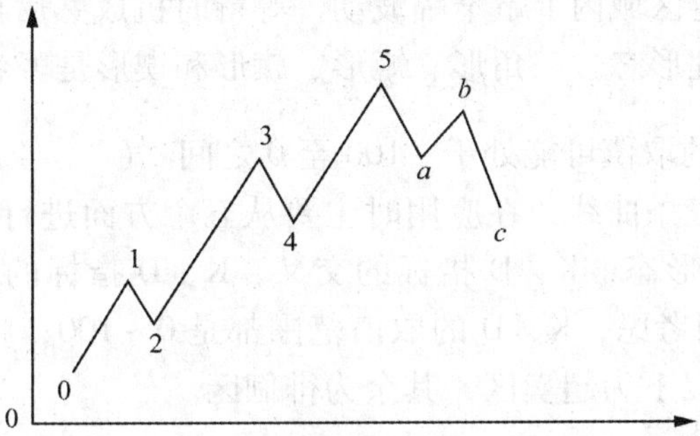

图6　8浪结构的基本形态图

148. 若现在行情的价位位于短期和长期MA之下，短期MA向下突破长期MA，此种交叉称为“死亡交叉”。(　　)

【解析】若现在行情价位于长期与短期MA之下，短期MA又向下突破长期MA时，则为卖出信号，交叉称之为死亡交叉；反之，当现在价位站稳在长期与短期MA之上，短期MA又向上突破长期MA时，为买进信号，此种交叉称为黄金交叉。

149. 在股价楔形的形成过程中，成交量逐渐增加。(　　)

【解析】在楔形形成过程中，成交量渐次减少；在楔形形成之前和突破之后，成交量一般都很大。

150. ADR是运用上涨和下跌的股票家数之差的绝对值来对大势进行分析的技术指标。(　　)

【解析】ADR是根据股票的上涨家数和下跌家数的比值，推断证券市场多空双方力量的对比，进而判断出证券市场的实际情况。

151. ADL、ADR、OBOS技术分析指标只能用于研判证券市场整体趋势，而不能应用于个股。(　　)

【解析】大势型指标主要对整个证券市场的多空状况进行描述，它只能用于研判证券市

145√　146√　147√　148√　149×　150×　151√

场整体形势，而不能应用于个股。

152. 历史会重演的含义是历史可能会以完全相同的情况出现。（ ）

【解析】历史会重演，但证券市场的市场行为是千变万化的，不可能有完全相同的情况重复出现，差异总是或多或少地存在。

153. 在波浪理论所考虑的形态、位置和时间三个因素中，时间是最重要的因素。（ ）

【解析】波浪理论考虑的因素包括：①股价走势所形成的形态；②股价走势图中各个高点和低点所处的相对位置；③完成某个形态所经历的时间长短。其中，股价的形态即波浪的形状和构造最为重要，是波浪理论分析的基础。

154. 一般地讲，股价三角形态是一种看涨的持续整理形态。（ ）

【解析】持续整理形态描述的是，股价向一个方向经过一段时间的快速运行后，不再继续原趋势，而在一定区域内上下窄幅波动，等待时机成熟后再继续前进。这种运行所留下的轨迹称为整理形态。三角形、矩形、旗形和楔形是著名的整理形态。

155. 技术分析指标 KDJ 的取值可能处于 -100 至 0 之间。（ ）

【解析】KDJ 指标是三条曲线，在应用时主要从五个方面进行考虑：K、D 取值的绝对数值，K、D 曲线的形态，K、D 指标的交叉，K、D 指标的背离和指标的取值大小。从 K、D 的取值方面考虑，K、D 的取值范围都是 0 ~ 100，将其划分为几个区域：80 以上为超买区，20 以下为超卖区，其余为徘徊区。

156. 在下跌趋势中有压力线，在上升趋势中有支撑线。（ ）

【解析】支撑线主要在下跌行情中存在，压力线主要在上升行情中存在，但在下跌行情中也有压力线，在上升行情中也存在支撑线。

157. 一切技术分析都是以价格和成交量为研究对象的。（ ）

【解析】技术分析就是利用过去和现在的成交量、成交价资料，以图形分析和指标分析为工具，来解释预测未来的市场走势。成交价、成交量的这种规律关系是技术分析的合理性所在。因此，价、量是技术分析的基本要素，一切技术分析方法都是以价量关系为研究对象的。

158. 计算 N 日乖离率所需的两个基本变量是当日移动平均价和 N 日移动平均价。（ ）

【解析】乖离率是测算股价与移动平均线偏离程度的指标。BIAS 的计算公式为：N 日乖离率 $= \frac{\text{当日收盘价} - \text{N 日移动平均价}}{\text{N 日移动平均价}} \times 100\%$。

159. 道氏理论的核心思想在于：任何因素对于证券市场的影响最终都会体现在股票价格的波动上。因此，只要对基于市场交易数据建立的市场价格指数进行分析，就可以观察市场的大部分行为。（ ）

【解析】市场价格指数可以解释和反映市场的大部分行为，这是道氏理论的核心思想。其理论含义就是任何因素对证券市场的影响最终都必然体现在股票价格的变动上。因

152 × 153 × 154√ 155 × 156√ 157√ 158 × 159√

此，只要对基于市场交易数据建立的市场价格指数进行分析就可以观察市场的大部分行为。

160. 下影线长，说明买方将股价推高后遇空方打压，下影线越长，表明空方阻力越大。(　　)

【解析】上影线长，说明买方将股价推高后遇空方打压，上影线越长，表明空方阻力越大；下影线长，说明买方在低价位有强力支撑，下影线越长，表明支撑力越强。

四、综合题(以下备选项中有一项或多项符合题目要求，多选、少选、错选均不得分)

(一)2018 年 1 月某企业发行一种票面利率为 6%、每年付息一次、期限 3 年、面值 100 元的债券。假设 2018 年 1 月至今的市场利率是 4%。2021 年 1 月，该企业决定永久延续该债券期限，即实际上实施了债转股，假设此时该企业的每股税后盈利是 0.50 元，该企业转股后的股票市价是 22 元。

根据上述材料，回答下列各小题。

1. 2019 年 1 月，该债券的购买价为(　　)。

A. 90.2　　B. 103.8　　C. 105.2　　D. 107.4

【解析】根据计算公式，该债券的购买价为：

$$P=\frac{6}{1+4\%}+\frac{6}{(1+4\%)^2}+\frac{100}{(1+4\%)^2}\approx 103.8(\text{元})$$

2. 在债券发行时，如果市场利率高于债券票面利率，则(　　)。

A. 债券的购买价低于面值

B. 债券的购买价高于面值

C. 按面值出售时投资者对该债券的需求减少

D. 按面值出售时投资者对该债券的需求增加

【解析】AB 两项，当市场利率高于债券票面利率时，债券折价发行，债券的购买价(市场价格)低于其面值；CD 两项，由于当前债券折价发行，因此按面值出售时其市场价格会上升，相应地投资者对该债券的需求减少。

3. 按照 2021 年 1 月的市场状况，该股票的市盈率为(　　)。

A. 10　　B. 24　　C. 30　　D. 44

【解析】市盈率(P/E)又称价格收益比或本益比，是每股价格与每股收益之间的比率，根据计算公式，该股票的市盈率 = 每股股价/每股收益 = 22/0.5 = 44。

4. 下列指标中，不属于相对估值的是(　　)。

A. 市值回报增长比　　B. 市净率

C. 自由现金流　　D. 市盈率

【解析】相对估值是指运用证券的市场价格与某个财务指标之间存在的比例关系对证券进行估值，包括常见的市盈率、市净率、市销率、市值回报增长比等。C 项属于绝对估值方法。

---

160 ×　　▍　(一)1B　2AC　3D　4C

（二）2022 年，A 公司主要财务数据如下：营业收入 2500000 元，利息费用 160000 元，营业利润 540000 元，税前利润 380000 元，适用税率 40%。

根据上述材料，回答下列各小题。

1. 2022 年，A 公司的已获利息倍数为（　　）。

A. 1.255　　B. 2.255　　C. 3.375　　D. 4.375

【解析】根据计算公式，2022 年该公司的已获利息倍数 = 息税前利润/利息费用 = (380000 + 160000)/160000 = 3.375。

2. 财务比率指标分析中，已获利息倍数属于（　　）。

A. 偿债能力指标　　B. 盈利能力指标　　C. 营运能力指标　　D. 成长能力指标

【解析】已获利息倍数指标是指公司经营业务收益与利息费用的比率，用以衡量偿付借款利息的能力。已获利息倍数指标反映公司经营收益为所需支付的债务利息的多少倍，属于公司的偿债能力指标。只要已获利息倍数足够大，公司就有充足的能力偿付利息。

3. 假如 A 公司的折旧是 10 万元，营运资本增加了 5 万元，那么该公司今年的自由现金流量为（　　）。

A. 30.5 万元　　B. 32.5 万元　　C. 35.4 万元　　D. 37.4 万元

【解析】依据题意，A 公司今年的自由现金流量 FCFF = 息税前利润 ×（1 − 所得税率）+ 折旧和摊销 − 净营运资本量 = 54 ×（1 − 40%）+ 10 − 5 = 37.4（万元）。

4. 下列各项中，属于公司长期偿债能力指标的是（　　）。

A. 净资产收益率　　B. 产权比率　　C. 酸性测试比率　　D. 应收账款周转率

【解析】A 项，净资产收益率属于盈利能力指标；C 项，速动比率也称酸性测试比率，属于短期偿债能力指标；D 项，应收账款周转率属于营运能力指标。

5. 2022 年，A 公司的息税前利润为（　　）。

A. 500000　　B. 540000　　C. 600000　　D. 620000

【解析】2022 年，A 公司的息税前利润 = 利润总额 + 利息费用 = 380000 + 160000 = 540000（元）。

（三）某公司年初净资产为 800 万元，年末净资产为 906.72 万元，该公司该年息前税前利润为 200 万元，利息费为 33%。在该会计年度内，除未分配利润外，其他所有者权益项目均无变化。

根据上述材料，回答下列各小题。

1. 公司的加权平均净资产收益率为（　　）。

A. 10.78%　　B. 11.08%　　C. 11.78%　　D. 12.56%

【解析】平均净资产收益率的计算公式为：平均净资产收益率 = 2 × 净利润/（年初净资产 + 年末净资产）。净利润 =（息税前利润 − 利息费）×（1 − 25%）= 200 ×（1 − 33%）×（1 − 25%）= 100.5（万元），所以，公司的加权平均净资产收益率为：2 × 100.5/（800 + 906.72）= 11.78%。

2. 根据杜邦分析体系，在其他条件不变的前提下，下列做法中能提高公司的净资产收益率

（二）1C　2A　3D　4B　5B　（三）1C　2ABD

的有(　　)。

A. 提高营业利润率　　　　　　　　B. 提高总资产周转率

C. 增加股东权益　　　　　　　　　D. 增加负债总额

【解析】杜邦分析法中的几种主要的财务指标关系为：净资产收益率 = 销售净利率(净利润/营业总收入) × 资产周转率(营业总收入/总资产) × 权益乘数(总资产/总权益资本)。C 项，增加股东权益会使权益乘数减小，净资产收益率降低。

(四)某公司某年度净利润 10000 万元，并已知年初与年末发行在外的普通股股数均为 50000 万股，每股面值 1 元，每股市场价格为 6 元，应付普通股股利 7500 万元。

根据上述材料，回答下列各小题。

1. 下列财务指标正确的是(　　)。

A. 每股收益为 0.2 元　　　　　　B. 市盈率为 30 倍

C. 每股股利为 0.15 元　　　　　D. 股利支付率为 60%

【解析】A 项，该公司的每股收益 = 净利润/普通股股数 = 10000/50000 = 0.2(元)；B 项，市盈率 = 每股市价/每股收益 = 6/0.2 = 30 倍；C 项，每股股利 = 应付普通股利/普通股股数 = 7500/50000 = 0.15(元)；D 项，股利支付率 = 每股股利/每股收益 × 100% = 0.15/0.2 × 100% = 75%。

2. 对于"普通股每股股利/普通股每股股价"这一财务指标(　　)。

A. 称作"股利发放率"

B. 称作"股票获利率"

C. 反映公司盈利能力状况

D. 反映非上市公司少数股权的投资收益状况

【解析】股利支付率反映的是公司股利分配政策和支付股利的能力。其计算公式为：股利支付率 = 每股股利 ÷ 每股收益 × 100%。股票获利率是指每股股利与股票市价的比率。其计算公式如下：股票获利率 = 普通股每股股利 ÷ 普通股每股市价 × 100%。股票获利率主要应用于非上市公司的少数股权。在这种情况下，股东难以出售股票，也没有能力影响股利分配政策，他们持有公司股票的主要动机在于获得稳定的股利收益。

(五)某公司某会计年度的财务数据如下：公司年初总资产为 20000 万元，流动资产为 7500 万元；年末总资产为 22500 万元，流动资产为 8500 万元；该年度营业成本为 16000 万元，营业毛利率为 20%，总资产收益率为 50%。

根据上述材料，回答下列各小题。

1. 根据上述数据，该公司的流动资产周转率为(　　)次。

A. 1.88　　　　B. 2.40　　　　C. 2.50　　　　D. 2.80

【解析】该公司的营业收入 = 营业成本 ÷ (1 − 20%) = 20000(万元)；再根据流动资产周转率计算公式，可得：流动资产周转率 = 营业收入/平均流动资产 = 20000/[(7500 + 8500)/2] = 2.50(次)。

2. 反映企业总资产周转速度的指标是(　　)。

(四)1ABC　2BD　(五)1C　2C

A. 固定资产周转率　　　　　　　　　　B. 存货周转率
C. 总资产周转率　　　　　　　　　　　D. 流动资产周转率

【解析】总资产周转率是营业收入与平均资产总额的比值，该项指标反映资产总额的周转速度。周转越快，反映销售能力越强。

3. 关于营运能力分析，下列说法正确的是(　　)。
A. 存货周转速度越快，存货的占用水平越高，流动性越弱
B. 应收账款周转率越高，说明公司的营运资金会过多地滞留在应收账款上，影响正常的资金周转
C. 流动资产周转率反映流动资产的周转速度。周转速度快，会相对节约流动资产，等于相对扩大资产投入，增强公司盈利能力
D. 总资产周转率反映资产总额的周转速度。周转越慢，反映销售能力越强。公司可以通过薄利多销的方法，加速资产的周转，带来利润绝对额的增加

【解析】A 项，存货周转速度越快，存货的占用水平越低，流动性越强；B 项，应收账款周转率越低，说明公司的营运资金会过多地滞留在应收账款上，影响正常的资金周转；D 项，总资产周转率反映资产总额的周转速度。周转越慢，反映销售能力越弱。公司可以通过薄利多销的方法，加速资产的周转，带来利润绝对额的增加。

(六)A 公司 2021 年 12 月 31 日的资产负债表中的主要数据如下(单位：万元)：

年利润总额	13399
利息费用	3539
2021 年末长期债务合计	76315
期末流动资产	428401
期末流动负债	271181

根据上述材料，回答下列各小题。

1. A 公司的已获利息倍数为(　　)。
A. 3.76　　　　B. 4　　　　C. 3.97　　　　D. 4.79

【解析】已获利息倍数 = 息税前利润/利息费用 = (13399 + 3539)/3539 ≈ 4.79 倍。

2. A 公司的长期债务与营运资金比率为(　　)。
A. 0.35　　　　B. 0.4　　　　C. 0.49　　　　D. 0.51

【解析】长期债务与营运资金比率 = 长期负债/(流动资产 − 流动负债) = 76315/(428401 − 271181) ≈ 0.49。

3. 以下各项中，能够反映 A 公司长期偿债能力的财务指标是(　　)。
A. 资产负债率　　　　　　　　　　　B. 资产净利率
C. 产权比率　　　　　　　　　　　　D. 长期债务与营运资金比率

【解析】长期偿债能力是指公司偿付到期长期债务的能力，通常以反映债务与资产、净资产的关系的负债比率来衡量。负债比率主要包括：资产负债率、产权比率、有形资产净值债务率、已获利息倍数、长期债务与营运资金比率等。

3C　(六)1D　2C　3ACD

第五章　风险管理

一、单项选择题(以下备选项中只有一项最符合题目要求，不选、错选均不得分)

1. 假设一家金融机构以市场价值表示的简化资产负债表中，资产为1000亿元，负债为800亿元，资产加权平均久期为5年，负债加权平均久期为4年。根据久期分析法，如果年利率从5%上升到5.5%，则利率变化对该金融机构资产价值的影响为(　　)亿元。[2022年2月真题]

A. −25　　B. −23.81　　C. 25　　D. 23.81

【解析】当市场利率变动时，资产和负债的变化可表示为：

$$\Delta V_A = -[D_A \times V_A \times \Delta R/(1+R)]$$
$$\Delta V_L = -[D_L \times V_L \times \Delta R/(1+R)]$$

其中，D_A为总资产的加权平均久期，D_L为总负债的加权平均久期，V_A为总资产，V_L为总负债，R为市场利率。

题中，资产价值变化为：$-5\times1000\times0.5\%/1.05\approx-23.81$(亿元)。

2. 在单一客户限额管理中，客户所有者权益为5亿元，杠杆系数为0.8，则该客户最高债务承受额为(　　)亿元。[2021年12月真题]

A. 5.0　　B. 0.8　　C. 6.25　　D. 4.0

【解析】风险限额管理是指对关键风险指标设置限额，并据此对业务进行监测和控制的过程。单一客户授信限额的计算公式是：MBC = EQ × LM，MBC为最高债务承受额；EQ为所有者权益；LM为杠杆系数。在本题中，EQ为5亿元，LM为0.8，故MBC = 5 × 0.8 = 4.0(亿元)。

3. 下列各项中，(　　)不是银行等金融机构流动性风险预警的内部预警指标或信号。[2021年7月真题]

A. 盈利能力下降　　B. 某项业务风险水平增加

C. 资产过于集中　　D. 所发行的股票价格下跌

【解析】商业银行流动性风险内部预警信号主要包括商业银行内部有关风险水平、盈利能力、资产质量，以及其他可能对流动性产生中长期影响的指标变化。例如：①某项或多项业务/产品的风险水平增加；②资产或负债过于集中；③资产质量下降；④盈利水平下降；⑤快速增长的资产的主要资金来源为市场大宗融资等。D项属于外部预警信号。

4. 在内部评级法初级法下，借款人利用多种形式的抵(质)押品共同担保时，需要将风险暴露进行拆分，拆分按照(　　)以及其他抵(质)押品的顺序进行。[2021年4月真题]

A. 商用房地产和居住用房地产、金融质押品、应收账款

B. 金融质押品、商用房地产和居住用房地产、应收账款

C. 应收账款、金融质押品、商用房地产和居住用房地产

D. 金融质押品、应收账款、商用房地产和居住用房地产

【解析】根据合格抵(质)押品的认定要求，在内部评级法初级法下，当借款人利用多种

1B　2D　3D　4D

形式的抵(质)押品共同担保时，需要将风险暴露拆分为由不同抵(质)押品覆盖的部分，分别计算风险加权资产。拆分按金融质押品、应收账款、商用房地产和居住用房地产以及其他抵(质)押品的顺序进行。

5. 债项评级是对(　　)的特定风险进行计量和评价，以反映客户违约后估计的债项损失大小。[2020 年 8 月真题]

A. 公司评级　　B. 交易本身　　C. 信用状况　　D. 偿债能力

【解析】债项评级是对交易本身的特定风险进行计量和评价，反映客户违约后的债项损失大小。特定风险因素包括抵押、优先性、产品类别、地区、行业等。债项评级不但可以反映债项本身的交易风险，还可以同时反映客户的债项交易风险和信用风险。

6. 某零息债券在到期日的价值 1000 元，偿还期为 10 年，该债券的到期收益率为 5%，则其久期为(　　)。[2019 年 7 月真题]

A. 10.0　　B. 8.2　　C. 9.1　　D. 8.6

【解析】久期又称持续期，这一概念最早来自麦考莱对债券平均到期期限的研究，他认为把各期现金流作为权数对债券的期限进行加权平均，可以更好地把握债券的期限性质，所以提出了麦考莱久期的概念。对于零息债券而言，久期等于其到期期限。

7. 在市场风险计量与检测的过程中，更具有实质意义的是(　　)。[2018 年 9 月真题]

A. 市值重估和名义价值　　B. 公允价值和市值重估

C. 市场价值和公允价值　　D. 名义价值和市场价值

【解析】名义价值是指金融资产根据历史成本所反映的账面价值。在市场风险管理过程中，由于利率、汇率等市场价格因素的频繁变动，名义价值一般不具有实质性意义。在市场风险计量与监测的过程中，更具有实质意义的是市场价值与公允价值。

8. 对特定交易工具的多头头寸或空头头寸给予限制的市场风险控制措施是(　　)。[2018 年 3 月真题]

A. 币种限额　　B. 风险价值限额　　C. 止损限额　　D. 头寸限额

【解析】限额管理是对商业银行市场风险进行有效控制的一项重要手段。市场风险限额指标主要包括：头寸限额、风险价值限额、止损限额、敏感度限额、期限限额、币种限额和发行人限额等。其中头寸限额是指对总交易头寸或净交易头寸设定的限额，总头寸限额对特定交易工具的多头头寸或空头头寸给予限制，净头寸限额对多头头寸和空头头寸相抵后的净额加以限制。

9. 无论是否依托系统化、精确化、动态化的风险预警系统，风险预警都应依次完成如下程序：(　　)。[2017 年 2 月真题]

A. 信用信息的收集和传递—风险分析—后评价—风险处置

B. 后评价—信用信息的收集和传递—风险分析—风险处置

C. 风险分析—信用信息的收集和传递—风险处置—后评价

D. 信用信息的收集和传递—风险分析—风险处置—后评价

【解析】风险预警是各种处理机制和各种工具的组合结果，无论是否依托于精确化、系统

5B　6A　7C　8D　9D

化、动态化的风险预警系统，都应当依次、逐级完成以下程序：①信用信息的收集和传递；②风险分析；③风险处置；④后评价。

10. 能够估算利率变动对所有头寸的未来现金流现值的影响，从而能够对利率变动的长期影响进行评估的分析方法是(　　)。[2016 年 5 月真题]

A. 缺口分析　　B. 敞口分析　　C. 敏感分析　　D. 久期分析

【解析】久期分析是指对各时段的缺口赋予相应的敏感性权重，得到加权缺口，然后对所有时段的加权缺口进行汇总，以此估算某一给定的小幅(通常小于 1%)利率变动可能会对银行经济价值产生的影响。因此久期分析能够对利率变动的长期影响进行评估。

11. 投资或者购买与管理基础资产收益波动负相关或完全负相关的某种资产或金融衍生品的风险管理策略是(　　)。[2016 年 4 月真题]

A. 风险规避　　B. 风险对冲　　C. 风险分散　　D. 风险转移

【解析】A 项，风险规避是指拒绝或退出某一业务或市场，以避免承担该业务或市场具有的风险的一种风险应对方法；C 项，风险分散是指通过多样化的投资来分散和降低风险的方法；D 项，风险转移是指通过购买某种金融产品或采取其他合法的经济措施将风险转移给其他经济主体的一种风险管理办法。

12. 在持有期为 10 天、置信水平为 99% 的情况下，若所计算的风险价值为 10 万元，则表明该金融机构的资产组合(　　)。[2016 年 4 月真题]

A. 在 10 天中的收益有 99% 的可能性不会超过 10 万元

B. 在 10 天中的收益有 99% 的可能性会超过 10 万元

C. 在 10 天中的损失有 99% 的可能性不会超过 10 万元

D. 在 10 天中的损失有 99% 的可能性会超过 10 万元

【解析】风险价值是指在一定的持有期和给定的置信水平下，利率、汇率等市场风险要素变化时可能对资产价值造成的最大损失。由于该资产组合的持有期为 10 天，置信水平为 99%，风险价值为 10 万元，意味着在 10 天中的损失有 99% 的可能性不会超过 10 万元。

13. 下列关于证券投资顾问业务风险管理流程的步骤的描述，正确的是(　　)。

A. 风险识别→风险计量→风险监测→风险控制

B. 风险识别→风险控制→风险计量→风险监测

C. 风险监测→风险识别→风险计量→风险控制

D. 风险监测→风险计量→风险识别→风险控制

【解析】证券投资顾问业务风险管理流程包括风险识别、风险计量、风险监测和风险控制四个步骤，其顺序为：风险识别/分析→风险计量/评估→风险监测/报告→风险控制/缓释。

14. (　　)是指投资顾问对利用客户资产负债表或某些具有收益负相关性质的业务组合本身所具有的对冲特性进行风险对冲。

A. 组合对冲　　B. 风险对冲　　C. 自我对冲　　D. 市场对冲

10D　11B　12C　13A　14C

【解析】风险对冲主要包括：①自我对冲，指投资顾问对利用客户资产负债表或某些具有收益负相关性质的业务组合本身所具有的对冲特性进行风险对冲；②市场对冲，指对于无法通过资产负债表和相关业务调整进行自我对冲的风险，通过衍生品市场进行对冲。

15. 权威信用评级机构将一家受金融危机影响的 AAA 级企业改评为 AA 级。则表明与该企业发生业务往来的商业银行所面临的(　　)增加。

A. 声誉风险　　B. 操作风险　　C. 信用风险　　D. 法律风险

【解析】信用风险是指债务人或交易对手未能履行合同所规定的义务或信用质量发生变化，影响金融产品价值，从而给债权人或金融产品持有人造成经济损失的风险。该企业的评级下降会使与该企业发生业务往来的商业银行所面临的信用风险增加。

16. 下列关于专家判断法的说法错误的是(　　)。

A. 专家系统面临的一个突出问题是对信用风险的评估缺乏一致性

B. 专家系统的突出特点在于将信贷专家的经验和判断作为信用分析和决策的主要基础

C. 专家系统在分析信用风险时主要考虑与借款人有关的因素以及与市场有关的因素

D. 专家系统是依赖高级信贷人员和信贷专家自身的专业知识、技能和丰富经验，因此不同的信贷人员由于其经验、习惯和偏好的差异，可能出现不同的风险评估结果和授信决策或建议，这一局限对于小型商业银行而言尤为突出

【解析】D 项，专家系统的突出特点在于将信贷专家的经验和判断作为信用分析和决策的主要基础，这种主观性很强的方法/体系带来的一个突出问题是对信用风险的评估缺乏一致性(例如不同的信贷人员由于其经验、习惯和偏好的差异，可能出现不同的风险评估结果和授信决策或建议)。专家系统的这一局限性对于大型商业银行(而非小型商业银行)而言尤为突出。

17. 信用评分模型的关键在于(　　)。

A. 辨别分析技术的运用

B. 借款人特征变量的当前市场数据的搜集

C. 借款人特征变量的选择和各自权重的确定

D. 单一借款人违约概率及同一信用等级下所有借款人违约概率的确定

【解析】信用评分模型是一种传统的信用风险量化模型，利用可观察到的借款人特征变量计算出一个数值(得分)来代表债务人的信用风险，并将借款人归类于不同的风险等级。信用评分模型的关键在于特征变量的选择和各自权重的确定。

18. 下列关于信用评分模型的说法，不正确的是(　　)。

A. 信用评分模型是建立在对历史数据模拟的基础上的

B. 信用评分模型可以给出客户信用风险水平的分数

C. 信用评分模型可以提供客户违约概率的准确数值

D. 由于历史数据更新速度较慢，信用评分模型使用的回归方程中各特征变量的权重在一定时间内保持不变，从而无法及时反映企业信用状况的变化

15C　16D　17C　18C

【解析】C项，信用评分模型虽然可以给出客户信用风险水平的分数，却无法提供客户违约概率的准确数值，而后者往往是信用风险管理最为关注的。

19. (　　)是现代信用风险管理的基础和关键环节。

A. 信用风险识别　　B. 信用风险计量

C. 信用风险监控　　D. 信用风险报告

【解析】信用风险计量是现代信用风险管理的基础和关键环节，经历了从专家判断法、信用评分模型到违约概率模型三个主要发展阶段。

20. 以基础产品所蕴含的使用风险或违约风险为基础变量的金融衍生工具属于(　　)。

A. 货币衍生工具　　B. 利率衍生工具

C. 信用衍生工具　　D. 股权类产品的衍生工具

【解析】A项，货币衍生工具是指以各种货币作为基础工具的金融衍生工具；B项，利率衍生工具是指以利率或利率的载体为基础工具的金融衍生工具；D项，股权类产品的衍生工具是指以股票或股票指数为基础工具的金融衍生工具。

21. 与单一法人客户相比，集团法人客户的信用风险特征不包括(　　)。

A. 内部关联交易频繁　　B. 真实财务状况易于掌握

C. 贷后管理难度大　　D. 连环担保十分普遍

【解析】与单一法人客户相比，集团法人客户的信用风险具有以下特征：①内部关联交易频繁；②连环担保十分普遍；③真实财务状况难以掌握；④系统性风险较高；⑤风险识别和贷后管理难度大。

22. 下列一般不属于市场风险限额指标的是(　　)。

A. 风险价值限额　　B. 头寸限额

C. 资本限额　　D. 止损限额

【解析】限额管理是对商业银行市场风险进行有效控制的一项重要手段。市场风险限额指标主要包括：头寸限额、风险价值(VaR)限额、止损限额、敏感度限额、期限限额、币种限额和发行人限额等。

23. 某3年期债券久期为2.5年，债券当前市场价格为102元，市场利率为4%，假设市场利率突然下降100个基点，则该债券的价格(　　)。

A. 下跌2.43元　　B. 上升2.45元　　C. 下跌2.45元　　D. 上升2.43元

【解析】根据久期的计算公式，可得：债券价格改变额 $= -102 \times 2.5 \times (-0.01)/(1+4\%) = 2.45$(元)，即债券价格上升2.45元。

24. 下列关于风险价值(VaR)模型置信水平的描述，正确的是(　　)。

A. 置信水平越高，意味着在持有期内最大损失超出VaR的可能性越小

B. 置信水平越高，意味着在持有期内最大损失超出VaR的可能性越大

C. 置信水平越低，意味着在持有期内VaR的值越大

D. 置信水平越低，意味着在持有期内最大损失超出VaR的可能性越小

19B　20C　21B　22C　23B　24A

【解析】VaR 值随置信水平和持有期的增大而增加。其中，置信水平越高，意味着最大损失在持有期内超出 VaR 值的可能性越小，反之则可能性越大。

25. 一家日本出口商向美国进口商出口了一批货物，预计 3 个月后收到 1000 万美元的货款，假如当前汇率为 1 美元 = 93 日元，商业银行的研究部门预计 3 个月后日元可能会升值到 1 美元 = 90 日元，因此建议该日本出口商(　　)，以对冲汇率风险。

A. 在 93 价位建立日元/美元的货币期货的多头头寸

B. 在 90 价位建立日元/美元的货币期货的多头头寸

C. 在 93 价位建立日元/美元的货币期货的空头头寸

D. 在 90 价位建立日元/美元的货币期货的空头头寸

【解析】由题意知，为了避免 3 个月后美元贬值的风险，该日本出口商需要在 93 价位建立一个货币期货的多头头寸，这样便能保证其 3 个月后用收到的 1000 万美元按 1 美元 = 93 日元的汇率买入日元，从而避免了汇率变动带来的风险。

26. 假设其他条件保持不变，则下列关于利率风险的表述，正确的是(　　)。

A. 资产以固定利率为主，负债以浮动利率为主，则利率上升有助于增加收益

B. 发行固定利率债券有助于降低利率上升可能造成的风险

C. 购买票面利率为 3% 的国债，当期资金成本为 2%，则该交易不存在利率风险

D. 以 3 个月 LIBOR 为参照的浮动利率债券，不存在利率风险

【解析】对发行人来说，发行固定利率债券固定了每期支付利率，将来即使市场利率上升，其支付的成本也不随之上升，因而有效地降低了利率上升的风险。A 项，当利率上升时，资产收益固定，负债成本上升，收益减少；C 项，该交易存在基准风险，又称利率定价基础风险；D 项，以 3 个月 LIBOR 为参照的浮动利率债券，其利率会随市场状况波动，存在利率风险。

27. 在其他条件保持不变的情况下，金融工具的到期日或距下次重新定价日的时间越长，并且在到期日之前支付的金额越小，则其久期的绝对值(　　)。

A. 越小　　B. 越大　　C. 无法判断　　D. 不受影响

【解析】一般而言，金融工具的到期日或距下一次重新定价日的时间越长，并且在到期日之前支付的金额越小，则久期的绝对值越高，表明利率变动将会对银行的经济价值产生较大的影响。

28. 某金融机构资金交易部门交易债券和外汇两大类金融产品，当期各自计量的 VaR 值分别为 300 万元及 400 万元，则资金交易部门当期的整体 VaR 值约为(　　)。

A. 100 万元　　B. 700 万元　　C. 至少 700 万元　　D. 至多 700 万元

【解析】根据投资组合原理，投资组合的整体 VaR 小于其所包含的每个单体 VaR 之和，因此，部门当期的整体 VaR 值要小于 700 万元。

29. 假设某金融机构总资产为 1000 亿元，加权平均久期为 6 年，总负债为 900 亿元，加权平均久期为 5 年，则该机构的资产负债久期缺口为(　　)。

A. -1.5　　B. -1　　C. 1.5　　D. 1

25A　26B　27B　28D　29C

【解析】根据久期缺口的计算公式，久期缺口 = 资产加权平均久期 -（总负债/总资产）×负债加权平均久期 = 6 -（900/1000）×5 = 1.5。

30. 下列哪一项是由于股票价格的不利变动所带来的风险？(　　)

A. 股票价格风险　　B. 折算风险

C. 交易风险　　D. 市场风险

【解析】市场风险可分为利率风险、汇率风险、股票价格风险和商品价格风险。股票价格风险是指由于股票价格发生不利变动而带来损失的风险。

31. 证券的(　　)越大，利率的变化对该证券价格的影响也越大，因此风险也越大。

A. 久期　　B. 敞口　　C. 现值　　D. 缺口

【解析】久期又称持续期，用于对固定收益产品的利率敏感程度或利率弹性的衡量。证券的久期越大，利率的变化对该证券价格的影响也越大，因此风险也越大。

32. 某2年期债券，每年付息一次，到期还本，面值为100元，票面利率为10%，市场利率为10%，则该债券的麦考利久期为(　　)年。

A. 1.35　　B. 1.73　　C. 1.91　　D. 2.56

【解析】市场利率 = 票面利率，则该债券的现值 = 面值 = 100(元)，第一年现金流现值 = $100\times10\%/(1+10\%)\approx9.09$(元)，第二年现金流现值 = $(100\times10\%+100)/(1+10\%)^2\approx90.91$(元)，因此，麦考利久期 $D=1\times9.09/100+2\times90.91/100\approx1.91$(年)。

33. 关于久期公式 $dP/dy=-D\times P/(1+y)$，下列各项理解正确的是(　　)。

A. 久期越长，价格的变动幅度越大　　B. 价格变动的幅度与久期的长短无关

C. 久期公式中的 D 为修正久期　　D. 收益率与价格同向变动

【解析】当市场利率发生变化时，固定收益产品的价格将发生反比例的变动，其变动幅度取决于久期的长短，久期越长，其变动幅度也就越大。久期公式中的 D 为麦考利久期，修正久期为 $D/(1+y)$，y 表示市场利率。

34. 某5年期债券，面值为100元，票面利率为10%，单利计息，市场利率为10%，到期一次还本付息，则该债券的麦考利久期为(　　)年。

A. 3　　B. 3.5　　C. 4　　D. 5

【解析】方法一：某一金融工具的麦考利久期等于金融工具各期现金流发生的相应时间乘以各期现值与金融工具现值的商，即 $D=\dfrac{\sum_{t=1}^{r} tC_t/(1+y)^t}{\sum_{t=1}^{r} C_t/(1+y)^t}$。式中，$D$ 代表麦考利久期；t 代表金融工具的现金流发生的时间；C_t 代表金融工具第 t 期的现金流量；y 为收益率或当前市场利率。根据计算，麦考利久期等于5年。

方法二：由于贴现债券只有一笔现金流，即期末一次性偿还，因此，贴现债券的麦考利久期等于债券到期期限。该债券相当于贴现债券，因此，麦考利久期等于5年。

30A　31A　32C　33A　34D

35. A、B 两种债券为永久性债券，每年付息，永不偿还本金，债券 A 的票面利率为 5%，债券 B 的票面利率为 6%，若它们的到期收益率均等于市场利率，则(　　)。

A. 债券 A 的久期大于债券 B 的久期　　B. 债券 A 的久期小于债券 B 的久期

C. 债券 A 的久期等于债券 B 的久期　　D. 无法确定债券 A 和 B 的久期大小

【解析】A、B 两种债券久期的计算公式均为：

$$D = \frac{\sum_{t=1}^{\infty} tC_t / (1+y)^t}{\sum_{t=1}^{\infty} C_t / (1+y)^t} = \frac{\sum_{t=1}^{\infty} t / (1+y)^t}{\sum_{t=1}^{\infty} 1 / (1+y)^t}$$

可见，久期只与市场利率 y 有关，因此，A、B 两种债券的久期相等。

36. 久期缺口是资产加权平均久期与负债加权平均久期和(　　)乘积的差额。

A. 收益率　　B. 资产负债率　　C. 现金率　　D. 市场利率

【解析】久期缺口是资产加权平均久期与负债加权平均久期和资产负债率乘积的差额，即：久期缺口 = 资产加权平均久期 -（总负债/总资产）× 负债加权平均久期。

37. 下列关于久期的说法不正确的是(　　)。

A. 久期缺口绝对值的大小与利率风险有明显联系

B. 久期缺口绝对值越小，金融机构利率风险越高

C. 久期缺口的绝对值越大，金融机构利率风险越高

D. 久期分析能计量利率风险对银行经济价值的影响

【解析】B 项，久期缺口的绝对值越小，金融机构对利率的变化就越不敏感，金融机构的利率风险暴露量也就越小，因而，最终面临的利率风险也越低。

38. 关于久期缺口，下列叙述不正确的是(　　)。

A. 当久期缺口为负值时，如果市场利率下降，则最终的市场价值将减少

B. 当久期缺口为正值时，如果市场利率上升，则最终的市场价值将减少

C. 久期缺口的绝对值越小，对利率的变化就越不敏感

D. 久期缺口是负债加权平均久期与资产加权平均久期和资产负债率乘积的差额

【解析】D 项，久期缺口是资产加权平均久期与负债加权平均久期和资产负债率乘积的差额。

39. 关于久期分析，下列说法正确的是(　　)。

A. 如采用标准久期分析法，可以很好地反映期权性风险

B. 如采用标准久期分析法，不能反映基准风险

C. 久期分析只能计量利率变动对银行短期收益的影响

D. 对于利率的大幅变动，久期分析的结果仍能保证准确性

【解析】B 项，如果在计算敏感性权重时对每一时段使用平均久期，即采用标准久期分析法，久期分析仍然只能反映重新定价风险，不能反映基准风险，以及因利率和支付时间的不同而导致的头寸的实际利率敏感性差异，也不能很好地反映期权性风险。

35C　36B　37B　38D　39B

40. 用于表示在一定时间水平、一定概率下所发生最大损失的要素是(　　)。

A. 违约概率　　B. 非预期损失　　C. 预期损失　　D. 风险价值

【解析】风险价值(VaR)是指在一定的持有期和给定的置信水平下，利率、汇率、股票价格和商品价格等市场风险要素发生变化时可能对产品头寸或组合造成的潜在最大损失。

41. 下列关于 VaR 的描述，正确的是(　　)。

A. 风险价值与损失的任何特定事件相关

B. 风险价值是以概率百分比表示的价值

C. 风险价值是指可能发生的最大损失

D. 风险价值并非是指可能发生的最大损失

【解析】A 项，风险与持有期和给定的置信水平相关；B 项，风险价值不用百分比表示；C 项，风险价值(VaR)是指在一定的持有期和给定的置信水平下，利率、汇率、股票价格和商品价格等市场风险要素发生变化时可能对产品头寸或组合造成的潜在最大损失。但是 VaR 并不是即将发生的真实损失；VaR 也不意味着可能发生的最大损失。

42. VaR 值的大小与未来一定的(　　)密切相关。

A. 损失概率　　B. 持有期　　C. 概率分布　　D. 损失事件

【解析】风险价值(VaR)的计算涉及两个因素的选取：①置信水平；②持有期。持有期的选取需要看模型的使用者是经营者还是监管者。如果模型的使用者是经营者自身，则时间间隔取决于其资产组合的特性。

43. 关于风险度量中的 VaR，下列说法不正确的是(　　)。

A. VaR 是指在一定的持有期 Δt 内和给定的置信水平 $x\%$ 下，利率、汇率等市场风险因子发生变化时可能对某项资金头寸、资产组合或金融机构造成的潜在最大损失

B. 在 VaR 的定义中，有两个重要参数——持有期 Δt 和预测损失水平 Δp，任何 VaR 只有在给定这两个参数的情况下才会有意义

C. Δp 为金融资产在持有期 Δt 内的损失

D. 该方法完全是一种基于统计分析基础上的风险度量技术

【解析】B 项，在 VaR 的定义中，有两个重要参数——持有期 Δt 和置信水平 $x\%$(而非预测损失水平 Δp)，任何 VaR 只有在给定这两个参数的情况下才会有意义。

44. 目前普遍采用的计算 VaR 值的方法不包括(　　)。

A. 方差—协方差法　　B. 历史模拟法

C. 情景分析法　　D. 蒙特卡洛模拟法

【解析】目前普遍采用三种模型技术来计算 VaR 值：方差—协方差法、历史模拟法和蒙特卡洛模拟法。三种计算 VaR 值的模型技术均得到巴塞尔委员会和各国监管机构的认可。

45. 用方差—协方差法计算 VaR 时，其基本假设之一是时间序列不相关。若某序列具有趋势特征，则真实 VaR 与采用方差—协方差法计算得到的 VaR 相比(　　)。

40D　41D　42B　43B　44C　45A

A. 较大　　B. 一样　　C. 较小　　D. 无法确定

【解析】方差—协方差法的正态假设受到质疑，许多金融资产的收益率分布并不符合正态分布，时间序列的分布通常存在“肥尾”现象。这样，基于正态近似的模型往往会低估实际的风险值，真实 VaR 与计算所得 VaR 相比较大。

46. 下列关于计算 VaR 的方差—协方差法的说法，正确的是(　　)。

A. 能预测突发事件的风险

B. 成立的假设条件是未来和过去存在着分布的一致性

C. 不能反映风险因子对整个组合的一阶线性影响

D. 能准确度量非线性金融工具(如期权)的风险

【解析】方差—协方差法的缺点表现在三个方面：①不能预测突发事件的风险，因为方差—协方差法是基于历史数据来估计未来，其成立的假设条件是未来和过去存在着分布的一致性，而突发事件打破了这种分布的一致性，其风险无法从历史序列模型中得到揭示；②方差—协方差法的正态假设条件受到普遍质疑，由于“肥尾”现象广泛存在，许多金融资产的收益率分布并不符合正态分布，基于正态近似的模型往往会低估实际的风险值；③方差—协方差法只反映了风险因子对整个组合的一阶线性影响，无法准确计量非线性金融工具(如期权)的风险。

47. (　　)假定投资组合中各种风险因素的变化服从特定的分布(通常为正态分布)，然后通过历史数据分析和估计该风险因素收益分布方差—协方差、相关系数等。

A. 历史模拟法　　B. 方差—协方差法

C. 压力测试法　　D. 蒙特卡洛模拟法

【解析】VaR 的计算方法包括方差—协方差法、历史模拟法、蒙特卡洛模拟法三种。方差—协方差法假定投资组合中各种风险因素的变化服从特定的分布(通常为正态分布)，然后通过历史数据分析和估计该风险因素收益分布方差—协方差、相关系数等。

48. 下列关于蒙特卡洛模拟法的表述错误的是(　　)。

A. 是一种结构化模拟的方法

B. 以大量的历史数据为基础，对数据的依赖性强

C. 考虑到了波动性随时间变化的情形

D. 模型风险较高，且较难实施，需要非常庞大的资源支持

【解析】B 项属于历史模拟法的缺点。

49. 关于 VaR 值的计量方法，下列论述正确的是(　　)。

A. 方差—协方差法能预测突发事件的风险

B. 方差—协方差法易高估实际的风险值

C. 历史模拟法可计量非线性金融工具的风险

D. 蒙特卡洛模拟法不需依赖历史数据

【解析】A 项，方差—协方差法不能预测突发事件的风险；B 项，方差—协方差法易低估实际的风险值；D 项，蒙特卡洛模拟法需要依赖历史数据，方差—协方差法、历史

46B　47B　48B　49C

模拟法也需要依赖历史数据。

50. (　　)限额对多头头寸和空头头寸相抵后的净额加以限制。

A. 净头寸　　B. 总头寸　　C. 交易　　D. 头寸

【解析】总头寸限额对特定交易工具的多头头寸或空头头寸分别加以限制；净头寸限额对多头头寸和空头头寸相抵后的净额加以限制。

51. 对内部模型计量的风险价值设定的限额是(　　)限额。

A. 交易　　B. 头寸　　C. 风险　　D. 止损

【解析】风险限额是指对基于量化方法计算出的市场风险参数来设定限额，如对内部模型法计量出的风险价值设定的限额。

52. 某项头寸的累计损失达到或接近(　　)限额时，就必须对该头寸进行对冲交易或立即变现。

A. 止损　　B. 头寸　　C. 风险　　D. 交易

【解析】止损限额是允许的最大损失额。通常，当某项头寸的累计损失达到或接近止损限额时，就必须对该头寸进行对冲交易或立即变现。

53. 某国家外汇储备中美元所占的比重较大，为了防止美元下跌带来损失，可以(　　)。

A. 卖出一部分美元，买入英镑、欧元等其他国际主要储备货币

B. 再买入一部分美元，卖出一部分英镑、欧元等其他国际主要储备货币

C. 再买入一部分美元，同时买入英镑、欧元等其他国际主要储备货币

D. 卖出一部分美元，同时卖出一部分英镑、欧元等其他国际主要储备货币

【解析】采用风险对冲，即当原风险敞口出现亏损时，新风险敞口能够盈利，并且尽量使盈利能够全部抵补亏损，题中，为了防止美元下跌带来损失，可以买入英镑、欧元等其他国际主要储备货币，从而降低风险。

54. 下列关于利用衍生产品对冲市场风险的描述，不正确的是(　　)。

A. 构造方式多种多样　　B. 交易灵活便捷

C. 通常只能消除部分市场风险　　D. 不会产生新的交易对方信用风险

【解析】利用衍生产品对冲市场风险具有明显的优势，如构造方式多种多样、交易灵活便捷等，但通常只能消除部分市场风险，而且可能会产生新的交易对方信用风险。

55. 经风险调整的收益率为每个业务单位或交易的(　　)和经济资本的比率。

A. 营业收入　　B. 税后净利润　　C. 交易成本　　D. 预期利润

【解析】市场风险管理中，经风险调整的收益率的计算公式为：RAROC = 税后净利润$_{\text{业务单位(或交易)}}$/经济资本$_{\text{业务单位(或交易)}}$。

56. 计量市场风险时，计算 VaR 值方法通常需要采用压力测试进行补充，因为(　　)。

A. 压力测试提供了一般市场情形下精确的损失水平

B. VaR 方法只有在 99% 的置信区间内有效

C. VaR 值反映一定置信区间内的最大损失，但没有说明极端损失

50A　51C　52A　53A　54D　55B　56C

D. 压力测试通常计量正常市场情况下所能承受的风险损失

【解析】市场风险压力测试是一种定性与定量结合，以定量为主的风险分析方法，是弥补 VaR 值计量方法无法反映置信水平之外的极端损失的有效补充手段，市场风险量化分析要结合使用 VaR 计量和压力测试分析。

57. 风险对冲是指通过投资或购买与标的资产收益波动(　　)的某种资产或衍生产品来冲销标的资产潜在损失的一种策略性选择。

A. 不相关　　B. 相独立　　C. 负相关　　D. 正相关

【解析】风险对冲是指通过投资或购买与标的资产收益波动负相关的某种资产或衍生产品来冲销标的资产潜在损失的一种策略性选择。风险对冲对管理市场风险(利率风险、汇率风险、股票风险和商品风险)非常有效，可以分为自我对冲和市场对冲两种情况。

58. 下列关于收益率曲线特点的描述，错误的是(　　)。

A. 短期收益率一般比长期收益率更富有变化性

B. 收益率曲线一般向上倾斜

C. 当利率整体水平较高时，收益率曲线会呈现向下倾斜的形状

D. 短期债券倾向于比长期的有相同质量的债券提供更高的收益率

【解析】收益率曲线一般具备以下特点：①短期收益率一般比长期收益率更富有变化性；②收益率曲线一般向上倾斜；③当利率整体水平较高时，收益率曲线会呈现向下倾斜(甚至是倒转)的形状。D 项，长期债券倾向于比短期的有相同质量的债券提供更高的收益率。

59. 收益率曲线的类型不包括(　　)。

A. 正收益曲线　　B. 反转收益曲线　　C. 水平收益曲线　　D. 垂直收益曲线

【解析】收益率曲线即不同期限的即期利率的组合所形成的曲线。从形状上来看，收益率曲线主要包括四种类型：①正向的利率曲线。一条向上倾斜的利率曲线，表示期限越长的债券利率越高。②反向的利率曲线。一条向下倾斜的利率曲线，表示期限越长的债券利率越低。③一条平直的利率曲线，表示不同期限的债券利率相等。④拱形利率曲线。表示期限相对较短的债券，利率与期限呈正向关系；期限相对较长的债券，利率与期限呈反向关系。

60. 任何金融工具都可能出现价格的不利变动而带来资产损失的可能性，这是(　　)。

A. 信用风险　　B. 市场风险　　C. 法律风险　　D. 结算风险

【解析】A 项，信用风险是指交易中对方违约，没有履行所作承诺造成损失的可能性；C 项，法律风险是指因合约不符合所在国法律，无法履行或合约条款遗漏及模糊导致损失的可能性；D 项，结算风险是指因交易对手无法按时付款或交割带来损失的可能性。

61. 当某金融机构的资产负债久期缺口为正时，如果市场利率上升，则该机构的流动性将(　　)。

A. 无法确定　　B. 保持不变　　C. 减弱　　D. 增强

57C　58D　59D　60B　61C

【解析】当久期缺口为正值时，如果市场利率下降，则资产价值增加的幅度比负债价值增加的幅度大，流动性也随之增强；如果市场利率上升，则资产价值减少的幅度比负债价值减少的幅度大，流动性也随之减弱。

62. 某金融机构的资产为500亿元，资产加权平均久期为4年；负债为450亿元，负债加权平均久期为3年。根据久期分析法，如果市场利率下降，则其流动性(　　)。

A. 减弱　　B. 不变　　C. 无法判断　　D. 增强

【解析】用D_A表示总资产的加权平均久期，D_L表示总负债的加权平均久期，V_A表示总资产，V_L表示总负债，R为市场利率，当市场利率变动时，资产的变化为：$\Delta V_A = -[D_A \times V_A \times \Delta R/(1+R)] = -[4\times 500\times \Delta R/(1+R)] = -2000\times \Delta R/(1+R)$；负债的变化为：$\Delta V_L = -[D_L \times V_L \times \Delta R/(1+R)] = -[3\times 450\times \Delta R/(1+R)] = -1350\times \Delta R/(1+R)$。则$\Delta V_A - \Delta V_L = -650\times \Delta R/(1+R)$，市场利率下降，即$\Delta R<0$，则$\Delta V_A - \Delta V_L>0$，即商业银行的整体价值增加，其流动性因此而增强。

63. 在现金流分析中，如果金融机构的资金来源小于资金使用，则表明(　　)。

A. 可能造成支付困难以及由此产生流动性风险

B. 该机构流动性相对充足

C. 该机构的流动性供给大于流动性需求

D. 该机构可以把差额通过其他途径投资

【解析】当资金来源小于资金使用，出现流动性“赤字”时，必须考虑这种资金匮乏可能造成的支付困难以及由此产生的流动性风险。根据历史经验分析可知，当资金剩余额与总资产之比小于3%～5%，甚至为负数时，商业银行应当对其流动性状况引起高度重视。

64. 流动性缺口是指(　　)。

A. 60天内到期的流动性资产减去60天内到期的流动性负债的差额

B. 60天内到期的流动性负债减去60天内到期的流动性资产的差额

C. 90天内到期的流动性资产减去90天内到期的流动性负债的差额

D. 90天内到期的流动性负债减去90天内到期的流动性资产的差额

【解析】根据《商业银行风险监管核心指标》，流动性缺口率＝(流动性缺口＋未使用不可撤销承诺)/到期流动性资产×100%。流动性缺口为90天内到期的流动性资产减去90天内到期的流动性负债的差额。

65. 融资缺口等于(　　)。

A. 核心贷款平均额－存款平均额　　B. 贷款平均额－存款平均额

C. 核心贷款平均额－核心存款平均额　　D. 贷款平均额－核心存款平均额

【解析】融资缺口由利率敏感资产与利率敏感负债之间的差额来表示。商业银行在未来特定时段内的贷款平均额和核心存款平均额之间的差额构成了融资缺口，其公式为：融资缺口＝贷款平均额－核心存款平均额。

66. 用D_A表示总资产的加权平均久期，V_A表示总资产，R为市场利率，当市场利率变动ΔR

62D　63A　64C　65D　66C

时，资产的变化可表示为(　　)。

A. $D_A \times V_A \times \Delta R/(1+R)$　　B. $-D_A \times V_A/R \times (1+R)$

C. $-D_A \times V_A \times \Delta R/(1+R)$　　D. $D_A \times V_A/\Delta R \times (1+R)$

【解析】用 D_A 表示总资产的加权平均久期，D_L 表示总负债的加权平均久期，V_A 表示总资产，V_L 表示总负债，R 为市场利率，当市场利率变动时，资产和负债的变化可表示为：$\Delta V_A = -[D_A \times V_A \times \Delta R/(1+R)]$，$\Delta V_L = -[D_L \times V_L \times \Delta R/(1+R)]$。

67. 下列(　　)可用于金融机构评估未来挤兑流动性风险。

A. 现金流分析　　B. 久期分析法　　C. 缺口分析法　　D. 情景分析

【解析】A 项，现金流分析的是正常市场条件下金融机构在未来短期内的流动性状况；B 项，久期分析法属于静态分析，无法对未来特定时段内的流动性进行评估；C 项，缺口分析法与现金流分析法、久期分析法一样，都是基于正常市场条件下的分析。

68. 证券公司应至少(　　)对流动性风险限额进行一次评估，必要时进行调整。

A. 每年　　B. 每季度　　C. 每月　　D. 每半年

【解析】证券公司根据其业务规模、性质、复杂程度、流动性风险偏好和外部市场发展变化情况，设定流动性风险限额并对其执行情况进行监控。至少每年评估一次流动性风险限额，每半年开展一次流动性风险压力测试。

69. 证券公司应至少(　　)开展一次流动性风险压力测试，分析其承受短期和中长期压力情景的能力。

A. 每季度　　B. 每年　　C. 每半年　　D. 每月

【解析】根据《证券公司流动性风险管理指引》第二十三条，证券公司应至少每半年开展一次流动性风险压力测试，分析其承受短期和中长期压力情景的能力。在压力情景下证券公司满足流动性需求并持续经营的最短期限不少于 30 天。通过对压力测试结果分析，确定风险点和脆弱环节，并将压力测试结果运用于证券公司的相关决策过程。

70. 根据《证券公司流动性风险管理指引》的规定，流动性覆盖率与净稳定资金率应均不低于(　　)。

A. 100%　　B. 200%　　C. 50%　　D. 80%

【解析】根据《证券公司流动性风险管理指引》第三十条及三十一条，流动性覆盖率与净稳定资金率应均不低于 100%。

71. 证券公司应在每月结束之日起(　　)个工作日内，向中国证券业协会报送流动性风险监管指标报表。

A. 5　　B. 10　　C. 15　　D. 20

【解析】根据《证券公司流动性风险管理指引》第三十二条，证券公司应在每月结束之日起 10 个工作日内，向中国证券业协会报送流动性风险监管指标报表。

72. 商业银行最常见的资产负债期限错配的情况是(　　)。

A. 将大量短期借款用于短期贷款　　B. 将大量短期借款用于长期贷款

67D　68A　69C　70A　71B　72B

C. 将大量长期借款用于短期贷款　　　　　D. 将大量长期借款用于长期贷款

【解析】商业银行最常见的资产负债期限错配情况是将大量短期借款(负债)用于长期贷款(资产)，即“借短贷长”，其优点是可以提高资金使用效率、利用存贷款利差增加收益。

二、多项选择题(以下备选项中有两项或两项以上符合题目要求，多选、少选、错选均不得分)

1. 通过财务状况分析识别单一法人客户的信用风险，主要的分析方法有(　　)。[2023 年 3 月真题]

A. 财务报表分析　　　　　B. 财务比率分析

C. 现金流量分析　　　　　D. 生产经营风险分析

【解析】通过财务状况分析入手识别信用风险，主要的分析方法有财务报表分析、财务比率分析和现金流量分析。D 项，生产经营风险分析属于非财务状况分析。

2. 进行信用风险识别时，采取财务报表分析法应特别关注的内容包括(　　)。[2022 年 2 月真题]

A. 识别和评价财务报表风险　　　　　B. 识别和评价经营管理状况

C. 识别和评价资产管理状况　　　　　D. 识别和评价负债管理状况

【解析】对法人客户的财务状况分析主要采取财务报表分析、财务比率分析以及现金流量分析三种方法，财务报表分析应特别关注以下内容：①识别和评价财务报表风险；②识别和评价经营管理状况；③识别和评价资产管理状况；④识别和评价负债管理状况。

3. 商业银行等金融机构设计市场风险限额体系时应综合考虑的因素包括(　　)。[2021 年 12 月真题]

A. 压力测试结果　　　　　B. 业务经营部门的过往业绩

C. 外部市场的发展变化情况　　　　　D. 工作人员的专业水平和经验

【解析】商业银行在设计限额体系时，应综合考虑以下主要因素：①自身业务性质、规模和复杂程度；②能够承担的市场风险水平；③业务经营部门的既往业绩；④工作人员的专业水平和经验；⑤定价、估值和市场风险计量系统；⑥压力测试结果；⑦内部控制水平；⑧资本实力；⑨外部市场的发展变化情况等。

4. 商业银行信用风险管理的重要监测指标有(　　)。[2020 年 9 月真题]

A. 不良贷款率　　　　　B. 预期损失率

C. 逾期贷款率　　　　　D. 贷款损失准备充足率

【解析】在信用风险管理领域，重要的风险监测指标有：不良资产/贷款率、预期损失率、单一(集团)客户授信集中度、关联授信比例、贷款风险迁徙率、逾期贷款率、不良贷款拨备覆盖率、贷款损失准备充足率等。

5. 采用信用衍生工具缓释信用风险需满足的要求是(　　)。[2020 年 8 月真题]

A. 法律确定性　　　　　B. 信用事件的规定

C. 风险监控　　　　　D. 评估

【解析】采用信用衍生工具缓释信用风险需满足的要求包括：①法律确定性；②可执行性；③评估；④信用事件的规定。

1ABC　2ABCD　3ABCD　4ABCD　5ABD

6. 下列关于组合风险限额管理的说法，正确的是(　　)。[2020年8月真题]

A. 通过设定组合限额，可以防止信贷风险过于集中在组合层面的某些方面

B. 组合限额维护的主要任务是在组合限额低于临界值的情况下的处理

C. 组合限额可以分为授信集中度限额和总体组合两种

D. 如果金融机构(如商业银行)的资本不足，则应根据情况调整每个维度的限额，使经济资本能够弥补信用风险暴露可能引致的损失

【解析】B项，组合限额维护的主要任务是确定组合限额的合理性以及在组合限额超过临界值的情况下的处理。

7. 下列属于商业银行等金融机构流动性风险预警信号的外部预警信号指标的有(　　)。[2019年8月真题]

A. 市场上出现关于金融机构的负面传言，客户大量求证

B. 债权人提前要求兑付造成金融机构支付能力不足

C. 金融机构的外部评级下降

D. 金融机构的融资交易对手开始要求抵押品且不愿提供中长期融资

【解析】商业银行流动性风险预警信号的外部预警信号主要包括第三方评级、所发行的有价证券的市场表现等指标的变化。例如：①市场上出现关于商业银行的负面传言，客户大量求证；②外部评级下降；③所发行的股票价格下跌；④所发行的可流通债券(包括次级债)的交易量上升且买卖价差扩大；⑤交易/经纪商不愿买卖债券而迫使银行寻求熟悉的交易/经纪商支持等。BD两项属于融资预警信号。

8. 根据巴塞尔协议Ⅱ，违约的定义是估计(　　)等信用风险参数的基础。[2019年3月真题]

A. 违约意愿　　B. 违约概率　　C. 违约损失率　　D. 违约风险暴露

【解析】违约是估计违约概率、违约损失率(LGD)、违约风险暴露(EAD)等信用风险参数的基础。违约概率是指借款人在未来一定时期内发生违约的可能性；违约损失率是指估计的某一债项违约后损失的金额占该违约债项风险暴露的比例；违约风险暴露是指债务人违约时预期表内项目和表外项目的风险暴露总额。

9. 债项评级可反映的风险包括(　　)。[2018年9月真题]

A. 债项本身的交易风险　　B. 客户的债项交易风险

C. 信用风险　　D. 市场风险

【解析】债项评级是对交易本身的特定风险进行计量和评价，反映客户违约后估计的债项损失大小。特定风险因素包括抵押、优先性、产品类别、地区、行业等。债项评级既可以只反映债项本身的交易风险，也可以同时反映客户的信用风险和债项交易风险。

10. 下列关于金融机构风险压力测试的说法，正确的有(　　)。[2018年9月真题]

A. 可以对风险计量模型中的每一个变量进行压力测试

B. 可以根据历史上发生的极端事件来生成压力测试的假设前提

C. 压力测试重点关注风险因素的变化对资产组合造成的不利影响

D. 在信用风险领域可以从违约概率入手进行压力测试

6ACD　7AC　8BCD　9ABC　10BCD

【解析】A 项，压力测试主要用于评估资产或投资组合在极端不利的条件下可能遭受的重大损失，并不需要对风险计量模型中的每一个变量进行压力测试。

11. 目前应用最广泛的信用评分模型有（　　）。［2017 年 2 月真题］

A. 线性概率模型　　B. RiskCalc 模型

C. KPMG 模型　　D. Probit 模型

【解析】信用评分模型的关键在于特征变量的选择和各自权重的确定。目前，应用最广泛的信用评分模型有线性概率模型、Logit 模型、Probit 模型和线性辨别模型。BC 两项属于违约概率模型。

12. 常用的评估流动性风险的方法包括（　　）。［2017 年 2 月真题］

A. 缺口分析法　　B. 现金流分析法

C. 久期分析法　　D. 流动性比率/指标法

【解析】评估流动性风险的方法很多，包括基于当前持有量进行的简单计算和静态模拟，以及高度复杂的模型。评估流动风险方法主要包括：①流动性比率/指标法；②流动性缺口分析法；③现金流分析法；④久期分析法。

13. 市场风险内部模型的主要优点包括（　　）。［2016 年 11 月真题］

A. 可以将不同业务、不同类别的市场风险用一个确切的数值表示

B. 能在不同业务和风险类别之间进行比较和汇总

C. 将隐性风险显性化之后，有利于进行风险的监测、管理和控制

D. 风险价值具有高度的概括性，简明易懂

【解析】与缺口分析、久期分析等传统的市场风险计量方法相比，市场风险内部模型的主要优点是可以将不同业务、不同类别的市场风险用一个确切的数值 VaR 来表示，是一种能在不同业务和风险类别之间进行比较和汇总的市场风险计量方法。尤其是将隐性风险显性化之后，更有利于银行进行风险的监测、管理和控制。同时，由于风险价值具有高度的概括性且简明易懂，因此更适宜董事会和高级管理层了解本行市场风险的总体水平。

14. 客户评级是对客户（　　）的计量和评价，反映客户违约风险的大小。［2016 年 7 月真题］

A. 偿债能力　　B. 公司治理水平

C. 高管团队稳定性　　D. 偿债意愿

【解析】客户评级是对客户偿债能力和偿债意愿的计量和评价，反映客户违约风险的大小。客户评级的评价目标是客户违约风险，评价结果是信用等级和违约概率。

15. 下列可以用于计量交易对手信用风险的方法有（　　）。［2016 年 5 月真题］

A. 内部模型法　　B. 内部评级法

C. 现期风险暴露法　　D. 标准法

【解析】交易对手信用风险是指由于交易对手在合约到期前违约而造成损失的风险。巴塞尔委员会共提出三种交易对手信用风险暴露计量方法，较常用的方法是现期风险暴

11AD　12ABCD　13ABCD　14AD　15ACD

露法、标准法和内部模型法。

16. 市场风险控制的主要方法有(　　)。[2016年4月真题]

A. 资产证券化　B. 限额管理　C. 风险对冲　D. 经济资本配置

【解析】市场风险控制的方法主要有：①限额管理，常用的市场风险限额包括交易限额、风险限额和止损限额等；②风险对冲，通过金融衍生产品等金融工具，在一定程度上实现对冲市场风险的目的；③经济资本配置，通常采取自上而下法或自下而上法。

17. 以下各项中，属于证券投资顾问业务风险管理的主要方法的有(　　)。

A. 风险规避　B. 风险分散　C. 风险监测　D. 风险对冲

【解析】证券投资顾问业务风险管理的主要方法主要包括风险规避、风险分散、风险对冲、风险转移和风险补偿。C项，风险监测属于证券投资顾问业务风险管理流程的步骤之一。

18. 非系统性风险又称为可分散风险或可多样化风险，主要包括(　　)。

A. 市场风险　B. 信用风险　C. 财务风险　D. 法律风险

【解析】非系统性风险是指由于非全局事件引起的投资收益变动的不确定性，可以通过证券多样化消除这种风险，因此又称为可分散风险或可多样化风险。非系统性风险主要包括信用风险、操作风险、财务风险、合规风险等。AD两项属于系统性风险。

19. 考察和分析企业的非财务因素，主要从哪些方面进行分析和判断？(　　)

A. 行业风险　B. 管理层风险

C. 生产与经营风险　D. 宏观经济及自然环境

【解析】非财务因素分析是信用风险分析过程中的重要组成部分，与财务分析相互印证、互为补充。考察和分析企业的非财务因素，主要从管理层风险、行业风险、生产与经营风险、宏观经济及自然环境等方面进行分析和判断。

20. 下列各项中，属于客户信用风险评级的主要计量方法的有(　　)。

A. 专家判断法　B. 违约概率模型

C. 信用评分模型　D. 财务比率分析

【解析】客户信用评级主要针对交易主体，其等级主要由债务人的信用水平决定。客户信用评级大致经历了专家判断法、信用评分模型和违约概率模型三个主要发展阶段。D项，财务比率分析属于信用风险识别的方法。

21. 下列关于信用评分模型的说法，正确的有(　　)。

A. 是一种向前看的模型　B. 对历史数据的要求比较高

C. 建立在对历史数据模拟的基础上　D. 可以给出客户信用风险水平的分数

【解析】A项，信用评分模型是建立在对历史数据(而非当前市场数据)模拟的基础上，因此是一种向后看的模型。

22. 信用评分模型在分析借款人信用风险过程中，存在的突出问题有(　　)。

A. 是一种向后看的模型，无法及时反映企业信用状况的变化

16BCD　17ABD　18BC　19ABCD　20ABC　21BCD　22ABD

B. 对于多数新兴商业银行而言，所收集的历史数据极为有限

C. 无法全面地反映借款人的信用状况

D. 无法提供客户违约概率的准确数值

【解析】信用评分模型是金融机构分析借款人信用风险的主要方法之一，但在使用过程中存在一些突出问题：①信用评分模型是建立在对历史数据(而非当前市场数据)模拟的基础上，因此是一种向后看的模型；②信用评分模型对借款人历史数据的要求相当高，商业银行需要相当长的时间才能建立起一个包括大多数企业历史数据的数据库，此外，对新兴企业而言，由于其成立时间不长，历史数据则更为有限，这使得信用评分模型的适用性和有效性受到影响；③信用评分模型虽然可以给出客户信用风险水平的分数，却无法提供客户违约概率的准确数值，而后者往往是信用风险管理最为关注的。

23. 单一法人客户的信用分析中，下列关于现金流量分析的说法错误的是(　　)。

A. 现金流量分析的过程为：投资活动的现金流→融资活动的现金流→经营活动的现金流

B. 对于短期贷款，应当考虑正常经营活动的现金流量是否能够及时而且足额偿还贷款

C. 对于中长期贷款，应当主要分析未来的经营活动是否能够产生足够的现金流量以偿还贷款本息

D. 在开发期和成长期，借款人正常活动的现金净流量一般是正值

【解析】A 项，现金流量的分析过程应为：经营活动的现金流→投资活动的现金流→融资活动的现金流；D 项，在开发期和成长期，借款人可能没有或只有很少的销售收入，而且还需要依赖外部融资解决资金需求，因此其正常经营活动的现金净流量一般是负值。

24. 下列关于信用风险预期损失的说法，不正确的有(　　)。

A. 预期损失率 = 预期损失/资产风险敞口

B. 代表大量贷款或交易组合过去一段时期的平均损失

C. 代表大量贷款或交易组合在整个经济周期内的平均损失

D. 是指没有预计到的损失

【解析】BC 两项，预期损失是指信用风险损失分布的数学期望，代表大量贷款或交易组合在整个经济周期内的平均损失；D 项，信用风险预期损失是商业银行已经预计到将会发生的损失。

25. 下列关于客户评级的说法中，正确的是(　　)。

A. 客户评级是对交易本身的特定风险进行计量和评价

B. 违约是估计违约概率、违约损失率、违约风险暴露等信用风险参数的基础

C. 在巴塞尔新资本协议中，违约概率一般被定义为借款人内部评级 1 年期违约概率与 0.05% 中的较高者

D. 客户评级主要是违约和违约概率的分析

【解析】A 项，客户评级是对客户偿债能力和偿债意愿的计量和评价，反映客户违约风

23AD　24BD　25BD

险的大小；C项，在巴塞尔新资本协议中，违约概率一般被定义为借款人内部评级1年期违约概率与0.03%中的较高者。

26. 内部评级初级法下，合格净额结算的认定要求有(　　)。

A. 可执行性　　B. 信用事件的确定

C. 法律确定性　　D. 风险监控

【解析】内部评级初级法下，合格净额结算的认定要求主要有：①可执行性，具有法律上可执行的净额结算协议，无论交易对象是无力偿还或破产，均可实施；②法律确定性，在任何情况下，能确定同一交易对象在净额结算合同下的资产和负债；③风险监控，在净头寸的基础上监测和控制相关风险暴露。

27. 信用风险缓释功能主要体现在(　　)等方面。

A. 房地产贷款月供支出的下降　　B. 违约概率的下降

C. 违约损失率的下降　　D. 违约风险暴露的下降

【解析】信用风险缓释是指以某种手段，如运用合格的抵(质)押品、净额结算、保证和信用衍生工具等方式转移或降低信用风险。采用内部评级法计量信用风险监管资本时，信用风险缓释功能体现为违约概率、违约损失率或违约风险暴露(如净额结算)的下降。

28. 应用衍生金融工具对冲市场风险时，可能面临的问题有(　　)。

A. 衍生产品种类有限，可能无法选到合适的衍生产品

B. 可能存在操作风险

C. 当衍生工具与风险资产不完全匹配时，仍然存在市场风险

D. 交易对手的信用风险

【解析】风险管理实践中，商业银行可以同时利用多种金融衍生产品构造复杂的对冲机制，以更有效地降低其银行账户和交易账户中的市场风险。利用衍生产品对冲市场风险具有明显的优势，如构造方式多种多样、交易灵活便捷等，但通常无法消除全部市场风险，而且可能会产生新的风险，如交易对手的信用风险。除此之外还有一些其他的问题，例如衍生产品种类有限，可能无法选到合适的衍生产品，可能存在操作风险，以及当衍生工具与风险资产不完全匹配时，仍然存在市场风险等。

29. 按照风险来源的不同，利率风险可以分为(　　)。

A. 重新定价风险　　B. 股票价格风险

C. 基准风险　　D. 收益率曲线风险

【解析】利率风险是指由于利率的不利变动而使银行的表内和表外业务发生损失的风险。利率风险按照来源的不同，可以分为重新定价风险、收益率曲线风险、基准风险和期权性风险。

30. 市场风险中的期权性风险存在于(　　)中。

A. 场内(交易所)交易的期权　　B. 场外的期权合同

C. 债券或存款的提前兑付条款　　D. 贷款的提前偿还条款

【解析】期权性风险是一种越来越重要的利率风险，源于银行资产、负债和表外业务中

26ACD　27BCD　28ABCD　29ACD　30ABCD

所隐含的期权性条款。期权可以是单独的金融工具，如场内(交易所)交易期权和场外的期权合同，也可以隐含于其他的标准化金融工具之中，如债券或存款的提前兑付、贷款的提前偿还等选择性条款。一般而言，期权和期权性条款都是在对期权买方有利而对期权卖方不利时执行，因此，此类期权性工具因具有不对称的支付特征而会给期权卖方带来风险。

31. 市场风险资本要求涵盖的风险范围包括(　　)。

A. 全部的外汇风险　　B. 全部的商品风险

C. 交易账户中的股票风险　　D. 交易账户中的利率风险

【解析】《商业银行资本充足率管理办法》规定了市场风险资本要求涵盖的风险范围，包括交易账户中的利率风险和股票风险、全部的外汇风险和商品风险。

32. 久期是(　　)。

A. 金融工具的现金流的发生时间

B. 对金融工具的利率敏感程度或利率弹性的直接衡量

C. 以未来收益的到期值为权数计算的现金流平均到期时间，用以衡量金融工具的到期时间

D. 以未来收益的现值为权数计算的现金流平均到期时间，用以衡量金融工具的到期时间

【解析】A 项，久期是金融工具的现金流平均到期时间；C 项，久期是以未来收益的现值为权数计算的现金流平均到期时间。

33. 关于久期，下列说法正确的有(　　)。

A. 久期可以用来对商业银行资产负债的利率敏感度进行分析

B. 久期是对固定收益产品的利率敏感程度或利率弹性的直接衡量

C. 久期的数学公式为 $dP/dy = D \times P/(1+y)$

D. 久期又称持续期

【解析】久期(又称持续期)用于对固定收益产品的利率敏感程度或利率弹性的衡量。C 项，久期的数学公式应为 $dP/dy = -D \times P/(1+y)$。

34. 某 3 年期债券麦考利久期为 2.3 年，债券目前价格为 105.00 元，市场利率为 9%。假设市场利率突然上升 1%，则按照久期公式计算，该债券价格(　　)。

A. 下降 2.11%　　B. 下降 2.50%　　C. 下降 2.22 元　　D. 下降 2.625 元

【解析】根据久期计算公式，$\Delta P/P = -D \times \Delta y/(1+y) = -2.3 \times 1\%/(1+9\%) = -2.11\%$，$\Delta P = -2.11\% \times 105.00 = -2.22$(元)。其中，$P$ 表示债券价格，ΔP 表示债券价格的变化幅度，y 表示市场利率，Δy 表示市场利率的变化幅度，D 表示麦考利久期。

35. 下列关于收益率曲线的说法，正确的是(　　)。

A. 是市场对未来经济状况的判断　　B. 是市场对当前经济状况的判断

C. 是对未来经济走势预期的结果　　D. 是对通货膨胀预期的结果

【解析】收益率曲线用以描述收益率与到期期限之间的关系。收益率曲线的形状反映了

31ABCD　32BD　33ABD　34AC　35BCD

长短期收益率之间的关系，它是市场对当前经济状况的判断，以及对未来经济走势预期(包括经济增长、通货膨胀、资本回报等)的结果。

36. 下列哪些属于市场风险的计量方法？(　　)

A. 外汇敞口分析　B. 久期分析　C. 返回检验　D. 情景分析

【解析】除 ABCD 四项外，市场风险计量方法还包括：①缺口分析；②风险价值法；③敏感性分析；④压力测试。

37. 关于久期分析，下列说法正确的有(　　)。

A. 久期分析又称为持续期分析或期限弹性分析

B. 主要用于衡量利率变动对银行整体经济价值的影响

C. 未考虑当利率水平变化时，各种金融产品因基准利率的调整幅度不同产生的利率风险

D. 是一种相对初级并且粗略的利率风险计量方法

【解析】CD 两项属于缺口分析的局限性。

38. 下列关于 VaR 的描述正确的是(　　)。

A. 风险价值是指在一定的持有期和给定的置信水平下，利率、汇率等市场风险要素的变化可能对产品头寸或组合造成的潜在最大损失

B. 风险价值是以概率百分比表示的价值

C. 如果模型的使用者是经营者自身，则时间间隔取决于其资产组合的特性

D. 风险价值并非是指实际发生的最大损失

【解析】B 项，风险价值是以绝对值表示的价值。

39. 风险价值(VaR)指标相对于其他衡量风险的指标来说，具有的优势是(　　)。

A. 有利于衡量整个贷款组合的风险

B. 可以衡量一定时期内投资组合所面临的风险状况

C. 可以求出在一定置信水平下所遭受的最大损失，便于计量经济资本的需要量

D. 是一种可以对各种类别的风险进行综合统一反映的指标

【解析】VaR 值考虑不同的风险因素、不同投资组合(产品)之间风险分散化效应，对未来损失风险进行事前预测，具有传统计量方法不具备的特性和优势，已经成为监管部门和业界计量监控市场风险的主要手段。风险价值的优势具体在于：①有利于衡量整个贷款组合的风险；②可以衡量一定时期内投资组合所面临的风险状况；③可以求出在一定置信水平下所遭受的最大损失，便于计量经济资本的需要量；④是一种可以对各种类别的风险进行综合统一反映的指标。

40. 关于计算 VaR 值的参数选择，下列说法正确的有(　　)。

A. 如果模型是用来决定与风险相对应的资本，置信水平就应该取高

B. 如果模型用于银行内部风险度量或不同市场风险的比较，置信水平的选取就并不重要

C. 如果模型的使用者是经营者自身，则时间间隔取决于其资产组合的特性

36ABCD　37AB　38ACD　39ABCD　40ABC

D. 如果模型的使用者是监管者，时间间隔应该短

【解析】D 项，如果模型使用者是监管者，时间间隔取决于监管的成本和收益，应选取监管成本等于监管收益的临界点。

41. 风险价值通常是由金融机构的内部市场风险计量模型来估算，就目前而言，常用的风险价值模型技术有(　　)。

A. 方差—协方差法　　B. 蒙特卡洛模拟法

C. 解释区间法　　D. 历史模拟法

【解析】风险价值(VaR)是指在一定的持有期和给定的置信水平下，利率、汇率、股票价格和商品价格等市场风险要素发生变化时可能对产品头寸或组合造成的潜在最大损失。VaR 的计算方法包括方差—协方差法、历史模拟法、蒙特卡洛模拟法三种。

42. 下列关于历史模拟法的说法，正确的有(　　)。

A. 是一种全值估计　　B. 需要对市场因子的统计分布进行假定

C. 是一种参数方法　　D. 无须分布假定

【解析】历史模拟法是一种非参数方法，不需要对市场因子的统计分布进行假定，因此可以较好地处理非正态分布；同时该方法是一种全值估计，可以有效处理包括期权的非线性组合。

43. 关于计算 VaR 值的历史模拟法，下列说法正确的有(　　)。

A. 考虑了“肥尾”现象

B. 风险包含着时间的变化，单纯依靠历史数据进行风险度量，将低估突发性的收益率波动

C. 通过历史数据构造收益率分布，不依赖特定的定价模型

D. 存在模型风险

【解析】D 项，历史模拟法是通过历史数据构造收益率分布，不依赖特定的定价模型，不存在模型风险。

44. 下列关于蒙特卡洛模拟法的说法，正确的有(　　)。

A. 是一种全值估计方法，可以处理非线性、大幅波动及“肥尾”问题

B. 如果产生的数据序列是伪随机数，可能导致错误结果

C. 可以通过设置消减因子，使得模拟结果对近期市场的变化更快地作出反应

D. 不存在模型风险

【解析】D 项，蒙特卡洛模拟法对于基础风险因素仍然有一定的假设，存在一定的模型风险。

45. 蒙特卡洛模拟法是计量 VaR 值的基本方法之一，其优点包括(　　)。

A. 可以处理非线性、大幅波动及“肥尾”问题

B. 计算量较小，且准确性提高速度较快

C. 产生大量路径模拟情景，比历史模拟方法更精确和可靠

D. 即使产生的数据序列是伪随机数，也能保证结果正确

41ABD　42AD　43ABC　44ABC　45AC

【解析】蒙特卡洛模拟法的优点包括：①它是一种全值估计方法，可以处理非线性、大幅波动及“肥尾”问题；②产生大量路径模拟情景，比历史模拟方法更精确和可靠；③可以通过设置消减因子，使得模拟结果对近期市场的变化更快地作出反应。

46. 敏感性分析是指在保持其他条件不变的前提下，研究单个市场风险要素，包括(　　)的微小变化可能会对金融工具或资产组合的收益或经济价值产生的影响。

A. 利率　　B. 汇率　　C. 股票价格　　D. 商品价格

【解析】敏感性分析是指在保持其他条件不变的前提下，研究单个市场风险要素(利率、汇率、股票价格和商品价格)的微小变化可能会对金融工具或资产组合的收益或经济价值产生的影响。缺口分析和久期分析就是针对利率风险进行的敏感性分析。

47. 压力测试应至少包括(　　)。

A. 利率总水平的突发性变动

B. 主要市场利率之间关系的变动

C. 收益率曲线的斜率和形状发生变化

D. 主要金融市场流动性变化和市场利率波动性变化

【解析】除 ABCD 四项外，压力测试的内容还包括关键业务假定不适用、参数失效或参数设定不正确。

48. 情景分析中的情景(　　)。

A. 可以从对市场风险要素的历史数据变动的统计分析中得到

B. 不能人为设定

C. 可以直接使用历史上发生过的情景

D. 包括基准情景、最好的情景和最坏的情景

【解析】情景分析中的情景通常包括基准情景、最好的情景和最坏的情景。情景可以人为设定(如直接使用历史上发生过的情景)，也可以从对市场风险要素的历史数据变动的统计分析中得到，或通过运行描述在特定情况下市场风险要素变动的随机过程得到。

49. 作为商业银行日常风险管理手段的有效补充，压力测试具有的主要功能包括(　　)。

A. 帮助量化“肥尾”风险和重估模型假设

B. 降低商业银行面临的风险水平

C. 提高商业银行对其自身风险特征的理解

D. 评估商业银行在盈利性和资本充足性两方面承受压力的能力

【解析】除 ACD 三项外，信用风险组合的压力测试的主要功能还包括：①估计商业银行在压力条件下的风险暴露，并帮助商业银行制定或选择适当的战略转移此类风险(如重组头寸、制订适当的应急计划)；②帮助董事会和高级管理层确定该商业银行的风险暴露是否与其风险偏好一致。

50. 止损限额适用的时期为(　　)。

A. 一日　　B. 一周　　C. 一个月　　D. 一年

【解析】止损限额是指所允许的最大损失额。通常，当某个头寸的累计损失达到或接近

46ABCD　47ABCD　48ACD　49ACD　50ABC

止损限额时，就必须对该头寸进行对冲交易或立即变现。止损限额适用于一日、一周或一个月等一段时间内的累计损失。

51. 设计市场风险限额体系时应综合考虑的因素包括（　　）。

A. 自身业务性质、规模和复杂程度　　B. 内部控制水平

C. 压力测试结果　　D. 能够承担的市场风险水平

【解析】除 ABCD 四项外，金融机构在设计限额体系时应当综合考虑的因素还包括：①工作人员的专业水平和经验；②业务经营部门的既往业绩；③资本实力；④外部市场的发展变化情况等；⑤定价、估值和市场风险计量系统。

52. 情景分析中所用的情景通常包括（　　）。

A. 标准情景　　B. 基准情景　　C. 最好的情景　　D. 最坏的情景

【解析】在情景分析过程中，要注意考虑各种头寸的相关关系和相互作用。情景分析中所用的情景通常包括基准情景、最好的情景和最坏的情景。情景可以人为设定，也可以从对市场风险要素的历史数据变动的统计分析中得到，或通过运行描述在特定情况下市场风险要素变动的随机过程得到。

53. 流动性比率/指标是各国监管当局和商业银行广泛使用的方法之一，下列常用的比率/指标表达式正确的有（　　）。

A. 现金头寸指标＝现金头寸/总资产

B. 核心存款指标＝核心存款/总资产

C. 贷款总额与核心存款的比率＝贷款总额/总资产÷（核心存款/总资产）

D. 大额负债依赖度＝（大额负债－短期投资）/（盈利资产－短期投资）

【解析】A 项，现金头寸指标的表达式应为：现金头寸指标＝（现金头寸＋应收存款）/总资产。

54. 证券公司流动性风险管理应遵循的原则有（　　）。

A. 全面性原则　　B. 审慎性原则

C. 利益最大化原则　　D. 预见性原则

【解析】根据《证券公司流动性风险管理指引》第五条，证券公司流动性风险管理应遵循全面性、审慎性和预见性原则。

55. 下列关于流动性比率的描述正确的有（　　）。

A. 流动性比率＝流动性资产余额/流动性负债余额×100%

B. 流动性比率应分别计算本币和外币口径数据

C. 流动性比率不得低于 25%

D. 流动性比率不得低于 50%

【解析】流动性比率/指标法是各国监管当局和商业银行广泛使用的流动性风险计量评估方法。商业银行可根据自身业务规模和特色设定多种流动性比率/指标，满足流动性风险管理的需要。流动性比率的计算公式为流动性比率＝流动性资产余额/流动性负债余额×100%，计算时应分别计算本币和外币口径数据。一般情况下，流动性比率不得低

51ABCD　52BCD　53BCD　54ABD　55ABC

于25%。

三、判断题(下列判断正确的请打“√”，错误的打“×”)

1. 系统风险又被称为可分散的风险或可多样化风险，由非全局性事件引起的投资收益率变动的不确定性。(　　)

【解析】系统性风险是指由于全局性事件引起的投资收益变动的不确定性。这种风险不能通过多样化投资来抵消，因此又称为不可分散风险或不可多样化风险。

2. 经营风险属于系统性风险。(　　)

【解析】非系统性风险是指由于非全局事件引起的投资收益变动的不确定性，可以通过证券多样化消除这种风险，因此又称为可分散风险或可多样化风险。主要包括经营风险、信用风险、操作风险、合规风险等。

3. 保险转移是风险转移的一种，如通过担保将风险转移给第三方。(　　)

【解析】风险转移可分为保险转移和非保险转移，保险转移是指通过购买保险，向保险公司支付保费的方式，将风险转移给保险公司。通过担保的方式将风险转移给第三方属于非保险转移。

4. 风险识别包括感知风险和分析风险两个环节。(　　)

【解析】风险识别包括两个环节：①感知风险，即通过系统化的方法发现证券投资业务所面临的风险种类和性质；②分析风险，即深入理解各种风险的成因及变化规律。

5. 风险补偿是在事后进行价格补偿的一种策略性选择。(　　)

【解析】风险补偿是指在所从事的业务活动造成实质性损失之前，对于无法通过分散或转嫁等方法进行管理，而且又无法规避、不得不承担的风险进行价格补偿的一种策略性选择。风险补偿主要是指事前(损失发生以前)的价格补偿。

6. 制作风险清单是识别和分析风险最基本、最常用的方法。(　　)

【解析】制作风险清单是识别和分析风险最基本、最常用的方法，是指采用类似于备忘录的形式，根据不同的风险类别，将所面临的风险逐一列举，并联系相关业务活动对这些风险进行深入理解和分析。

7. 风险转移可分为保险转移和非保险转移。(　　)

【解析】风险转移是指投资者通过购买某种金融产品或采取某些合法的手段将风险转移给愿意和有能力承接的主体，包括保险转移和非保险转移。

8. 财务比率分析中，流动比率可用于分析企业的长期偿债能力。(　　)

【解析】流动比率用于判断企业归还短期债务的能力，即分析企业当前的现金支付能力和应付突发事件和困境的能力。

9. 专项准备是根据《贷款风险分类指导原则》，对不同类别的不良贷款，按每笔贷款损失程度计提的用于弥补不良贷款专项损失的准备。(　　)

【解析】专项准备是指根据《贷款风险分类指导原则》对贷款进行风险分类后，按每笔贷

1× 2× 3× 4√ 5× 6√ 7√ 8× 9×

款损失的程度计提的用于弥补专项损失的准备。

10. 5Cs 系统包括：品格、资本、偿付能力、抵押、经营环境。(　　)

【解析】5Cs 系统包括：①品格(Character)，是对借款人声誉的衡量；②资本(Capital)，借款人的财务杠杆状况及资本金情况；③偿付能力(Capacity)，主要从借款人未来现金流量的变动趋势及波动性以及借款人的管理水平这两个方面进行分析；④抵押(Collateral)，借款人抵押品的相关情况；⑤经营环境(Condition)，主要包括商业周期所处阶段、借款人所在行业状况、利率水平等因素。

11. 债项评级通常反映债项本身的风险结构，反映其大小的具体指标是违约概率(PD)。(　　)

【解析】债项评级是对交易本身的特定风险进行计量和评价，反映客户违约后估计的债项损失大小。反映客户违约风险大小的具体指标是客户评级。

12. 专家判断法的主要缺陷在于风险评估缺乏一致性。(　　)

【解析】专家系统的突出特点在于将信贷专家的经验和判断作为信用分析和决策的主要基础，这种主观性很强的方法带来的一个突出问题是对信用风险的评估缺乏一致性。

13. 不良贷款率 =(次级类贷款 + 可疑类贷款 + 损失类贷款)/各项资产 ×100%。(　　)

【解析】不良贷款率 =(次级类贷款 + 可疑类贷款 + 损失类贷款)/各项贷款 ×100%。

14. 与市场风险相比，信用风险具有系统性风险特征。(　　)

【解析】信用风险是指交易对手未能履行合同所规定的义务或信用质量发生变化，影响金融产品价值，从而给金融产品持有人造成经济损失的风险。信用风险在很大程度上由个案因素决定。与市场风险相比，信用风险观察数据少且不易获取，因此具有明显的非系统性风险特征。

15. 在信用风险内部评级法中，信用等级为 AAA 级的企业违约概率为零。(　　)

【解析】信用等级为 AAA 级，只能说明该企业违约概率相对较低，并不是说该企业没有违约的可能。

16. 按照信用风险产生的原因，信用风险可以分为国家风险、行业风险和个体风险。(　　)

【解析】按授信方的不同，信用风险可分为国家风险、行业风险、个体风险；按信用风险产生的原因，信用风险可分为道德性信用风险和非道德性信用风险。

17. 关联授信比例 = 全部关联方授信总额/资本总额 ×100%。(　　)

【解析】关联授信比例 = 全部关联方授信总额/资本净额 ×100%。

18. 在绝大多数情况下，银行的久期缺口都为正值，如果市场利率下降，资产价值降低的幅度比负债的减少幅度要大，则银行的市场价值将降低。(　　)

【解析】在绝大多数情况下，银行的久期缺口都为正值。此时，如果市场利率下降，则资产与负债的价值都会增加，但资产价值增加的幅度比负债价值增加的幅度大，银行

10√　11×　12√　13×　14×　15×　16×　17×　18×

的市场价值将增加；如果市场利率上升，则资产与负债的价值都将减少，但资产价值减少的幅度比负债价值减少的幅度大，银行的市场价值将减少。

19. 压力测试是为了估算突发的小概率事件等极端不利情况可能对银行造成的潜在损失，这些事件往往没有被风险价值(VaR)模型涵盖。(　　)

【解析】VaR 值的局限性在于无法预测尾部极端损失情况、单边市场走势极端情况、市场非流动性因素，而压力测试的目的在于评估银行在极端不利情况下的损失承受能力。因此，压力测试是弥补 VaR 值计量方法无法反映置信水平之外的极端损失的有效补充手段，市场风险量化分析要结合使用 VaR 计量和压力测试分析。

20. 当市场利率发生变化时，固定收益产品价格将发生反比例变动，其变动程度取决于久期长短，久期越短，其变动幅度也就越大。(　　)

【解析】当市场利率发生变化时，固定收益产品的价格将发生反比例的变动，其变动程度取决于久期的长短，久期越长，其变动幅度也就越大。

21. 资产的久期越长，其资产价值变动的幅度越大，即利率风险越大。(　　)

【解析】当市场利率发生变化时，固定收益产品的价格将发生反比例的变动，其变动程度取决于久期的长短，久期越长，其变动幅度也就越大。资产负债久期缺口的绝对值越大，银行整体市场价值对利率的敏感度就越高，因而整体的利率风险敞口也越大。

22. 市场风险内部模型法未涵盖价格剧烈波动等可能会造成重大损失的小概率事件，需要采用压力测试、情景分析等方法进行补充。(　　)

【解析】采用内部模型法，应正确理解和运用市场风险内部模型的计算结果，并充分认识到内部模型的局限性，运用压力测试和情景分析等方法对内部模型法进行补充。

23. 风险价值现已成为计量市场风险的主要指标，也是商业银行采用内部模型计算市场风险资本要求的主要依据。(　　)

【解析】风险价值是指在一定的持有期和给定的置信水平下，利率、汇率、股票价格和商品价格等市场风险要素发生变化时可能对产品头寸或组合造成的潜在最大损失。它考虑不同的风险因素、不同投资组合(产品)之间风险分散化效应，对未来损失风险进行事前预测，具有传统计量方法不具备的特性和优势，已经成为业界和监管部门计量监控市场风险的主要手段。

24. 久期分析假定资产价格变化和利率变化为线性相关，因此可以对大幅利率波动进行准确计量。(　　)

【解析】对于利率的大幅变动(大于 1%)，由于头寸价格的变化与利率的变动无法近似为线性关系，久期分析的结果就不再准确，需要进行更为复杂的技术调整。

25. 市场风险限额管理是一个管理体系，包括授权、风险限额、止损限额、交易限额等内容。(　　)

【解析】市场风险限额管理是对市场风险进行有效控制的一项重要手段。市场风险限额管理体系主要包括交易组合定义、限额结构和限额指标设定与审批、限额监控与报告、

19√　20×　21√　22√　23√　24×　25×

限额调整、超限额管理等。

26. 如果商业银行处于资产敏感型缺口，其他条件保持不变，则同幅上调存贷款基准利率会使银行的净利息收入上升。(　　)

【解析】当某一时段内的资产(包括表外业务头寸)大于负债时，就产生了正缺口，即资产敏感型缺口，此时，市场利率下降会导致银行的净利息收入下降。

27. 压力测试主要用于评估正常市场条件下，风险因素变化对金融机构财务状况的影响。(　　)

【解析】市场风险压力测试是通过测算面临市场风险的投资组合在特定小概率事件等极端不利情况下可能发生的损失，分析这些损失对盈利能力和资本金带来的负面影响，进而对所持投资组合的脆弱性作出评估和判断。其目的在于评估银行在极端不利情况下的损失承受能力。

28. 衍生产品可以用来对冲市场风险，但同时也会产生新的风险。衍生产品的杠杆放大作用是金融风险事件中出现巨额损失的重要原因。(　　)

【解析】市场对冲是指对于无法通过资产负债表和相关业务调整进行自我对冲的风险，金融衍生产品一方面可以用来对冲市场风险，但通常无法消除全部市场风险，另一方面也会因高杠杆率而造成新的市场风险。衍生产品对市场风险的放大作用通常是导致巨额金融风险损失的主要原因。

29. 风险管理中常用的久期分析方法侧重于计量利率变动对商业银行短期收益的影响。(　　)

【解析】久期分析又称持续期分析或期限弹性分析，是对银行资产负债利率敏感度进行分析的重要方法，主要用于衡量利率变动对银行整体经济价值的影响。而缺口分析主要用来衡量利率变动对银行当期收益的影响。

30. 假设某资产组合在95%的置信水平下，每日VaR值为100万元，则该组合当前的市场价值为95万元。(　　)

【解析】风险价值是指在一定的持有期和置信水平下，利率、汇率、股票价格和商品价格等市场风险要素发生变化时可能对产品头寸或组合造成的潜在最大损失。假设商业银行某外汇交易头寸在持有期为1天、置信水平为95%的情况下，其VaR值经过计算为100万美元，则意味着该外汇头寸在次日交易中，有95%的可能性其损失不会超过100万美元，而非对当前市场价值的估算。

31. 重新定价风险源于浮动利率业务的到期期限和固定利率业务重新定价期限之间的差异。(　　)

【解析】重新定价风险也称期限错配风险，是最主要和最常见的利率风险形式，源于银行资产、负债和表外业务到期期限(就固定利率而言)或重新定价期限(就浮动利率而言)之间所存在的差异。

32. 采用情景分析的目的是测试单一风险因素的假设变动对组合价值的影响。(　　)

26√　27×　28√　29×　30×　31×　32×

【解析】与敏感性分析和压力测试对单一因素进行分析不同，情景分析是一种多因素分析方法，结合设定的各种可能情景的发生概率，研究多种因素同时作用时可能产生的影响。

33. 货币互换的交易双方，只有一方面临着利率和汇率波动造成的市场风险。( )

【解析】货币互换的交易双方同时面临着利率和汇率波动造成的市场风险。

34. 债券的到期时间越长，利率风险越小。( )

【解析】利率风险是指市场利率变动的不确定性造成损失的可能性。一般来说，债券价格与利率变化成反比。债券的到期时间越长，所面临的利率风险越大。

35. 人民币的升值对理财计划产生的风险是流动性风险。( )

【解析】人民币的升值对理财计划产生的风险是市场风险。

36. 一国的汇率会因该国的国际收支状况、通货膨胀率、利率等的变化而波动。( )

【解析】汇率波动取决于外汇市场的供求状况，主要包括国际收支、通货膨胀率、利率政策、汇率政策、市场预期以及投机冲击等，以及各国国内的政治、经济等多方面因素。

37. 如果预期利率上升，应当增大债券组合的久期。( )

【解析】由于久期是衡量利率变动敏感性的重要指标，这意味着如果预期利率上升，就应当缩短债券组合的久期；如果预期利率下降，则应当增加债券组合的久期。

38. 可以用久期乘以利率变化来测量利率变动对固定收益产品价格的影响。( )

【解析】要衡量利率变动对固定收益产品价格的影响，只要用久期乘以利率变化即可。当市场利率发生变化时，固定收益产品的价格将发生反比例的变动，其变动程度取决于久期的长短，久期越长，其变动幅度也就越大。

39. 债券凸性对于投资者是不利的，在其他情况相同时，投资者应当选择凸性较小的债券进行投资。( )

【解析】大多数债券价格与收益率的关系都可以用一条向下弯曲的曲线来表示，这条曲线的曲率就是债券的凸性。凸性对于投资者是有利的，在其他情况相同时，投资者应当选择凸性更高的债券进行投资。

40. 市场风险管理中的久期缺口不可用于评估利率变化对商业银行某个时期的流动性状况的影响。( )

【解析】市场风险管理中的久期缺口同样可以用来评估利率变化对商业银行某个时期的流动性状况的影响。

41. 对于主动负债比例较低的大部分中小商业银行来说，大额负债依赖度通常为负值。( )

【解析】对大型商业银行来说，大额负债依赖度为50%很正常，但对主动负债比例较低的大部分中小商业银行来说，大额负债依赖度通常为负值。

---

33 × 34 × 35 × 36√ 37 × 38√ 39 × 40 × 41√

42. 内部预警信号主要包括商业银行内部有关风险水平、盈利能力、资产质量，以及其他可能对流动性产生中长期影响的指标变化，如资产或负债过于集中、存款大量流失等。( )

【解析】存款大量流失属于融资预警信号。

43. 证券公司现金流测算和分析不包括或有资产和或有负债的潜在现金流。( )

【解析】证券公司现金流测算和分析应涵盖资产和负债的未来现金流以及或有资产和或有负债的潜在现金流，并充分考虑支付结算等对现金流的影响。

44. 如果融资缺口为负，商业银行通常需要出售流动性资产或在资本市场进行融资。( )

【解析】融资缺口由利率敏感资产与利率敏感负债之间的差额来表示。如果缺口为正，商业银行通常需要出售流动性资产或在资本市场进行融资。

45. 当久期缺口为负值时，如果市场利率下降，则流动性会随之减弱。( )

【解析】当久期缺口为负值时，如果市场利率下降，流动性也随之减弱；如果市场利率上升，流动性也随之增强。

46. 现金头寸指标越高，意味着商业银行满足即时现金需要的能力越强。( )

【解析】现金头寸指标 =（现金头寸 + 应收存款）/ 总资产，该指标越高意味着商业银行满足即时现金需要的能力越强

47. 贷款总额与总资产的比率随商业银行规模的增大而增加。( )

【解析】贷款总额与总资产的比率 = 贷款总额 / 总资产，一般来说，该比率随商业银行规模的增加而增加，大银行的比率高于中小银行。

48. 商业银行的规模越大，则流动资产与总资产的比率越大。( )

【解析】流动资产与总资产的比率 = 流动资产 / 总资产，通常，商业银行的规模越大则该比率越小，因为大银行不需要存储太多的流动性。

49. 所发行的可流通债券的交易量上升且买卖价差扩大属于商业银行流动性风险预警信号中的内部预警信号。( )

【解析】题中描述的为外部预警信号。外部预警信号主要包括第三方评级、所发行的有价证券的市场表现等指标的变化。

四、综合题（以下备选项中有一项或多项符合题目要求，多选、少选、错选均不得分）

（一）短期内，如果一家全融机构预计最好状况下的流动性余额为 8000 万元，出现概率为 25%；正常状况下的流动性余额为 4000 万元，出现概率为 50%；最坏情况下的流动性缺口为 2000 万元，出现概率为 25%。

根据上述材料，回答下列各小题。

1. 该机构预期在短期内的流动性余缺状况为( )。

A. 余额 3500 万元　B. 余额 4500 万元　C. 缺口 500 万元　D. 缺口 1000 万元

42 ×　43 ×　44 ×　45√　46√　47√　48 ×　49 ×　|　(一)1A

【解析】特定时段内的流动性缺口 = 最好情景的概率 × 最好状况的预计头寸剩余或不足 + 正常情景的概率 × 正常状况的预计头寸剩余或不足 + 最坏情景的概率 × 最坏状况的预计头寸剩余或不足。该机构预期在短期内的流动性余缺为：8000 × 25% + 4000 × 50% - 2000 × 25% = 3500（万元）。

2. 市场风险计量方法中的缺口分析的局限性有(　　)。
A. 假设同一时间段内的所有头寸的到期时间或重新定价时间相同，忽略了同一时段内不同头寸的到期时间或利率重新定价期限的差异
B. 只考虑了重新定价期限的不同带来的利率风险，未考虑基准风险
C. 未考虑利率变动对非利息收入的影响
D. 未考虑利率变动对金融机构整体经济价值的影响

【解析】缺口分析计算简便，清晰易懂，但也存在一定的局限性：①缺口分析假定同一时间段内的所有头寸的到期时间或重新定价时间相同，因此，忽略了同一时段内不同头寸的到期时间或利率重新定价期限的差异；②缺口分析考虑了重新定价风险，但未考虑基准风险，也未考虑因利率环境改变而引起的支付时间的变化；③缺口分析未能反映利率变动对非利息收入的影响；④缺口分析未考虑利率变动对银行整体经济价值的影响，所以只能反映利率变动的短期影响。

（二）风险价值是指在一定的持有期和给定的置信水平下，利率、汇率、股票价格和商品价格等市场风险要素发生变化时可能对产品头寸或组合造成的潜在最大损失。VaR 值是对未来损失风险的事前预测，考虑不同的风险因素、不同投资组合（产品）之间风险分散化效应，具有传统计量方法不具备的特性和优势，已经成为业界和监管部门计量监控市场风险的主要手段。

根据上述材料，回答下列各小题。

1. 下列关于风险价值（VaR）的说法，错误的有(　　)。
A. 风险价值与损失的任何特定事件相关
B. 风险价值是以概率百分比表示的价值
C. 风险价值是指潜在的最大损失
D. 风险价值是指实际的最大损失

【解析】风险价值（VaR）是指在一定的持有期和给定的置信水平下，利率、汇率、股票价格和商品价格等市场风险要素发生变化时可能对产品头寸或组合造成的潜在最大损失。

2. VaR 值的局限性不包括(　　)。
A. 无法预测尾部极端损失情况
B. 无法预测单边市场走势极端情况
C. 无法预测市场非流动性因素
D. 无法预测市场流动性因素

【解析】VaR 值是对未来损失风险的事前预测。VaR 值的局限性包括无法预测尾部极端损失情况、单边市场走势极端情况、市场非流动性因素。

（三）某零息债券面值 100 元，票面收益率 10%，两年后到期，当前市价 95 元，两年期市场利率为 15%。

2ABCD　（二）1ABD　2D

根据上述材料，回答下列各小题。

1．该债券的久期为(　　)年。

A．0.15　　B．1　　C．1.1　　D．2

【解析】零息债券的久期等于其到期期限，因此该债券的久期为2年。

2．关于债券久期，下列说法正确的有(　　)。

A．久期总是不会超过到期期限　　B．久期与到期收益率之间是正向关系

C．债券的到期期限越长，久期也越长　　D．久期与息票利率呈相反的关系

【解析】在一般情况下，债券的到期期限总是大于久期。久期具有以下几个方面的性质：①久期与息票利率呈相反的关系，息票率越高，久期越短；②债券的到期期限越长，久期也越长；③久期与到期收益率之间呈相反的关系，到期收益率越大，久期越小；④多只债券的组合久期等于各只债券久期的加权平均，其权数等于每只债券在组合中所占的比重。

(四)我国某公司到某一发达国家建立一家分公司。该分公司的基本运营模式是从母公司进口家用电器零部件，组装成最终产品，并在当地销售。在运营中，该分公司要保留一定数量的货币资金，并将货币资金用于在商业银行存款、购买公司债券和股票等；同时，也会向当地商业银行进行短期和中长期借款。该发达国家有发达的金融市场，能够进行所有的传统金融交易和现代金融衍生品交易。

根据上述材料，回答下列各小题。

1．该分公司在商业银行进行存款及购买公司债券，承受的金融风险是(　　)。

A．信用风险　　B．外汇风险　　C．国家风险　　D．投资风险

【解析】该分公司将资金存入商业银行的行为要承受信用风险，购买公司债券的行为属于一种投资行为，需要承受投资风险。

2．为控制在购买公司债券和向商业银行进行中长期借款中的利率风险，该分公司可以采取的方法是进行(　　)。

A．远期外汇交易　　B．利率期货交易　　C．利率期权交易　　D．股指期货交易

【解析】该分公司可以利用利率衍生品交易，即通过利率期货交易或利率期权交易进行套期保值。

(三)1D　2ACD　(四)1AD　2BC

第四部分　专项业务

第六章　基本专项

一、单项选择题(以下备选项中只有一项最符合题目要求，不选、错选均不得分)

1. 下列关于预算与实际的差异分析，说法正确的是(　　)。[2018 年 3 月真题]

A. 总额差异的重要性低于细目差异

B. 若差异很大，需要各个项目同时进行改善

C. 不能调整收入

D. 依据预算的分类个别分析

【解析】A 项，总额差异的重要性大于细目差异；B 项，刚开始做预算时若差异很大，应每月选择一个重点项目改善，而不是各个项目同时进行改善；C 项，如果实在无法降低支出就要增加收入，收入是可以调整的。

2. 合理的现金预算是实现个人理财规划基础，下列有关现金预算的说法，错误的是(　　)。[2016 年 9 月真题]

A. 需要评估客户的财务状况、支出模式及目标

B. 必须评估一段时间内的客户情况

C. 要帮助客户达到长期财务目标的需要

D. 必须与客户生活方式等因素相一致

【解析】C 项，合理的现金预算是实现个人理财规划的基础，现金预算是帮助客户达到短期财务目标的需要。

3. (　　)的核心是建立应急资金，保障个人和家庭生活质量和状态的稳定性。[2016 年 5 月真题]

A. 保险规划　　B. 现金规划　　C. 投资规划　　D. 税收规划

【解析】现金管理规划是指进行家庭或者个人日常的、日复一日的现金及现金等价物的管理。现金规划的核心是建立应急基金，保障个人和家庭生活质量和状态的持续性稳定，是针对家庭财务流动性的管理。

4. 证券产品选择的基本原则中，最基本的要求是(　　)。

A. 收益性原则　　B. 安全性原则　　C. 流动性原则　　D. 客观性原则

【解析】证券产品选择的基本原则包括：①收益性原则，是选择证券产品最基本的要求。②安全性原则，是要保证证券投资的本金不受损失。③流动性原则，证券的流动性强表明能够以较快的速度将证券兑换成货币，同时以货币计算的价值不受任何损失；证券的流动性弱，则转化为货币需要的时间就较长，支付的费用较多，甚至会遭受价格下跌的损失。

1D　2C　3B　4A

5. 通过对基金持股的(　　)分析，可以看出基金是偏好大盘股投资、中盘股投资还是小盘股投资。

A. 持股数量　　B. 平均净值率　　C. 平均市盈率　　D. 平均市值

【解析】股票市值法是一种最基本的股票分析方法。根据股票市值的大小，将股票分为小盘股票、中盘股票和大盘股票。其中，通过对平均市值的分析，可以看出基金对大盘股、中盘股和小盘股的投资风险暴露情况。

6. 债券基金投资风险主要依据基金所持债券的(　　)来划分。

A. 发行人　　B. 收益　　C. 凸度　　D. 久期与信用等级

【解析】与股票基金类似，债券基金也被分成不同的投资风格。债券基金投资风格主要依据基金所持债券的久期与债券的信用等级来划分。

7. 反映股票基金风险大小的指标有(　　)。

A. 信用等级　　B. 凸度　　C. 久期　　D. 贝塔值

【解析】常用来反映股票基金风险大小的指标有标准差、贝塔值、持股集中度、行业投资集中度、持股数量等指标。

8. 债券基金对(　　)的投资者具有较强的吸引力。

A. 追求短期收益　　B. 追求高收益

C. 偏好高风险高收益　　D. 追求稳定收益

【解析】债券基金主要以债券为投资对象，风险较低，适合于稳健型投资者，因此对追求稳定收入的投资者具有较强的吸引力。债券基金的波动性通常要小于股票基金，因此常常被投资者认为是收益、风险适中的投资工具。

9. 根据所投资债券的(　　)的不同，可以将债券基金分为低等级债基金、高等级债基金。

A. 发行人　　B. 平均久期　　C. 信用等级　　D. 平均到期收益率

【解析】根据债券信用等级的不同，可以将债券分为低等级债券、高等级债券等。与此相适应，也就产生了以某一类债券为投资对象的债券基金。

10. 如果某债券基金的久期为3年，市场利率由5%下降到4%，则该债券基金的资产净值(　　)。

A. 减少12%　　B. 减少3%　　C. 增加3%　　D. 增加12%

【解析】要衡量利率变动对债券基金净值的影响，只要用久期乘以利率变化即可。债券基金的资产净值增加 =(5% −4%)×3 =3%。

11. 现金管理是对现金和流动资产的日常管理，其目的不在于(　　)。

A. 满足日常的、周期性支出的需求　　B. 满足应急资金的需求

C. 满足目前消费的需求　　D. 满足财富积累与投资获利的需求

【解析】现金管理的目的可归纳为：①满足日常的、周期性支出的需求；②满足财富积累与投资获利的需求；③满足应急资金的需求；④满足未来消费的需求。

12. 在消费管理中，应注意理财从(　　)开始。

5D　6D　7D　8D　9C　10C　11C　12B

A. 保险　　B. 储蓄　　C. 教育规划　　D. 投资

【解析】在消费管理中要注意以下几个方面：①即期消费和远期消费；②消费支出的预期；③孩子的消费；④住房、汽车等大额消费；⑤保险消费。其中，即期消费和远期消费中，要注意保持一个合理的结余比例和投资比例，积累一定的资产不仅是平衡即期消费和未来消费的问题，也是个人理财、实现钱生钱的起点，即理财从储蓄开始。

13. (　　)是家庭消费开支规划的一项核心内容。

A. 住房消费计划　　B. 债务管理　　C. 汽车消费计划　　D. 现金管理

【解析】家庭消费支出规划主要包括住房消费计划、汽车消费计划以及信用卡与个人信贷消费规划等。家庭消费开支规划的一项核心内容是债务管理，涉及举债目的、借贷能力和借贷渠道、方式、条件等的选择、规划。

14. 合理的现金预算是实现个人理财规划的基础，现金预算是帮助客户达到短期财务目标的需要。老张是一名自由职业者，关于其预算编制程序的说法不正确的是(　　)。

A. 老张首先应该设定退休、子女教育及买房等长期理财规划目标，并计算达到各类理财规划目标所需的年储蓄额

B. 老张可以直接根据今年的收入和有关部门公布的通货膨胀率(或者 CPI 指数)综合预测明年收入

C. 老张根据其预测的年度收入减去年储蓄目标得出年度支出预算

D. 老张发现今年的娱乐方面支出所占的比例远高于往年，决定明年在这方面重点减少支出

【解析】收入淡旺季差异大的市场销售人员或自由职业者(例如老张)，年收入不稳定，应该以过去的平均收入为基准，作最好与最坏状况下的分析。

15. 下列关于预算与实际差异的分析，说法不正确的是(　　)。

A. 总额差异的重要性大于细目差异

B. 要定出追踪的差异金额或比率门槛

C. 依据预算的分类个别分析

D. 若差异很大，则需要各个项目同时进行改善

【解析】D 项，刚开始做预算若差异很大，应每月选择一个重点项目改善，而不是各个项目同时进行改善。

16. 张先生每月的生活支出为 5000 元，每月还贷支出为 2000 元，则张先生的紧急预备金最少应该达到(　　)元。

A. 15000　　B. 40000　　C. 7000　　D. 21000

【解析】紧急备用金可以应对失业或可能导致的工作收入中断，应对紧急医疗或意外所导致的超支费用。紧急预备金可以用两种方式来储备：①流动性高的活期存款、短期定期存款或货币市场基金；②利用贷款额度。失业保障月数 = 存款、可变现资产或净资产/月固定支出，最低标准的失业保障月数是三个月。本题中紧急预备金 = 7000 × 3 = 21000(元)。

13B　14B　15D　16D

17. 下列关于基金投资顾问业务的说法中，错误的是(　　)。

A. 试点机构应当通过风险揭示书等向客户充分揭示相关风险

B. 以预收方式收取的基金投资顾问服务费在确认为投资顾问收入前，可以用于人员激励

C. 试点机构应当制定统一的基金投资组合策略说明书

D. 合规、风控部门每季度应当对基金投资组合策略及实施有效性进行核查评估

【解析】B 项，以预收方式收取的基金投资顾问服务费在确认为投资顾问收入前，不得用于人员激励。

18. 可开展基金投资顾问业务试点的子公司应当符合(　　)条件。

A. 具有高质量的基金产品研究团队，与业务开展相匹配的投资顾问人员，以及与其拟从事业务相适应的信息技术能力

B. 具有相关业务资格，且合规记录良好

C. 业务方案完备，业务制度健全，能够确保客户利益优先原则，有效防范利益冲突和防控各类风险

D. 支持业务开展的其他必要条件

【解析】B 项属于可设立子公司开展基金投资顾问业务试点的条件。

19. 基金投资顾问服务费年化标准不得高于客户账户资产净值的(　　)，以年费、会员费等方式收取费用且每年不超过 1000 元的除外。

A. 3%　　B. 5%　　C. 10%　　D. 15%

【解析】基金投资顾问服务费年化标准不得高于客户账户资产净值的 5%，以年费、会员费等方式收取费用且每年不超过 1000 元的除外。管理型基金投资顾问服务费可以按约定从客户的授权账户收取。

20. 基金投资顾问业务的试点期限为(　　)。

A. 半年　　B. 1 年　　C. 2 年　　D. 3 年

【解析】试点期限 1 年，试点期满中国证监会机构部组织开展检查评估，未达试点目标，或试点期间出现重大问题的，终止试点。

21. 试点机构变更基金投资顾问业务负责人、收费方式，或产生投诉、诉讼等重大事项的，应当在(　　)内报告证监局。

A. 2 个工作日　　B. 3 个工作日　　C. 5 个工作日　　D. 7 个工作日

【解析】试点机构应当按要求定期报告基金投资顾问业务情况。试点机构变更基金投资顾问业务负责人、收费方式，或产生投诉、诉讼等重大事项的，应当在 3 个工作日内报告证监局。

22. 基金投资组合策略下，单一基金投资组合策略下所有客户持有单只基金的份额总和不得超过该基金总份额的______，持有指数基金的份额总和不得超过该基金总份额的______。(　　)

A. 20%；30%　　B. 30%；30%　　C. 20%；20%　　D. 30%；20%

17B　18B　19B　20B　21B　22A

【解析】试点机构基金投资组合策略应当符合下列分散投资要求：①管理型基金投资顾问服务的单个客户持有单只基金的市值，不得高于客户账户资产净值的20%，货币市场基金、指数基金不受此限；②单一基金投资组合策略下所有客户持有单只基金的份额总和不得超过该基金总份额的20%，持有指数基金的份额总和不得超过该基金总份额的30%；③不得向客户建议结构复杂的基金，包括分级基金场内份额和监管部门认定的其他基金；④建议客户投资于封闭运作基金、定期开放基金等流通受限基金的，应当制定专门的风险管理制度、向客户特别提示风险。向普通投资者建议投资流通受限基金的，应当事先取得客户同意，且确认流通受限基金的投资期限与客户的目标投资期限不存在冲突。

23. 合规、风控部门(　　)应当对试点业务的合规风控情况、基金投资组合策略及实施有效性进行核查评估。

A. 每月　　B. 每季度　　C. 每半年　　D. 每年

【解析】合规、风控部门每季度应当对试点业务的合规风控情况、基金投资组合策略及实施有效性进行核查评估。评估情况提交公司管理层审议。

24. 发生可能影响客户权益的重大事项时，应当自重大事项发生之日起(　　)内，按照服务协议约定的方式，向客户进行披露。

A. 5日　　B. 3日　　C. 2日　　D. 1日

【解析】试点机构应当保证客户能够按照法规规定及投资顾问协议约定的时间和方式查询账户信息，发生可能影响客户权益的重大事项时，应当自重大事项发生之日起2日内，按照服务协议约定的方式，向客户进行披露。

二、多项选择题(以下备选项中有两项或两项以上符合题目要求，多选、少选、错选均不得分)

1. 个人投资者投资证券的主要目的有(　　)。

A. 谋求操纵证券市场　　B. 追求盈利

C. 谋求资本的保值　　D. 谋求资本的增值

【解析】A项，个人投资者由于资金有限而高度分散，无法操纵证券市场，其入市只为了谋求资本的保值、增值，追求盈利。

2. 宏观经济分析的基本方法有(　　)。

A. 区域分析法　　B. 行业分析法　　C. 结构分析法　　D. 总量分析法

【解析】宏观经济分析的基本方法包括两种：①总量分析法，是指对影响宏观经济运行总量指标的因素及其变动规律进行分析，进而说明整个经济的状态和全貌；②结构分析法，是指对经济系统中各组成部分及其对比关系变动规律的分析。

3. 信托产品的基本特征包括(　　)。

A. 受托人信誉良好

B. 信托成立的前提是委托人要将自有财产委托给受托人

C. 信托财产具有独立性

D. 受托人为委托人的最大利益管理信托事务

23B　24C　┃　1BCD　2CD　3ABC

【解析】信托产品的基本特征有：①信托是以信任为基础的，受托人应具有良好的信誉；②信托成立的前提是委托人要将自有财产委托给受托人；③信托财产具有独立性，信托依法成立后，信托财产即从委托人、受托人以及受益人的自有财产中分离出来，成为独立运作的财产；④受托人为受益人的最大利益管理信托事务。

4. 与股票基金相比，债券基金有以下哪些特点？(　　)

A. 适合追求稳定收入的投资者　　B. 不受经济环境变化的影响

C. 收益、风险适中　　D. 波动相对较小

【解析】债券基金主要以债券为投资对象，因此对追求稳定收入的投资者具有较强的吸引力。债券基金的波动性通常要小于股票基金，因此常常被投资者认为是收益、风险适中的投资工具。

5. 关于股票基金，下列说法正确的是(　　)。

A. 股票基金是各国广泛采用的基金类型

B. 根据中国证监会的基金分类标准，60%以上的基金资产投资于股票的为股票基金

C. 根据中国证监会的基金分类标准，80%以上的基金资产投资于股票的为股票基金

D. 主要投资于股票

【解析】股票基金是指以股票为主要投资对象的基金。股票基金在各类基金中历史最为悠久，也是各国(地区)广泛采用的一种基金类型。根据中国证监会对基金类别的分类标准，基金资产80%以上投资于股票的为股票基金。

6. 分析股票基金组合特点的指标有(　　)。

A. 跟踪误差　　B. 平均市值　　C. 平均市盈率　　D. 平均市净率

【解析】通过股票基金所持有的全部股票的平均市值、平均市盈率、平均市净率等指标，可以对股票基金的投资风格进行分析。

7. 下列关于股票基金的表述，正确的有(　　)。

A. 与其他类型的基金相比，股票基金的风险较高，预期收益也较高

B. 长期来看，股票基金提供了应对通货膨胀的有效手段

C. 股票基金能给投资者带来稳定收入

D. 股票基金以追求长期的资本增值为目标

【解析】股票基金以追求长期的资本增值为目标，比较适合长期投资。与其他类型的基金相比，股票基金的风险较高，但预期收益也较高。股票基金提供了一种长期的投资增值性，可供投资者用来满足教育支出、退休支出等远期支出的需要。与房地产一样，股票基金是应对通货膨胀最有效的手段。

8. 在消费管理中需要注意的几个方面内容包括(　　)。

A. 即期消费和远期消费　　B. 住房、汽车等大额消费

C. 孩子的消费　　D. 保险消费

【解析】在消费管理中要注意以下几个方面：①即期消费和远期消费；②消费支出的预期；③孩子的消费；④住房、汽车等大额消费；⑤保险消费。其中，即期消费和远期消

4ACD　5ACD　6BCD　7ABD　8ABCD

费中，要注意保持一个合理的结余比例和投资比例，积累一定的资产不仅是平衡即期消费和未来消费的问题，也是个人理财、实现钱生钱的起点，即理财从储蓄开始。

9. 现金预算的具体内容有(　　)。

A. 销售预算　　B. 生产预算　　C. 直接材料预算　　D. 直接人工预算

【解析】现金预算具体内容包括：销售预算、生产预算、直接材料预算、直接人工预算、制造费用预算、产品成本预算、销售及管理费用预算等。

10. 在现金、消费和债务管理中，家庭有效债务管理需要考虑的因素包括(　　)。

A. 还款能力　　B. 家庭现有经济实力

C. 合理选择贷款种类及担保方式　　D. 家庭贷款需求

【解析】除ABCD四项外，在现金、消费和债务管理中，还需要考虑的因素包括：①选择贷款期限与首期用款及还贷方式；②信贷策划特殊情况的处理；③预期收支情况。

11. 在现金、消费和债务管理中，家庭紧急预备金的储存形式包括(　　)。

A. 短期定期存款　　B. 活期存款

C. 货币市场基金　　D. 利用贷款额度

【解析】紧急备用金可以应对失业或可能导致的工作收入中断和紧急医疗或意外所导致的超支费用。紧急预备金可以用两种方式来储备：①流动性高的活期存款、短期定期存款或货币市场基金；②利用贷款额度。

12. 为实现有效债务管理的目标，需要完成的事项包括(　　)。

A. 算好可负担的额度　　B. 拟订偿债计划

C. 使债务负担最小化　　D. 按计划还清负债

【解析】在有效债务管理中，应先算好可负担的额度，再拟订偿债计划，按计划还清负债，负债是平衡现在与未来享受的工具。

13. 基金投资顾问试点机构及其投资顾问人员的禁止性行为包括(　　)。

A. 利用基金投资顾问业务提供便利　　B. 泄露客户的交易情况

C. 向客户承诺收益　　D. 从事公平交易

【解析】基金投资顾问试点机构及其投资顾问人员不得有下列行为：①利用基金投资顾问业务从事违法、违规行为，或提供便利；②泄露客户资料、投资计划和交易情况；③从事非公平交易、利益输送等损害客户合法权益的行为；④向客户承诺收益，承诺本金不受损失或者限定损失金额或比例；⑤其他损害客户合法权益的行为。

14. 下列关于基金投资顾问试点机构的说法中，正确的有(　　)。

A. 试点机构应当遵循客户利益优先原则

B. 试点机构应当不定期对客户风险承受能力进行再评估

C. 试点机构应当合理评估、准确界定基金投资组合策略的风险特征

D. 试点机构应当使用统一模板与客户签订基金投资顾问服务协议

【解析】B项，试点机构应当定期对客户风险承受能力进行再评估，发现客户风险承受

9ABCD　10ABCD　11ABCD　12ABD　13ABC　14ACD

能力可能产生重大变化的，应当及时启动评估并更新风险等级。

15. 符合以下(　　)条件且客户数量达到1亿人的机构，可设立子公司开展基金投资顾问业务试点。

A. 具有资产管理、基金销售等业务资格

B. 合规记录良好

C. 有一定的市场竞争力和客户基础

D. 具有高质量的基金产品研究团队

【解析】符合下列条件且客户数量达到1亿人的机构，可设立子公司开展基金投资顾问业务试点：①具有资产管理、基金销售等业务资格；②有一定的市场竞争力和客户基础。证券公司、基金管理公司或其销售子公司申请的，应具有较强的合规风控及投资者服务能力；基金销售机构申请的，非货币基金保有量不低于100亿元；③合规记录良好。

16. 基金投资组合策略说明书应对(　　)进行说明。

A. 每一个基金投资组合策略的结构　　B. 备选基金产品评估情况

C. 备选基金产品风险特征　　D. 备选基金产品模拟业绩

【解析】试点机构应当制定统一的基金投资组合策略说明书，对每一个基金投资组合策略的结构、备选基金产品评估情况、风险特征、适合投资者范围进行说明，在推介、建议时使用。

17. 对基金投资组合策略的具体产品品种、数量进行管理的人员应符合(　　)条件。

A. 具有2年以上证券投资、证券研究分析、证券投资基金研究评价或分析经历

B. 具有3年以上证券投资、证券研究分析、证券投资基金研究评价或分析经历

C. 最近1年从事上述工作并已通过相关考试

D. 最近2年从事上述工作但还未通过相关考试

【解析】基金投资组合策略的具体产品品种、数量的确定及调整，应当经投资决策委员会审议。对基金投资组合策略的具体产品品种、数量进行管理的人员应当具有三年以上证券投资、证券研究分析、证券投资基金研究评价或分析经历，且最近1年从事上述工作，并通过相关考试。

18. 下列各项中，属于基金投资顾问人员的有(　　)。

A. 在基金投资顾问业务推广环节向客户提供服务的人员

B. 运营、维护与投资建议相关算法的人员

C. 生成基金投资组合策略的人员

D. 对基金投资组合策略具体产品品种进行管理的人员

【解析】试点机构从事投资顾问业务的相关人员应当取得基金从业资格。投资顾问人员包括：在基金投资顾问业务推广、客户招揽、了解客户等业务环节向客户提供服务的人员；生成、提供、执行基金投资组合策略的人员(含对具体产品品种、数量进行管理的人员)；设计、运营、维护与投资建议相关的算法、模型的人员等。

15ABC　16ABC　17BC　18ABCD

19. 基金投资顾问试点机构应建立合规风控管理体系，覆盖的环节包括但不限于(　　)。

A. 信息披露　　B. 客户服务

C. 基金产品研究　　D. 基金投资组合策略生成

【解析】试点机构应当建立覆盖基金投资顾问服务模式设计、基金产品研究、基金投资组合策略生成、业务推广、投资交易、动态调仓、信息披露、客户服务、技术平台等各个环节合规风控管理体系。

20. 下列关于基金投资顾问业务留痕管理要求说法不正确的有(　　)。

A. 投资顾问人员应当使用试点机构具有留痕功能的系统向客户提供服务

B. 留痕资料和信息应当以书面形式进行记录保存

C. 向机构投资者提供服务的，应当在首次接触并向客户提供服务前，提示客户可以通过录音、截屏等方式留存相关信息

D. 通过互联网在线方式提供投资顾问服务的，应当向客户提供记录、保存、下载等留痕功能

【解析】B 项，留痕资料和信息应当以书面及电子文件等形式予以记录保存，保存期限自服务协议终止之日起不少于 5 年；C 项，向普通投资者提供服务的，应当在首次接触并向客户提供服务前，提示客户可以通过录音、截屏等方式留存相关信息。

21. 试点机构开展管理型基金投资顾问服务，下列(　　)行为符合相关要求。

A. 代客户执行基金产品申购、赎回、转换等交易申请

B. 向客户发送账户持仓、交易记录等信息的频率可以是每半年一次

C. 每日向客户披露前一日的账户资产净值情况

D. 自重大事项发生之日起 3 日内，按照服务协议约定的方式，向客户进行披露

【解析】B 项，开展管理型基金投资顾问服务的，试点机构应以不低于每季的频率向客户发送账户持仓、交易记录等信息；D 项，发生可能影响客户权益的重大事项时，应当自重大事项发生之日起 2 日内，按照服务协议约定的方式，向客户进行披露。

22. 某机构开展基金投资顾问业务试点，可以从事的业务包括(　　)。

A. 向客户建议结构复杂的基金

B. 向客户提及过往特定基金投资组合策略半年的业绩

C. 向客户充分揭示收费项目和方式

D. 指定专门人员独立实施客户回访

【解析】A 项，试点机构基金投资组合策略应当符合的分散投资要求之一是：不得向客户建议结构复杂的基金，包括分级基金场内份额和监管部门认定的其他基金；B 项，试点机构进行业务宣传推介应当客观、准确、完整，不得提供虚假、不实、误导性信息，不得承诺收益或作出保本承诺，不得直接或者间接提及模拟业绩、为个别客户创造的收益，不得预测未来业绩。提及过往业绩的，应当为 1 年以上的特定基金投资组合策略整体业绩，并向客户特别提示过往业绩并不预示其未来表现，为其他客户创造的收益并不构成业绩表现的保证。

19ABCD　20BC　21AC　22CD

三、判断题（下列判断正确的请打“√”，错误的打“×”）

1. 证券产品选择的目标包括本金保障、资本增值、取得收益。（ ）［2023 年 3 月真题］

【解析】证券产品选择的目标包括：①本金保障；②资本增值；③经常性收益。

2. 股票基金的风险较高，不适合长期投资。（ ）

【解析】股票基金的风险较高，但预期收益也较高，其投资目标侧重于追求资本利得和长期资本增值，比较适合长期投资。

3. 股票基金减少了基金经理投资的委托代理风险。（ ）

【解析】股票基金由于分散投资，投资风险低于单一股票的投资风险。但从风险来源看，股票基金增加了基金经理投资的委托代理风险。

4. 五星级的股票基金肯定比四星级的债券基金更优秀。（ ）

【解析】基金的评级旨在反映基金经理的主动管理能力，不同类型的基金在面对相同的系统风险时可能表现迥异，但这种差异主要由两类基金不同的风险特征所致，而不是由基金经理不同的主动管理能力所致。比如在升息的市场环境中，许多债券基金的业绩表现差于股票基金，但其中主要原因与基金经理的管理能力是无关的。

5. 股票基金的投资风险高于单一股票的投资风险。（ ）

【解析】股票基金的投资风险低于单一股票的投资风险。

6. 投资人在投资股票基金时，须根据对基金净值高低合理与否的判断决定是否投资。（ ）

【解析】在投资股票时，投资者通常可以借助每股收益、市盈率等分析指标对股票投资价值进行分析。同样，对股票基金的分析也有一些常用的分析指标，如反映基金经营业绩的指标、如反映基金风险大小的指标、反映基金组合特点的指标、反映基金运作成本的指标、反映基金操作策略的指标等等。

7. 反映股票基金风险大小的主要指标有久期、标准差、贝塔值、投资组合平均剩余期限等。（ ）

【解析】常用来反映股票基金风险大小的指标有标准差、贝塔值、持股集中度、行业投资集中度、持股数量等指标；久期是测量债券价格相对于收益率变动的敏感性指标；用以反映货币市场基金风险的指标有投资组合平均剩余期限、融资比例、浮动利率债券投资情况等。

8. 基金发行规模越大，基金份额净值就越高。（ ）

【解析】股票基金份额净值不会由于买卖数量或申购、赎回数量的多少而受到影响。

9. 债券基金的收益率比买入并持有到期的单个债券的收益率更难以预测。（ ）

【解析】单一债券的收益率可以根据购买价格、现金流以及到期收回的本金计算其投资收益率；但债券基金由一组不同的债券组成，收益率较难计算和预测。

10. 根据中国证监会对基金类别的分类标准，50% 以上的基金资产投资于股票的为股票基

1√ 2× 3× 4× 5× 6× 7× 8× 9√ 10×

金。（　　）

【解析】根据中国证监会对基金类别的分类标准，80% 以上的基金资产投资于股票的为股票基金。

11. 证券产品选择的步骤是分析证券产品、确定证券产品选择的策略、了解证券产品的特性、构建投资组合。（　　）

【解析】证券产品选择的步骤：确定证券产品选择的策略、了解证券产品的特性、分析证券产品、构建投资组合。

12. 股票基金的净值增长率越低，说明基金的投资效果越好。（　　）

【解析】股票基金的净值增长率越高，说明基金的投资效果越好。但如果单纯考察一只基金本身的净值增长率说明不了什么问题，通常还应该将该基金的净值增长率与比较基准、同类基金的净值增长率比较才能对基金的投资效果进行全面评价。

13. 分析股票基金，可借助平均市值、平均市盈率、平均市净率等反映基金经营业绩的指标。（　　）

【解析】平均市值、平均市盈率、平均市净率属于反映股票基金组合特点的指标。反映基金经营业绩的指标主要有净值增长率、基金分红、已实现收益等。

14. 消费管理的目标表现为合理的消费支出。（　　）

【解析】消费管理的目标表现为合理的消费支出。进行消费管理的目的是矫正消费中的不合理行为，制止不合理消费现象，合理有序地引导和安排好生活消费，维持家庭合理消费金额结构。

15. 一个家庭紧急预备金的合适金额是相当于 1 ~2 个月的家庭日常开支金额。（　　）

【解析】通常会要求客户建立紧急预备金账户，并保持较高的流动性；紧急预备金额度通常为家庭月支出的 3 ~6 倍为宜。

16. 货币市场基金安全性高，但流动性不强。（　　）

【解析】货币市场基金具有很强的流动性，是应急资金的储存形式之一，安全性高。

17. 最低标准的失业保障月数是 2 个月，能维持 6 个月的失业保障较为妥当。（　　）

【解析】最低标准的失业保障月数是 3 个月，能维持 6 个月的失业保障较为妥当。

18. 远期消费一般指时间在 1 年以上的消费。（　　）

【解析】远期消费是指在较长时间才需要实现的消费，一般指时间在 3 年以上的消费。

19. 试点机构提供基金投资顾问服务，应当在公司层面建立专门的风险管理委员会。（　　）

【解析】试点机构提供基金投资顾问服务，应当在公司层面建立专门的投资决策委员会。

20. 基金投资顾问业务留痕资料和信息的保存期限自服务协议终止之日起不少于 5 年。（　　）

---

11 ×　12 ×　13 ×　14√　15 ×　16 ×　17 ×　18 ×　19 ×　20√

【解析】基金投资顾问人员应当使用试点机构具有留痕功能的系统向客户提供服务。留痕资料和信息应当以书面及电子文件等形式予以记录保存，保存期限自服务协议终止之日起不少于5年。

21. 基金投资组合策略建议的标的可以为私募基金产品或经中国证监会认可的同类产品。(　)

【解析】基金投资组合策略建议的标的应当为公募基金产品或经中国证监会认可的同类产品。

22. 中国证券业协会将组织专家评审委员会，对相关机构的试点方案及准备情况进行审议、确定具备试点条件的机构。(　)

【解析】中国证监会将组织专家评审委员会，对相关机构的试点方案及准备情况进行审议、确定具备试点条件的机构。

23. 可向风险承受能力较高的客户建议结构复杂的基金。(　)

【解析】不得向客户建议结构复杂的基金，包括分级基金场内份额和监管部门认定的其他基金。

24. 基金投资顾问业务存在因试点资格被取消不能继续提供服务的风险。(　)

【解析】试点机构应当向客户充分说明基金投资顾问业务尚处于试点阶段，存在因试点资格被取消不能继续提供服务的风险。

25. 开展管理型基金投资顾问服务，基金投资顾问试点机构可以根据与客户协议约定的投资组合策略，代客户作出具体基金投资品种、数量和买卖时机的决策。(　)

【解析】根据与客户协议约定的投资组合策略，试点机构可以代客户作出具体基金投资品种、数量和买卖时机的决策，并代客户执行基金产品申购、赎回、转换等交易申请，开展管理型基金投资顾问服务。

26. 试点机构应对基金投资组合策略与客户风险承受能力的匹配程度进行不定期评估，发现问题及时处理。(　)

【解析】试点机构应当履行持续注意义务，跟踪基金投资组合策略的执行情况，定期评估基金投资组合策略与客户风险承受能力的匹配程度，监测基金投资组合策略的风险收益特征与投资目标的相符程度，及时处理发现的问题。

四、综合题(以下备选项中有一项或多项符合题目要求，多选、少选、错选均不得分)

(一)某客户对风险的关注更甚于对收益的关心，更愿意选择风险较低而不是收益较高的产品，喜欢选择既保本又有较高收益机会的结构性理财产品。

根据上述材料，回答下列各小题。

1. 从风险偏好看，该客户属于(　)投资者。

A. 稳健型　　B. 保守型　　C. 平衡型　　D. 进取型

【解析】稳健型的客户总体来说已经偏向保守，对风险的关注更甚于对收益的关心，更愿意选择风险较低而不是收益较高的产品，喜欢选择既保本又有较高收益机会的结构性理

21× 22× 23× 24√ 25√ 26× ▍ (一)1A

财产品，往往以临近退休的中老年人士为主。因此，稳健型客户适合投资低风险的理财产品或投资工具。

2. 总体而言，投资者进行投资的主要目的包括(　　)。

A. 本金保障　　B. 资产增值　　C. 经常性收益　　D. 评估收益

【解析】证券产品选择的目标包括：①本金保障，即投资者通过投资保存资本或者资金的购买力。②资本增值，是指投资者通过投资工具，以期本金能迅速增长，使财富得以累积。③经常性收益。

(二)李某有3万元现金，2万元活期存款，15万元定期存款，6万元基金，3万元字画，8万元汽车，20万元房产。李先生每月的生活费为1万元，还需要偿还房贷0.5万元，以及汽车分期贷款0.5万元，基金定投0.5万元。

根据上述材料，回答下列各小题。

1. 上述材料中，李某的可变现资产有(　　)。

A. 15万元定期存款　　B. 6万元基金

C. 3万元字画　　D. 8万元汽车

【解析】可变现资产包括现金、活期存款、定期存款、股票、基金等，不包括汽车、房地产、古董字画等变现性较差的资产。

2. 李某的失业保障月数为(　　)。

A. 14.5　　B. 10.4　　C. 22.8　　D. 18.5

【解析】根据计算公式，李某的失业保障月数 = 存款、可变现资产或净资产/月固定支出 = $(3+2+15+6)/(1+0.5+0.5+0.5)=10.4$。

3. 假如你是李某的理财规划师，为了控制费用与投资储蓄，你会建议李某开立的银行账户的类型包括(　　)。

A. 扣款账户　　B. 证券账户　　C. 定期投资账户　　D. 信用卡账户

【解析】为了控制费用与投资储蓄，应该建议客户开立三种类型的银行账户：①定期投资账户：达到强迫储蓄的功能；②扣款账户：若有贷款本息要缴，则在贷款行开一个扣款账户，方便随时掌握贷款的本息交付状况；③开立信用卡账户：弥补临时性资金不足，减少低收益资金的比例。

4. 为进行有效的债务管理，应当考虑的因素不包括(　　)。

A. 贷款需求　　B. 预期收支情况

C. 客户资产价值　　D. 合理选择贷款种类和担保方式

【解析】选择最佳的信贷品种和还款方式(即有效债务管理)需要考虑以下因素：①贷款需求；②家庭现有经济实力；③预期收支情况；④还款能力；⑤合理选择贷款种类和担保方式；⑥选择贷款期限与首期用款及还贷方式；⑦信贷策划特殊情况的处理。

(三)消费贯穿于个人的一生，而收入与支出却呈现较大的波动性。因此，对现金、消费及债务的管理非常必要，其目的在于使可用的资金保障计划内、计划外的支出。这种对

2ABC　(二)1AB　2B　3ACD　4C

现金、消费及债务的管理是实现个人理财规划所必要的。

1. 在现金管理中，年度支出预算等于(　　)。

A. 年度收入－年度支出　　B. 年储蓄目标－年度支出

C. 年度收入－上一年支出　　D. 年度收入－年储蓄目标

【解析】现金管理的内容是现金和流动资产，现金预算编制包括以下程序：①设定长期理财规划目标；②预测年度收入；③算出年度支出预算目标，年度收入－年储蓄目标＝年度支出预算；④对预算进行控制与差异分析。

2. 下列关于现金预算的控制，说法正确的是(　　)。

A. 认知需要等于消费动机加上储蓄动机

B. 认知需要等于消费动机加上开源节流的努力方向

C. 认知需要等于投资动机加上开源节流的努力方向

D. 认知需要等于储蓄动机加上开源节流的努力方向

【解析】认知需要是储蓄的动力，开源或节流产生储蓄。通过合理的工作安排，增加家庭收入，将“衣、食、住、行、教育、娱乐”中支出较高的部分作为节约支出的重点控制项目。认知需要的计算公式为：认知需要＝储蓄动机＋开源节流的努力方向。

(四)基金投资顾问业务，是指接受客户委托，按照协议约定，以公募证券投资基金以及中国证监会认可的同类产品为标的，向客户提供基金投资组合策略建议，代客户作出具体基金品种、数量与买卖时机的决策，并代客户执行申购、赎回等基金产品交易。简单来说，就是投资者将自己的基金投资交给专业的投资团队来打理。

根据上述材料，回答下列各小题。

1. 基金销售机构申请从事基金投资顾问业务的，非货币基金保有量不低于(　　)亿元。

A. 10　　B. 20　　C. 50　　D. 100

【解析】根据《关于做好公开募集证券投资基金投资顾问业务试点工作的通知》规定，具备下列条件的机构，经中国证监会备案，可以从事基金投资顾问业务：①具有资产管理、基金销售等业务资格。②有一定的市场竞争力和客户基础。证券公司、基金管理公司或其销售子公司申请的，应具有较强的合规风控及投资者服务能力；基金销售机构申请的，非货币基金保有量不低于100亿元。③合规记录良好。④具有高质量的基金产品研究团队，与业务开展相匹配的投资顾问人员，以及与其拟从事业务相适应的信息技术能力。⑤业务方案完备，业务制度健全，能够确保客户利益优先原则，有效防范利益冲突和防控各类风险。⑥支持业务开展的其他必要条件。

2. 基金投资组合建议的标的应当为(　　)或经中国证监会认可的同类产品。

A. 开放式基金产品　　B. 封闭式基金产品

C. 公募基金产品　　D. 私募基金产品

【解析】基金投资顾问试点机构从事基金投资顾问业务，可以接受客户委托，按照协议约定向其提供基金投资组合策略建议，并直接或者间接获取经济利益。基金投资组合策略建议的标的应当为公募基金产品或经中国证监会认可的同类产品。

(三)1D　2D　(四)1D　2C

3. 试点机构应当使用统一模板与客户签订基金投资顾问服务协议，服务协议包括(　　)。

A. 服务费用支付方式　　B. 当事人的权利义务

C. 预计收益　　D. 争议的解决方式

【解析】试点机构应当使用统一模板与客户签订基金投资顾问服务协议。服务协议应当包括当事人的权利义务、服务内容和方式、投资者适当性管理执行情况、基金投资顾问的职责和禁止行为、收费项目、收费标准和支付方式、信息披露的内容与方式、争议或者纠纷解决方式、终止服务的方式等。

4. 基金投资顾问业务留痕资料和信息应当以______等形式予以记录保存，保存期限自服务协议终止之日起不少于______年。(　　)

A. 书面及电子文件；5　　B. 书面；5

C. 书面及电子文件；10　　D. 书面；10

【解析】基金投资顾问人员应当使用试点机构具有留痕功能的系统向客户提供服务。留痕资料和信息应当以书面及电子文件等形式予以记录保存，保存期限自服务协议终止之日起不少于5年。

5. 试点机构应当对基金投资顾问业务实行留痕管理的环节有(　　)。

A. 业务推广　　B. 基金产品尽职调查

C. 客户招揽　　D. 了解客户

【解析】试点机构应当对基金投资顾问业务各个环节实行留痕管理，包括：业务推广，客户招揽，了解客户，协议签订，基金产品尽职调查及评估，生成、提供、执行基金投资组合策略(含具体产品品种、数量的管理)，客户回访，投诉处理等。

3ABD　4A　5ABCD

第七章 投资组合和资产配置

一、单项选择题(以下备选项中只有一项最符合题目要求，不选、错选均不得分)

1. 关于套利，下列说法正确的是(　　)。[2023 年 3 月真题]

A. 当投资者不需要任何投资就可以获得低风险收益时，他们就是在套利

B. 套利机会的存在意味着市场处于不均衡状态

C. 套利机会可以长久地存在下去

D. 套利只存在单一资产上

【解析】在均衡状态下，市场竞争将消除所有无风险套利机会，所以套利机会的存在意味着市场处于不均衡状态。

2. 下列关于权证的说法，正确的是(　　)。[2023 年 3 月真题]

A. BS 模型适用于美式权证定价

B. 权证的时间价值只与权证存续期长短有关

C. 权证的时间价值等于理论价值减去内在价值

D. 权证的杠杆作用表现为认股权证的市场价格要比其标的股票的市场价格变化速度慢得多

【解析】A 项，BS 模型适用于欧式权证定价；B 项，权证的时间价值主要与权证存续期的长短及标的资产价格的波幅有关；D 项，权证的杠杆作用表现为认股权证的市场价格要比其标的股票的市场价格变化速度快得多。

3. 期权的买方购买期权而实际支付的价格超过该期权内在价值的那部分价值，被称为(　　)。[2022 年 8 月真题]

A. 市场价值　　B. 内在价值　　C. 时间价值　　D. 估值价值

【解析】时间价值是指期权的买方购买期权而实际支付的价格超过该期权内在价值的那部分价值。内在价值也称履约价值，是期权的买方如果立即执行期权所能得到的收益。

4. 确定具体的投资品种和在各种资产的投资比例属于证券组合管理中的一个重要步骤，该步骤也可表述为(　　)。[2022 年 2 月真题]

A. 构建证券投资组合　　B. 进行证券投资分析

C. 确定证券投资政策　　D. 投资组合的修正

【解析】证券组合管理通常包括确定证券投资政策、进行证券投资分析、构建证券投资组合、投资组合的修正、投资组合业绩评估。其中，构建证券投资组合主要是确定具体的证券投资品种和在各证券上的投资比例。在构建证券投资组合时，投资者需要注意个别证券选择、投资时机选择和多元化三个问题。

5. 某客户准备对原油进行对冲交易，现货价格为 40 美元/桶，1 个月后的期货价格为 45 美元/桶，则零时刻的基差是(　　)美元。[2021 年 12 月真题]

A. －8　　B. －5　　C. －3　　D. 3

1B　2C　3C　4A　5B

【解析】基差是指某一特定商品在某一特定时间和地点的现货价格与该商品在期货市场的期货价格之差，即：基差 = 现货价格 - 期货价格。本题中的基差 = 40 - 45 = -5(美元)。

6. 关于债券组合管理免疫策略，以下表述错误的是(　　)。[2020 年 8 月真题]
A. 免疫策略的一个根本要求是使债券投资组合的久期等于负债的久期
B. 免疫策略假定市场价格是公平的均衡交易价格
C. 免疫策略是一种积极的债券组合管理策略
D. 免疫策略试图建立一个几乎是零利率风险的债券资产组合

【解析】C 项，在债券投资组合管理过程中，通常使用两种消极管理策略：一种是指数策略，目的是使所管理的资产组合尽量接近于某个债券市场指数的表现；另一种是免疫策略，目的是使所管理的资产组合免于市场利率波动的风险。免疫策略则试图建立一个几乎是零风险的债券资产组合。在这个组合中，市场利率的变动对债券组合的表现几乎毫无影响。

7. 将指数化管理方式与积极型股票投资策略相结合的股票投资策略称为(　　)。[2019 年 7 月真题]
A. 混合指数法　　B. 积极指数法
C. 股票指数法　　D. 加强指数法

【解析】加强指数法的重点是在复制组合的基础上加强风险控制，其目的不在于积极寻求投资收益的最大化，因此通常不会引起投资组合特征与基准指数之间的实质性背离。加强指数法的核心思想是将指数化投资管理与积极型股票投资策略相结合。

8. 下列各项中，(　　)是对指数按照某种标准进行分类，然后按照权重选择股票构建组合。[2019 年 6 月真题]
A. 分类市值加权法　　B. 最优市值加权法
C. 分层市值加权法　　D. 完全市值加权法

【解析】沪深 300 现货投资组合的构建方法有完全复制法、市值加权法、分层市值加权法和最优化方法。其中，分层市值加权法就是首先对指数成分股按照某种标准进行分类，然后在每个分类中再度按照权重选取前几位的股票构建模拟组合。分类通常按照行业标准划分。

9. 当两种债券之间存在一定的收益差额，而且该差额有可能发生变化，那么资产管理者就有可能卖出一种债券的同时买进另一种债券，以期获取较高的持有期收益，这种策略叫作(　　)。[2019 年 3 月真题]
A. 替代掉换　　B. 市场内部价差掉换
C. 利率预期掉换　　D. 纯收益率掉换

【解析】A 项，替代掉换是将一种债券与另一种与其非常相似的理想替代品债券进行掉换，目的是获取暂时的价格优势。C 项，利率预期掉换是根据市场利率的变化对不同期限债券的影响原理进行操作。D 项，纯收益率掉换是着眼于长期的收益变动，而不是对短期内的收益率变动进行任何预测，用长期收益高的债券替换长期收益低的债券。

6C　7D　8C　9B

10. 下列关于期权价格的说法，正确的是(　　)。[2018 年 5 月真题]

A. 期权协定价格与标的市场价格间的差距的大小对期权价格不影响

B. 其他条件不变，期权协定价格与标的市场价格的差距越大，期权价格越高

C. 其他条件不变，期权剩余的有效时间越长，期权价格越低

D. 其他条件不变，期权剩余的有效时间越短，期权价格越低

【解析】AB 两项，协定价格与市场价格是影响期权价格最主要的因素。这两种价格的关系不仅决定了期权有无内在价值及内在价值的大小，而且还决定了有无时间价值和时间价值的大小。一般而言，协定价格与市场价格间的差距越大，时间价值越小；反之，则时间价值越大。CD 两项，在其他条件不变的情况下，期权期间越长，期权价格越高；反之，期权价格越低。

11. 债券投资管理中的免疫法，主要运用了(　　)。[2018 年 3 月真题]

A. 流动性偏好理论　　B. 久期的特性

C. 理论期限结构的特性　　D. 套利原理

【解析】久期和凸度对债券价格波动的风险管理具有重要意义，债券基金经理可以通过合理运用这两种工具实现资产组合现金流匹配和资产负债有效管理。如果债券基金经理能够较好地确定持有期，那么就能够找到所有的久期等于持有期的债券，并选择凸性最高的债券。这类策略称为免疫策略。

12. 假设某投资者准备持有某种股票 1 年，期间无分红，到期出售可获得资本收益，该股票的预期收益率为 15%(年率)，市场价格是 100 元，如果现在订立买卖 1 股该股票的 1 年期远期合约，无风险利率为 5%，那么按无套利均衡分析方法，合约的理论价格应为(　　)元。[2018 年 3 月真题]

A. 110　　B. 105　　C. 108　　D. 115

【解析】远期均衡价格 $F = Se^{r(T-t)}$，其中 F 为时刻 t 时的标的债券的远期价格，S 为时刻 t 时的标的债券的现货价格，r 为无风险利率，T 为合约到期时刻，t 为现在时刻。该合约中的远期价格 $F = 100 \times e^{1 \times 0.05} = 105$(元)。

13. 当债券收益率向上倾斜，且投资人确信收益率继续保持上升的趋势，就会购买比要求的期限稍长的债券，然后在到期前出售，获得一定的资本收益，使用这种方法的人以资产的流动性为目标，投资于短期固定收入债券，这种方法被称为(　　)。[2017 年 5 月真题]

A. 骑乘收益率曲线　　B. 市场内部价差调换

C. 替代掉换　　D. 利率预期掉换

【解析】使用骑乘收益率曲线方法的投资者以资产的流动性为目标，投资于短期固定收入债券。当收益率向上倾斜，并且投资者确信收益率曲线继续保持上升的趋势，就会购买比要求的期限稍长的债券，然后在债券到期前出售，获得超额的资本收益。

14. 在用获利机会来评价绩效时，假设用证券的 β 值衡量风险，由每单位风险获得的风险溢价可计算得到(　　)。[2017 年 2 月真题]

10D　11B　12B　13A　14B

A. 夏普指数　B. 特雷诺指数　C. 詹森指数　D. 威廉指数

【解析】特雷诺指数是1965年由特雷诺提出的，它用获利机会来评价绩效。该指数值由每单位风险获取的风险溢价来计算，风险仍然由β系数来测定。

15. 股票投资风格分类体系的标准不包括(　　)。[2016年5月真题]

A. 公司规模　B. 股票价格行为

C. 公司成长性　D. 股票的风险特征

【解析】股票投资风格分类体系，是指按照不同标准将股票划分为不同的集合，具有相同特征的股票集合共同构成一个系统的分类体系。不同风格股票的划分具有不同的方法：①按公司规模划分的股票投资风格通常包括小型资本股票、大型资本股票和混合型资本股票三种类型；②按股票价格行为所表现出来的行业特征，可以将其分为增长类、周期类、稳定类和能源类等类型；③按照公司成长性可以将股票分为增长类股票和非增长类(收益率)股票。

16. 股票投资风格指数是对股票投资风格进行(　　)的指数。[2016年5月真题]

A. 风险评价　B. 业绩评价　C. 资产评价　D. 负债评价

【解析】股票投资风格指数是对股票投资风格进行业绩评价的指数。比如，增长类股票和非增长类股票的基本特点有很大的不同，因而专门投资于增长类或收益类股票的经理业绩很大程度上取决于所选取股票类型的发展趋势。由此引入了风格指数的概念作为评价投资管理人业绩的标准。

17. 一个人在现货市场买入5000桶原油，同时在期货市场卖出4000桶原油期货合约进行套期保值，则对冲比率是(　　)。[2016年4月真题]

A. 1.25　B. 1　C. 0.5　D. 0.8

【解析】对冲比率是指持有期货合约的头寸大小与资产风险暴露数量大小的比率。根据定义，该组合的对冲比率为：4000/5000 = 0.8。

18. 以下构成跨期套利的是(　　)。[2016年4月真题]

A. 买入A交易所5月铜期货合约，同时卖出B交易所5月铜期货合约

B. 买入A交易所5月铜期货合约，同时买入A交易所7月铜期货合约

C. 买入A交易所5月铜期货合约，同时卖出A交易所7月铜期货合约

D. 买入A交易所5月铜期货合约，同时买入B交易所5月铜期货合约

【解析】跨期套利是指在同一市场(即同一交易所)同时买入、卖出同种商品、不同交割月份的期货合约，以期在有利时机同时将这些期货合约对冲平仓获利。

19. 组建证券投资组合时，个别证券选择是指(　　)。

A. 考察证券价格的形成机制，发现价格偏高价值的证券

B. 预测个别证券的价格走势及其波动情况，确定具体的投资品种

C. 对个别证券的基本面进行研判

D. 分阶段购买或出售某种证券

【解析】在构建证券投资组合时，投资者需要注意个别证券选择、投资时机选择和多元

15D　16B　17D　18C　19B

化三个问题。个别证券选择主要是预测个别证券的价格走势及其波动情况；投资时机选择涉及预测和比较各种不同类型证券的价格走势和波动情况；多元化则是指在一定的现实条件下，组建一个在一定收益条件下风险最小的投资组合。

20. 证券组合管理过程中，在构建证券投资组合时，涉及到(　　)。

A. 确定投资目标和可投资资金的数量

B. 确定具体的证券投资品种和在各证券上的投资比例

C. 对投资过程所确定的金融资产类型中个别证券或证券组合具体特征进行考察分析

D. 投资组合的修正和业绩评估

【解析】构建证券投资组合是证券组合管理的第三步，主要是确定具体的证券投资品种和在各证券上的投资比例。在构建证券投资组合时，投资者需要注意个别证券选择、投资时机选择和多元化三个问题。

21. 在证券组合管理的基本步骤中，注意投资时机的选择是(　　)阶段的主要工作。

A. 确定证券投资政策　　B. 进行证券投资分析

C. 组建证券投资组合　　D. 投资组合的修正

【解析】组建证券投资组合主要是确定具体的证券投资品种和在各证券上的投资比例。在组建证券投资组合时，投资者需要注意个别证券选择、投资时机选择和多元化三个问题。

22. 资产配置的历史数据法假定未来与过去相似，以(　　)历史数据为基础，根据过去的经历推测未来的资产类别收益。

A. 长期　　B. 中短期　　C. 短期　　D. 中期

【解析】历史数据法假定未来与过去相似，以长期历史数据为基础，根据过去的经历推测未来的资产类别收益。与历史数据法相比，情景综合分析法在预测过程中的分析难度和预测的适当时间范围不同，也要求更高的预测技能。

23. 基金管理人配置资产的情景综合分析法(　　)。

A. 预测期间在 1 ~ 2 年左右

B. 为长期投资组合决策提供参考

C. 不考虑各类资产之间的相关性

D. 可以更有效地着眼于社会政治经济形势的现状和变化

【解析】AB 两项，一般来说，情景综合分析法的预测期间在 3 ~ 5 年左右，这样既可以超越季节因素和周期因素的影响，能更有效地着眼于社会政治变化趋势及其对股票价格和利率的影响，也为短期投资组合决策提供了适当的视角，为战术性资产配置提供了运行空间；C 项，情景综合分析法预测在各种情景下，各类资产可能的收益与风险，各类资产之间的相关性。

24. 一般来说，资产配置的情景综合分析法的预测区间为(　　)。

A. 1 ~ 2 年　　B. 9 ~ 10 年　　C. 6 ~ 8 年　　D. 3 ~ 5 年

【解析】一般来说，情景综合分析法的预测期间在 3 ~ 5 年左右，这样既可以超越季节因

20B　21C　22A　23D　24D

素和周期因素的影响，能更有效地着眼于社会政治变化趋势及其对股票价格和利率的影响，也为短期投资组合决策提供了适当的视角，为战术性资产配置提供了运行空间。

25. 下列各项中，不属于被动型投资策略特点的是(　　)。

A. 获得超越基准指数的收益

B. 可以避免过多的交易成本

C. 被动接受市场变化而不进行积极主动性调整

D. 可以避免误判市场走势造成相对损失

【解析】A 项，被动型投资策略不会获得超越基准指数的收益。

26. 指数增强法的核心思想是将(　　)相结合。

A. 指数化投资管理与积极型股票投资策略

B. 指数化投资管理与消极型股票投资策略

C. 积极型股票投资策略与消极型股票投资策略

D. 积极型股票投资策略与简单型消极投资策略

【解析】指数增强法的核心思想是将指数化投资管理与积极型股票投资策略相结合，但是指数增强法与积极型股票投资策略之间仍然存在着显著的区别，即风险控制程度不同。

27. 消极型股票投资策略以(　　)为理论基础。

A. 资本资产定价模型　　B. 行为金融理论

C. 套利定价理论　　D. 有效市场理论

【解析】消极型股票投资策略以有效市场假说为理论基础，可以分为简单型和指数型两类策略。

28. 根据移动平均法，如果某只股票价格超过平均价的某一百分比，应该(　　)。

A. 买入　　B. 卖出　　C. 满仓　　D. 清仓

【解析】移动平均法是以一段时期内的股票价格移动平均值为参考基础，在股票价格超过平均价的某一百分比时买入该股票，在股票价格低于平均价的一定百分比时卖出该股票。

29. 指数增强法与积极型股票投资策略之间的显著区别在于(　　)。

A. 收益率不同　　B. 投资管理方式不同

C. 风险控制程度不同　　D. 交易成本和管理费用不同

【解析】虽然指数增强法的核心思想是将指数化投资管理与积极型股票投资策略相结合，但指数增强法与积极型股票投资策略之间仍存在显著区别，二者的区别主要在于风险控制程度不同。

30. 技术分析建立在否定(　　)的基础之上。

A. 有效市场　　B. 半强式市场　　C. 强式有效市场　　D. 弱式有效市场

【解析】以技术分析为基础的投资策略是在否定弱式有效市场的前提下，以历史交易数

25A　26A　27D　28A　29C　30D

据为基础，预测单只股票或市场总体未来变化趋势的一种投资策略。认为投资者可以通过对以往价格进行分析而获得超额利润。

31. 指数型策略是指(　　)。

A. 试图预测股票市场的未来变化

B. 重点是进行风险控制

C. 是一种以实现市场投资组合业绩为管理目标的投资组合

D. 不试图用基本分析的方式来区分价值高估或低估的股票

【解析】采取指数型策略的投资管理人并不试图用基本分析的方式来区分价值被高估或低估的股票，也不试图预测股票市场的未来变化，而是力图模拟市场构造投资组合，以取得与市场组合相一致的风险收益结果。

32. 下列各项中，属于消极型股票投资策略的是(　　)。

A. 市场异常策略　　B. 指数型投资策略

C. 以基本分析为基础的投资策略　　D. 以技术分析为基础的投资策略

【解析】消极型股票投资策略以有效市场假说为理论基础，可以分为简单型和指数型两类策略。其中，指数型消极投资策略是指通过复制一个与市场结构相同的指数组合，从而排除非系统性风险的干扰，获得与市场相同或相近的投资回报。其核心思想是相信市场是有效的。

33. NPV >0，股票价值被低估，买入；NPV <0，股票价值被高估，卖出。题中表示的是(　　)的应用法则。

A. 市价法　B. 内含报酬率法　C. 低市盈率　D. 净值法

【解析】以基本分析为基础的投资策略的应用法则如表 3 所示：

表 3　以基本分析为基础的投资策略的应用法则

分析方法	应用法则
低市盈率(P/E 比率)	选择市盈率和市净率较低的股票，因为这两类股票的股价有较高的实际收益的支持
股利贴现模型(DDM)	①净现值(NPV)法：NPV <0，股票价格被高估，卖出。 ②内含报酬率(IRR)法：IRR >资本必要收益率，买入；IRR <资本必要收益率，卖出

34. 下列各项中，(　　)属于积极的股票风格管理的特点。

A. 节省交易成本

B. 投资风格不随市场发生任何变化

C. 能主动改变投资组合中增长类、周期类、稳定类和能源类股票的权重

D. 避免了不同风格股票收益之间相互抵消的问题

【解析】积极的股票风格管理的特点在于通过对不同类型股票的收益状况作出预测和判断，能主动改变投资组合中增长类、周期类、稳定类和能源类股票的权重。ABD 三项均为消极的股票风格管理的特点。

31D　32B　33D　34C

35. (   )即选择指数成分股中市值最大的部分股票，按照其在股价指数所占比购买，将剩余资金平均分配在剩下的成分股中。

A. 市值法　B. 指数增强法　C. 分层法　D. 指数近似法

【解析】市值法即选择指数成分股股票中市值最大的部分股票，按照其在股价指数所占比例购买，将剩余资金平均分配在剩下的成分股股票中。该方法的基本思路是：以上市公司的股票市值为基础，将有形资产从总资产中剥离出去，然后再将品牌资产从无形资产中分离出来。

36. (   )经常会出现与基准指数的特征产生实质性偏离的情况。

A. 偏离指数法　B. 指数增强法

C. 积极型股票投资策略　D. 消极型股票投资策略

【解析】积极型股票投资策略对投资组合与基准指数的拟合程度要求不高，因此，经常会出现与基准指数的特征产生实质性偏离的情况。

37. 在盯住选定的股票指数的基础上作适当的主动性调整的股票投资策略称为(   )。

A. 市值法　B. 指数增强法　C. 指数近似法　D. 分层法

【解析】指数增强法是指基金管理人将指数化管理方式与积极型股票投资策略相结合，在盯住选定的股票指数的基础上做适当的主动性调整的股票投资策略。

38. 技术分析的分析基础是(   )。

A. 宏观经济运行指标　B. 公司的财务指标

C. 市场历史交易数据　D. 行业基本数据

【解析】以技术分析为基础的投资策略是在否定弱式有效市场的前提下，以历史交易数据为基础，预测单只股票或市场总体未来变化趋势的一种投资策略。

39. 通常选取(   )指标，将增长类股票和收益类股票进行简单划分。

A. 红利收益率和持续增长率　B. 净资产收益率和市盈率

C. 市净率和每股盈余　D. 总资产收益率和每股净资产

【解析】持续增长率和红利收益率是互补的，存在负相关关系。运用红利收益率和持续增长率这两个变量，可以将增长类股票和收益类股票进行简单划分。

40. 下列(   )不是常用的收益率曲线策略。

A. 水平策略　B. 梯式策略　C. 子弹式策略　D. 两极策略

【解析】常用的收益率曲线策略包括子弹式策略、两极策略和梯式策略三种。其中，子弹式策略是使投资组合中债券的到期期限集中于收益率曲线的一点；两极策略则将组合中债券的到期期限集中于两极；梯式策略则是将债券到期期限进行均匀分布。

41. 债券投资组合的指数策略和免疫策略的区别在于(   )。

A. 前者常被使用，后者很少被使用

B. 前者属于消极管理策略，后者属于积极管理策略

C. 假定的均衡交易价格不同

35A　36C　37B　38C　39A　40A　41D

D. 处理利率暴露风险的方式不同

【解析】指数策略和免疫策略都假定市场价格是公平的均衡交易价格，二者区别在于处理利率暴露风险的方式不同：债券指数资产组合的风险报酬结构与所追踪的债券市场指数的风险报酬结构近似；而免疫策略则试图建立一个几乎是零风险的债券资产组合，在这个组合中，市场利率的变动对债券组合的表现几乎毫无影响。

42. 指数化投资策略是(　　)的代表。

A. 战术性投资策略　　B. 战略性投资策略

C. 被动型投资策略　　D. 主动型投资策略

【解析】消极型债券组合管理策略是指消极的债券组合管理者往往把市场价格视为均衡交易价格，于是他们并不寻找低估的品种，而只关注于控制债券组合的风险。一般使用两种消极管理策略：一种是指数策略；另一种是免疫策略。

43. 税差激发互换的目的是通过债券互换来减少年度应付税款，从而(　　)债券投资者的税后收益率。

A. 影响　　B. 保持　　C. 降低　　D. 提高

【解析】税差激发互换的目的是通过债券互换来减少年度的应付税款，从而提高债券投资者的税后收益率。其影响途径是债券收入现金流本身的税收特性不同、现金流的形式、现金流的时间特征。

44. 指数型基金又称(　　)。

A. 主动型基金　　B. 被动型基金　　C. ETF　　D. LOF

【解析】指数基金通常也称为被动型基金，是指以特定指数作为跟踪对象，力图复制指数表现的一类基金。

45. 货币市场基金的投资对象期限一般为(　　)。

A. 1 年以内　　B. 1 年到 5 年　　C. 5 年到 10 年　　D. 10 年以上

【解析】货币基金也称货币市场基金，是仅以货币市场工具为投资对象的一种基金。其投资对象期限较短，一般在 1 年以内，包括银行短期存款、国库券、公司短期债券、银行承兑票据及商业票据等货币市场工具。

46. (　　)以上基金资产投资于其他基金份额的，为基金中基金。

A. 50%　　B. 60%　　C. 70%　　D. 80%

【解析】基金中基金是指以其他证券投资基金为投资对象的基金。根据中国证监会对基金类别的分类标准，80% 以上的基金资产投资于其他基金份额的，为基金中基金。

47. 下列关于债券基金的说法不正确的是(　　)。

A. 债券基金是一种以债券为主要投资对象的证券投资基金

B. 债券基金适合于稳健型投资者

C. 当市场利率下调时，债券基金收益将下降

D. 在我国，根据规定，80% 以上的基金资产投资于债券的，为债券基金

42C　43D　44B　45A　46D　47C

【解析】C 项，债券基金的收益会受市场利率的影响，当市场利率下调时，其收益会上升；反之，若市场利率上调，其收益将下降。

48. 下列基金类型中投资风险最低的是(　　)。

A. 指数基金　　B. 债券基金　　C. 股票基金　　D. 货币市场基金

【解析】货币市场基金的优点是资本安全性高，因此，货币市场基金通常被认为是低风险的投资工具。

49. 在我国，根据《公开募集证券投资基金运作管理办法》的规定，(　　)以上的基金资产投资于债券的，为债券基金。

A. 80%　　B. 70%　　C. 50%　　D. 60%

【解析】在我国，根据《公开募集证券投资基金运作管理办法》的规定，80%以上的基金资产投资于债券的，为债券基金；80%以上的基金资产投资于股票的，为股票基金。

50. 关于货币市场基金的说法，正确的是(　　)。

A. 没有投资风险　　B. 只适合长期投资

C. 只适合短期投资　　D. 既适合短期投资，也适合长期投资

【解析】货币市场基金是仅以货币市场工具为投资对象的一种基金，其投资对象期限较短，一般在 1 年以内，只适合短期投资。货币市场基金的优点是资本安全性高，因此，货币市场基金通常被认为是低风险的投资工具。

51. 一般选取特定指数作为跟踪对象的基金称为(　　)。

A. 主动型基金　　B. 被动型基金　　C. 平衡型基金　　D. 收入型基金

【解析】被动型基金通常称为指数基金，是指以特定指数作为跟踪对象，力图复制指数表现的一类基金。

52. 根据中国证监会对基金的分类标准，混合型基金是指(　　)基金。

A. 主要投资于股票、债券，且股票、债券投资比例不符合股票基金、债券基金规定的

B. 主要投资于股票、债券，且60%以上的基金资产投资于股票的

C. 主要投资于股票、债券，且80%以上的基金资产投资于债券的

D. 主要投资于股票、债券，且不低于20%的基金资产投资于货币市场工具的

【解析】根据中国证监会对基金类别的分类标准，同时投资于股票、债券，但股票投资和债券投资的比例不符合股票基金、债券基金规定的为混合基金。

53. 养老目标基金是指以追求养老资产的(　　)为目的的基金。

A. 短期保值　　B. 短期迅速增值　　C. 长期保值　　D. 长期稳健增值

【解析】根据 2018 年 2 月中国证监会发布的《养老目标证券投资基金指引(试行)》，养老目标基金是指以追求养老资产的长期稳健增值为目的，鼓励投资人长期持有，采用成熟的资产配置策略，合理控制投资组合波动风险的公开募集证券投资基金。

54. 按照主要投资对象不同，可将基金分为(　　)。

A. 成长基金、收益基金、指数基金、货币市场基金

48D　49A　50C　51B　52A　53D　54C

B. 股票基金、债券基金、保本基金、货币市场基金

C. 股票基金、债券基金、混合基金、货币市场基金

D. 股票基金、债券基金、保本基金、ETF

【解析】根据投资对象的不同，可以将基金分为：①股票基金，指以股票为主要投资对象的基金；②债券基金，指主要以债券为投资对象的基金；③货币市场基金，指以货币市场工具为投资对象的基金；④混合基金，指同时以股票、债券等为投资对象，以期通过在不同资产类别上的投资实现收益与风险之间平衡的基金。

55. (　　)是指投资于阳光私募证券投资信托计划的信托产品，可帮助投资人选择合适的阳光私募基金。

A. ETF　　B. TOT　　C. FOF　　D. MOM

【解析】TOT(Trust of Trusts)是指投资于阳光私募证券投资信托计划的信托产品，该产品可以帮助投资人选择合适的阳光私募基金，构建投资组合，并适时调整，以求获得中长期超额收益。

56. “安全稳健是首要考虑因素，并希望在本金安全的基础上产生一些增值收益”描述的为(　　)基金组合的投资风格。

A. 保守型　　B. 轻度保守型　　C. 中立型　　D. 轻度进取型

【解析】A 项，保守型基金组合的投资风格为保护本金安全、资产流动性充足，接受稳健低收益，不愿意承担损失；C 项，中立型基金组合的投资风格为不厌恶风险，也不主动追求高风险高收益，愿意承担一定的风险来获得较为确定的收益；D 项，轻度进取型基金组合的投资风格为专注投资的长期增值，愿意承受较大的风险。

57. 下列关于构建基金组合中成分基金的说法，错误的是(　　)。

A. 基金数量越多，管理成本越高

B. 所选成分基金应与投资者的风险承受能力相匹配

C. 成分基金数量在 5 ~ 8 只为宜

D. 成分基金之间的相关性越低越好

【解析】C 项，一般来说，基金组合的成分基金数量不宜太多，3 ~ 5 只即可。

58. (　　)的基金投资组合适合于绝大多数投资者，能获得市场平均收益。

A. 哑铃型　　B. 纺锤型　　C. 核心 + 卫星型　　D. 金字塔型

【解析】哑铃型的投资组合适合绝大部分投资者。它可以有效分散风险，获得市场平均收益，投资者不用担心市场板块的轮动。

59. (　　)是指暴露在外未加保护的，会对企业经营产生消极影响的风险。

A. 风险敞口　　B. 下行风险　　C. 单向敞口　　D. 双向敞口

【解析】风险敞口是指暴露在外未加保护的，会对企业经营产生消极影响的风险。企业风险敞口的类型主要有单向敞口和双向敞口，其中，单向敞口又可以分为上游敞口下游闭口和上游闭口下游敞口。

55B　56B　57C　58A　59A

60. 生产型企业所属的风险敞口类型为(　　)。

A. 下游闭口、上游敞口类型　　B. 上游闭口、下游敞口型

C. 双向敞口类型　　D. 双向闭口类型

【解析】生产型企业的原材料价格比较稳定，产品价格波动较大，属于单向敞口中的上游闭口、下游敞口型，应采取卖出对冲的操作方式。

61. 4 月 15 日，某投资者预计将在 6 月份获得一笔 300 万元的资金，拟买 A、B、C 三只股票，每只股票各投资 100 万元。如果 6 月份到期的股指期货价格为 1500 点，合约乘数为 100 元，三只股票的 β 系数分别为 3、2.6、1.6，为了回避股票价格上涨的风险，他应该买进股指期货合约(　　)张。

A. 24　　B. 48　　C. 96　　D. 192

【解析】股票 A、B、C 组成的股票组合 β 系数 $=(3+2.6+1.6)/3=2.4$，则该投资者应买进股指期货合约数 = 现货总价值/(期货指数点 × 合约乘数) × β $=3000000/(1500\times100)\times2.4=48$(张)。

62. 目前我国各家商业银行推广的(　　)是结构化金融衍生工具的典型代表。

A. 股指期货　　B. 利率互换

C. 远期交易　　D. 挂钩不同标的资产的理财产品

【解析】利用最基础的金融衍生工具的结构化特性，通过相互结合或者与基础金融工具相结合，开发设计出的具有复杂特性的金融衍生产品，通常称为结构化金融衍生工具。在股票交易所交易的各类结构化票据、目前我国各家商业银行推广的挂钩不同标的资产的理财产品等都是其典型代表。ABC 三项均属于基础金融衍生工具。

63. 金融期货是指交易双方在集中的交易场所通过(　　)的方式进行的标准化金融期货合约的交易。

A. 公开竞价　　B. 买方向卖方支付一定费用

C. 集合竞价　　D. 协商价格

【解析】金融期货是指交易双方在集中的交易场所通过公开竞价方式进行的标准化金融期货合约的交易。金融期货是以金融工具(或金融变量)为基础工具的期货交易。

64. 金融衍生工具是价格取决于(　　)价格变动的派生产品。

A. 基础金融产品　　B. 股票市场　　C. 外汇市场　　D. 债券市场

【解析】金融衍生工具又称金融衍生产品，是与基础金融产品相对应的一个概念，指建立在基础产品或基础变量之上，其价格取决于基础金融产品价格(或数值)变动的派生金融产品。

65. 关于金融衍生工具的特征，下列说法错误的是(　　)。

A. 不要求初始净投资，或与对市场情况变化有类似反应的其他类型合同相比，要求很少的初始净投资

B. 一般在当期结算

C. 其价值随特定利率、金融工具价格、商品价格、汇率、价格指数、费率指数、信用

60B　61B　62D　63A　64A　65B

等级、信用指数或其他类似变量的变动而变动，变量为非金融变量的，该变量与合同的任一方不存在特定关系

D. 在未来某一日期结算

【解析】B 项，金融衍生工具一般不在当期结算，而是在未来某一日期结算。

66. 股权类产品的衍生工具不包括(　　)。

A. 股票指数期货　B. 股票期货　C. 货币期货　D. 股票期权

【解析】股权类产品的衍生工具是指以股票或股票指数为基础工具的金融衍生工具，主要包括股票期货、股票期权、股票指数期货、股票指数期权以及上述合约的混合交易合约。

67. 下列关于金融衍生工具的叙述，错误的是(　　)。

A. 无论是哪一种金融衍生工具，都会影响交易者在未来一段时间内或未来某时点上的现金流

B. 基础工具价格的轻微变动也许就会带来交易者的大盈大亏

C. 基础工具价格的变幻莫测决定了金融衍生工具交易盈亏的不稳定性，这是金融衍生工具高风险性的重要诱因

D. 衍生工具的结算风险是指因交易或管理人员的人为错误或系统故障、控制失灵而造成损失的可能性

【解析】D 项，因交易或管理人员的人为错误或系统故障、控制失灵而造成损失的可能性是衍生工具的运作风险。结算风险是指因交易对手无法按时付款或交割带来的风险。

68. 下列各项中，(　　)不属于利率衍生工具。

A. 远期利率协议　B. 利率期权　C. 信用联结票据　D. 利率互换

【解析】利率衍生工具是指以利率或利率的载体为基础工具的金融衍生工具，主要包括远期利率协议、利率期货、利率期权、利率互换以及上述合约的混合交易合约。C 项，信用联结票据属于信用衍生工具。

69. 甲公司购买了 500 万元的股票组合，组合的 β 为 2，如果单张沪深 300 指数期货的合约为 100 万元，请问对冲应该卖出(　　)张合约。

A. 5　B. 7.5　C. 10　D. 12.5

【解析】甲公司对冲应卖出的合约张数 $=500\times2/100=10$(张)。

70. 通常期权的权利期间与期权的时间价值存在(　　)的影响。

A. 同方向且线性　B. 同方向但非线性

C. 反方向且线性　D. 反方向但非线性

【解析】在其他条件不变的情况下，期权期间越长，期权价格越高；反之，期权价格越低。这主要是因为权利期间越长，期权的时间价值越大；随着权利期间缩短，时间价值也逐渐减少；在期权的到期日，权利期间为零，时间价值也为零。通常，权利期间与时间价值存在同方向但非线性的影响。

66C　67D　68C　69C　70B

71. 下列各项中，属于影响投资者风险承受能力和收益要求的因素不包括(　　)。

A. 投资者的年龄　　B. 财务变动状况与趋势

C. 财富净值　　D. 利率变化

【解析】影响投资者风险承受能力和收益要求的各项因素主要包括投资者的年龄或投资周期、资产负债状况、财务变动状况与趋势、财富净值和风险偏好等因素。D 项，利率变化属于影响各类资产的风险收益状况以及相关关系的资本市场环境因素。

72. 对于个人投资者而言，(　　)是影响资产配置的最主要因素。

A. 经济周期波动　　B. 投资者的财务状况

C. 个人的生命周期　　D. 国内经济状况与发展动向

【解析】影响投资者风险承受能力和收益要求的各项因素主要包括投资者的年龄或投资周期、资产负债状况、财务变动状况与趋势、财富净值和风险偏好等因素。一般情况下，对于个人投资者而言，个人的生命周期是影响资产配置的最主要因素。

73. 个人投资者对投资的三大主要需求不包括(　　)。

A. 住房　　B. 个人教育　　C. 孩子教育　　D. 退休养老

【解析】个人投资者对投资的三大主要需求包括住房、孩子教育和退休养老。在一定程度上，个人投资者的投资策略将取决于这些支出的急需程度。

74. 家庭状况会影响个人投资者的投资需求，家庭状况不包括(　　)。

A. 子女的数量与年龄　　B. 需赡养老人的数量和健康状况

C. 个人投资者的工作稳定性　　D. 婚姻状况

【解析】个人投资者的家庭状况(如婚姻状况、子女的数量与年龄、需赡养老人的数量和健康状况)会影响其投资需求。家庭负担越重，则可投资的资源越少，投资者就会越偏向于稳健的投资策略和产品。C 项属于影响个人投资者投资需求的个人状况。

75. 资产的预期超额回报率与实际回报率之间的差异称为(　　)。

A. 贝塔值　　B. 阿尔法值　　C. 风险溢价　　D. 夏普比率

【解析】A 项，贝塔值为一项资产对市场整体波动的反应程度；C 项，风险溢价是风险资产的回报率与无风险利率之间的差额；D 项，夏普比率是一项资产的超额回报率高出无风险基准回报率的部分除以该资产回报率的标准差。

76. 下列各项中，不属于固定收益证券的特征的是(　　)。

A. 流动性　　B. 收益性　　C. 参与性　　D. 偿还性

【解析】固定收益证券通常称为债券，其主要特征包括偿还性、流动性、安全性和收益性。C 项，参与性属于股票的特征。

77. 股票最基本的特征是(　　)。

A. 永久性　　B. 收益性

C. 参与性　　D. 价格波动性和风险性

【解析】股票的主要特征包括收益性、价格波动性和风险性、流动性、永久性和参与性。

71D　72C　73B　74C　75B　76C　77B

其中，收益性是股票最基本的特征，它是指股票可以为持有人带来收益的特性。持有股票的目的在于获取收益。

78. 关于货币市场工具，以下表述正确的是(　　)。
A. 货币市场工具一般是指短期的、具有低流动性的低风险证券
B. 货币市场工具均是债务契约
C. 货币市场工具主要由个人投资者参与
D. 货币市场工具的本金安全性较低
【解析】A 项，货币市场工具一般是指短期的、具有高流动性的低风险证券；C 项，货币市场工具主要由机构投资者参与，个人投资者很少有机会参与买卖；D 项，货币市场工具的本金安全性较高，风险较低。

79. (　　)为组合业绩提供了一种“既考虑收益高低又考虑风险大小”的评估理论依据。
A. 资本资产定价模型　　B. 公司财务分析
C. 量价关系理论　　D. 可变增长模型
【解析】证券组合的业绩评价原则是：既要考虑组合收益的高低，也要考虑组合所承担风险的大小。而资本资产定价模型为组合业绩评估者提供了实现这一基本原则的多种途径。

80. 证券组合的实际平均收益率与由证券市场线所给出的该证券组合的期望收益率之间的差被定义为(　　)。
A. 特雷诺指数　B. 道琼斯指数　C. 詹森指数　D. 夏普指数
【解析】詹森指数是 1969 年由詹森提出的，它以证券市场线为基准，指数值实际上就是证券组合的实际平均收益率与由证券市场线所给出的该证券组合的期望收益率之间的差。

81. 一般来说，对证券组合的投资效果进行评价(　　)。
A. 应以收益率为唯一依据　　B. 应综合风险和收益进行评估
C. 不应考虑组合管理者的管理水平　　D. 是对未来业绩的预测
【解析】评价组合业绩应本着“既要考虑组合收益的高低，也要考虑组合所承担风险的大小”的基本原则。

82. 针对詹森指数、特雷诺指数、夏普指数的计算公式，下列说法错误的是(　　)。
A. 都含有无风险收益指标　　B. 都含有大盘指数收益指标
C. 都含有测度风险的指标　　D. 都含被评估组合的实际收益指标
【解析】只有詹森指数的计算公式中含有大盘指数收益指标，特雷诺和夏普指数均不含该指标。

83. 下列说法错误的是(　　)。
A. 现实环境与资本资产定价模型的假设有较大差距，可能导致夏普指数，特雷诺指数和詹森指数的评价结果失真

78B　79A　80C　81B　82B　83C

B. 特雷诺指数和詹森指数与市场指数的选择有一定的关系

C. 夏普指数、特雷诺指数和詹森指数与选择的样本期有关

D. 夏普指数、特雷诺指数和詹森指数中的无风险收益参数是必要收益率

【解析】C 项，詹森指数、特雷诺指数和夏普指数这三种指数中都含有用于测度风险的指标，而计算这些风险指标有赖于样本的选择。这可能导致基于不同的样本选择所得到的评估结果不同，而不是与样本期有关。

84. (　　)为组合业绩评估者提供了实现“既要考虑组合收益的高低，也要考虑组合所承担风险的大小”的基本原则的多种途径。

A. 因素模型　　B. 资本资产定价模型

C. 马柯威茨均值—方差模型　　D. 套利模型

【解析】评价组合业绩应本着“既要考虑组合收益的高低，也要考虑组合所承担风险的大小”的基本原则，而资本资产定价模型为组合业绩评估者提供了实现这一基本原则的多种途径。

85. (　　)是指证券组合所获得的高于市场的那部分风险溢价。

A. 詹森指数　　B. 贝塔指数　　C. 夏普指数　　D. 特雷诺指数

【解析】詹森指数是 1969 年由詹森提出的，它以证券市场线为基准，以证券组合的实际平均收益率与由证券市场线所给出的该证券组合的期望收益率之间的差为指数值。詹森指数就是证券组合所获得的高于市场的那部分风险溢价，风险由 β 系数测定。

86. 某证券组合今年实际平均收益率为 0.16，当前的无风险利率为 0.03，市场组合的期望收益率为 0.12，该证券组合的 β 值为 1.2。那么，该证券组合的詹森指数为(　　)。

A. −0.022　　B. 0　　C. 0.022　　D. 0.03

【解析】根据詹森指标公式，该证券组合的詹森指数 $J_P = r_P - \{r_F + [E(r_M) - r_F]\beta_P\} = 0.16 - [0.03 + (0.12 - 0.03) \times 1.2] = 0.022$。

87. 假设某资产组合的 β 系数为 1.5，詹森指数为 3%，组合的实际平均收益率为 18%。如果无风险收益率为 6%，那么根据詹森指数，市场组合的期望收益率为(　　)。

A. 12%　　B. 14%　　C. 15%　　D. 16%

【解析】根据詹森指标公式：$J_P = r_P - \{r_F + [E(r_M) - r_F]\beta_P\}$，代入数据得：$3\% = 18\% - [6\% + 1.5 \times (r_M - 6\%)]$，解得：$r_M = 12\%$。

88. 某证券组合今年实际平均收益率为 0.15，当前的无风险利率为 0.03，市场组合的风险溢价为 0.06，该证券组合的 β 值为 1.5。那么，根据詹森指数评价方法，该证券组合绩效(　　)。

A. 不如市场绩效好　　B. 与市场绩效一样

C. 好于市场绩效　　D. 无法评价

【解析】该证券组合詹森指数 $J_p = 0.15 - (0.03 + 0.06 \times 1.5) = 0.03$，由于詹森指数为正数，所以其绩效好于市场绩效。

84B　85A　86C　87A　88C

89. 特雷诺指数是(   )。

A. 连接证券组合与无风险资产的直线的斜率

B. 连接证券组合与无风险证券的直线的斜率

C. 证券组合所获得的高于市场的那部分风险溢价

D. 连接证券组合与最优风险证券组合的直线的斜率

【解析】特雷诺指数是连接证券组合与无风险证券直线的斜率。当这一斜率大于证券市场线的斜率时，组合的绩效好于市场绩效，此时组合位于证券市场线上方；相反，斜率小于证券市场线的斜率时，组合的绩效不如市场绩效好，此时组合位于证券市场线下方。

90. 某证券组合今年实际平均收益率为0.14，当前的无风险利率为0.02，市场组合的风险溢价为0.06，该证券组合的β值为1.5。那么，该证券组合的特雷诺指数为(   )。

A. 0.06　　B. 0.08　　C. 0.10　　D. 0.12

【解析】根据计算公式，该证券组合的特雷诺指数 $T_p=(r_P-r_F)/\beta_P=(0.14-0.02)/1.5=0.08$。

91. 某证券组合今年实际平均收益率为0.15，当前的无风险利率为0.03，市场组合的期望收益率为0.11，该证券组合的β值为1.5。那么，根据特雷诺指数来评价，该证券组合的绩效(   )。

A. 不如市场绩效好　　B. 与市场绩效一样

C. 好于市场绩效　　D. 无法评价

【解析】该证券组合的特雷诺指数 $T_p=(r_P-r_F)/\beta_P=(0.15-0.03)/1.5=0.08$，由于 $T_M=0.11$，因此 $T_p<T_M$，该组合的绩效不如市场绩效。

92. 若投资组合的β系数为1.35，该投资组合的特雷诺指数为5%，如果投资组合的期望收益率为15%，则无风险收益率为(   )。

A. 7.25%　　B. 8.25%　　C. 9.25%　　D. 10.25%

【解析】根据特雷诺指数公式 $T_p=(r_P-r_F)/\beta_P$，有：$5\%=(15\%-r_F)/1.35$，解得：$r_F=8.25\%$。

93. 下列组合的夏普指数和特雷诺指数为(   )。

	投资组合(P)	市场组合(M)	无风险利率(r)
R	0.35	0.28	0.06
β	1.2	1	0
σ	0.42	0.3	0

A. 投资组合的夏普指数=0.69　　B. 投资组合的特雷诺指数=0.69

C. 市场组合的夏普指数=0.69　　D. 市场组合的特雷诺指数=0.69

【解析】AB两项，投资组合：夏普指数 $S_P=(r_P-r_F)/\sigma_P=(0.35-0.06)/0.42\approx0.69$；特雷诺指数 $T_p=(r_P-r_F)/\beta_P=(0.35-0.06)/1.2\approx0.24$。CD两项，市场组合：夏普

89B　90B　91A　92B　93A

指数：$S_M = (r_M - r_F)/\sigma_M = (0.28 - 0.06)/0.3 \approx 0.73$；特雷诺指数 $T_M = (r_M - r_F)/\beta_M = (0.28 - 0.06)/1 = 0.22$。

94. 特雷诺指数以及夏普指数(　　)为基准。

A. 均以资本市场线　　B. 均以证券市场线

C. 分别以资本市场线和证券市场线　　D. 分别以证券市场线和资本市场线

【解析】特雷诺指数以证券市场线为基准，当特雷诺指数大于证券市场线的斜率时，组合的绩效好于市场绩效，此时组合位于证券市场线上方；反之，当特雷诺指数小于证券市场线的斜率时，组合的绩效不如市场绩效好，此时组合位于证券市场线下方；夏普指数以资本市场线为基准，一个高的夏普指数表明该管理者比市场经营得好，而一个低的夏普指数表明经营得比市场差。前者的组合位于资本市场线上方，后者的组合则位于资本市场线下方。

95. 证券组合的实际平均收益与无风险收益的差值除以组合的标准差被定义为(　　)。

A. 詹森指数　　B. 夏普指数　　C. 特雷诺指数　　D. 人气指数

【解析】夏普指数(又称夏普比率)是1966年由夏普提出的，它以资本市场线为基准，指数值等于证券组合的风险溢价除以标准差，即：$S_P = (r_P - r_F)/\sigma_P$。

96. 在收益率－标准差构成的坐标中，夏普指标就是(　　)。

A. 连接证券组合与无风险资产的直线的斜率

B. 连接证券组合与无风险证券的直线的斜率

C. 证券组合所获得的高于市场的那部分风险溢价

D. 连接证券组合与最优风险证券组合的直线的斜率

【解析】夏普指数是连接证券组合与无风险资产的直线的斜率。一个高的夏普指数表明该管理者比市场经营得好，而一个低的夏普指数表明经营得比市场差。前者的组合位于资本市场线上方，后者的组合则位于资本市场线下方。位于资本市场线上的组合的夏普指数与市场组合的夏普指数均相等，表明管理具有中等绩效。

97. 假设投资组合的收益率为20%，无风险收益率是8%，投资组合的方差为9%，贝塔值为12%，那么，该投资组合的夏普比率等于(　　)。

A. 1.00　　B. 0.6　　C. 0.4　　D. 0.2

【解析】根据夏普比率计算公式，该投资组合的夏普比率 $S_P = (r_P - r_F)/\sigma_P = (20\% - 8\%)/\sqrt{9\%} = 0.4$。

98. 假设X、Y两个资产组合有相同的平均收益率和相同的收益率标准差，如果资产组合X的β系数比资产组合Y高，那么根据夏普指数，下列说法正确的是(　　)。

A. 资产组合X的业绩较好

B. 资产组合Y的业绩较好

C. 资产组合X和资产组合Y的业绩一样好

D. 资产组合X和资产组合Y的业绩无法比较

94D　95B　96A　97C　98C

【解析】夏普指标的计算公式为：$S_P=(r_P-r_F)/\sigma_P$，其中 r_F 和 σ_P 为组合的平均收益率和收益率标准差。可以看出夏普指数与 β 系数无关，而与收益率和收益率标准差有关，而两个资产组合具有相同的收益率和标准差，因此两个资产组合的业绩一样好。

99. 某证券组合今年实际平均收益率为0.15，当前的无风险利率为0.03，市场组合的期望收益率为0.11，该证券组合的标准差为1。那么，根据夏普指数来评价，该证券组合的绩效(　　)。

A. 不如市场绩效好　　B. 与市场绩效一样

C. 好于市场绩效　　D. 无法评价

【解析】$S_P=(r_P-r_F)/\sigma_P=(0.15-0.03)/1=0.12$，$S_M=(r_M-r_F)/\sigma_M=(0.11-0.03)/1=0.08$，$S_P>S_M$，因此该证券组合的绩效好于市场组合。

100. 詹森指数、特雷诺指数、夏普指数以(　　)为基础。

A. 马柯威茨模型　　B. 资本资产定价模型

C. 套利模型　　D. 因素模型

【解析】使用风险调整业绩的方法是与资本资产定价模型(CAPM)同时发展起来的。特雷诺、夏普和詹森，很快就发现了CAPM可以用来评价管理人的表现，并提出了特雷诺指数、夏普比率、詹森指数。

101. 下列关于证券投资基金评价业务的说法中，错误的是(　　)。

A. 基金评价机构应当加入中国证券投资基金业协会

B. 基金评价结果应当以基金评价机构的名义发布

C. 基金评价人员应当具备基金从业资格

D. 基金评价报告等文件的评价结果可视作投资基金的建议

【解析】《证券投资基金评价业务管理暂行办法》第十七条规定，基金评价报告等文件应当声明评价结果并不是对未来表现的预测，也不应视作投资基金的建议。

102. 基金评价机构向基金投资人提供的基金评价数据和资料应当自提供之日起保存(　　)。

A. 5年　　B. 10年　　C. 15年　　D. 20年

【解析】《证券投资基金评价业务管理暂行办法》第十九条规定，基金评价机构应当将其向基金投资人或者社会公众提供的基金评价数据和资料，自提供之日起保存15年。

103. 基金评价机构应当加入中国证券投资基金业协会，并在加入后(　　)内向中国证监会报送书面材料进行备案。

A. 20个工作日　　B. 15个工作日　　C. 10个工作日　　D. 5个工作日

【解析】《证券投资基金评价业务管理暂行办法》第七条规定，基金评价机构应当在加入中国证券投资基金业协会后15个工作日内向中国证监会报送书面材料进行备案，材料应当包括下列文件：①基金评价机构基本情况；②企业法人营业执照复印件；③从事基金评价业务人员和业务主要负责人的名单、简历、身份证件及基金从业资格证明复印件；④完整的基金评价理论基础、标准、方法的说明；⑤内部控制制度和业

99C　100B　101D　102C　103B

务流程；⑥诚信承诺书；⑦中国证监会要求提供的其他文件。

104. 基金评价结果应当以(　　)的名义发布。

A. 基金评价机构　　B. 基金评价人员

C. 基金管理人　　D. 基金托管人

【解析】《证券投资基金评价业务管理暂行办法》第十八条规定，基金评价结果应当以基金评价机构的名义而并非基金评价人员的个人名义发布。

二、多项选择题(以下备选项中有两项或两项以上符合题目要求，多选、少选、错选均不得分)

1. 证券组合管理过程中进行证券投资分析的主要目的是(　　)。[2020 年 11 月真题]

A. 确定具体证券的投资额度

B. 确定投资目标

C. 明确这些证券的价格形成机制和影响证券价格波动的诸多因素及其作用机制

D. 发现那些价格偏离价值的证券

【解析】进行证券投资分析的一个目的是明确这些证券的价格形成机制和影响证券价格波动的诸因素及其作用机制，另一个目的是发现那些价格偏离价值的证券。A 项是“构建证券投资组合”的内容；B 项是“确定证券投资政策”的内容。

2. 一般而言，进行套期保值操作需要遵循的基本原则有(　　)。[2022 年 11 月真题]

A. 买卖方向相同的原则　　B. 品种相同原则

C. 数量相等原则　　D. 月份相同或相近原则

【解析】一般而言，进行套期保值操作要遵循下述基本原则：①买卖方向对应的原则；②品种相同原则；③数量相等原则；④月份相同或相近原则。

3. 在组建证券投资组合时，投资者需要注意的有(　　)。[2020 年 8 月真题]

A. 威廉指标的适用性　　B. 个别证券的选择

C. 投资时机的选择　　D. 多元化

【解析】构建证券投资组合是证券组合管理的第三步，主要是确定具体的证券投资品种和在各证券上的投资比例。在构建证券投资组合时，投资者需要注意个别证券选择、投资时机选择和多元化三个问题。

4. 基金业绩的归属分析是一种动态的基金评价方法，将基金的总业绩分配到基金投资操作的各个环节中，定量评价基金经理(　　)的能力。[2022 年 8 月真题]

A. 风险防范　　B. 资产配置　　C. 证券选择　　D. 行业配置

【解析】基金业绩的归属分析就是将基金的总业绩分配到基金投资操作的各个环节中，进而得到对基金经理资产配置能力、行业配置能力和证券选择能力的定量评价，属于一种动态的基金评价方法。

5. 常见的对冲策略有效性的评价方法有(　　)。[2019 年 12 月真题]

A. 主要条款比较法　　B. 比率分析法

C. 回归分析法　　D. 方差分析法

104A ▎ 1CD　2BCD　3BCD　4BCD　5ABC

【解析】对冲策略的制定是企业开展对冲业务的核心环节之一，最常见的对冲策略有效性评价方法有：主要条款比较法、比率分析法和回归分析法。

6. 在证券组合管理过程中，制定证券投资政策阶段的基本内容包括确定(　　)。[2019年9月真题]

A. 投资目标　　B. 投资规模

C. 投资对象　　D. 各投资证券的投资比例

【解析】证券投资政策是投资者为实现投资目标应遵循的基本方针和基本准则，包括确定投资目标、投资规模和投资对象三方面的内容以及应采取的投资策略和措施等。确定证券投资政策是证券组合管理的第一步，它反映了证券组合管理者的投资风格，并最终反映在投资组合中所包含的金融资产类型特征上。

7. 关于Jensen(詹森)指数，下列说法正确的有(　　)。[2017年12月真题]

A. Jensen(詹森)指数以证券市场线为基准

B. Jensen(詹森)指数值是证券组合的实际平均收益率与由证券市场线所给出的该证券组合的期望收益率之间的差

C. Jensen(詹森)指数就是证券组合所获得的低于市场的那部分风险溢价，风险由β系数测定

D. 如果组合的Jensen(詹森)指数为正，则其位于证券市场线的上方，绩效好

【解析】C项，詹森指数是证券组合所获得的高于市场的那部分风险溢价。

8. 按股票价格行为所表现出来的行业特征，可将股票分为(　　)。[2016年4月真题]

A. 增长类股票　　B. 稳定类股票　　C. 周期类股票　　D. 能源类股票

【解析】不同风格股票的划分具有不同的方法：①按公司规模划分的股票投资风格通常包括小型资本股票、大型资本股票和混合型资本股票三种类型；②按股票价格行为所表现出来的行业特征，可以将其分为增长类、周期类、稳定类和能源类等类型；③按照公司成长性可以将股票分为增长类股票和非增长类(收益率)股票。

9. 以下投资策略中，不属于积极债券组合管理策略的是(　　)。[2016年4月真题]

A. 指数化投资策略　　B. 多重负债下的组合免疫策略

C. 多重负债下的现金流匹配策略　　D. 债券互换

【解析】积极债券组合管理策略包括：水平分析、债券互换、应急免疫、骑乘收益率曲线；消极债券组合管理策略包括指数化投资策略、久期免疫策略、现金流匹配策略、阶梯形组合策略、哑铃型组合策略等。

10. 某投资者在3月份以300点的权利金卖出一张执行价格为13000点的5月恒指看涨期权，同时，他又以500点的权利金卖出一张执行价格为13000点的5月恒指看跌期权，下列说法正确的包括(　　)。[2016年4月真题]

A. 若恒指为13000点，该投资者取得最大收益，为800点

B. 若恒指为13800点，该投资者处于盈亏平衡点

C. 若恒指为12200点，该投资者处于盈亏平衡点

6ABC　7ABD　8ABCD　9ABC　10ABC

D. 该投资者损失最大为 12200 点

【解析】假设期权到期时，恒指为 X 点，若 $X > 13000$，仅看涨期权将被执行，该投资者的总收益 $= 13000 - X + 300 + 500 = 13800 - X$（点）；若 $X < 13000$，仅看跌期权将被执行，投资者的总收益 $= X - 13000 + 300 + 500 = X - 12200$（点）；若 $X = 13000$，无论两份期权是否执行，获得最大收益 800 点。所以，该投资者的盈亏平衡点为 13800 点和 12200 点，当 $X > 13800$ 时，投资者的亏损无限。

11. 投资组合的构建过程是由下述（　　）步骤组成。

A. 界定适合于选择的证券范围

B. 求出各个证券和资产类型的潜在回报率的期望值及其承担的风险

C. 各种证券的选择和投资组合内各证券权重的确定

D. 进行各种技术分析

【解析】D 项属于进行证券投资分析过程，是投资组合管理过程的第二步。

12. 投资组合管理的目的为（　　）。

A. 分散风险　　B. 提高效率

C. 投资回报率实现最大化　　D. 汇聚资产

【解析】证券组合管理的目的在于采用适当的方法选择多种证券作为投资对象，以达到在一定预期收益的前提下投资风险最小化或在控制风险的前提下投资收益最大化的目标，避免投资过程的随意性，提高投资效率。证券组合管理特点主要表现在两个方面：①投资的分散性；②风险与收益的匹配性。

13. 资产配置的原则包括（　　）。

A. 跨资产类别配置　　B. 跨行业类别配置

C. 跨地域国别配置　　D. 另类资产配置

【解析】资产配置的黄金三原则是跨资产类别配置、跨地域国别配置和另类资产配置。

14. 在资产配置过程中，情景综合分析法可用于（　　）。

A. 确定投资者的风险承受能力　　B. 分析上市公司运营情况

C. 确定资产类别收益预期　　D. 分析宏观经济形势

【解析】历史数据法和情景综合分析法是贯穿资产配置过程的两种主要方法，在资产配置过程中的运用主要体现在两个方面：①确定投资者的风险承受能力；②确定资产类别收益预期。

15. 资产配置的基本方法通常包括（　　）。

A. 历史数据分析法　　B. 恒定混合法

C. 情景综合分析法　　D. 买入并持有法

【解析】针对影响资产配置五个环节的主要因素，资产管理人需要采用相应方法加以对待，其中历史数据法和情景综合分析法是贯穿资产配置过程的两种主要方法。

16. 股票风格管理的类型有（　　）。

11ABC　12ABC　13ACD　14AC　15AC　16AB

A. 积极的股票风格管理　　B. 消极的股票风格管理

C. 激进的股票风格管理　　D. 保守的股票风格管理

【解析】股票风格管理的类型包括：①消极的股票风格管理，其特点是投资风格不随市场发生任何变化，节省交易成本、研究成本、人力成本，避免了不同风格股票收益之间相互抵消的问题；②积极的股票风格管理，其特点是通过对不同类型股票的收益状况作出预测和判断，主动改变投资组合中增长类、周期类、稳定类和能源类股票的权重。

17. 消极的股票风格管理的特点有(　　)。

A. 投资风格不随市场发生任何变化

B. 节省交易成本

C. 节省研究成本

D. 避免了不同风格股票收益之间相互抵消的问题

【解析】股票风格管理的类型包括消极的股票风格管理和积极的股票风格管理。消极的股票风格管理的特点是：①投资风格不随市场发生任何变化；②节省交易成本、研究成本、人力成本；③避免了不同风格股票收益之间相互抵消的问题。

18. 超买超卖投资策略主要的观点有(　　)。

A. 简单过滤器规则：以某一时点的股价作为参考基准，预先设定一个股价上涨或下跌的百分比作为买入和卖出股票的标准

B. 移动平均法：以一段时期内的股票价格移动平均值为参考基础，在股票价格超过平均价的某一百分比时买入该股票，在股票价格低于平均价的一定百分比时卖出该股票

C. 价量关系指标：价稳量增、价量齐升、价涨量稳、价涨量缩、价稳量缩、价跌量缩、价格快速下跌而量小、价稳量增(葛兰碧法则)

D. 开盘价格是最重要的价格

【解析】D 项为道氏理论投资策略的主要观点。

19. 以下关于指数增强法的说法，正确的有(　　)。

A. 指数增强法的出现反映了投资管理方式的发展出现了新的变化，即积极型管理与消极型管理开始相互借鉴甚至相互融合

B. 指数增强法的核心思想是将指数化投资管理与积极型股票投资策略相结合

C. 指数增强法与积极型投资策略的风险控制程度不同

D. 指数增强法的重点是在复制组合的基础上加强风险控制，其目的不在于积极寻求投资收益的最大化

【解析】指数增强法是指基金管理人将指数化管理方式与积极型股票投资策略相结合，在盯住选定的股票指数的基础上做适当的主动性调整的股票投资策略。指数增强法的核心思想是将指数化投资管理与积极型股票投资策略相结合。指数增强法与积极型股票投资策略的区别主要在于风险控制程度不同。指数增强法的重点是在复制组合的基础上加强风险控制，其目的不在于积极寻求投资收益的最大化，因此通常不会引起投

17ABCD　18ABC　19ABCD

资组合特征与基准指数之间的实质性背离。而积极型股票投资策略对投资组合与基准指数的拟合程度要求不高，因此，经常会出现与基准指数的特征产生实质性偏离的情况。

20. 简单型消极投资策略适用于(　　)。
A. 资本市场环境和投资者偏好变化不大的情况
B. 资本市场环境和投资者偏好变化较大的情况
C. 改变投资组合的成本大于收益的情况
D. 改变投资组合的成本小于收益的情况

【解析】简单型消极投资策略的优缺点及适用性为：①优点：交易成本和管理费用最小化；②缺点：放弃从市场环境变化中获利的可能；③适用性：适用于资本市场环境和投资者偏好变化不大，或者改变投资组合的成本大于收益的情况。

21. 量化中性策略的套利机会主要有(　　)。
A. 对市场有效性的套利　　B. 对市场非有效性的套利
C. 对市场交易行为的套利　　D. 信息传导的速度套利

【解析】量化中性策略可利用自身的技术优势捕捉市场套利机会，从而获得收益。该策略的套利机会主要包括：①对市场非有效性的套利；②对市场交易行为的套利；③信息传导的速度套利。

22. 下列关于消极债券组合管理策略的描述，正确的是(　　)。
A. 通常使用两种消极管理策略：一种是指数策略；另一种是免疫策略
B. 消极的债券组合管理策略将市场价格假定为公平的均衡交易价格
C. 如果投资者认为市场效率较高，可以采取消极的指数策略
D. 试图寻找被低估的品种

【解析】D 项，消极的债券组合管理者通常把市场价格看作均衡交易价格，因此，他们并不试图寻找低估的品种，而只关注于债券组合的风险控制。

23. 消极的债券组合管理策略不包括(　　)。
A. 指数策略
B. 债券互换
C. 满足单一负债要求的投资组合免疫策略
D. 应急免疫

【解析】在债券投资组合管理过程中，通常使用两种消极管理策略：①指数策略，目的是使所管理的资产组合尽量接近于某个债券市场指数的表现；②免疫策略，包括满足单一负债要求的投资组合免疫策略、多重负债下的组合免疫策略和多重负债下的现金流匹配策略。BD 两项属于积极债券组合管理策略。

24. 下列关于分层抽样法，说法正确的是(　　)。
A. 将指数的特征排列组合后分为若干份
B. 在构成该指数的所有债券中能代表每一个部分的债券

20AC　21BCD　22ABC　23BD　24ABCD

C. 以不同特征债券在指数中的为权重建立组合

D. 适用证券数目较小的情况

【解析】分层抽样法是指将指数的特征排列组合后分为若干个部分，在构成该指数的所有债券中能代表每一个部分的债券，以不同特征债券在指数中的比例为权重建立组合。分层抽样法适用于证券数目较小的情况。

25. 关于优化法，说法正确的是(　　)。

A. 在满足分层抽样法要达到的目标的同时，还满足一些其他的条件，并使其中的一个目标实现最优化

B. 可在限定修正期限与曲度的同时使到期收益最大化

C. 适用债券数目较大的情况

D. 适用债券数目较小的情况

【解析】优化法是指用数学规划的方法，在满足分层抽样法要达到的目标的同时，还满足一些其他的条件，并使其中的一个目标实现最优化的方法，如在限定修正期限与曲度的同时使到期收益最大化。优化法适用于债券数目较大的情况。

26. 多重负债下的组合免疫策略组合应满足的条件有(　　)。

A. 证券组合的久期与负债的久期相等

B. 组合内各种债券的久期的分布必须比负债的久期分布更广

C. 债券组合的现金流现值必须与负债的现值相等

D. 债券组合的现金流现值必须与负债的现值不相等

【解析】多重负债下的组合免疫策略，组合应满足以下条件：①证券组合的久期与负债的久期相等；②组合内各种债券的久期的分布必须比负债的久期分布更广；③债券组合的现金流现值必须与负债的现值相等。在上述三个条件满足的情况下，用数学规划的方法求得规避风险最小化的债券组合。

27. 关于方差最小化法，下列说法正确的有(　　)。

A. 债券组合收益与指数收益之间的偏差称为追随误差

B. 旨在求得追随误差方差最小化的债券组合

C. 适用于债券数目较大的情况

D. 要求采用大量的历史数据

【解析】方差最小化法的基本内容为：债券组合收益与指数收益之间的偏差称为追随误差，为指数中每一种债券估计一个价格函数，然后利用大量的历史数据估计追随误差的方差，并求得追随误差方差最小化的债券组合。其使用情况为：债券数目较大，且要求采用大量的历史数据。

28. 下列不属于市场间利差互换的操作思路的是(　　)。

A. 买入一种收益相对较高的债券，卖出当前持有的债券

B. 买入一种收益相对较低的债券，卖出当前持有的债券

C. 只卖出当前持有债券

25ABC　26ABC　27ABCD　28CD

D. 只买入一种收益相对较高的债券

【解析】市场间利差互换是不同市场之间债券的互换。投资者进行这种互换操作的动机，是由于投资者认为不同市场债券的利差偏离了正常水平并以某种趋势继续运行。其操作思路为：①买入一种收益相对较高的债券，卖出当前持有的债券；②买入一种收益相对较低的债券，卖出当前持有的债券。

29. 货币市场基金的特点有(　　)。

A. 流动性强　B. 管理费用低　C. 收益较高　D. 资本安全性高

【解析】货币市场基金的优点是资本安全性高、购买限额低、流动性强、收益较高、管理费用低，有些还不收取赎回费用。

30. 下列关于混合基金的说法中，正确的有(　　)。

A. 混合基金的风险低于股票基金

B. 混合基金的预期收益高于债券基金

C. 混合基金适合较为激进的投资者

D. 为投资者提供了一种在不同资产类别之间进行分散投资的工具

【解析】C 项，混合基金为投资者提供了一种在不同资产类别之间进行分散投资的工具，适合较为保守的投资者。

31. 指数基金的优势包括(　　)。

A. 可作为避险套利的工具　B. 费用低廉

C. 风险较小　D. 风险较高

【解析】被动型基金通常称为"指数基金"，是指以特定指数作为跟踪对象，力图复制指数表现的一类基金，指数基金的优势是管理费、交易费较低，同时可以有效降低非系统性风险，也可作为避险套利的工具。

32. 货币市场基金的投资对象是各种货币市场工具，如(　　)。

A. 高信用等级的商业票据　B. 期权

C. 国库券　D. 指数期货

【解析】货币市场基金是仅以货币市场工具为投资对象的一种基金，其投资对象期限较短，一般在 1 年以内，包括银行短期存款、国库券、公司短期债券、银行承兑票据及商业票据等货币市场工具。

33. 以下关于混合型基金表述正确的有(　　)。

A. 偏股型基金一般投资股票的比例比股债平衡型基金低

B. 混合型基金通常同时投资于股票和债券，并将基金资产在股票和债券之间进行配比

C. 灵活配置型基金也是一种混合型基金

D. 混合型基金一旦设立便不可根据市场状况调节资产配置

【解析】A 项，偏股型基金对股票的配置比例较高，对债券的配置比例比较低；偏债型基金对债券的配置比例较高，对股票的配置比例相对较低；股债平衡型基金对股票和债券的配置较为均衡；D 项，灵活配置型基金对股票和债券的配置比例会依市场状况

29ABCD　30ABD　31ABC　32AC　33BC

进行调节。

34. 下列关于基金定投，说法正确的有(　　)。

A. 基金定投具有参与门槛低、操作便捷、分散风险、投资灵活等特点

B. 基金定投有助于个人投资者避免择时的困难

C. 为确保收益，投资者应在定投操作过程中设置止盈止损点

D. 对普通投资者而言，普通定投法最省时省力，可以积少成多，分散投资风险

【解析】C 项，投资者在定投操作过程中，可以设置好止盈位，以确保其收益。由于基金定投具有长期性、复利性、平均成本性的特点，投资者不需要设置止损。

35. 下列关于金融衍生工具的产生与发展的说法正确的有(　　)。

A. 金融衍生工具产生的最基本原因是避险

B. 20 世纪 80 年代以来的金融自由化进一步推动了金融衍生工具的发展

C. 金融机构改革的利润驱动是金融衍生工具产生和迅速发展的重要原因

D. 新技术革命为金融衍生工具的产生与发展提供了物质基础与手段

【解析】金融衍生工具产生的最基本原因是避险，20 世纪 70 年代以来，随着美元的不断贬值，布雷顿森林体系崩溃，国际货币制度由固定汇率制走向浮动汇率制。面对利市、汇市、债市、股市发生的前所未有的波动，市场风险急剧放大，迫使商业银行、投资机构、企业寻找可以规避市场风险、进行套期保值的金融工具，金融期货、期权等金融衍生工具便应运而生。20 世纪 80 年代以来的金融自由化进一步推动了金融衍生工具的发展。金融机构的利润驱动是金融衍生工具产生和迅速发展的又一重要原因。新技术革命为金融衍生工具的产生与发展提供了物质基础与手段。金融衍生产品价格变动与基础资产之间的紧密关系、价格计算以及交易策略的高度复杂性，对计算机、网络技术、通信技术提出了非常苛刻的要求。相关领域科技发展的日新月异，极大地便利了衍生产品市场的各类参与者，市场规模和交易效率均显著提高。

36. 按基础工具的种类，金融衍生工具可以分为(　　)。

A. 信用衍生工具　　B. 股权类产品的衍生工具

C. 货币衍生工具　　D. 利率衍生工具

【解析】金融衍生工具从基础工具分类角度，可以划分为股权类产品的衍生工具、货币衍生工具、利率衍生工具、信用衍生工具以及其他衍生工具。

37. 下列金融衍生工具中，属于交易所交易的衍生工具的有(　　)。

A. 期权合约　　B. OTC 交易的衍生工具

C. 期货合约　　D. 股票期权产品

【解析】交易所交易的衍生工具是指在有组织的交易所上市交易的衍生工具，例如在股票交易所交易的股票期权产品，在期货交易所和专门的期权交易所交易的各类期货合约、期权合约等。

38. 以转移或防范信用风险为核心的金融衍生工具有(　　)。

A. 利率互换　　B. 信用联结票据　　C. 信用互换　　D. 保证金互换

34ABD　35ABCD　36ABCD　37ACD　38BC

【解析】信用衍生工具是指以基础产品所蕴含的信用风险或违约风险为基础变量的金融衍生工具，用于转移或防范信用风险，主要包括信用互换、信用联结票据等。

39. 下列关于金融衍生工具的叙述错误的有(　　)。

A. 金融衍生产品的价格决定基础金融产品的价格

B. 金融衍生工具是与基础金融产品相对应的一个概念

C. 金融衍生工具是指建立在基础产品或基础变量之上，其价格取决于后者价格(或数值)变动的派生金融产品

D. 金融衍生工具的基础产品不能是金融衍生工具

【解析】A 项，金融衍生产品的价格取决于基础金融产品价格(或数值)的变动；D 项，基础产品是一个相对的概念，不仅包括现货金融产品(如债券、股票、银行定期存款单等)，也包括金融衍生工具。

40. 国际证监会组织认为，金融衍生工具的风险有(　　)。

A. 操作风险　　B. 信用风险　　C. 结算风险　　D. 市场风险

【解析】除 ABCD 四项外，金融衍生工具的风险还包括：①因市场缺乏交易对手而导致投资者不能平仓或变现所带来的流动性风险；②因合约不符合所在国法律，无法履行或合约条款遗漏及模糊导致的法律风险。

41. 风险敞口的度量指标有(　　)。

A. 波动率　　B. 在险价值　　C. 收益率　　D. 历史价值

【解析】风险敞口指未加保护的风险，即因债务人违约行为导致的可能承受风险的信贷余额，指实际所承担的风险，一般与特定风险相连。风险敞口的度量指标包括：波动率和在险价值。

42. 比率分析法是以同一期财务报表上若干重要项目的相关数据相互比较，求出比率，用以分析和评价公司的经营活动以及公司目前和历史状况的一种方法，是财务分析最基本的工具，主要包括(　　)。

A. 获利能力比率　B. 偿债能力比率　C. 成长能力比率　D. 周转能力比率

【解析】由于进行财务分析的目的不同，因而各种分析者包括债权人、管理当局，政府机构等所采取的侧重点也不同。作为股票投资者，主要是掌握和运用四类比率，即反映公司的获利能力比率、偿债能力比率、成长能力比率、周转能力比率这四大类财务比率。

43. 企业的风险敞口由企业的类型决定。站在产业链的角度，企业可以分为(　　)这几种基本形式。

A. 生产型　　B. 贸易型　　C. 加工型　　D. 消费型

【解析】站在产业链的角度，企业可以分为生产型、贸易型、加工型、消费型四类基本形式。生产型的企业一般拥有生产所需的原料；贸易型企业既担心涨价，又担心跌价；加工型企业同贸易企业类似，其风险也属于双向敞口；消费类企业的风险一般情况下存在于采购成本环节。

39AD　40ABCD　41AB　42ABCD　43ABCD

44. 企业风险敞口分为(　　)这几种类型。

A. 单向敞口　B. 双向敞口　C. 多向敞口　D. 上游敞口

【解析】企业的风险敞口有两种类型：单向敞口与双向敞口。单向敞口是指企业的原材料或产品中，只有一方面临较大的价格变动风险，而另一方的价格较为确定。双向敞口则是指原材料和产品都面临较大的价格波动风险。

45. 主要条款比较法是通过比较对冲工具和被对冲项目的主要条款，以确定对冲是否有效的方法。它的缺点有(　　)。

A. 评估方式不够简明

B. 操作复杂

C. 评估以定性分析为主，定量检测不够

D. 忽略基差风险的存在

【解析】主要条款比较法的优点是评估方式直接明了，操作简便，主要观察对冲的“四项基本原则”是否符合，但缺点是评估以定性分析为主，定量检测不够，同时忽略基差风险的存在。

46. 某交易者欲利用到期日和标的物均相同的期权构建套利策略，当预期标的物价格下跌时，其操作方式应为(　　)。

A. 买进较低执行价格的看跌期权，同时卖出较高执行价格的看跌期权

B. 买进较低执行价格的看涨期权，同时卖出较高执行价格的看涨期权

C. 买进较高执行价格的看跌期权，同时卖出较低执行价格的看跌期权

D. 买进较高执行价格的看涨期权，同时卖出较低执行价格的看涨期权

【解析】当投资者预期标的物价格下跌时，可考虑采用熊市价差策略。熊市价差策略可通过购买一个确定执行价格的看涨期权和出售另一个相同标的、到期日相同的较低执行价格的看涨期权得到，也可以通过购买较高执行价格的看跌期权并出售较低执行价格的看跌期权得到。

47. 量化风险的手段和工具包括(　　)。

A. VaR 法　B. 敏感性分析法　C. 情景分析法　D. 压力测试

【解析】对企业经营过程中风险点进行分析后，需要对风险敞口量化分析，只有通过定量分析，才能衡量企业的风险承受能力。量化风险的手段和工具有很多，包括 VaR 法、敏感性分析法、情景分析法、压力测试、波动率分析法等常用量化工具。

48. 下列关于对冲的经济原理，说法正确的有(　　)。

A. 同品种的期货价格与现货价格走势一致

B. 不同品种的期货价格走势与现货价格走势一致

C. 同品种的期货价格与现货价格存在基差

D. 随着合约到期的临近，期货与现货的价格会趋向一致

【解析】套期保值之所以能够规避价格风险，与期货、现货价格之间的两个基本特点有关：①同种商品的期货价格走势与现货价格走势基本一致。由于某一特定商品的期货

44AB　45CD　46CD　47ABCD　48AD

价格和现货价格在同一市场环境内会受到相同经济因素的影响和制约，一般情况下两个市场的价格变动趋势应该相同。②期货、现货价格随着期货合约到期日的临近，两者趋向一致，即具有收敛倾向。

49. 关于对冲的目的，下列说法中错误的有(　　)。

A. 收益最大化　　B. 风险最小化　　C. 获得即期收益　　D. 规避价格风险

【解析】对冲交易是指在期货期权远期等市场上同时买入和卖出一笔数量相同、品种相同，但期限不同的合约，以达到套利或规避风险等目的。

50. 下列有关对冲策略有效性评价方法的说法，正确的有(　　)。

A. 最常见的对冲策略有效性评价方法有主要条款比较法、比率分析法和回归分析法

B. 主要条款比较法的评估方式直接明了、操作简便，但忽略了基差风险的存在

C. 比率分析法仅考虑了对冲期初和期末的盈亏变化

D. 比率分析法的评估方式直接明了、操作简便，主要观察对冲的“四项基本原则”

【解析】D项描述的为主要条款比较法。其优点在于评估方式直接明了，操作简便，主要观察对冲的“四项基本原则(品种相同、数量相等、方向相反、时间相近)”是否符合；缺点是以定性分析为主，定量检测不够，忽略基差风险的存在。

51. 下列关于基差对对冲效果影响的说法中，正确的有(　　)。

A. 对冲的盈亏取决于基差的变动

B. 当基差变小时，对冲可以赚钱

C. 若基差保持不变，则对冲的盈亏大于0

D. 基差走弱有利于买进对冲策略

【解析】B项，当基差变小时，套期保值可以赚钱；C项，如果基差保持不变，则现货盈亏正好与期货市场盈亏相互抵消，总盈亏为零，套期保值目标实现。

52. 资产配置中个人投资者行为特征包括但不限于(　　)。

A. 在波动性风险和购买力风险之间，过分强调后者

B. 太过看重长期结果

C. 按名义上的数字而不是实际数字思维

D. 错误估计时间周期

【解析】资产配置中，个人投资者主要表现为以下14种行为特征：①错误估计时间周期；②太过看重短期结果；③在波动性风险和购买力风险之间，过分强调前者；④采用的是避损心态，而不是避险心态；⑤过高估计风险和(或)流动性承受能力；⑥按名义上的数字而不是实际数字思维；⑦在收入需求的驱使下，将投资组合向分红和利息收益倾斜；⑧忽视年投资费用的影响；⑨希望得到保险的保护，却不愿面对额外的保险费用；⑩以最佳表现为基准来预测和衡量近期的资产种类回报；⑪感情、信心和耐心的剧烈波动；⑫忽视资产配置的特点平衡；⑬过高估计投资组合的多元化水平；⑭错误估计税收的重要性和影响。

53. 进行资产配置，主要考虑的因素有(　　)。

49ABC　50ABC　51AD　52CD　53ABCD

A. 影响各类资产的风险收益状况以及相关关系的资本市场环境因素

B. 投资期限和税收考虑

C. 资产的流动性特征与投资者的流动性要求相匹配的问题

D. 影响投资者风险承受能力和收益要求的各项因素

【解析】资产配置过程是在投资者的风险承受能力与效用函数的基础上，根据各项资产在持有期间或计划范围内的预期风险收益及相关关系，在可承受的风险水平上构造能够提供最优回报率的资金配置方案的过程。一般而言，进行资产配置主要考虑的要素包括：①影响投资者风险承受能力和收益要求的各项因素；②影响各类资产的风险收益状况以及相关关系的资本市场环境因素；③资产的流动性特征与投资者的流动性要求相匹配的问题；④投资期限；⑤税收考虑。

54. 投资者可以通过估算(　　)来预测和模拟一项单一的资产未来投资回报率。

A. 资产的平均回报率　　B. 资产的投资规模

C. 资产在平均值周围的标准差　　D. 资产的历史业绩

【解析】马柯威茨有效地证明，对于一项单一的资产而言，投资者可以通过估算以下两点来预测和模拟其未来投资回报率：①该资产的平均回报率；②该资产在平均值周围的标准差。

55. 对于一组资产而言，投资者可以通过估算(　　)来预测和模拟其未来投资回报率。

A. 每一项资产的平均回报率　　B. 每一项资产回报率的标准差

C. 每一项资产的所占比重　　D. 每一项资产与投资组合中所有其他资产的相关性

【解析】马柯威茨有效地证明，对于一组资产而言，投资者可以通过估算以下三点来预测和模拟其未来投资回报率：①每一项资产的平均回报率；②每一项资产回报率的标准差；③每一项资产与投资组合中所有其他资产的相关性。

56. 对客户的资产进行配置的主要步骤包括(　　)。

A. 确定资产组合的有效边界　　B. 建立有效的投资业绩评定基准

C. 测定投资者的收益率需求　　D. 明确资产组合中包括的资产类别

【解析】对客户的资产进行配置时，主要步骤如下：①测定投资者的收益率需求，了解客户的风险偏好；②建立有效的投资业绩评定基准，明确理财目标；③明确资产组合中包括的资产类别；④利用历史数据分析各类资产的期望值、标准差和相关系数；⑤确定资产组合的有效边界；⑥寻找最佳资产组合，在满足限制因素的条件下，选择最能满足风险/收益目标的资产组合；⑦定期检测。

57. 下列有关个人保险对资产配置的影响，说法正确的有(　　)。

A. 保全家庭资产

B. 转移风险，兜底缓冲

C. 可以保证本金安全以及获得确定的收益

D. 助力财务自由

54AC　55ABD　56ABCD　57ABCD

【解析】个人保险对资产配置的影响有：①保全家庭资产。保险作为资产保全的工具，可以帮助实现家庭资产配置的目标。保险产品有预定利率、保底利率，可以保证本金安全以及获得确定的收益。②转移风险，兜底缓冲。③助力财务自由。

58. 对客户的资产进行配置时，主要步骤包括(　　)。

A. 了解客户的收益率需求及风险偏好

B. 利用历史数据分析各类资产的期望值、标准差和相关系数

C. 确定资产组合的有效边界

D. 建立有效的投资业绩评定基准

【解析】对客户的资产进行配置时，主要步骤如下：①测定投资者的收益率需求，了解客户的风险偏好。②建立有效的投资业绩评定基准，明确理财目标。③明确资产组合中包括的资产类别。④利用历史数据分析各类资产的期望值、标准差和相关系数。⑤确定资产组合的有效边界。⑥寻找最佳资产组合，在满足限制因素的条件下，选择最能满足风险/收益目标的资产组合。⑦定期检测。当市场短期波动时，考虑调整战术，优化资产投资策略。

59. 关于特雷诺指数，下列说法正确的有(　　)。

A. 特雷诺指数中的风险由β系数来测定

B. 特雷诺指数值由每单位风险溢价来计算

C. 一个证券组合的特雷诺指数是$E(r)-\beta$平面上连接证券组合与无风险证券的直线的斜率

D. 如果组合的特雷诺指数大于证券市场线的斜率，则此时组合位于证券市场线下方

【解析】D项，若组合的特雷诺指数大于证券市场线的斜率，则组合的绩效好于市场绩效，此时组合位于证券市场线上方；反之，若特雷诺指数小于证券市场线的斜率，则组合的绩效不如市场绩效好，此时组合位于证券市场线下方。

60. 关于业绩评估预测，下列说法正确的有(　　)。

A. 资本资产定价模型为组合业绩评估者提供了实现其原则的多条途径

B. 业绩评估需要考虑组合收益的高低

C. 业绩评估需要考虑组合承担的风险大小

D. 收益水平越高的组合越是优秀的组合

【解析】由于投资者在投资过程中获得收益的同时，还将承担相应的风险，获得较高收益可能是建立在承担较高风险的基础之上，评价组合业绩应本着“既要考虑组合收益的高低，也要考虑组合所承担风险的大小”的基本原则。而资本资产定价模型为组合业绩评估者提供了实现这一基本原则的多种途径。

61. 下列指数中，可用来评价证券组合优劣的有(　　)。

A. β系数　　B. 詹森指数　　C. 夏普指数　　D. MA

【解析】可用于评估证券组合优劣的指数有詹森(Jensen)指数、特雷诺(Treynor)指数和夏普(Sharpe)指数。

58ABCD　59ABC　60ABC　61BC

62. 在证券业绩评估的各指标中，以证券市场线为基准的是(　　)。

A. 詹森指数　　B. 特雷诺指数　　C. 夏普指数　　D. 威廉指数

【解析】C 项，夏普指数以资本市场线为基准；D 项，威廉指数属于技术分析指标。

63. 在下列有关詹森指数的描述中，正确的有(　　)。

A. 詹森指数是建立在 CAPM 测算基础上的绝对收益率测度

B. 詹森指数是每单位风险的收益率，它是通过标准差来计算的

C. 詹森指数是每单位风险的收益率，它是通过贝塔值来计算的

D. 衡量基金组合收益率与处于同一风险水平的组合期望收益率的差额

【解析】B 项，通过标准差来计算每单位风险的收益率的指标是夏普指数；C 项，通过贝塔值来计算每单位风险的收益率的指标是特雷诺指数。

64. 关于夏普指数，下列说法错误的有(　　)。

A. 以证券市场线为基准

B. 指数值等于证券组合的风险溢价除以方差

C. 夏普指数是连接证券组合与无风险资产的直线的斜率

D. 将它与市场组合的夏普指数比较，一个高的夏普指数表明该管理者比市场经营得好

【解析】A 项，夏普指数以资本市场线为基准；B 项，指数值等于证券组合的风险溢价除以标准差。

65. 将一个证券组合的夏普指数与市场组合的夏普指数比较，下面关于比较结果的描述正确的有(　　)。

A. 证券组合的夏普指数高，则该证券组合位于资本市场线上方

B. 证券组合的夏普指数低，则该证券组合位于资本市场线下方

C. 证券组合的夏普指数高，则该证券组合比市场经营得差

D. 证券组合的夏普指数低，则该证券组合比市场经营得好

【解析】一个高的夏普指数表明该管理者比市场经营得好，而一个低的夏普指数表明经营得比市场差。前者的组合位于资本市场线上方，后者的组合则位于资本市场线下方。

66. 关于业绩评估指标的叙述，正确的有(　　)。

A. 夏普指数以资本市场线为基准，指数值等于证券组合的实际风险溢价除以标准差

B. 詹森指数的指数值实际上就是证券组合所获得的高于市场合理定价的那部分风险溢价，风险由 β 系数测定

C. 特雷诺指数以证券市场线为基准，是连接证券组合与无风险证券的直线的斜率

D. 夏普指数是以资本市场线为基准，连接证券组合与无风险资产的直线的斜率

【解析】夏普指数(又称夏普比率)是 1966 年由夏普提出的，它以资本市场线为基准，指数值等于证券组合的风险溢价除以标准差，即 $S_P=(r_P-r_F)/\sigma_P$；詹森指数是 1969 年由詹森提出的，它以证券市场线为基准，詹森指数就是证券组合所获得的高于市场的那部分风险溢价，风险由 β 系数测定；特雷诺指数是 1965 年由特雷诺提出的，以证券市场线为基准，该指数值由每单位风险获取的风险溢价来计算，风险由 β 系数测定，

62AB　63AD　64AB　65AB　66ABCD

即 $T_p=(r_P-r_F)/\beta_P$。

67. 下面属于詹森指数、特雷诺指数以及夏普指数的缺点的有(　　)。

A. 三类指数均以资本资产定价模型为基础，而后者存在与现实情况不符的可能

B. 三类指数中都含有用于测度风险的指标，而计算这些风险指标有赖于样本的选择

C. 三类指数的计算均与市场组合发生直接或间接关系，现实中用于替代市场组合的证券价格指数具有多样性

D. 它们均以证券市场线为基准

【解析】使用詹森指数、特雷诺指数以及夏普指数评价组合业绩存在不足，主要表现在三个方面：①三种指数均以资本资产定价模型为基础，后者隐含与现实环境相差较大的理论假设，可能导致评价结果失真。②三种指数中都含有用于测度风险的指标，而计算这些风险指标有赖于样本的选择。这可能导致基于不同的样本选择所得到的评估结果不同，也不具有可比性。③三种指数的计算均与市场组合发生直接或间接关系，而现实中用于替代市场组合的证券价格指数具有多样性。这同样会导致基于不同市场指数所得到的评估结果不同，也不具有可比性。

68. 从事基金评价业务，应当遵循的原则有(　　)。

A. 长期性　　B. 公正性　　C. 客观性　　D. 战略性

【解析】《证券投资基金评价业务管理暂行办法》规定，从事基金评价业务，应当遵循下列原则：长期性、公正性、全面性、客观性、一致性、公开性。

69. 任何机构从事基金评价业务并以公开形式发布评价结果的，不得有下列(　　)行为。

A. 对不同分类的基金进行合并评价

B. 对同一分类中包含基金多于10只的基金进行评级或单一指标排名

C. 对基金、基金管理人单一指标排名的排名期间少于3个月

D. 对特定客户资产管理计划进行评价

【解析】任何机构从事基金评价业务并以公开形式发布评价结果的，不得有下列行为：①对不同分类的基金进行合并评价；②对同一分类中包含基金少于10只的基金进行评级或单一指标排名；③对基金合同生效不足6个月的基金(货币市场基金除外)进行评奖或单一指标排名；④对基金(货币市场基金除外)、基金管理人评级的评级期间少于36个月；⑤对基金、基金管理人评级的更新间隔少于3个月；⑥对基金、基金管理人评奖的评奖期间少于12个月；⑦对基金、基金管理人单一指标排名(包括具有点击排序功能的网站或咨询系统数据列示)的排名期间少于3个月；⑧对基金、基金管理人单一指标排名的更新间隔少于1个月；⑨对特定客户资产管理计划进行评价。

70. 基金评价机构向证监会报送书面材料备案，包括(　　)。

A. 基金评价机构的基本情况　　B. 从事评价业务的人员情况

C. 基金评价采取的部分理论基础　　D. 内部控制制度和业务流程

【解析】基金评价机构应当在加入中国证券投资基金业协会后15个工作日内向中国证监会报送书面材料进行备案，材料应当包括下列文件：①基金评价机构基本情况；②企

67ABC　68ABC　69ACD　70ABD

业法人营业执照复印件；③从事基金评价业务人员和业务主要负责人的名单、简历、身份证件及基金从业资格证明复印件；④完整的基金评价理论基础、标准、方法的说明；⑤内部控制制度和业务流程；⑥诚信承诺书；⑦中国证监会要求提供的其他文件。

71. 对基金管理人进行评价，应当考虑的内容至少包括(　　)。

A. 基金管理公司的治理结构

B. 投资管理和研究能力

C. 股东、高级管理人员、基金经理的稳定性

D. 基金的整体业绩表现

【解析】对基金管理人进行评价应当至少考虑下列内容：①基金管理公司及其人员的合规性；②基金管理公司的治理结构；③股东、高级管理人员、基金经理的稳定性；④投资管理和研究能力；⑤信息披露和风险控制能力。

72. 基金评价机构应当将基金评价标准、评价方法和程序报(　　)备案。

A. 中国证监会　　B. 中国证券业协会

C. 中国人民银行　　D. 中国证券投资基金业协会

【解析】《证券投资基金评价业务管理暂行办法》第十三条规定，基金评价机构应当将基金评价标准、评价方法和程序报中国证监会、中国证券投资基金业协会备案，并通过中国证券投资基金业协会网站、本机构网站及至少一家符合中国证监会规定条件的媒体向社会公告。基金评价机构修改上述内容时，应当及时备案、公告。

三、判断题(下列判断正确的请打“√”，错误的打“×”)

1. 在评价证券组合的管理业绩时，如果发现某组合的收益较好，则可以肯定该组合的管理者有非常高超的管理技能。(　　)

【解析】证券组合的收益水平较高不仅仅与管理者的技能有关，还可能与当时市场整体向上运行的环境有关。

2. 在证券组合管理中，投资目标是指投资者在承担一定风险的前提下，期望获得的投资收益率。(　　)

【解析】证券投资政策是投资者为实现投资目标应遵循的基本方针和基本准则，包括确定投资目标、投资规模和投资对象三方面的内容以及应采取的投资策略和措施等。投资目标是指投资者在承担一定风险的前提下，期望获得的投资收益率。

3. 构建证券组合的基本目的是实现在一定风险状态下投资收益最大化。(　　)

【解析】证券组合管理的意义在于采用适当的方法选择多种证券作为投资对象，以达到在一定预期收益的前提下投资风险最小化或在控制风险的前提下投资收益最大化的目标，避免投资过程的随意性。

4. 证券组合管理就是力争将期望收益率最大的一组证券组合在一起，以实现投资组合的优化。(　　)

【解析】证券组合管理的意义在于采用适当的方法选择多种证券作为投资对象，以达到在

71ABC　72AD　▌　1×　2√　3√　4×

一定预期收益的前提下投资风险最小化或在控制风险的前提下使投资收益最大化的目标，避免投资过程的随意性。

5. 被动型管理是经常预测市场行情或寻找定价错误的证券，并借此频繁调整证券组合以获得尽可能高的收益的管理方法。（　　）

【解析】主动型管理是经常预测市场行情或寻找定价错误的证券，并借此频繁调整证券组合以获得尽可能高的收益的管理方法。

6. 与资产配置的历史数据法相比，情景综合分析法对预测技能要求不高。（　　）

【解析】与历史数据法相比，情景综合分析法在预测过程中的分析难度和预测的适当时间范围不同，也要求更高的预测技能，由此得到的预测结果在一定程度上也更有价值。

7. 基本分析多用于判断公司的价值基础，技术分析多用于判断投资的买卖时机，但两者的理论基础是一样的。（　　）

【解析】技术分析以否定弱式有效市场为前提；基本分析以否定半强式有效市场为前提。投资策略目前以基本分析为主，辅以技术分析，以基本分析作为判断公司投资价值的基础，以技术分析观察股价市场走势判断买卖时机，两种分析方法的结合充分发挥了各自的优势。

8. 按公司成长性分类的增长类股票往往具有较低的红利收益率和较高的持续增长率。（　　）

【解析】通常将增长类股票定义为增长速度超过经济发展速度的股票。为了便于分析，我们通常选取一定的指标来描述公司的成长性：①持续增长率，即净资产收益率乘以盈余保留率；②红利收益率，增长类股票有较高的盈余保留率和盈利性和较低的红利收益率。

9. 消极型股票投资组合策略以获得市场平均收益为目的。（　　）

【解析】根据对市场有效性的不同判断，可以将股票投资组合策略分为两大类：①以战胜市场为目的的积极型股票投资组合策略；②以获得市场组合收益为目的的消极型股票投资组合策略。在消极型股票投资组合策略中，基金管理人不是尝试获得超出市场的投资回报，而是努力获得与大盘同样的收益水平，减少交易成本。

10. 低市盈率效应是指由低市盈率股票组成的投资组合的表现劣于由高市盈率股票组成的投资组合。（　　）

【解析】低市盈率效应是指由低市盈率股票组成的投资组合的表现要优于由高市盈率股票组成的投资组合的表现。

11. 与单一股票投资管理相比，股票投资组合管理的目标是分散风险，而不是投资效用的最大化。（　　）

【解析】股票投资组合管理的目标是实现效用最大化，也就是使股票投资组合的风险和收益特征能够给投资者带来最大的满足。因此，构建股票投资组合的原因有二：①降低证券投资风险；②实现证券投资收益最大化。

---

5 ×　6 ×　7 ×　8√　9√　10 ×　11 ×

12. 按公司规模分类的股票投资风格中，混合战略的市场风险要低于中小型资本股票战略，而期望的额外回报率要高于中小型资本股票战略。(　　)

【解析】按公司规模分类的股票投资风格中，混合战略的市场风险和期望的额外回报率都要低于中小型资本股票战略，具体如表4所示。

表4　股票投资风格——按公司规模分类

特点	指数基金	大型资本股票战略	中小型资本股票战略	70%的大型资本股票和30%的中小型资本股票战略
市场风险(β)	1.00	1.00	1.25	1.08
跟踪误差(标准误差)	0.50	3.50	10.00	5.00
期望的额外回报率%(α)	0.00	2.00	3.00	2.20
期望回报率%(加总)	12.00	14.00	16.00	14.60

13. 股票投资组合管理的指数增强法通常会引起投资组合与基准指数之间的实质性背离。(　　)

【解析】指数增强法的重点是在复制组合的基础上加强风险控制，其目的不在于积极寻求投资收益的最大化，因此通常不会引起投资组合特征与基准指数之间的实质性背离。而积极型股票投资策略对投资组合与基准指数的拟合程度要求不高，经常会出现与基准指数的特征产生实质性偏离的情况。

14. 股票投资组合管理的指数增强法的重点是在复制组合的基础上加强风险控制，其目的在于积极寻求投资收益的最大化。(　　)

【解析】指数增强法的重点是在复制组合的基础上加强风险控制，其目的不在于积极寻求投资收益的最大化，因此通常不会引起投资组合特征与基准指数之间的实质性背离。而积极型股票投资策略对投资组合与基准指数的拟合程度要求不高，因此，经常会出现与基准指数的特征产生实质性偏离的情况。

15. 所谓小公司效应就是以市场资本总额衡量的小型资本股票，它们的投资组合收益通常优于股票市场的整体表现。(　　)

【解析】小公司效应，又称规模效应，指股票的平均收益与公司的规模之间有着规律性的负相关关系，即以市场资本总额衡量的小型资本股票，其投资组合收益通常优于股票市场的整体表现。多数情况下，小公司的投资回报要优于大公司。

16. 小型资本股票流动性较低，回报率较低。(　　)

【解析】小型资本股票流动性较低，回报率更高；大型资本股票流动性较高，回报率较低。

17. 积极的股票风格管理选定一种投资风格后，不论市场发生何种变化均不改变这一选定的投资风格。(　　)

【解析】消极的股票风格管理的特点：①选定一种投资风格后，不论市场发生何种变化均不改变这一选定的投资风格；②节省了投资的交易成本、研究成本、人力成本；

12×　13×　14×　15√　16×　17×

③避免了不同风格股票收益之间相互抵销的问题。

18. 简单过滤器规则指以某一时点的股价作为参考基准，预先设定一个股价上涨或下跌的百分比作为买入和卖出股票的标准。（　　）

【解析】简单过滤器规则是以某一时点的股价作为参考基准，预先设定一个股价上涨或下跌的百分比作为买入和卖出股票的标准。即如果股票价格相对于参考基准上升的幅度达到了预先设定的百分比，就买入该股票；而如果股票价格相对于参考基准下跌幅度达到了预先设定的百分比，就卖出该股票。

19. 如果内含报酬率低于资本的必要收益率，则卖出。（　　）

【解析】如果内含报酬率高于资本的必要收益率，则买入；如果内含报酬率低于资本的必要收益率，则卖出。

20. 简单型消极投资策略适用于资本市场环境和投资者偏好变化不大，或者改变投资组合的成本小于收益的情况。（　　）

【解析】简单型消极投资策略适用于资本市场环节和投资者偏好变化不大，或者改变投资组合的成本大于收益的情况。

21. 积极型股票投资策略对投资组合与基准指数的拟合程度要求较高。（　　）

【解析】积极型股票投资策略对投资组合与基准指数的拟合程度要求不高，因此，经常会出现与基准指数的特征产生实质性偏离的情况。

22. 持续增长率和红利收益率是反映公司成长率的指标，通常持续增长率与红利收益率成负相关关系。（　　）

【解析】从红利收益率和市场对优秀增长类公司发出的价格信号来看，红利收益率通常和公司增长能力呈反向变化关系。在基金经理人利用持续增长率和红利收益率对公司的增长前景进行预测时，这两个变量应该是互补的，同时还必须注意它们之间的负相关关系。

23. 主动债券组合管理中的骑乘收益率曲线方法通常适用于中长期投资。（　　）

【解析】使用骑乘收益率曲线这类方法的投资者以资产的流动性为目标，投资于短期固定收入债券。

24. 与积极债券组合管理相比，债券指数化组合管理所收取的管理费用更低。（　　）

【解析】指数化投资策略的目标是使债券投资组合达到与某个特定指数相同的收益，它以市场充分有效的假设为基础，属于消极型债券投资策略之一。债券指数化投资的动机主要包括：①与积极型债券组合管理相比，指数化组合管理所收取的管理费用更低；②经验证据表明积极型的债券投资组合的业绩并不好；③选择指数化债券投资策略，有助于基金发起人增强对基金经理的控制力，因为指数化债券组合的业绩不能明显偏离其基准指数的表现。

25. 水平分析是一种基于对未来债券价格预期的债券组合管理策略。（　　）

18√　19√　20×　21×　22√　23×　24√　25×

【解析】水平分析是一种基于对未来利率预期的债券组合管理策略，其中一种主要的形式为利率预期策略。在这种策略下，债券投资者基于其对未来利率水平的预期调整债券资产组合，以使其保持对利率变动的敏感性。

26. 计算债券应急免疫策略的触发点值，需已知任一特定时间的市场利率。（　　）

【解析】用 T 代表剩余时间，r 代表任一特定时间的市场利率。为保证到期时最低组合价值为 X，就必须保证在特定时间时投资者持有 $X/(1+r)^T$ 万元的组合资产规模。这个值就是紧急免疫的触发点。

27. 构造股票投资组合的市值法和分层法是指数投资管理人抽样复制投资组合时经常采用的方法。（　　）

【解析】指数化的方法包括：①分层抽样法；②优化法；③方差最小化法。

28. 当投资者认为市场效率较强时，可采取指数化的投资策略；当投资者认为市场效率较低，而自身对未来现金流没有特殊的需求时，可采用积极的投资策略。（　　）

【解析】经过对市场有效性进行研究，如果投资者认为市场效率较强时，可采取指数化的投资策略；当投资者对未来的现金流量有着特殊需求时，可采用免疫和现金流匹配策略；当投资者认为市场效率较低，而自身对未来现金流没有特殊需求时，可采取积极的投资策略。

29. 一般认为，较平缓的债券收益率曲线说明长期债券与短期债券之间的收益差额趋于递减。（　　）

【解析】收益率曲线是指由不同期限但具有相同风险、流动性和税收的收益率连接而形成的曲线。一般认为，较平缓的债券收益率曲线说明长期债券与短期债券之间的收益差额趋于递减，而较陡峭的收益率曲线预示长短期债券之间的收益差额是递增的。

30. 零息债券投资有再投资风险，但能规避风险。（　　）

【解析】零息债券在债券持有期间没有利息收入，因此不存在再投资风险。零息债券的规避风险为零，是债券组合的理想产品。

31. 加强指数化债券投资策略旨在通过一些积极的、高风险的投资策略提高指数化组合总收益。（　　）

【解析】加强的指数化是通过一些积极的但是低风险的投资策略提高指数化组合的总收益，指数规定的收益目标变为最小收益目标，而不再是最终收益目标。

32. 在实施债券投资组合的现金流匹配策略时，投资者往往要付出较高的成本。（　　）

【解析】现金流匹配策略是按偿还期限从长到短的顺序，挑选一系列的债券，使现金流与各个时期现金流的需求相等。这种策略没有任何免疫期限的现值，也不承担任何市场利率风险，但成本往往较高。

33. 当收益率曲线有正的斜率，并且预计收益率曲线不变时，短期债券的收益率比长期债券的收益率高。（　　）

26√　27×　28√　29√　30×　31×　32√　33×

【解析】当收益率曲线有正的斜率，并且预计收益率曲线不变时，长期债券的收益率较短期债券的收益率更高。这样，骑乘收益率曲线的投资者可购买比要求期限更长的债券，然后在债券到期前售出，从而获得超额投资收益。

34. 当债券收益率曲线很平缓时，子弹组合的业绩会优于两极组合。(　　)

【解析】当收益率曲线很陡时，子弹组合的业绩才会经常优于两极组合。

35. 分层抽样法适用证券数目较多的情况。(　　)

【解析】分层抽样法将指数的特征排列组合后分为若干个部分，在构成该指数的所有债券中能代表每一个部分的债券，以不同特征债券在指数中的比例为权重建立组合，适用证券数目较少的情况。

36. 《证券投资基金运作管理办法》对混合型基金的债券资产和股票资产的上、下限配置比例未作限定。(　　)

【解析】根据中国证监会对基金类别的分类标准，混合型基金投资于股票、债券和货币市场工具，但股票投资和债券投资的比例不符合股票基金、债券基金规定的为混合基金，故对混合型基金的债券资产和股票资产的上、下限配置比例未作限定。

37. 指数基金具有客观稳定、费用低廉、分散风险、监控便利等特点，近年来发展十分迅速。(　　)

【解析】指数基金具有客观稳定、费用低廉、分散风险、监控便利等特点，其优势在于管理费、交易费较低，同时可以有效降低非系统性风险，近年来发展十分迅速。

38. 基金定投具有参与门槛低、操作便捷、分散风险、投资灵活等特点。(　　)

【解析】基金定投具有参与门槛低、操作便捷、分散风险、投资灵活等特点，避免个人投资者投资股票市场时选股及择时的困难，也可避免因缺乏专业知识或资金有限错失行情的问题。

39. 私募股权投资基金主要投向上市企业股权、上市公司非公开发行或交易的股票以及中国证监会规定的其他资产。(　　)

【解析】私募股权投资基金主要投向未上市企业股权、上市公司非公开发行或交易的股票以及中国证监会规定的其他资产。

40. 股票多头策略的投资盈利主要通过持有股票来实现，具有高风险、高收益的特征。(　　)

【解析】股票多头策略的投资盈利主要通过持有股票来实现，所持有股票组合的涨跌幅决定了基金的业绩。其实质就是单纯的股票的买卖操作，此策略具有高风险、高收益特征。

41. 复合期货策略一般呈现低收益、低风险的特征。(　　)

【解析】复合期货策略，指基金经理通过多种分析方法和交易手段，获取期货市场涨跌收益。此类策略资金容量大，一般呈现中等收益、中等风险特征。

---

34 ×　35 ×　36√　37√　38√　39 ×　40√　41 ×

42. FOF 并不直接投资于股票或债券。(　　)

【解析】FOF 是一种专门投资于其他投资基金的基金。FOF 并不直接投资股票或债券，其投资范围仅限于其他基金，通过持有其他证券投资基金而间接持有股票、债券等证券资产。

43. 基金定投利用平均成本法均摊成本，通过长期坚持定额投资，利用时间复利的效果来达到获利目的。(　　)

【解析】定投获利原则在于，利用平均成本法均摊成本，通过长期坚持定额投资，利用时间复利的效果来达到获利目的。基金定投具有参与门槛低、操作便捷、分散风险、投资灵活等特点，避免个人投资者投资股票市场时选股及择时的困难，也可避免因缺乏专业知识或资金有限错失行情的问题。

44. 构建基金组合，投资者首先需要确定其投资目标。(　　)

【解析】在构建基金组合之前，首先要确定自己的风险承受能力，然后据此选择相应风险等级的基金产品。在充分了解自己的风险承受能力后，再结合未来资金使用计划来确定投资目标。

45. 投资者可以通过买入股票现货，卖出股票价格指数期货，在一定程度上抵消股票价格变动带来的风险损失。(　　)

【解析】在买入股票现货后，投资者可以通过卖出股指期货实现规避股价下跌的风险。当股票价格上升时，投资者在现货市场上的收益可以弥补在期货市场的损失；反之，当股票价格下降时，投资者在期货市场上的收益可以部分地弥补股票现货市场的损失。

46. 按照套期保值的要求，无论是开始还是结束时，在现货和期货市场上都应该进行反向头寸操作。(　　)

【解析】套期保值要求无论是开始还是结束时在现货和期货市场上都应该进行数量相等的反向头寸，即在一个市场进行一定数量多头操作的同时要在另一个市场建立同等数量的空头；否则，多空数量的不相配就会使头寸裸露(即出现净多头或净空头的现象)面临较大的风险。

47. 公司发行债券时可能附有长期认股权证，赋予投资者以规定的认购价格购买一定数量本公司股票的权利。(　　)

【解析】权证是指标的证券发行人或其以外的第三人发行的，约定持有人在规定期间内或特定到期日有权按约定价格向发行人购买或出售标的证券，或以现金结算方式收取结算差价的有价证券。

48. 理论上，期货价格有可能高于、等于、低于相应的标的现货价。(　　)

【解析】理论上，期货价格有可能高于、等于或低于相应的现货金融工具价格。现货价格与期货价格之差称为基差，在期货合约到期之前，基差可能为正值，也可能为负值。期货合约临近到期时，期货价格趋同于现货价格，基差消失。

49. 利用股票指数期货和现货之间的对冲交易，可以降低非系统性风险。(　　)

42√　43√　44×　45√　46√　47√　48√　49×

【解析】期现套利是指利用期货市场与现货市场之间的不合理价差，通过在两个市场上进行反向交易，待价差趋于合理而获利的交易。通过期现套利，可以转移系统风险。

50. 对看涨期权而言，若市场价格高于协定价格，期权的买方执行期权将有利可图，此时为实值期权。(　　)

【解析】对看涨期权而言，若市场价格高于协定价格，期权的买方执行期权将有利可图，此时为实值期权；市场价格低于协定价格，期权的买方将放弃执行期权，为虚值期权。

51. 期权的价格由内在价值和时间价值构成。(　　)

【解析】在期权交易中，期权的买方为获得期权合约所赋予的权利而向期权的卖方支付的费用是期权的价格。从理论上说，由两个部分组成，即内在价值和时间价值。

52. 权证到期后若没有行权就等于一张废纸。(　　)

【解析】权证是指标的证券发行人或其以外的第三人发行的，约定持有人在规定期间内或特定到期日有权按约定价格向发行人购买或出售标的证券，或以现金结算方式收取结算差价的有价证券。权证和期权一样，到期后如果没有行权就没有任何价值。

53. 如果可转换债券市场价格在其转换价值之下，那么购买该债券并立即转换为股票并出售就有利可图。(　　)

【解析】如果可转换证券市场价值在转换价值之下，购买该证券并立即转化为标的股票，再将标的股票出售，就可获得该可转换证券转换价值与市场价值之间的价差收益。

54. 可转换债券的转换平价是指使可转换债券市场价值(即市场价格)等于该可转换债券转换价值时的标的股票的每股价格。(　　)

【解析】可转换债券的转换平价是指使可转换债券市场价值等于该可转换债券转换价值时的标的股票的每股价格。即：转换平价 = 可转换债券的市场价格/转换比例。

55. 当套期保值资产价格与标的资产的期货价格相关系数等于 1 时，为了使套期保值后的风险最小，套期比率应等于 1。(　　)

【解析】当套期保值资产价格与标的资产的期货价格相关系数等于 1 时，为了使套期保值后的风险最小，套期比率应等于 1。而当相关系数不等于 1 时，套期比率就不应等于 1。

56. 若套期保值者不能确切知道套期保值的到期日，他应选择稍后交割月份的期货合约。(　　)

【解析】交割月份的期货价格常常很不稳定，因此在交割月份平仓常常要冒较大的基差风险。若套期保值者不能确切地知道套期保值的到期日，他应选择稍后交割月份的期货合约。

57. 投资者在有不同收益率的资产之间进行选择时，需要考虑投资期限的安排问题。(　　)

【解析】投资者在有不同到期日的资产(如债券等)之间进行选择时，需要考虑投资期限

50√　51√　52√　53√　54√　55√　56√　57×

的安排问题。

58. 资产的流动性是指资产以公平价格售出的难易程度，体现投资资产时间尺度和价格尺度之间的关系。(　　)

【解析】资产的流动性是指资产以公平价格售出的难易程度，体现投资资产时间尺度和价格尺度之间的关系。投资者应当根据自己短时间内处理资产的可能性，建立投资中流动性资产的最低标准。

59. 投资策略的业绩由其税前利润的多少来进行评价。(　　)

【解析】税收结果对投资决策意义重大，因为任何一个投资策略的业绩都是由其税后利润的多少来评价的。

60. 大类资产配置追求的是收益最大化。(　　)

【解析】马柯威茨均值方差模型根据各类资产的预期收益和方差以及资产之间的相关性，强调了大类资产配置追求的是在既定风险水平下，收益最大化，或既定收益水平下，风险最小化。

61. 对于面临低税率的个人投资者和机构投资者，避税和税收延递将对投资决策起到很重要的作用。(　　)

【解析】对于面临高税率的个人投资者和机构投资者，避税和税收延递将对投资决策起到很重要的作用。

62. 风险偏好在一定程度上决定着客户适合的理财产品。(　　)

【解析】对客户的资产进行配置时，首先需要测定投资者的收益率需求，了解客户的风险偏好，如非常进取型、中庸稳健型或是温和保守型，风险偏好在一定程度上决定着客户适合的理财产品。

63. 对资产配置的理解必须建立在对普通股票和固定收入证券的投资特征等多方面问题的深刻理解基础之上。(　　)

【解析】对资产配置的理解，必须建立在对机构投资者资产和负债问题的本质、对普通股票和固定收入证券的投资特征等多方面问题的深刻理解基础之上。在此基础上，资产管理还可以利用期货、期权等衍生金融产品来改善资产配置的效果，也可以采用其他策略实现对资产配置的动态调整。

64. 对于不同的投资人来说，资产配置的动机不同，进而资产配置的结果也各不相同。(　　)

【解析】系统化的资产配置是一个综合的动态过程，它是在与投资者的风险承受能力一致、投资者(或资产拥有者)长期成本最低、投资组合能够履行义务的基础上进行的理想化预测，即集控制风险和增加收益为一体的长期资产配置决策。对于不同投资者来说，风险的含义不同，资产配置的动机不同，因而资产配置也各不相同。

65. 资产配置从时间跨度和风格类别上看，可分为全球资产配置、股票债券资产配置和行

58√　59×　60×　61×　62√　63√　64√　65×

业风格资产配置。(　　)

【**解析**】资产配置在不同层面有不同含义：①从范围上看，可分为全球资产配置、股票债券资产配置和行业风格资产配置；②从时间跨度和风格类别上看，可分为战略性资产配置、战术性资产配置和资产混合配置；③从资产管理人的特征与投资者的性质上，可分为买入并持有策略、恒定混合策略、投资组合保险策略和战术性资产配置策略。

66. 货币市场工具可满足资金需求者的短期资金需要。(　　)

【**解析**】货币市场工具一方面满足了资金需求者的短期资金需要，另一方面也为资金盈余者的暂时性闲置资金提供了盈利机会。

67. 如果组合的詹森指数为正，则其位于资本市场线上方，绩效较好；如果詹森指数为负，则其位于资本市场线下方，绩效较差。(　　)

【**解析**】如果证券组合的詹森指数为正，则其位于证券市场线的上方，绩效好；如果组合的詹森指数为负，则其位于证券市场线的下方，绩效不好。

68. 计算夏普指数、特雷诺指数和詹森指数中的风险收益率是必要收益率。(　　)

【**解析**】计算夏普指数、特雷诺指数和詹森指数中的风险收益率是实际平均收益率。

69. 夏普指数是1966年由夏普提出，它以证券市场线为基准。(　　)

【**解析**】夏普指数是1966年由夏普提出的，它以资本市场线为基准。

70. 一般情况下，评价证券投资组合业绩时只需要考虑组合收益的高低就可以。(　　)

【**解析**】由于投资者在投资过程中获得收益的同时，还将承担相应的风险，获得较高收益可能是建立在承担较高风险的基础之上，因此，评价组合业绩应本着“既要考虑组合收益的高低，也要考虑组合所承担风险的大小”的基本原则。

71. 利用资本资产定价模型可以把组合已实现的收益水平与其所承担的风险水平相匹配的收益水平进行比较，这就是所谓的评价组合业绩的风险调整法。(　　)

【**解析**】评价组合业绩应本着“既要考虑组合收益的高低，也要考虑组合所承担风险的大小”的基本原则，通过资本资产定价模型，可以考察组合已实现的收益水平是否高于与其所承担的风险水平相匹配的收益水平，也可以考察组合承受单位风险所获得的收益水平高低。高者则优，低者则劣。这就是所谓的评价组合业绩的风险调整法。

72. 詹森指数衡量的是基金组合的实际收益率与证券市场线上具有相同风险水平组合的期望收益率之间的差额。(　　)

【**解析**】詹森指数是由詹森在CAPM上发展出的一个风险调整差异衡量指标，表现为基金组合的实际收益率与SML线上具有相同风险水平组合的期望收益率之间的偏离。

73. 特雷诺指数的不足是无法衡量基金经理的风险分散程度。(　　)

【**解析**】特雷诺指数的问题是无法衡量基金经理的风险分散程度，β 值并不会因为组合中所包含的证券数量的增加而降低，因此当基金分散程度提高时，特雷诺指数可能并不会变大。

66√　67×　68×　69×　70×　71√　72√　73√

74. 夏普指数越大，基金的绩效越好。( )

【解析】可以根据夏普指数对基金绩效进行排序，夏普指数越大，绩效越好。

75. 詹森指数是由詹森在 CAPM 模型基础上发展出的一个风险调整差异衡量指标。( )

【解析】詹森指数是由詹森在 CAPM 模型上发展出的一个风险调整差异衡量指标。根据 CAPM，在 SML 线上可以构建一个与施加积极管理的基金组合的系统风险相等的、由无风险资产与市场组合组成的消极投资组合。

76. 詹森指数等于零，说明基金的表现差强人意。( )

【解析】若詹森指数为零，说明基金组合的收益率与处于同等风险水平的被动组合的收益率不存在显著差异，该基金的表现就被称为是中性的；而詹森指数小于零，则其位于证券市场线的下方，绩效不好。

77. 特雷诺指数是一种用全部风险来计算的风险调整收益衡量方法。( )

【解析】特雷诺指数给出了基金份额系统风险的超额收益率，用的是系统风险而不是全部风险。

78. 夏普指数、特雷诺指数和詹森指数都是经过风险调整后的单位风险收益率。( )

【解析】夏普指数与特雷诺指数给出的是单位风险的超额收益率，因而是一种比率衡量指标；而詹森指数给出的是差异收益率。比率衡量指标与差异衡量指标在对基金绩效的排序上有可能给出不同的结论。

79. 夏普指数以基金 β 值作为风险度量指标，因而是一种单位风险收益率。( )

【解析】夏普指数与特雷诺指数尽管衡量的都是单位风险的收益率，但二者对风险的计量不同。夏普指数考虑的是总风险(以标准差衡量)，而特雷诺指数考虑的是市场风险(以 β 值衡量)。

80. 当某基金是投资者唯一的投资对象时，特雷诺指数可以作为绩效衡量的适宜指标。( )

【解析】特雷诺指数用的是系统风险而不是全部风险，当一项资产只是资产组合中的一部分时，特雷诺指数就可以作为衡量绩效表现的恰当指标加以应用；夏普指数用标准差对收益进行风险调整，其隐含的假设就是所考察的组合构成了投资者投资的全部，因此当某基金就是投资者的全部投资时，可以用夏普指数作为绩效衡量的适宜指标。

81. 资本市场线的斜率代表了市场组合的夏普指数。( )

【解析】在收益率—标准差构成的坐标系中，夏普指标就是基金组合与无风险收益率连线的斜率，即资本市场线的斜率代表了市场组合的夏普指数。

82. 评价组合业绩应本着“既要考虑组合收益的高低，也要考虑组合所承担风险的大小”的基本原则。( )

【解析】证券组合的业绩评价原则是：既要考虑组合收益的高低，也要考虑组合所承担风险的大小。证券组合的业绩评价指标主要有詹森指数、特雷诺指数和夏普指数。

74√ 75√ 76 × 77 × 78 × 79 × 80 × 81√ 82√

83. 基金评价机构应当将基金评价标准、评价方法和程序通过中国证券投资基金业协会网站、本机构网站及至少两家符合中国证监会规定条件的媒体向社会公告。（　　）

【解析】基金评价机构应当将基金评价标准、评价方法和程序报中国证监会、中国证券投资基金业协会备案，并通过中国证券投资基金业协会网站、本机构网站及至少一家符合中国证监会规定条件的媒体向社会公告。

84. 基金评价人员可以同时在两个以上的基金评价机构执业。（　　）

【解析】基金评价人员只有被一家基金评价机构聘用后，方可从事基金评价业务，且基金评价人员不得同时在两个以上的基金评价机构执业。基金评价机构不得聘用有违法、违规记录的人员从事基金评价业务。

四、综合题（以下备选项中有一项或多项符合题目要求，多选、少选、错选均不得分）

（一）某一揽子股票组合与香港恒生指数构成完全对应，其当前市场价值为115万港元，且一个月后可收到6000港元现金红利。此时，市场利率为6%，恒生指数为23000点，3个月后交割的恒指期货为23800点。（恒指期货合约的乘数为50港元，不计复利）

根据上述材料，回答下列各小题。

1. 交易者认为存在期现套利机会，应该先（　　）。

A. 买进该股票组合，同时卖出1张恒指期货合约

B. 卖出该股票组合，同时买进1张恒指期货合约

C. 卖出该股票组合，同时卖出1张恒指期货合约

D. 买进该股票组合，同时买进1张恒指期货合约

【解析】115万港元相当于23000点，利息为23000×6%×3÷12=345（点）；红利6000港元相当于120点，剩余两个月的利息为120×6%×2÷12=1.2（点），本利和共计为121.2点；净持有成本为345−121.2=223.8（点），则该远期合约的合理价格应为23000+223.8=23223.8（点）。实际值高于理论值，即存在期价高估，交易者可通过卖出股指期货同时买入对应的现货股票进行套利交易。

2. 交易者采用上述套利交易策略，理论上可获利（　　）万港元。（不计手续费等费用）

A. 4　　B. 2.275　　C. 2.881　　D. 2.875

【解析】若交易者采用上述交易策略，则股票组合盈利（23800−23223.8）×50=576.2×50=2.881（万港元）。

（二）红星公司发行了一批到期期限为10年的债券，该债券面值100元，票面利率为8%，每年年末付息。

根据上述材料，回答下列各小题。

1. 若投资者要求的收益率为9%，则该债券发行的方式为（　　）。

A. 折价发行　　B. 溢价发行

C. 平价发行　　D. 条件不足，无法确定

【解析】当债券价格小于面值（折价）的时候，票面利率<即期收益率<到期收益率。

2. 若到期收益率为8.5%，则债券发行价格为（　　）元。

83×　84×　❙　（一）1A　2C　（二）1A　2B

A. 100　　B. 96.72　　C. 102.72　　D. 104.72

【解析】由于到期收益率大于票面收益率，故发行价格要低于100元。其发行价格等于未来10年现金流的现值。该债券的发行价格 $=100\times8\%\times[(1+8.5\%)^{-1}+(1+8.5\%)^{-2}+\cdots+(1+8.5\%)^{-10}]+100\div(1+8.5\%)^{10}=96.72$(元)。

3. 若该债券规定投资者可以在第1年以后，第8年以内将债券转换成公司的普通股，则可能促使投资者行使转换权利的因素是(　　)。

A. 市场利率大幅下降

B. 公司开发了一个新项目，可能使盈利大幅增加

C. 全球油价持续上涨，公司生产成本上升

D. 该债券票面利率与通胀率挂钩，而预期通胀率将大幅上扬

【解析】开发新项目使盈利大幅增加，拥有股份意味着可以获得股息和红利，因此B项可能促使投资者行使转换权利。

(三)2020年3月31日，财政部发行的某期国债距到期日还有3年，面值为100元，票面利率年息3.75%，每年付息一次，下一付息日在1年以后，1年期、2年期、3年期的贴现率分别为3%、4%、5.5%。

根据上述材料，回答下列各小题。

1. 该债券的理论价格为(　　)元。

A. 96.67　　B. 95.46　　C. 95.74　　D. 96.57

【解析】根据附息债券定价的计算公式，可得：该债券的理论价格 $P=3.75/(1+3\%)+3.75/(1+4\%)^2+103.75/(1+5.5\%)^3\approx95.46$(元)。

2. 投资者进行债券投资时，可以根据市场的实际情况与自身需求来选择不同的债券投资组合管理策略，比如，(　　)。

A. 当投资者认为市场效率较强时，可采取指数化的投资策略

B. 当投资者认为市场效率较强，而自身对未来现金流有特殊需求时，可采取积极的投资策略

C. 当投资者对未来的现金流量有着特殊需求时，可采取免疫和现金流配比策略

D. 当投资者观察到市场存在较高的收益级差和较短的过渡期时，可采用债券互换策略

【解析】投资者需要根据市场的实际情况与自身需求来确定各种债券投资组合管理策略：①经过对市场的有效性进行研究，如果投资者认为市场效率较强时，可采取指数化的投资策略；②当投资者对未来的现金流量有着特殊的需求时，可采用免疫和现金流匹配策略；③当投资者认为市场效率较低，而自身对未来现金流没有特殊需求时，可采取积极的投资策略(包括债券互换等)。D项，一般而言，只有在存在较高的收益级差和较短的过渡期时，债券投资者才会进行互换操作。收益级差越大，过渡期越短，投资者从债券互换中获得的收益率就越高。

(四)某股票看涨期权(A)执行价格和权利金分别为60港元和4.53港元，该股票看跌期权(B)执行价格和权利金分别为67.5港元和6.48港元，此时该股票市场价格为63.95港元。

3B　(三)1B　2ACD

根据上述材料，回答下列各小题。

1. 比较 A、B 的内涵价值（　　）。

A. A 大于 B　　B. A 小于 B

C. A 等于 B　　D. 条件不足，不能确定

【解析】看涨期权的内涵价值 = 标的物的市场价格 − 执行价格 = 63.95 − 60 = 3.95（港元）；看跌期权的内涵价值 = 执行价格 − 标的物的市场价格 = 67.5 − 63.95 = 3.55（港元），则看涨期权 A 的内涵价值大于看跌期权 B 的内涵价值。

2. 关于期权时间价值，下列说法正确的是（　　）。

A. 期权价格与内涵价值的差额为期权的时间价值

B. 理论上，在到期时，期权时间价值为零

C. 如果其他条件不变，期权时间价值随着到期日的临近，衰减速度递减

D. 在有效期内，期权的时间价值总是大于零

【解析】期权的时间价值又称外涵价值，是指在权利金中扣除内涵价值后的剩余部分，它是期权有效期内标的资产价格波动为期权持有者带来收益的可能性所隐含的价值。C 项，当期权临近到期日时，如果其他条件不变，该期权的时间价值的衰减速度就会加快，而在到期日时，该期权就不再有任何时间价值；D 项，美式期权的时间价值总是大于等于 0，实值欧式期权的时间价值可能小于 0。

（五）X 公司与 Y 公司的股票收益风险特征如下表所示：

	期望收益率（%）	标准差（%）	β 值
股票 X	14.0	36	0.8
股票 Y	17.0	25	1.5
市场指数	14.0	15	1.0

假设此时市场上的无风险收益率为 5.0%。

根据上述材料，回答下列各小题。

1. 股票 X 的期望收益率为（　　）。

A. 11.8%　　B. 12.0%　　C. 12.2%　　D. 12.4%

【解析】根据资本资产定价模型，股票 X 的期望收益率 $r_X = r_F + \beta_X(r_M - r_F) = 5\% + 0.8 \times (14\% - 5\%) = 12.2\%$。

2. 股票 Y 的期望收益率为（　　）。

A. 17.3%　　B. 17.5%　　C. 18.3%　　D. 18.5%

【解析】根据资本资产定价模型，股票 Y 的期望收益率 $r_Y = r_F + \beta_Y(r_M - r_F) = 5\% + 1.5 \times (14\% - 5\%) = 18.5\%$。

3. 股票 X 和股票 Y 的 α 值分别为（　　）。

A. 1.6%；−0.5%　　B. 1.8%；−1.5%

C. 1.6%；0.5%　　D. 1.8%；1.5%

【解析】由上面两题可知，$r_X = 12.2\%$，$r_Y = 18.5\%$，因此 $\alpha_X = 14\% - 12.2\% = 1.8\%$，

（四）1A　2AB　（五）1C　2D　3B

$\alpha_Y = 17\% - 18.5\% = -1.5\%$。

4. 若将该股票加入一个风险被充分分散的资产组合，此时(　　)能够更好地满足投资者的需求。

A. 股票 X　　　　B. 股票 Y

C. 股票 X 和股票 Y 均可　　　　D. 无法判断

【解析】在风险被充分分散的投资组合中，没有非系统风险，仅有系统风险，可以运用特雷诺指数的思想。由特雷诺指数的计算公式可得：$T_X = (r_X - r_F)/\beta_X = (14\% - 5\%)/0.8 = 0.1125$；$T_Y = (r_Y - r_F)/\beta_Y = (17\% - 5\%)/1.5 = 0.08$，由于 $T_X > T_Y$，因此此时应选择股票 X。

5. 若将该股票作为单一股票组合来持有，此时(　　)能够更好地满足投资者的需求。

A. 股票 X　　　　B. 股票 Y

C. 股票 X 和股票 Y 均可　　　　D. 无法判断

【解析】将股票作为单一股票组合来持有，则有系统风险和非系统风险，可以运用夏普指数的思想。由夏普指数的计算公式可得：$S_X = (r_X - r_F)/\sigma_X = (14\% - 5\%)/36\% = 0.25$；$S_Y = (r_Y - r_F)/\sigma_Y = (17\% - 5\%)/25\% = 0.48$，由于 $S_Y > S_X$，因此此时应选择股票 Y。

（六）某投资基金 2020 年的实际收益率是 7.2%，经估算该投资基金的标准差为 10%，它的 β 系数为 0.9，市场组合的实际收益率是 8%，标准差为 14%。已知无风险收益率为 5.2%。

根据上述材料，回答下列各小题。

1. 运用詹森指数对该投资基金的业绩进行评价，则(　　)。

A. 好于市场绩效　　　　B. 与市场绩效一样

C. 不如市场绩效好　　　　D. 无法评价

【解析】由詹森指数的计算公式，可得：该投资基金的詹森指数 $J_P = r_P - \{r_F + [E(r_M) - r_F]\beta_P\} = 7.2\% - [5.2\% + (8\% - 5.2\%) \times 0.9] = -0.0052 < 0$，则其位于证券市场线的下方，因此该投资基金不如市场绩效好。

2. 运用特雷诺指数对该投资基金的业绩进行评价，则(　　)。

A. 好于市场绩效　　　　B. 与市场绩效一样

C. 不如市场绩效好　　　　D. 无法评价

【解析】由特雷诺指数的计算公式，可得：该投资基金的特雷诺指数 $T_P = (r_P - r_F)/\beta_P = (7.2\% - 5.2\%)/0.9 \approx 0.022 < 0.9$，因此该投资基金不如市场绩效好。

3. 运用夏普指数对该投资基金的业绩进行评价，则(　　)。

A. 好于市场绩效　　　　B. 与市场绩效一样

C. 不如市场绩效好　　　　D. 无法评价

【解析】由夏普指数的计算公式，可得：该投资基金的夏普指数 $S_P = (r_P - r_F)/\sigma_P = (7.2\% - 5.2\%)/10\% = 0.2$，市场组合的夏普指数 $S_M = (r_M - r_F)/\sigma_M = (8\% - 5.2\%)/14\% = 0.2$，由于 $S_P = S_M$，因此该投资基金具有中等绩效。

4A　5B　(六)1C　2C　3B